"十二五"国家重点图书

长江上游经济区一体化发展

肖金成 等著

经济科学出版社

图书在版编目（CIP）数据

长江上游经济区一体化发展/肖金成等著.—北京：
经济科学出版社，2015.4（2015.12 重印）
（中国区域与城市发展丛书）
ISBN 978-7-5141-5660-7

Ⅰ.①长… Ⅱ.①肖… Ⅲ.①长江流域-区域经济发展-一体化-研究 Ⅳ.①F127.5

中国版本图书馆 CIP 数据核字（2015）第 079010 号

责任编辑：柳　敏　宋　涛
责任校对：郑淑艳
责任印制：李　鹏

长江上游经济区一体化发展
肖金成　等著
经济科学出版社出版、发行　新华书店经销
社址：北京市海淀区阜成路甲 28 号　邮编：100142
总编部电话：010-88191217　发行部电话：010-88191522
网址：www.esp.com.cn
电子邮件：esp@esp.com.cn
天猫网店：经济科学出版社旗舰店
网址：http://jjkxcbs.tmall.com
北京汉德鼎印刷有限公司印刷
三河市华玉装订厂装订
710×1000　16 开　22 印张　350000 字
2015 年 5 月第 1 版　2015 年 12 月第 2 次印刷
ISBN 978-7-5141-5660-7　定价：55.00 元
（图书出现印装问题，本社负责调换。电话：010-88191502）
（版权所有　侵权必究　举报电话：010-88191586
电子邮箱：dbts@esp.com.cn）

课题组成员

组　　长：肖金成

副组长：徐国弟　黄征学　周　江

成　　员：杨永江　孙　凤　卢　伟　高亚莉　蔡翼飞
　　　　　罗勤辉　夏显波　张　鋆　兰传海　马燕坤

序　　言

　　国内外经验表明，大河流域往往是一个国家的经济命脉。在流域经济区内，生产要素集聚，人口密集，经济发达，是一个国家重要的经济带，如美国田纳西流域、欧洲莱茵河流域、法国罗纳河流域，都是本国的核心经济区。

　　长江干流上海至宜宾绵延3000多公里，流经上海、江苏、安徽、江西、湖北、湖南、重庆、四川六省二市，土地面积138.05万平方公里，约占全国的14.4%，跨越了我国自然地貌上西高东低的山岳、丘陵、平原地区和经济发展水平上东高西低的东中西三大地带，因而在资源分布上呈现出极大的差异性，在经济发展和产业布局上又呈现出巨大的不平衡性。有水能、矿产、森林、土地资源丰饶的长江上中游地区，也有自然资源相对匮乏，但人力、技术、资金、信息资源丰厚的下游地区。有产业密集、技术先进、工业化、城市化水平相当高的长江三角洲地区，也有经济社会发展相对滞后的西部省区。长江流域是我国最具活力的经济区域，经济发展由长三角地区向长江中上游推进的趋势十分明显。与长江中下游地区形成鲜明对比的是，长江上游地区在经济总量、人均收入和城镇化水平上都处于较低水平。区内各城市产业结构趋同，资金投入较少，产业层次不高，城乡"二元结构"特征突出。重庆、成都等特大城市很多经济指标已接近或达到沿海地区水平，但沿江大部分地区发展严重滞后，城乡差距和城市之间差距较大。

　　当前，长江上游地区发展面临前所未有的机遇。西部大开发以来，基础设施已根本改善，特别是2014年，国家发布了《关于依托黄金水道推动长江经济带发展的指导意见》，把促进长江经济带发展上升到国家战略，有利于发挥长江黄金水道这一天然优势。

长江上游经济区一体化发展

长江经济带的范围与长江流域的范围有所不同，覆盖上海、江苏、浙江、安徽、江西、湖北、湖南、重庆、四川、云南、贵州等11省市，面积约205万平方公里，人口和生产总值均超过全国的40%，是以长江黄金水道为纽带，以沿江大中城市和产业群为依托的一条横贯东西、连接南北的综合产业带。依托黄金水道推动长江经济带发展，有利于挖掘中上游广阔腹地蕴涵的巨大内需潜力，促进经济增长空间从沿海向沿江内陆拓展；有利于优化沿江产业结构和城镇布局，推动我国经济提质增效升级；有利于形成上中下游优势互补、协作互动格局，缩小东中西部地区发展差距；有利于建设陆海双向对外开放新走廊，培育国际经济合作竞争新优势；有利于保护长江生态环境，引领全国生态文明建设，对于全面建成小康社会，实现中华民族伟大复兴具有重要的现实意义和深远的战略意义。

长江上游地区按照长江经济带的范围，包括重庆、四川、贵州和云南四省市，本书所谓的长江上游经济区，其范围仅包括重庆、泸州、宜宾、内江、自贡、遵义、毕节、六盘水、昭通九地市，属于川滇黔渝四省市交界地区，气候环境、人文传统及生活习惯相似，易于融合。区域内人力、水、能源和矿产资源丰富，利用沿江低山丘陵的有利地形，依托长江黄金水道和沿江密布的城镇，发展临港经济，扩大就业，承接沿海产业转移，推进沿江工业化和城镇化，吸引秦巴、乌蒙贫困落后山区和石漠化、地震、泥石流等生态脆弱地区的人口向沿江转移，有利于建设长江上游生态屏障。引导产业、城镇向沿江布局，野生动物回归山林，有利于实现党的十八大提出的生产空间集约高效、生活空间宜居适度、生态空间山清水秀的生态文明发展目标，有利于优化国土空间开发格局。

长江上游经济区内的宜宾—重庆河段，水利资源非常丰富。可规划建设南溪、石棚、新路口、朱杨溪、小南海五座水电站，实现水能资源的合理利用，并能将长约400公里的三级航道提升为一级航道，提高岸线资源的利用率和降低码头建设成本，改善沿江城市的水环境和城市景观。航道等级提高后，长江上游经济区就能够利用区域内丰富的人力、水、能源和矿产等资源，发展优势特色产业和承接中下游地区的产业转移，使长江上游经济区由欠发达地区发展成为发达地区，从而成为长江经济带的重要支撑点。

都江堰创造了成都平原两千两百多年的农业文明。今天，我们站在新

序　言

的历史起点上，借鉴国内外成熟经验，按照建设资源节约型社会和环境友好型社会的思想，立足于人与自然和谐相处的理念，科学规划川滇黔渝交界地区，再创人类文明新辉煌。以肖金成所长为主持人的长江上游经济区课题组，于2011年，在对川滇黔渝交界地区进行系统考察的基础上，撰写了长江上游经济区发展战略研究报告。报告内容丰富，观点鲜明，为长江经济带的规划做了精心的前期准备，现在付诸出版，我表示祝贺。是为序。

2015 年 1 月 19 日

前　　言

　　本书所述长江上游经济区是指重庆至宜宾的长江上游川渝滇黔四省市的交界地区，包括重庆、泸州、自贡、内江、宜宾、乐山、六盘水、毕节、昭通九市，是以长江上游干流为纽带和经济社会关系密切的一个跨省市区域。这个区域具有较大的发展潜力，不仅可以为整个长江经济带的发展提供重要支撑，而且可以为缩小长江经济带上中下游发展差距和国家实施区域协调发展战略做出重要贡献。

　　长江上游河段也称川江。川、渝地区曾经对川江干支流的开发利用取得了举世瞩目的成就。如都江堰灌区的建设，造就了成都平原"天府之国"的奇迹，灿烂的巴渝文化、三国文化、宗教文化也属世界独有。然而，长期以来，我们对川江干支流的开发利用，一直停留在农业社会的思维定式之上，盆地意识也时有显示。改革开放以来，虽然注意到了综合开发和统筹规划的问题，但在很大程度上还是分部门、分地区或按工程进行规划建设。究其原因，有发展阶段的限制性因素，但更重要的则是缺乏发展战略的指导。在我国黄河、长江、珠江三大经济带的历史基础上，已经形成了京津冀、长三角、珠三角三大城市群，这是与国家和有关省市重视发展战略和综合发展规划分不开的，而这三个区域发展战略的立足点，首先应该是建设以"江—海"或"路—海"为主体的综合交通运输体系。

　　川、渝地区的发展战略，已经重视"通江达海"的问题，国家也相应做出了有关安排。《国务院关于推进重庆市统筹城乡改革和发展的若干意见》提出"把重庆建设成为长江上游地区综合交通枢纽和国际贸易大通道"的构想，又先后做出建设保税港区和"两江新区"的战略部署。国务院批准实施的《成渝经济区区域规划》，也要求"依托中心城市和长江黄金水道、主要陆路交通干线推动区域协调发展"，并做出了"加强重

长江上游经济区一体化发展

庆港主要港口和泸州、宜宾、乐山港口建设",以及"推进重庆长江上游航运中心建设"的安排。国家发改委也做出了"长江宜宾至重庆河段开发问题进行综合研究论证"的安排。因此,我们认为长江上游经济区的发展战略应突出对内对外开放和"通江达海"的问题。也可以说,立足于长江上游干支流的综合开发、区域经济的对内对外开放和一体化建设,是成渝经济区也是长江上游经济区发展战略的立足点。从一定意义上来说,研究长江上游经济区的发展战略问题,就是研究长江干支流综合开发的问题。长江上游经济区的区位优势和空间结构态势与长三角相类似,成都和成都经济区与南京和南京都市圈有共性,泸、宜、乐自内与苏、锡、常可类比,重庆与上海也有许多共同之处,而且长江上游经济区与长三角地区都"拥江而立",所不同的是两个经济区的经济实力和发展水平有相当大的差距,但长江上游经济区资源丰富,发展势头强劲,特别是泸、宜、乐自内有可能成为我国西部地区的"苏、锡、常"。当然,从长远看,长江上游经济区还有向南向西对外开放的有利条件,这也是在研究战略时应该考虑的重要课题。

长江是一条黄金水道,历史上,两岸的居民利用这条黄金水道,发展航运,货畅其流,加强了上下游和两岸的联系,但行政区往往以长江划界,行政区分割相当严重,人为割断了经济联系。本项研究试图打破这种分割,将上下游和南北两岸合成一体进行研究,综合分析其优势与劣势、机遇与挑战、现状与问题,研究整体空间布局、产业结构优化、交通设施建设和生态环境保护,为长江经济带的综合规划和一体化发展提供决策参考。

目　　录

总 报 告

长江上游经济区发展战略研究 ·· 3
一、长江上游经济区一体化发展的可行性 ································· 3
　　（一）长江上游经济区的区域范围 ····································· 3
　　（二）长江上游经济区一体化发展的目标 ··························· 5
　　（三）长江上游经济区一体化发展的现实基础 ···················· 5
二、促进长江上游经济区一体化发展的战略意义 ······················· 7
　　（一）有利于优化配置长江上游地区的资源 ························ 7
　　（二）有利于促进川南、黔西北和滇东北
　　　　　贫困地区的发展 ·· 8
　　（三）有利于促进长江经济带的形成和发展 ························ 8
　　（四）有利于巩固与发展我国战略后方基地 ························ 8
　　（五）有利于开展与东南亚和南亚地区的合作 ···················· 9
　　（六）有利于长江上游地区生态环境保护 ··························· 9
三、长江上游经济区一体化发展的定位和思路 ·························· 9
　　（一）战略定位 ·· 10
　　（二）战略思路 ·· 11
四、长江上游经济区的重点产业选择 ······································· 12
　　（一）产业发展的基本思路 ·· 13
　　（二）重点产业选择 ·· 14

五、长江上游经济区空间布局与城市体系建设 ………………… 17
　　（一）空间布局 …………………………………………… 17
　　（二）城镇体系与各市的功能定位 ……………………… 18
六、长江上游经济区交通基础设施建设和生态环境保护 ……… 23
　　（一）交通基础设施建设的重点任务 …………………… 24
　　（二）生态环境保护的重点任务 ………………………… 25
七、长江上游经济区的水电开发与航运发展 …………………… 27
　　（一）水资源利用与经济发展、生态环境保护的关系 … 27
　　（二）水电开发对区域社会经济发展的影响 …………… 29
　　（三）航运发展对区域经济社会发展的作用 …………… 33
八、促进长江上游经济区加快一体化发展的对策建议 ………… 36
　　（一）积极推进长江上游经济区的一体化进程 ………… 36
　　（二）加速以航道开发为主轴的交通网络体系建设 …… 39
　　（三）加速构建新型产业体系 …………………………… 42
　　（四）促进生态环境保护和建设 ………………………… 44
　　（五）切实搞好水电开发 ………………………………… 46
　　（六）制定和完善相应的政策法律 ……………………… 47

专题报告之一

长江上游经济区一体化发展的可行性研究 …………………… 51
　一、长江上游经济区一体化发展的战略意义 ………………… 51
　二、长江上游经济区的范围界定 ……………………………… 52
　　（一）界定原则 …………………………………………… 53
　　（二）长江上游经济区各地区的基本情况 ……………… 54
　　（三）长江上游经济区基本情况 ………………………… 56
　三、长江上游经济区一体化发展的基础条件 ………………… 58
　　（一）地缘相接，条件相似，资源具有互补性 ………… 58
　　（二）长江上游干流及其支流经过的地区 ……………… 63
　　（三）交通网络贯穿经济区，运输方式多样 …………… 65
　　（四）初步形成具有一体化特征的沿江城市带 ………… 66

目 录

　　（五）产业集聚特征显著 …………………………………… 68
　　（六）与其他经济区的比较 ………………………………… 70
四、长江上游经济区一体化发展的实现路径 ………………… 71
　　（一）克服行政壁垒，推动要素市场一体化 ……………… 72
　　（二）建立利益协调机制，实现利益共享 ………………… 72
　　（三）以基础设施一体化为突破口，
　　　　　促进经济区协同发展 ………………………………… 73
　　（四）加快产业一体化，提高区域竞争力 ………………… 74
　　（五）推进基本公共服务一体化，促进劳动力的
　　　　　合理流动 ……………………………………………… 74
　　（六）加强资源环境治理一体化，促进可持续发展 ……… 75
　　（七）依托长江黄金水道，增强辐射周边地区的实力 …… 75
五、长江上游经济区一体化发展的目标 ……………………… 76
　　（一）发展模式发生转变 …………………………………… 76
　　（二）空间布局趋向合理 …………………………………… 76
　　（三）产业结构得到调整 …………………………………… 76
　　（四）产业集聚特征更加显著 ……………………………… 76
　　（五）城市化水平得到提高 ………………………………… 77
　　（六）现代化交通网络初步形成 …………………………… 77
　　（七）长江黄金水道得到开发和利用 ……………………… 77
　　（八）区域的生态环境得到治理和改善 …………………… 77
　　（九）经济社会得到又好又快发展 ………………………… 78

专题报告之二

长江上游经济区的功能定位与战略思路 ……………………… 83
一、促进长江上游经济区一体化发展的重要意义 …………… 83
　　（一）有利于优化配置长江上游经济区的资源 …………… 83
　　（二）有利于加快川南、黔西北和滇东北
　　　　　贫困地区的发展 ……………………………………… 84
　　（三）有利于促进长江经济带的形成和发展 ……………… 85

（四）有利于巩固与发展我国战略后方基地 ………………… 86
　　（五）有利于开展与东南亚和南亚地区的合作 …………… 87
　　（六）有利于长江上游经济区生态环境保护 ……………… 87
二、长江上游经济区一体化发展的 SWOT 分析 ………………… 87
　　（一）优势 …………………………………………………… 88
　　（二）劣势 …………………………………………………… 94
　　（三）机遇 …………………………………………………… 98
　　（四）挑战 …………………………………………………… 101
三、长江上游经济区的战略定位 ………………………………… 105
　　（一）全国重要的能源原材料基地 ………………………… 105
　　（二）西部地区资源深加工基地 …………………………… 106
　　（三）西南地区重要的增长区域 …………………………… 107
　　（四）长江流域重要的生态安全屏障 ……………………… 108
四、长江上游经济区一体化发展的战略思路 …………………… 109
　　（一）基础先行，航运为先 ………………………………… 109
　　（二）链群结合，优化结构 ………………………………… 110
　　（三）集中发展，合理布局 ………………………………… 111
　　（四）上下协同，生态共保 ………………………………… 111
　　（五）深化合作，共同发展 ………………………………… 112

专题报告之三

长江上游经济区重点产业选择 ………………………………………… 117
一、长江上游经济区产业发展现状 ……………………………… 117
　　（一）长江上游经济区产业发展成效 ……………………… 117
　　（二）产业发展总体情况 …………………………………… 141
　　（三）产业发展存在的问题 ………………………………… 143
二、长江上游经济区产业发展的总体思路 ……………………… 147
　　（一）指导思想 ……………………………………………… 147
　　（二）发展思路 ……………………………………………… 147
　　（三）发展目标 ……………………………………………… 149

目 录

三、长江上游经济区重点产业选择 ………………………… 150
 （一）六大重点产业 ……………………………………… 151
 （二）加快沿江经济带的产业发展 ……………………… 173
四、长江上游经济区发展重点产业的政策建议 …………… 182
 （一）加快企业改革步伐，完善体制机制 ……………… 182
 （二）发展资本市场，促进融资渠道多元化 …………… 182
 （三）加快产业园区的建设步伐，引导产业集中布局 … 183
 （四）加快长江上游的航运、交通基础设施建设 ……… 183
 （五）加强财政税收、金融政策支持 …………………… 184

专题报告之四

长江上游经济区的城镇体系与空间布局 …………………… 189
一、长江上游经济区发展背景分析 ………………………… 189
二、长江上游经济区城市基本情况 ………………………… 190
 （一）城镇体系整体概况 ………………………………… 191
 （二）地市基本情况 ……………………………………… 196
三、长江上游经济区的城市空间布局 ……………………… 202
 （一）城镇化水平 ………………………………………… 202
 （二）城镇体系预测 ……………………………………… 203
 （三）城镇体系建设 ……………………………………… 207
 （四）主要城市功能定位与发展目标 …………………… 214

专题报告之五

长江上游经济区交通基础设施建设和生态环境保护 ……… 223
一、交通基础设施建设和生态环境保护现状 ……………… 223
 （一）现状分析 …………………………………………… 223
 （二）问题分析 …………………………………………… 248
二、交通基础设施建设和生态环境建设总体思路 ………… 252
 （一）指导思想 …………………………………………… 252

（二）建设原则 ………………………………………………… 253
　　（三）总体目标 ………………………………………………… 254
三、总体任务 …………………………………………………………… 256
　　（一）重点推进铁路干线建设 ………………………………… 256
　　（二）全面推进高速公路建设 ………………………………… 258
　　（三）积极推进航空和水运建设 ……………………………… 259
　　（四）着力发展交通各要素联动体系 ………………………… 261
　　（五）实施重点生态工程建设 ………………………………… 262
　　（六）实施异地扶贫搬迁和劳务输出 ………………………… 263
　　（七）构建区域生态补偿机制 ………………………………… 263

专题报告之六

长江上游河段水电与航运综合开发 …………………………………… 267
一、长江宜宾至重庆河段自然条件及其对航运的影响 ………… 267
　　（一）河段自然条件 …………………………………………… 268
　　（二）流域特征 ………………………………………………… 270
　　（三）对航运的影响 …………………………………………… 271
二、长江航道宜宾至重庆段的现状及港口建设 ………………… 272
　　（一）内河航运的优势及其产业特性 ………………………… 272
　　（二）长江航道宜宾至重庆段的现状 ………………………… 274
　　（三）沿江临港城市及腹地经济社会的发展 ………………… 276
　　（四）长江航道宜宾至重庆段港口群发展现状 ……………… 286
　　（五）四大港口发展现状 ……………………………………… 290
　　（六）未来航运需求预测 ……………………………………… 295
三、长江上游航运开发对区域经济发展的重要意义 …………… 307
　　（一）历史地位 ………………………………………………… 308
　　（二）重要意义 ………………………………………………… 309
四、长江上游航电开发对区域经济发展和就业的影响 ………… 311
　　（一）长江上游航电开发对区域经济增长的贡献 …………… 312
　　（二）水电开发建设对地方财政收入的贡献 ………………… 316

目 录

  （三）水电站建设运营对就业的直接和间接效应 ………… 318
  （四）水电站建设运营对当地资源环境的影响及效应 …… 321
五、水资源综合开发利用与生态环境保护、经济社会
  发展的关系 ……………………………………………………… 322
  （一）水资源综合开发利用与生态环境保护的关系 ……… 323
  （二）水资源综合开发利用与经济社会发展的关系 ……… 323
六、促进航运发展与水电开发的对策建议 …………………………… 325
  （一）水电开发对策 ………………………………………… 325
  （二）经济建设对策 ………………………………………… 326
  （三）交通航道建设对策 …………………………………… 327
  （四）生态环境保护对策 …………………………………… 327
  （五）政策建议 ……………………………………………… 329

后记 ……………………………………………………………………… 331

总 报 告

长江上游经济区发展战略研究

长江上游经济区是指长江上游重庆至宜宾段川渝滇黔四省市交界地区，包括重庆市，四川省的泸州、自贡、内江、宜宾和乐山五市，贵州省的六盘水、毕节两市，以及云南省的昭通市。长江上游经济区既是以长江上游干流为纽带和经济社会关系密切的一个跨省市区域，又是整个长江经济带上一个尚未进行综合开发的区域。这个区域具有较大的发展潜力，不仅可以为整个长江经济带的综合开发提供重要支持，而且可以为缩小长江经济带的上中下游发展差距和国家实施区域发展总体战略做出重要贡献。长江上游经济区战略研究的重点是战略定位、总体思路、空间格局、区域一体化综合开发和可持续发展。长江上游经济区的战略研究是国家区域发展战略研究的重要组成部分，长江上游经济区的发展要充分考虑与整个长江经济带开发开放、新一轮西部大开发和成渝经济区发展相衔接、相协调。

一、长江上游经济区一体化发展的可行性

长江上游经济区一体化发展基于成渝经济区规划而提出。这一区域不仅拥有我国西部地区唯一的国家中心城市和成渝经济区"双核"之一重庆，而且横跨"黄金水道"长江，地理地缘相似，区位优势突出，产业基础雄厚，城市和城市群发展初具规模，已经具备区域经济一体化发展、辐射带动周边乃至更广阔地区加快发展的基础条件。

（一）长江上游经济区的区域范围

本项研究将重庆、宜宾、泸州、内江、自贡、乐山、六盘水、毕节和

昭通九个地级及以上城市纳入长江上游经济区的区域范围。

重庆。重庆市位于长江上游，四川盆地东部边缘，地跨青藏高原与长江中下游平原的过渡地带。地界东临湖北省、湖南省，南接贵州省，西靠四川省，北连陕西省。

宜宾。宜宾市位于四川省中南部，川、滇、黔三省接合部，东邻泸州市，南接云南省昭通市，北靠自贡市，地处长江零公里处。宜宾是长江上游开发最早、历史最悠久的城市之一，是南丝绸之路的起点，素有"西南半壁古戎州"之称。

自贡。自贡位于四川盆地南部，与内江、宜宾、泸州、乐山等地相邻。自贡境内丘陵起伏，地势由西北向东南倾斜。

内江。内江市位于四川省的东南部，坐落在沱江之滨，东连重庆，西接成都、资阳，南扼自贡、宜宾、泸州，是川东南乃至西南各省交通的重要交汇点，素有"巴蜀要冲，成渝之心"的美称。

泸州。泸州市位于四川盆地南缘，川滇黔渝四省市接合部，东邻重庆市，南界贵州省毕节市、云南省昭通市，西连宜宾市，北接自贡市、内江市，地处长江和沱江汇流处。

乐山。乐山市地处岷江、青衣江、大渡河中下游，北连眉山市，东邻自贡市，南接宜宾市，西靠凉山彝族自治州和雅安市，风光秀丽，物产富庶，是著名的旅游胜地。2010 年跻身"中国城市竞争力稳步提升的十大城市"。

毕节。毕节市位于川、滇、黔交汇处，北接泸州市、宜宾市，西接云南省昭通市，是黔西北的大门。毕节是川、滇、黔接壤地区商品集散地，是人流、物流、信息流的枢纽，素有"鸡鸣三省"之称。

六盘水。六盘水市位于贵州省西部，地处川、滇、黔、桂四省接合部，是长江上游和珠江上游的分水岭，是西南地区最大的煤炭基地。

昭通。昭通市位于云南省东北部，坐落在四川盆地向云贵高原抬升的过渡地带，东侧紧邻贵州省毕节市，北侧紧邻四川省宜宾市以金沙江为界相邻，地处金沙江下游沿岸。昭通历史上曾是云南通向川黔两省的重要门户，也是中原文化进入云南的重要通道，为我国著名的"南丝绸之路"要冲，素有"锁钥南滇，咽喉西蜀"之称。

(二) 长江上游经济区一体化发展的目标

经济一体化区域是指按照自然地域经济内在联系、商品流向、民族文化传统以及社会发展需要而形成的区域经济联合体。区域经济一体化建立在区域分工与协作的基础上,通过生产要素的自由流动,推动区域经济整体协调发展的过程。

长江上游经济区一体化发展,由于其特殊的地理位置和资源禀赋,具有更加体现该区域的特殊目标,即通过建立以长江上游干流为轴,以长江支流为线,以城市为点的一体化网状区域发展模式,克服过去以行政区域管理所带来的市场分割和地方保护主义,促使区域内生产要素的合理流动,促进区域内资源的整合,构建多样化的区域分工和协作的联合体,实现区域的共同发展和共同繁荣。

(三) 长江上游经济区一体化发展的现实基础

1. 地缘相接,自然地理状况相似

长江上游经济区九个地市虽然分属四省市,但自然地理环境相近,山水相连,属同一大的地质构造单元,大的地貌格局基本一致,均以山地丘陵为主体。这些地市都是资源富集区,资源分属四省市,种类各异,但联合在一起却相互配套,共同构成长江上游经济区的资源宝库。除重庆以外,各个城市或地区均为远离政治、经济、文化核心区的边缘区,但联成一体时,却可以构成长江上游的核心部位,地理区位条件一致。除重庆外,其他地区既是少数民族聚居区,也是不发达的地区,与所属省份社会经济平均水平存在差距,社会经济水平相近。

2. 处在长江上游干流及其支流岷江、沱江、乌江流域

宜宾境内因金沙江、岷江在此汇合,长江至此始称"长江",被称为"万里长江第一城"。三江支流共有大小溪河600多条。内江境内有长江支流的沱江水系,沱江为长江一级支流,境内的清流河、小青龙河为长江二级支流。自贡市坐落在长江上游的釜溪河畔,境内河流主要为沱江水系,釜溪河为沱江在市境的主要支流,市境西部有越溪河自北向南穿越荣

县，属岷江水系。泸州市境内长江横贯东西，沱江、永宁河、赤水河、濑溪河、龙溪河等交织成网。六盘水市地处长江水系和珠江水系的分水岭地区，长江水系以乌江上游三岔河为干流，分布于市境北部；珠江水系以北盘江为干流，由西向东横贯市境中部。毕节市分属长江流域和珠江流域两大水系，长江流域面积占95.38%，珠江流域面积占4.62%，是乌江、赤水河、北盘江的重要发源地之一。昭通市处于金沙江下游地区，境内直接流入金沙江的河流有横江、牛栏江、以礼河等大小河流40多条，流入长江干流上游的有罗布河、赤水河等，流入乌江的有以萨河、泼机河等，金沙江水系径流面积占全市总面积的84.6%，长江上游干流水系径流占12.3%，乌江水系径流面积占3.1%。重庆市境内主要河流有长江、嘉陵江、乌江、涪江、綦江、大宁河等，长江干流自西向东横贯全境，流程长达665公里，嘉陵江穿过主城区。

3. 铁路、公路、航空和水运等多种方式的运输网络初步形成

长江上游经济区已有或在建的铁路有成渝铁路、宝成铁路、成昆铁路、成贵铁路、内昆铁路、达成铁路、渝黔铁路、内毕铁路、隆黄铁路和叙永至织锦金段、昭通至攀枝花至丽江，锦遂内自宜城际，乐山至自贡至泸州，宜宾至泸州等地区的铁路连接线。已有或在建的高速公路有宜泸渝高速、西昌至昭通高速、成自泸赤高速、内遂高速乐自高速、宜宾至攀枝花高速等。已有或在建的港口有泸州港、宜宾港，目前正在对岷江、沱江、赤水河等航道进行整治。区域内机场有宜宾莱坝机场、泸州蓝田机场、重庆机场以及正在建设的六盘水机场。

4. 与成渝城市群相耦合

长江上游经济区是川、滇、黔、渝三省一市的接壤地带，在地理上已形成以自贡、泸州、宜宾、内江、昭通、六盘水、重庆、毕节八城市为中心组成的相对独立的区域城市群体。而由于地理距离较近，这几个历史上有着密切关系的城市，结成组合城市对于促进区域经济社会发展具有重要意义。所谓组合城市是指两个或两个以上城市在地域上相连或相近，自然环境条件和社会文化背景相似，具有发达的快速交通运输网及通信联络网，功能上互补，产业结构上联系紧密，空间结构上呈多中心格局，行政

管理上相互独立的城市集合体。组合城市的基本特征是城市地域相连和行政管理上相互独立。地域上必须相连或相近，一般不能超过半小时车程，否则就不可能形成组合城市。例如，内江与自贡、泸州行政区是连接在一起的，从内江到自贡的两城中心直线距离为36公里；宜宾则与自贡和泸州行政区相交，宜宾到自贡两城中心距离为65公里。城市群或组合城市作为长江上游经济区轴一线一点的组合点，将给该区域带来更多的人流、物流和信息流，加快该区域城市化发展的步伐。

5. 产业集聚特征显著

区域内蕴藏着丰富的自然资源，是典型的资源富集区。其中，水及水能、矿产资源富集，表现为：水能资源居全国之冠，平均每平方公里的水能发电量高于全国平均水平8.7倍；煤炭储量居江南第一，且煤种齐全，煤质较好；铁矿储量居全国第二位，综合利用前景广阔；硫磷资源优势独居全国；有色金属和贵金属在全国占有重要地位；建材和冶金辅料遍布全区，质优量大；生物资源丰富，农林牧业极具开发潜力。目前，该区域的产业呈现"点—轴—带"的发展态势，以各个城市的主导产业为点，以长江干流为轴，形成连纵复合的产业带。

二、促进长江上游经济区一体化发展的战略意义

长江上游经济区水能资源和矿产资源十分丰富，经济发展具有较大的潜力，但长期以来，由于交通不便，造成资源开发利用程度较低，经济社会发展相对落后。同时，由于生态脆弱地区人类活动不断加剧，生态环境也面临着严峻的考验。因此，按照《全国主体功能区规划》和《成渝经济区区域规划》的要求，加快长江上游有条件地区经济社会发展，无论是对于促进长江全流域及区域协调发展，还是对于促进人与自然的和谐发展都具有重要意义。

（一）有利于优化配置长江上游地区的资源

长江上游地区水能资源、矿产资源丰富，是我国重要的能源、原材料

基地。但由于交通、电力等方面的基础设施建设滞后，资源优势并没有发挥出来。积极开发长江上游水能、矿产等优势资源，加快能源、原材料基地的建设，并建立符合本地特色的加工工业，逐步提高资源深加工水平，发展能源和原材料等领域需求量大、运输量高的产品和项目，不仅有利于合理利用和优化配置资源，而且有利于促进沿海与内地、长江中下游与上游地区因地制宜、合理分工、各展所长、优势互补、共同发展。

（二）有利于促进川南、黔西北和滇东北贫困地区的发展

川南、黔西北和滇东北地区是我国贫困人口相对集中的地区[①]，也是国家全面建设小康社会的难点和重点地区。改善长江上游经济区对外交通条件，加快该区域经济社会的发展，将这些地区的资源优势变成经济优势，进一步增强这些地区经济发展的造血功能，不仅有利于贫困地区自我发展能力建设，而且有利于促进区域协调发展。

（三）有利于促进长江经济带的形成和发展

长江经济带是我国国土开发空间"开"字形格局中重要的横轴，在我国经济发展战略中占有举足轻重的地位。20世纪90年代，党中央、国务院做出重大决策，把以浦东为龙头的长江三角洲和长江沿江地区作为我国对外开放的重点，不但使上海和长江三角洲率先成为我国基本实现现代化的地区之一，而且推动了我国全方位对外开放格局的形成。"十一五"时期以来，国家又将武汉都市圈、皖江城市带和鄱阳湖生态经济区上升到国家战略，加快长江中游地区的发展。但仅有中下游的发展，长江经济带难以真正形成。

（四）有利于巩固与发展我国战略后方基地

20世纪60年代中期到70年代末，国家在包括长江上游在内的三线地区投入巨额资金进行大规模的三线建设，形成了以国防工业和重工业为主体，门类比较齐全的工业生产体系。三线企业的技术优势和生产潜力，

[①] 川南地区的乐山市马边县、宜宾市屏山县和泸州古蔺县及叙永县，黔西北地区六盘水市的盘县、六枝特区、水城县，毕节市的大方县、织金县、赫章县、纳雍县、威宁县，滇东北地区昭通市的鲁甸县、巧家县、盐津县、大关县、永善县、威信县、绥江县、彝良县、镇雄县等都是国家重点开发扶贫县。

将在长江上游资源大规模开发建设中得到进一步发挥，并与地方经济融为一体，为促进长江上游的发展乃至整个西部地区的经济社会发展做出重要贡献。

（五）有利于开展与东南亚和南亚地区的合作

长江上游地区涵盖的重庆、四川、云南、贵州等四个省市的部分城市，既是我国西南省区市的重要组成部分，又是我国邻近南亚次大陆和印度洋的战略要地，具有对外开放的区位优势。该区域自然资源丰富，劳动力供给充沛，是我国最具开发潜力的地区之一，且区内各市在产业结构、技术优势、资源优势和交通网络布局上，具有较大的互补性和联合发展的巨大潜力。加快长江上游经济区的资源开发与经济发展，将有力推动西南省区市之间的联合协作和优势互补，增强区域在对外贸易和经济技术交流中的整体竞争力，更有利于我国开展与东南亚和南亚地区的合作。

（六）有利于长江上游地区生态环境保护

20世纪80年代中后期以来，由于采取了一系列的封山育林措施，特别是启动"天然林保护工程"和"长江上游水土保持工程"以来，森林恢复和水土保持工作有了较快的发展，森林覆盖率在多数市、县达到20%。但由于长期以来长江上游地区人口持续增加，不少地方的财政仍主要依靠高山林区的采伐，使各支流源头的生态环境恢复工程进展缓慢，森林采伐量超过其生长量，生态环境恶化的趋势并未得到根本的扭转。加快长江上游经济区的发展，不仅会吸引高山区人口就近集中就业，而且使地方政府摆脱对采伐林木资源的财政依赖，将大大降低人类活动对长江上游地区生态环境的破坏。

三、长江上游经济区一体化发展的定位和思路

长江上游经济区劳动力、水及水能和矿产等资源十分丰富，资源开发和经济发展具有巨大潜力，但长期由于交通不便，资源开发利用程度较低，制约着该地区经济社会的发展。长江上游经济区的战略定位和发展思

长江上游经济区一体化发展

路要基于这一地区的产业基础和资源条件，充分发挥资源基础优势，推动该地区经济社会加快发展。此外，长江上游地区还是长江中下游地区的生态屏障，这一地区的资源开发和产业发展一定要重视生态环境保护。

（一）战略定位

1. 全国重要的能源原材料基地

长江上游经济区煤炭资源非常丰富，是国家规划的13个大型煤炭基地之一——云贵川煤炭基地的重要组成部分。根据国家13个大型煤炭基地的规划，云贵川煤炭基地负担向西南、中南供给煤炭，并作为"西电东送"南通道电煤基地。除丰富的煤炭资源外，硫铁矿、盐矿、泥炭、磷矿（含重稀土）、铅锌等矿产资源也比较丰富。这些资源的合理开发利用，都为把长江上游经济区打造成全国重要的能源原材料基地奠定了重要基础。

2. 西部地区资源深加工基地

长江上游经济区已形成了有色金属工业、工程机械制造、化工、轻纺工业、食品饮料等工业基地。这些基地都为长江上游经济区形成西部地区资源深加工基地提供了重要的前提。在未来的发展过程中，要按照上规模、上档次、上水平、创特色的要求，加快基地建设。

3. 辐射西南区域的经济核心区

根据《四川省国民经济和社会发展第十二个五年规划纲要》的要求，"十二五"时期，四川省将加快内江、自贡、宜宾、泸州等川南地区开发，打造四川省经济发展新的增长极，并且要将内江、自贡、宜宾、泸州等八个城市培育为100万以上人口的特大城市。《贵州省国民经济和社会发展第十二个五年规划纲要》中也明确提出加快六盘水、毕节等区域性中心城市的发展。《云南省国民经济和社会发展第十二个五年规划纲要》也提出要积极把昭通打造成区域性中心城市。这些都是长江上游经济区建设成西南地区重要的经济核心区的重要条件。

4. 长江流域重要的生态屏障

"十二五"期间,我国将加快构建十大生态屏障,长江流域生态屏障位居其列。长江上游经济区在未来的发展重点是突出生态屏障的功能建设,在绿色发展、低碳发展和循环发展方面实现率先突破。长江上游经济区要在促进绿色发展、低碳发展方面取得大的进展,从而为长江流域建设生态屏障提供支撑。

(二)战略思路

1. 基础先行,航运为先

基础设施建设是区域经济发展的重要前提,而超前性规划基础设施建设具有重要的引导和带动作用。所谓"基础先行",就是根据长江上游经济区发展的实际需要,统筹规划铁路、公路、航空、水运等方面的重大交通基础设施建设,加强经济区对内、对外的经济联系;积极推进电力基础设施建设,充分发挥区域内水电资源、煤炭资源丰富的优势,尽可能保障区域内外的需求;以防洪安全为前提,进一步搞好长江及岷江、沱江、乌江、赤水河等重要支流的水利基础设施建设,促进水资源的合理开发利用。

所谓"航运为先",就是要充分发挥长江"黄金水道"的作用,采取措施提高长江航道通行能力,挖掘重要支流的航运潜能,努力构建发达的内河航运网络,改善港口和工业区的水陆联系,降低企业物流成本。以此为基础,借鉴国外流域开发的典型经验,统筹考虑长江上游港口城市建设和产业布局,推动长江上游经济区快速崛起。

2. 深化合作,共同发展

深化长江上游经济区与成渝、长三角、珠三角和北部湾等其他经济区的合作,深化长江上游经济区各城市之间的合作,既有助于开展对外贸易,有助于加快交通设施、金融服务、物流联络等方面的一体化建设,也有助于在区域合作中发挥各自的优势,形成定位明确、特色鲜明、功能互补、竞争力强的区域发展新格局,从而实现高山生态保护区和沿江产业带之间的协调发展，实现城乡一体化发展，实现经济发展与自然环境关系的协调，促进人与自然的和谐。

3. 链群结合，优化结构

"链群结合"就是产业发展一方面要通过延伸产业链，促进产业向纵深方向发展，提高企业的根植性；另一方面，要以工业园区为基础，大力发展生产性服务业，获取产业集群效应，加快产业发展。"优化结构"包括优化产业结构和优化空间结构两个方面。"优化产业结构"就是立足长江上游经济区的优势资源，大力发展相关产业，推动产业结构向高级化发展。"优化空间结构"不仅要求调整优化空间结构的各个组成要素，使之达到与区域经济发展水平相适应的最佳要求，而且要调整各组成要素的"配比"和相互关系状态，使之协同发挥最大的整体效应。

4. 上下协同，生态共保

"上下协同"就是要打破行政区划的界限，统筹搞好长江上游流域的生态环境保护。在高度重视长江两岸生态环境建设，鼓励和支持长江两岸的城市绿色发展、低碳发展和循环发展的同时，要进一步做好长江支流的流域治理、水土保持等工作。"生态共保"就是要加强生态环境保护和治理，在继续开展"天然林保护工程"和"长江上游水土保持工程"的基础上，结合人口和经济活动向长江沿岸集聚的趋势，将水污染防治作为第一要务，通过全面划定饮用水源保护区、严格控制农业面源污染、开展重点河段整治、加强工业和生活污水治理、加强农村环境综合整治等措施，实现水生态系统的良性循环，为长江上游经济区的可持续发展提供良好的生态保障。

四、长江上游经济区的重点产业选择

长江上游经济区作为云南、贵州、重庆、四川四省（市）交界地区的一个特殊区域，加快该区域经济发展对于培养新的增长极具有重要意义。而长江上游经济区重点产业的发展，有助于辐射带动该区域经济加快发展，对区域经济增长至关重要。选择什么样的产业作为该区域的产业发展重点，对区域产业结构的演变和优化具有导向和推动作用。

（一）产业发展的基本思路

依据长江上游各城市的资源禀赋和各地区现有产业的现状，以及该区域的发展定位和总体思路，对现有的产业进行整合，利用高科技提升传统产业，淘汰高能耗、低效率的落后产业，积极扶持新材料、新能源（低污染、低能耗、高收益）等新兴产业发展。

1. 扶优扶强，扩大规模

依托长江上游经济区现有的土地资源、矿产资源、水资源、劳动力资源，以市场为导向，对现有企业进行兼并重组，扩大产业规模，提升产业结构，做大做强企业，形成一批具有竞争优势、发展前景好的企业集团。

2. 集中布局，集群发展

以产业集聚带动区域经济的发展，按照产业延伸、专业分工的原则，优化区域内已有的开发区和产业园，整合目前已经形成的八大产业集聚群，围绕装备制造业、综合化工业、清洁能源、优质名酒、农产品深加工、电子信息等，重点发展产业集群，以产业集群、产业链和优势产业三个层次组成的优势集合体作为基础支撑框架，建设一批具有较高集聚程度的重点产业园区，带动长江上游经济区经济的快速发展。

3. 突出重点，统筹协调

在产业选择上，既要有取有舍，重点发展经济效益和产业基础好的主导产业，同时又要注意平衡产业结构，注意满足经济发展的多方面需求，保证经济的持续增长力。在产业组织方面，既要注重培育产业龙头，主攻产业关联度大、产业链条长的龙头项目，主攻研发和生产一体化的综合开发项目，以培育产业龙头为目标，通过产业龙头加强对产业链上下游的整合，又要积极鼓励产业配套，创造宽松适宜的政策环境，激发调动中小企业的活力，形成若干大企业和大量中小企业分工协作的产业组织格局。

4. 承接转移，优化结构

充分利用优势和创造优势，抓住长江中下游地区产业转移的机会，拓宽招商渠道，加大引资力度，引进一批产业带动强、科技含量较高、投资强度大、资源消耗低的优质项目，积极吸纳其资金、先进设备、管理方法、经营理念、高新技术和先进适用技术。积极融入长江上游经济区的发展框架，大力推进与成都的产业联系，通过适度错位竞争和产品差异化，在竞争与合作中不断促进产业结构优化。

（二）重点产业选择

依据沿江各城市的产业基础和比较优势，在产业发展重点上，按照促进产业集聚和升级，强化区域产业的合理分工，形成布局合理、分工明确、优势突出、融合发展的产业体系的原则，重点加快清洁能源、装备制造业、化工、农产品加工、电子信息、汽车摩托车等产业发展。

1. 水电等清洁能源产业

水电产业。长江上游水资源丰富，是世界上少有的水资源富集区。未来，水电发展的重点是突出推进流域梯级协调综合开发，优先发展节能好的大中型水库电站，重点加快宜宾向家坝水电建设，开工天堂坝电厂。配合西电东送工程，推进金沙江水电站开发±800千伏直流换流站建设，采用低坝多级开发方式开发重庆至宜宾河段的中小型水电站——小南海、朱杨溪、新南路、石棚、江安水电站，积极开发建设电航通道——泸州港的航道建设，重点加强该区域的水电开发，主要包括金沙江干流的向家坝电站、溪洛渡电站、白鹤滩三座巨型电站，岷江下游的电航基地建设和六盘水的万家口子电站、泥猪河水电站、响水电站扩机工程、膳泥坡水电站、毛家河水电站。

火电产业。长江上游经济区煤炭资源富集，依托筠连、古叙两大煤炭基地，泸州煤炭基地，贵州、六盘水煤炭富集区、云南昭通煤炭富集区，发展火电所需的煤炭资源能够得到就近满足。通过加快筠连矿区、古叙矿区煤电路化综合开发，推进新维、石屏、岔角滩等重点矿井建设，分别建设1800万~2000万吨/年、1500万~2000万吨/年大型煤炭基地。六盘水盘北煤矸石电厂一期、昭通的大型煤炭基地。发展规模适度增长，重点是优化结构，节约资源，保护环境，提高火电技术水平和经济性。新建燃煤机组单机容量一般在60万千瓦以上，鼓励建设超临界、超超临界大型机组，循环流化床各锅炉电站，促进煤炭综合利用和清洁利用，鼓励发展中煤、煤泥、煤矸石为燃料的综合利用电厂。围绕古叙矿区、煤电路综合开发，在泸州建设年产1500万吨的大型煤炭生产基地，并逐步形成古叙矿区勘建采一体化和煤电、煤化工一条龙的煤矿区开发新格局。推进泸州电厂二期工程、古蔺和叙永煤矸石电厂的建设，致力于打造筠连、古叙、泸州、六盘水、昭通五大煤炭基地。整合六盘水和昭通现有的煤炭产业，各自培育大型煤炭集团，打造大型煤炭基地，以大基地建设促进大集团、大公司的形成，以大集团、大公司发展带动大基地建设。

2. 装备制造业

装备制造是现代制造业的核心，其发展程度是区域竞争力的重要体现。经过三线建设和改革开放30多年的发展，长江上游经济区装备制造业基本形成了产业规模大、技术装备先进、研发水平领先、配套体系较完善的装备制造业体系，成为全国三大重要装备制造业基地之一。随着国际形势的好转，装备制造业的发展空间将进一步扩大，将为长江上游经济区装备制造业的发展提供极大的机遇。

抓住国家振兴装备制造业的机遇，深化国企改革，扩大生产规模，增强自主创新，推动产业集群化发展，提高龙头产业专业化水平和配套骨干企业技术水平。重点发展自贡的装备制造业集群、泸州的工程机械装备制造业集群、内江的汽车运输装备制造业集群、重庆的装备制造业集群和六盘水的装备制造业集群。

3. 化工业（含医药制造）

天然气化工链重点发展天然气制成乙炔产品链，天然气制成氢氰酸产品链，天然气合成氨、高效复合肥产品链。盐化工产业链做大电石、聚氯乙烯、纯碱、甲烷氯化物等优势产品，支持盐卤、石灰石等资源丰富、环境容量许可的地区发展氯碱工业。磷化工产业链发展高水平的磷冶炼、磷化工及精细化工产品，重点发展三聚磷酸钠、磷酸三钠、磷酸五钠、五硫化二磷、磷酸二钙、磷酸氢钠等产品。石油化工产业链发展炼油产业链，形成乙烯、苯—对二甲苯、苯乙烯、丙烯酸及丙酮、塑料橡胶加工产业链。医药化工以产地品种管理为中心，按照发展绿色产业的要求，推行药材种植管理，推广应用生物技术和新兴育种；抓住中药、饮片、成药三个环节，全面提升中药生产技术、工艺、装备现代化水平，力争在中药的提取、分离、纯化等方面实现重点突破；培育一批名药材和名药品牌，提高中药产品市场的占有率；建设中药生物技术创新新药开发平台，加强中药创新品种和制剂新技术研发，形成药材规范种植和中药现代化生产体系。

4. 农产品加工业

农产品加工产业是长江上游经济区经久不衰的产业，对农业发展及农民增收关系重大。该区域农产品资源丰富，劳动力供给充足，食品饮料产业发展历史悠久，又有一批知名产品和拳头产品，是长江上游最具竞争力的产业。

大力发展无公害粮油、肉类、果蔬等农副产品深加工业，打造白酒、川粮、肉食品、川猪、川茶、川果等优势品牌，形成白酒产业集群、肉食加工产业集群、粮油制品产业集群、软饮料产业集群和果蔬产业集群。白酒业主要分布在宜宾、泸州，主要向五粮液饮料食品园区、泸州酒业集中发展区聚集，加快与贵州茅台的合作，致力于打造"中国优质名酒金三角"，支持中小酒业发展，形成世界最大的优质名酒生产基地。肉类产业集群重点布局在乐山、宜宾、毕节。果蔬深加工主要布局在乐山、宜宾、泸州。软饮料业布局在宜宾。粮油加工业主要布局在乐山、泸州和毕节。

5. 电子信息

按照发挥优势、重点突破、开放引进、创新模式、集群发展的原则，推行产业链垂直整合模式，加快发展以信息为主导的战略性新兴产业，建成国内最大的笔记本生产基地和国内最大的离岸数据开发和处理中心，集中打造通讯设备、高性能集成电路、节能与新能源汽车、轨道交通装备、环保装备、风电装备及系统、光源设备、新材料、仪器仪表、生物医药十大产业聚集，建成万亿级国家重要的战略性新兴产业高地。

电子信息产业主要布局在重庆，笔记本电脑生产基地加快建设西永微电园和空港新城笔记本电脑整机项目，加快发展电子配件集聚度高的配套产业，加快建设铝材、镁材、钢材、化学材等原材料生产供应基地，建设笔记本电脑整机与关键部件研发总部的功能区，引导关键部件和模块的开发与产业化；离岸数据开发和处理中心力争建成国家离岸外包特许产业园区，吸引大宗数据处理需求企业入住，打造以应用软件、嵌入式软件为主的软件产业集群，以带动相关产业链，打造万亿级国家新兴产业高地。

6. 汽车摩托车及配件产业

重点发展乘用车、商用车、摩托车产业链，加快发展发动机管理系统、自动变速器、汽车传感器、电喷等关键零部件，打造全球供货的零部件基地。

五、长江上游经济区空间布局与城市体系建设

长江上游经济区地处西南地区腹地，区内平原分布少，高山峻岭密布，地质条件复杂，生态环境相当脆弱。维护好本区的生态环境不仅关系到当地的可持续发展，而且对西南地区和整个长江流域的生态平衡至关重要。长江上游经济区应在生态承载力强、资源禀赋好的地区适度布局城市和城市群，将周边生态脆弱区内的人口吸纳到"中心"里，使不适宜人类经济活动的地区得到"自然修复"。这样，既可以减少对当地生态环境的破坏，又可以通过生态移民削减贫困，从而保障经济增长与可持续发展兼顾，真正做到"以人为本"。

（一）空间布局

长江上游经济区位于川、滇、黔、渝的交界地带，长江黄金水道川流而过。区内既有像川南城市群这样人口密集、资源丰富、产业基础雄厚的西南地区最有发展潜力的地区，又有昭通、毕节、六盘水等经济相对落后、贫困问题突出、生态环境脆弱的地区。从区位条件来看，区内各市位于所属省的边缘位置，发展受到一定抑制。未来，此区域要依托长江上游河段开发和高速公路、铁路等交通干线的建设，促进区内经济一体化发

展。借助市场的力量打破行政分割，形成合理地域分工。通过川南城市群的扩张和辐射，带动滇北、黔北地经济加快发展，促进人口、资源环境协调发展。综合考虑自然地理条件临近、区域产业优势互补、城镇间通勤便捷、区内城镇全覆盖等因素，长江上游经济区要形成"一轴、两带"的城镇空间分布基本框架：一轴是指渝西城市发展轴，两带是指内江—六盘水城市密集带和内江—毕节城市发展带。

渝西城市发展轴。加大重庆、泸州、宜宾三大港口的建设，发挥长江黄金水道在促进区域经济一体化和提升区域竞争力的作用，依托航运与港口水平提升，加快沿江产业的聚集，以产业聚集带动各城市的扩张，形成以长江上游水道为核心，具有强大辐射带动作用的渝西沿江城市带。重庆市沿江经济快速发展带是当之无愧的龙头，宜宾、泸州是沿江城市带崛起的战略支点，依靠重庆雄厚的技术、资本优势以及宜宾、泸州的港口和产业优势，带动长江上游经济区整体的发展。

内江—六盘水城市密集带。以内昆铁路为主轴，加快传统优势产业发展壮大，发挥比较优势发展劳动密集型产业和培育战略性新兴产业，使内江—六盘水经济带成为要素聚集的洼地，创造就业机会，吸引川南和滇北地区农村剩余劳动力进入带内城市。特别是要扩大区域内铁路沿线城市规模，形成宜宾城区、昭通城区、六盘水城区、六枝特区等几个大规模人口聚集区。

内江—毕节城市发展带。依靠未来的川黔高速公路、隆黄铁路，便利川南与黔北地区的要素流动，降低黔北资源富集地区货物外运的交通成本，形成高效、共赢的地域分工格局。鼓励交通干线沿线城市工业聚集，壮大沿线城市规模。未来带内形成以内江中心区、泸州中心区两个特大城市为龙头，以毕节、隆昌两个较大城市和叙永、古蔺、大方三个中等城市以及众多小城镇为支撑的体系完备、分工明确的城市发展带。

（二）城镇体系与各市的功能定位

1. 长江上游经济区城镇化水平预测

2012年，整个长江上游经济区城镇化率为46.33%，第二产业增加值比重为50%以上，人均GDP按美元计算为4758.56美元，属中上等收入水平。根据国际标准，长江上游经济区大致处于工业化初期向中期过渡阶段，而且城镇化率超过了30%，已进入城镇化加速时期（见图1）。分地区看，相当一部分县人均GDP已经超过1500美元，预示着这些地区已经进入快速城镇化阶段①。

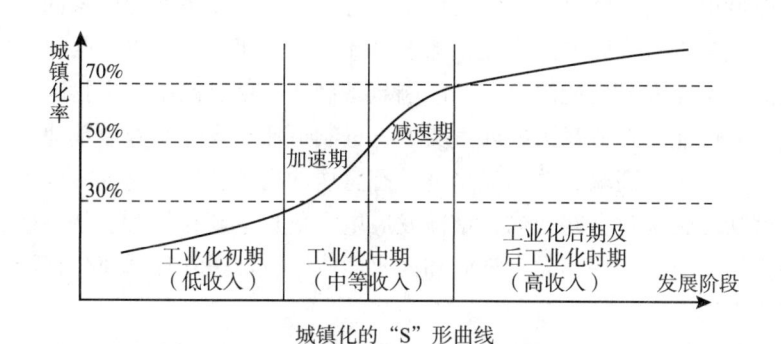

图1　城镇化的一般规律示意图

2011年3月，国家通过了《成渝经济区区域规划》，这为长江上游经济区发展带来了新的历史机遇，可以预计未来10年，长江上游经济区的城镇化将出现一个跨越式发展的过程。有关资料显示，东部地区在城镇化快速扩张阶段，每年增加1.2个百分点。按照此增长率，2015年长江上游经济区整体城镇化率将超过48%，2020年城镇化率将接近55%。分区域来看，如果处理得当，2020年渝西地区城镇化率接近70%，川南地区城镇化水平超过60%，滇北和黔北地区分别超过40%，将是一个可行的目标。

2. 主要城市的功能定位与城市规模预测

（1）重庆。

功能定位：长江上游经济区经济中心、交通枢纽和物流中心，对内对外开放的门户，西部地区最大的制造业基地，辐射带动川滇黔三省增长的

---

① 郭克莎（2002）认为，人均GRP在1500美元时，经济进入工业化中期阶段。根据传统的城镇化发展阶段理论，工业化进程的快速推进必将带动城镇化快速发展。由此可见，长江上游经济区很多县未来一段时间将进入城镇化快速推进的阶段。

引擎。

发展方向：合理划分城市功能，协调推进城市发展，提高城市发展水平。提升中心城区综合服务功能，完善市政基础设施，改善人居环境，提升城市品质，促进现代服务业聚集发展，打造金融、商贸、会展之都和国际旅游城市。建立健全城市创新体系，建设高端产业集聚的国家创新型城市。积极推进中央商务区建设，建设高端服务业集聚区。提升两江新区综合功能，重点发展新能源汽车、高端装备制造、信息网络、生物医药等战略性新兴产业，打造我国内陆重要的先进制造业和现代服务业基地，建成功能现代、产业高端、总部集聚、生态宜居的内陆新区。完善城区外围组团集聚功能，优化空间布局，重点发展电子信息、新材料、装备制造、商贸物流等产业，加快建设大学城和西永微电园，促进外环高速公路沿线城市组团发展。

发展目标：未来10年，随着西部大开发的深入推进，以及成渝经济区、重庆综合配套实验区等国家战略的实施，重庆将迎来一个高速发展的新时期。按照建设西部地区重要增长极、长江上游地区辐射中心的要求，按照未来五年主城区人口年均新增20万人的速度，2020年重庆主城区城镇人口将增加到950万人以上。同时，主城区的建成区面积也将超过1100平方公里。2030年，重庆主城区与其周边城市组成的都市圈将成为人口超1200万人的大都会。

（2）泸州。

功能定位：长江上游经济区重要的区域性中心城市，辐射带动川南和黔西北地区的增长极，长江上游经济区重要的航运和物流中心。

发展方向：依托长江上游河段开发和港口开发的机遇，大力聚集现代制造业，建设临港工业园区，打造西南地区新兴重型装备制造基地。加快融入重庆都市圈，发挥泸州土地、劳动力、环境容量等基本生产要素的比较优势，加大政策优惠力度，主动承接重庆等地区的产业转移。加快与黔北地区城市联系，成为带动连接成渝、带动黔北的区域中心城市，向北成为成都、资阳、内江等地区的出川水运通道，向南辐射黔北地区，成为黔北地区资源便捷的外运中转站，带动黔北地区经济发展。重点发展酒业、化工、机械装备制造、商贸物流四大支柱产业，成为国家高端白酒基地、西部和长江上游重要的化工、机械装备制造基地，以及川黔渝三省交界的物流中心。

发展目标：将按照近期建成长江上游沿江特大城市的目标进行规划，2020年人口超过150万人，建成区面积160平方公里，2030年城市规模达到200万人。

(3) 内江。

功能定位：成渝经济区重要交通结点，川南地区区域性中心城市，长江上游经济区北部的增长极。

发展方向：内江市是成渝之"心"，交通区位优势十分突出，且资源禀赋条件优越。加快与重庆和成都的产业对接，主动承接产业转移，建设两地电子信息、汽车的配套生产基地。依托区位和资源禀赋，重点发展冶金建材、农产品加工、汽车零配件、医药化工四大支柱产业，努力打造成为西部重要的绿色农产品加工、冶金建材和汽车零配件基地、长江上游经济区物流集散中心和联系成渝经济区的重要门户。加快城市建设向自贡方向延伸，加强基础设施建设，尽早实现同城化发展。

发展目标：2015年，内江市中心城区人口超过80万人，建成区面积80~100平方公里；2020年发展到成为人口规模超100万人的大城市，建成区面积120平方公里；2030年中心城市人口规模达到150万人。

(4) 自贡。

功能定位：长江上游经济区二级中心城市，川南城市群中心城市之一，特色旅游文化名城。

发展方向：城市建设向内江方向延伸，完善与内江的交通通勤设施，实现自贡内江同城化发展。未来应重点发展盐化工、机械装备制造、新材料和旅游文化产业，成为国家新材料产业基地、西部重要的盐化工、机械装备制造基地。

发展目标："十二五"期间，城镇化进程不断加快，城镇化率年均提高2个百分点左右，2015年城镇化率达到50%左右（富顺县、荣县达到30%以上），中心城区发展成为120万人的大城市，2020年发展到150万人，2030年达到200万人。

(5) 宜宾。

功能定位：川滇黔接合部经济强市和长江上游经济区重要的经济增长极，长江上游重要的航运枢纽，滇北地区和成都平原物资通江达海的门户。

发展方向：凭借处于川滇黔交界的区位优势，打通通往滇北的铁路和高速公路，依托其港口，成为成渝经济区西部及滇北地区商品、大宗物资进入长江航道的中转站，成为带动滇北地区辐射黔北的次区域中心城市。重点发展能源、白酒、化工、机械制造四大支柱产业，成为国家级高端白酒生产基地、西部地区和长江上游重要的综合能源、化工、机械制造基地，成为川滇黔接合部的商贸物流集散中心。

发展目标：宜宾未来的城镇体系主要构架形成"一中心，八结点"的布局形态。到2015年，宜宾主城区发展成为人口超80万人的中等城市，2020年城市规模达到100万人，2030年达到150万人。

（6）乐山。

功能定位：成都平原南部区域性中心城市，成都经济区货物水运出川的南大门，长江上游经济区重要结点城市。

发展方向：按照特大城市规划建设，依托港口建设临港工业发展区，加快城市快速通道建设。将乐山建设成为成渝经济区重要的清洁能源、新材料、冶金建材产业基地、生态和文化旅游胜地、川南地区重要的交通结点和港口城市。

发展目标：2015年成为人口近80万人的大城市，建成区面积达到80平方公里；2020年城市规模达到100万人，建成区面积100平方公里；2030年中心城市人口规模达到150万~180万人。

（7）昭通。

功能定位：滇北地区经济增长极，与成渝经济区联系的桥头堡，长江上游经济区区域性中心城市。

发展方向：加快建立优势特色产业体系，打造中国西部重要的能源产业基地、现代烟草产业基地、生物产业基地、农特产品加工基地、产业转移承接基地，形成长江上游生态屏障和中国面向西南开放桥头堡的双向大走廊，成为西部大开发的特色区域和开放度高、辐射力强、经济繁荣、社会和谐、生态良好的新兴增长极。

发展目标：2015年中心城区人口规模达到40万人；到2020年，建成人口规模50万人以上的中等城市，建城区面积60平方公里；2030年，中心城区人口规模达到80万人。

（8）六盘水。

功能定位：贵州省西部区域性中心城市，川、滇、黔三省接合部交通枢纽和物流中心，长江上游经济区重要的能源和原材料供应基地。

发展方向：六盘水应大力实施工业强市战略，走新型工业化发展道路。抓住国家实施新一轮西部大开发的机遇，大力调整结构，转变发展方式，把六盘水建成西南地区重要的煤炭化工、资源精深加工、矿山装备制造和特色农产品加工基地。

发展目标：2020年，六盘水市中心城区人口超过50万人；2030年，中心城区人口规模达到90万人，建成区面积110平方公里。

（9）毕节。

功能定位：川滇黔接合部的区域性经济中心，长江上游经济区能源保障基地和南部经济增长极，西南地区重要的综合交通枢纽，长江、珠江上游重要的生态屏障。

发展方向：改造提升能源工业、绿色食品加工业、建材工业等几大传统优势产业，着力培育壮大生物医药产业、汽车及零部件产业、装备制造业等战略性新兴产业，积极承接国内外产业转移，做大生态型工业的总体规模，打造国家重要新型能源产业和生物医药产业基地、西南地区特色装备制造业基地和西部地区承接产业转移重要基地。

发展目标：到2015年，中心城区人口达到50万人左右，城镇化率接近40%。到2020年，中心城区人口达到80万人，成为川滇黔渝交界处的中等城市。到2030年，毕节—大方组成的中心城区人口规模超过150万人。

六、长江上游经济区交通基础设施建设和生态环境保护

长江上游经济区交通基础设施在"十一五"时期得到迅速发展，铁路网络初具规模，公路建设迅速推进，主要港口和库区水运基础设施建设得到较大改观。但是，就目前长江上游经济区的交通基础设施现状来看，难以满足该地区今后资源开发和产业发展的需要，交通基础设施建设仍然需要加快发展。同时，长江上游经济区拥有许多珍稀、古老的动植物种

类，且是长江中下游地区的生态屏障，保护生物多样性和生态环境也是这一地区的重点任务。

（一）交通基础设施建设的重点任务

1. 对外交通一体化建设

加快区域内机场、高铁、港口、高速公路建设，构建长江上游经济区对外交通立体大通道。建成宜泸渝沿江高速公路、成贵铁路，加快推进川黔、泸赤、泸渝、广渝泸、内威、隆纳等高速公路和隆黄、渝昆等铁路的建设进度，加快推进宜昭、宜毕、宜攀等高速公路和渝昆铁路、内昆铁路的前期工作，强化与成渝、北部湾、黔中等重要经济区的联系，缩短与成渝、长三角、珠三角、北部湾等经济区的时空距离，打通出境、出海国际通道，增强对西南地区的集聚和辐射能力。

2. 对内交通一体化建设

加快规划建设连接各城市的高速公路、城际铁路、轻轨等交通基础设施，构建长江上游经济区一小时通勤圈。加快建设乐自隆、成自泸赤高速公路。新建绵遂资内自宜城际铁路，融入国家铁路快速客运网。新建乐自泸铁路，打通南向货运出海通道。全面完成 G321 线建设，新建 S218 省道，加快改造 S206、S305、S207 省道。有机衔接对外通道和各城市之间的交通网络，加快交通专线、城市交通环线建设，实现城市组团之间快速无障碍连接。加强国、省干线公路和重要城镇过境线的升级改造，努力提升区域内市与县、县与县、资源地和城镇与产业园区之间的公路等级，提高农村地区公路标准，构建农村公路网络体系。

3. 交通各要素联动体系建设

解决重大基础设施的共享利用问题，发挥好区域内高铁、机场、港口、水利等重大基础设施的作用，加快建设各城市重点区域与其连接的大件运输通道和陆路快速通道。修建连接区域内各个城市的城际公路，修建自贡至泸州大件运输公路。共享宜宾、泸州航空港，迁建后的宜宾、泸州机场军民合用，近期为4C级，远期为4D级，积极开辟区域至国内主要大中城市和重要旅游景区航线，提高航班密度。加快宜宾、泸州港口建设，将宜宾港建设成为四川最大内河港和长江上游川滇黔接合部的绿色港口，通过大件港口，解决大宗商品和大件物资通江达海。积极支持港口集疏运体系建设，加快宜宾港志诚作业区与成都—自贡—泸州高速公路相连的大件运输路建设，加快宜宾至毕节的矿产资源开发运输快速通道建设，加快白马、西渡、牌楼等旅游客运、囤船码头建设。加快启动向家坝灌区引水工程，加大对区域内中型灌区工程的建设力度，构筑灌区河道供水系统，实现长江各支流水资源的联合调度。开发沱江水运通道，提升沱江航道为四级航道，船舶常年通航能力达到500吨以上。积极争取提高长江航道整治标准，提高大宗初级产品和大型装备的运输能力。

（二）生态环境保护的重点任务

按照国家加快建设长江上游生态屏障和四川省推进生态省建设的要求，长江上游经济区生态环境保护和建设的主要任务是要着力构建资源节约型、环境友好型社会，促进经济社会发展与资源环境相协调，提高生态文明水平。与此同时，长江上游经济区在开发建设中，要统筹规划和科学设计，避免人为因素的生态环境破坏和次生自然灾害发生。实施生态移民，加大生态保护区和水源地保护力度，从源头上扭转生态环境恶化的趋势。通过退耕还林还草等手段，促进生态系统得到修复，增强可持续发展能力。

1. 统筹规划和科学设计，避免生态环境遭受破坏

进入21世纪以来，人类认识和改造大自然的能力和规模都空前加大，已经对生态系统的平衡造成了巨大的影响和破坏。一些地方发生的滑坡泥石流灾害是由于规划建设的选址不当或开山毁林造成的。长江上游经济区位于四川盆地的平原和丘陵交错地区，在开发区选址和工程项目布局时，一定要在科学论证的基础上谨慎确定。长江上游经济区的长江干流和重要支流上的筑坝建库更要进行慎之又慎的科学论证才能确定，以确保特大地震和其他自然灾害的发生而不会造成垮坝事故。长江流域是我国人口和经济密度非常高的区域，如发生垮坝事故有可能造成多米诺骨牌效应，造成的生命财产损失将是不可想象的。因此，长江上游干流开发建设水能时，不宜选用高坝方案，而应选用径流方案。这样可以大大减少工程移民的规模，对干流沿岸地区的城乡搬迁也可大大减少，甚至可创造更好的江岸生态环境。值得指出的是，对于长江干支流的开发利用，一定要实行发电、航运、水利综合开发的方针，以造福于广大人民群众。

2. 加大生态保护区和水源地保护力度，扭转生态恶化的趋势

从总体上看，长江上游经济区的生态环境，经过几十年来的建设和保护，已经有了很大改善。但是一些边远山区的生态环境恶化仍有加剧的趋势。对这些地区的居民，要通过生态移民的强力措施，实施生态保护和修复。国家已做出规划，构建生态安全屏障，继续实施天然林保护工程，巩固和扩大退耕还林还草等成果，推进石漠化和水土流失的治理，实施保护林草植被和江湖湿地，以及长江流域防护林工程体系建设等一系列措施。我们要严格按照国家和省市的规划要求，开展长江上游经济区的开发建设和生态修复的工程建设。长江上游经济区已经或正在开发建设的交通、能源、水利基础设施，正在进行和将要开工建设的一大批重大建设项目和开发工程，都应该为生态移民和劳动力转移提供一定的就业岗位和资金的支持，有关部门和地区应该采取鼓励劳动力迁移的政策，放宽农民特别是生态移民进城的限制。

3. 坚持可持续发展战略，加强生态建设和生产防治体系建设

长江上游经济区要严格遵循《成渝经济区规划》和四川省、贵州省、云南省、重庆市及相关城市和地区有关加强生态环境保护和资源利用的规划要求，安排区域性生态环境保护与建设。一是要做好经济区生态网络建设，依托山体、河流等自然生态空间，参与建设长江上游经济区范围内有关盆周生态圈，以及长江、岷江、沱江、金沙江、嘉陵江、乌江等生态带；二是严格节约利用土地资源，合理开发利用水资源，强化资源综合利用，有效控制工业污染排放和加强环境综合治理；三是大力发展循环经济，切实做好长江上游经济区的环评工作，为建设成为资源节约型、环境友好型和可持续发展的绿色长江上游经济区提供保障。

七、长江上游经济区的水电开发与航运发展

人与自然和谐相处是人类社会具有永恒价值的基本理念。正确处理人与自然的关系，实现人与自然的和谐相处是社会和谐的要义之一。2009年，在哥本哈根气候变化大会上，中国向国际社会庄严承诺：到2020年非化石能源在中国一次能源的比重将提高到15%。要实现这一目标，水电至少要贡献9%，因为水电是中国目前可开发程度最高、技术相对成熟的可再生清洁能源。长江上游水能资源丰富，可开发潜力巨大，在未来的开发过程中，既要促进水电开发和航运健康发展，又要实现人与自然的和谐相处。

（一）水资源利用与经济发展、生态环境保护的关系

人类文明的起源和人类社会的发展离不开水，无论是以农业为基础的简单经济社会，还是现代高度发达的工业化时代，水资源都是支撑社会经济运转的物质基础，且随着社会的发展和经济水平的不断提高，水资源的消耗量越来越大。水资源作为基础性的自然资源、战略性的经济资源和公共性的社会资源，其可持续利用直接关系到全面建设小康社会目标的实现。因此，保护好水资源，科学地开发利用水资源，对经济社会可持续发展至关重要。但是，水资源的开发利用必然影响到地表水、地下水和水质的动态，从而影响到植被、河湖和耕地质量，即必然会影响到生态环境的质量。因此，我们必须遵循自然规律和社会规律，做到在开发中保护，在保护中开发，以保护生态环境为前提，对水资源进行合理地优化配置，促进区域经济与生态和谐发展。

重庆至宜宾河段处于"长江上游珍稀、特有鱼类国家自然保护区"的核心区、缓冲区和实验区，可通过修建鱼道和增殖放流站等设施，或通过水库生态调度运行，解决水资源综合开发和鱼类洄游之间的矛盾。

开发重庆至宜宾河段，调节长江水位变化，会大大改善沿江两岸的水环境，使密布在沿江两岸的重庆、江津、合江、泸州、江安、南溪、李庄、宜宾等大小城市变得更加山清水秀宜居。

长江上游经济区一体化发展

重庆至宜宾河段丰枯流量、水位的变化很大，枯水期流量不足2000立方米/秒，水深不足2.7米，在交通如此繁忙的水道上，鱼类的生存受到很大的威胁。工程建成后枯水期将形成较大稳定水面，大大改善鱼类的生存环境。

重庆至宜宾河段采用低坝多级综合开发，将原来的三级变为五级，基本上不改变水流的流态，同时可使河道的洪枯水量相对稳定，再加上鱼道等设施建设能够保证鱼类的洄游，基本不改变鱼类生活的自然环境。

新规划的五级水电站：其中二级坝址在实验区，三级坝址在缓冲区。先初步考虑对保护区范围不做大的调整，仅对建坝区域进行微调，拟将三个在建缓冲区的坝址区域调整为实验区。充分体现到人与自然和谐相处的理念，在保护中开发和在开发中保护，创新了水电开发模式。

水是工农业等一切经济活动不可或缺、不可替代的投入资源，也是人类消费生活中不可缺少、不可替代的消费品，经济增长、人民生活水平和质量提高都离不开水资源。因此，合理地开发利用水资源能够促进社会经济的发展，否则就可能对经济社会发展产生制约。

经济社会发展与水资源的关系是相互影响、相互制约、相互适应的，也是不断变化、不断递进的。经济社会发展水平影响着水资源的开发利用，水资源的开发利用也影响着经济社会的发展。经济社会发展初期一般都是迫切需要开发利用水资源，需要水利建设为经济建设打好基础，而开发利用水资源的水利建设又受到经济发展水平和财力、技术能力的影响。随着经济发展水平的提高，对水资源的需求不断增加，开发利用水资源的能力也相应提高。当经济发展是扩大外延的粗放式发展方式时，对水的利用方式也是低水平的粗放方式，重建设，轻管理。当经济发展方式实施内涵式转变时，水资源的利用方式也将进行实质性转变，即由注重开发、利用、治理向注重配置、节约、保护转变。转变过程即是不断解决经济社会发展过程中水资源约束问题的过程，解决得好，可以增强对经济社会的支撑能力，形成相互的适应促进关系；解决得不好，将与经济社会发展形成相互的制约关系。

在区域经济社会发展过程中，只有合理、高效地开发利用水资源，才能使水资源系统保持较好的可持续性，才可以支撑经济社会的可持续发展。反之，将得不偿失，既会破坏自然水循环系统，降低有限水资源的承载能力，又会使经济社会的可持续发展遭遇障碍。

成渝及周边地区资源丰富，通过水电综合开发，市场化运作，企业投资，以水电为龙头形成能源交通基础设施，从根本上解决"四川盆地"发展的交通"瓶颈"问题，使区域物流具备大进大出的条件。充分利用周边云贵川基础原材料、人力、水资源的优势，依托沿江密布的城市群和低山丘陵等有利的自然环境，带动当地劳动密集型产业发展，为扩大就业、拉动内需创造条件。

重庆至宜宾河段两岸属低山丘陵地区，地势平缓，便于工业布局，并不与粮食争地，有利于四川灾后重建产业布局的调整和创造就业机会，使当地农村剩余劳动力不再离妻别子到沿海打工，从而实现以人为本，为建立和谐社会、和谐家庭创造条件。

重庆至宜宾河段航道改善后，就具备了将珠三角、长三角、环渤海的区域发展模式复制到成渝经济区的条件和比较优势，为承接产业转移和产业升级奠定基础，推动成渝经济区发展成为我国经济增长的"第四极"，也必将使其成为维护国家经济安全的战略大后方。

重庆至宜宾河段水电开发具有发电、航运、环保、区域发展等方面的巨大效益，但也涉及长江上游珍稀、特有鱼类国家级自然保护区，落实鱼类保护措施是关键，也是对人类智慧的考验。

国际上，美国罗斯福新政时期于1933年开始开发田纳西流域，带动落后地区发展；欧洲莱茵河的开发带动了两岸的经济发展，造就了欧洲工业中心鲁尔经济区；法国的罗纳尔河采用低坝多级开发方式，成为人与自然和谐相处的典范。国内都江堰创造了成都平原2200多年的农业文明。这些都是可以借鉴的经验。今天，我们站在新的历史起点上，借鉴国内外成熟经验，创新水电开发模式，按照建设资源节约型、环境友好型和谐社会的思想，秉承人与自然和谐相处的理念，科学统筹规划开发长江上游重庆至宜宾河段，再创人类文明可持续发展的辉煌，使之成为践行科学发展观的典范。

（二）水电开发对区域社会经济发展的影响

长江上游河段的水电开发对该区域社会经济的可持续发展有着重要的意义，是长江上游经济区发挥资源优势，实现经济"加快发展、科学发展、又好又快发展"的有力支撑。该河段水电的开发与建设不仅在四川省能源发展战略中有着重要的地位和作用,而且具有巨大的经济效益和不可忽视的社会综合效益。长江上游河段的水电开发对发挥四川省的水能资源优势,加快四川省大中型河流水电开发,推进"川电外送"战略起到积极作用,并最终为国家的"西电东送"能源战略实施做出重要贡献。对水电开发项目的投资,将直接拉动项目实施区域的国民经济总产值增长和就业增长,增强地方财政实力,将西部地区潜在的资源优势变为现实的经济优势。同时,水电站的建设投产有利于长江上游地区绿色生态屏障建设和四川省优质清洁能源快速发展,并将为四川省的节能减排做出贡献。因此,有必要对长江上游河段水电站开发与建设带来的巨大经济效益和社会综合效益进行系统的分析,定量计算和定性分析该区域水电站建设及运行对该区域经济增长、地方财政收入、环境保护和节能减排等方面的促进作用。

1. 长江上游河段航电开发对区域经济发展的贡献

水电资源开发具有投资强度大、投资效益好、产业带动强的优势,水电项目的建设对国民经济相关行业的影响较大,尤其是在经济欠发达的内陆地区,消费、净出口两大因素对经济的拉动作用极为有限,投资往往成为地方经济发展最直接的动因。

水电站建设对地方经济增长的拉动作用包括两个方面:一方面是建设期对经济的拉动。在水电站建设期间需要投入大量的人力、物力及资金,需要相关部门投资品和消费品的投入和生产,包括建设大坝、厂房所需的水泥、木材、钢材、钢筋等建筑材料,还有施工机械、发电及输变电设备等,建设期间还需要大量劳动力,而劳动力又要消耗大量生活消费品等,这意味着对相关部门扩大了需求,而需求又是通过水电站建设期间的投资来实现的。所以,水电站建设期间对经济增长的拉动作用实质是投资起的作用。另一方面是运行期对经济的拉动。水电站机组投入运行后,水电站所在地区的电力行业增加了发电能力,直接增加了电力产值,同时也为相关产业提供了电能,为相关产业的发展提供条件,进而促使该地区国民经济获得稳步增长。所以,水电站建成后对经济增长的拉动作用,其实也是电力生产所起的作用。

水电站建设对经济增长的贡献。在一个完整的经济系统中，国民经济各部门之间存在着相互依赖的紧密关系，每一个部门的生产活动、经营活动都要以其他部门的产品或服务为基础。当一个部门的产品增加时，其他相关部门为支持该部门这一增量的实现，必须同时增加一定的产品或服务作为中间消耗，从而拉动整个国民经济总产出增长。根据我们对四川省近30年来水电投资与总产出的关系研究，四川省水电开发的投资乘数达到2.08，即对水电开发增加投资1亿元，将对四川省经济拉动总产出增加额2.08亿元。据测算，长江上游经济区水电站建设总投资估计1033.32亿元，有望拉动GDP增加2152.72亿元。

水电站建成运营对经济增长的贡献。水电站投产运营后，通过项目自身发挥效益，能够加快当地国民经济总量增长；通过带动当地经济结构调整和经济总量增长，可以促进国民经济结构优化和总量增长。根据我们的研究，长江上游河段水电站投产运营后，假设其多年平均发电量为377亿千瓦时，这些发电量可以形成15.94亿元的最终需求，从而有望拉动整体产业部门40.26亿元的总产出。这必然对整个经济系统起到不可忽视的带动作用。

2. 长江上游河段水电开发建设对地方财政收入的贡献

水电站在建设期间和运营期间都将直接为国家贡献巨额税费，其中有一部分划归地方财政。与此同时，水电站的建设和运营还能通过带动地方相关产业，为地方间接贡献税费。

水电站建设期间，根据现行财税政策，施工承包方需缴纳的建筑安装营业税及其附加（城市维护建设附加、教育费附加、地方教育费附加）是最主要的部分。

水电站建成运营后，发电和供电企业须缴纳增值税及其附加税（城市维护建设附加、教育费附加）。按目前国家税收政策，增值税的75%归中央财政，其余25%全部归水电站所在地政府财政。水电站按年发电377亿千瓦时计算，增值税地方留成部分的贡献每年共4.61万元。此外，水电站建成运营后，发电企业须缴纳企业所得税，税率为25%。按目前国家税收政策，所得税60%归中央财政，其余40%归四川省财政享有。

3. 长江上游河段水电开发对扩大就业的直接和间接效应

水电站建设项目将通过两种途径拉动就业增长，一方面通过项目建设带动投资和相关产业的发展，从而带动就业规模的扩大；另一方面通过人口集聚拉动消费，带动第三产业的发展，促进就业。本项研究所指的就业既包括水电站项目本身所带动的直接就业，也包括由于水电站工程建设拉动的建材、冶金、机电、电力以及交通仓储、餐饮住宿等第三产业增加的间接就业。

直接就业拉动。直接就业是指参与水电站项目建设施工及施工管理的人员。我们采用劳动报酬分析法进行分析预测对直接就业的拉动。使用四川省2008年的统计数据，经计算可得，四川省2007年电力行业劳动力投入系数0.0224。

间接就业拉动。由于水电站建设期间对水泥、钢材、木材等建材产出的需求增加，施工过程中对电力、油料、炸药、机电设备等物资需求增加，以及对综合技术服务、运输、仓储、其他服务业等第三产业需求的增加，可拉动上述各行业产生就业需求。根据四川省水电站建设的历年经验数据，水电站通常可带动间接就业人数为直接就业人数的1.3~1.5倍。我们研究认为，水电站投产运营后，每年形成的15.94亿元最终需求会拉动整体产业部门共3.6万人的间接就业，就业人口的增加将促进市场交换规模的扩大，商品交易量、物流交通量和信息交换量也都将同时扩大，从而促进区域经济总量的扩大，经济发展速度的提高。

4. 长江上游河段水电开发对当地资源环境的影响及效益

水电能源作为一种可再生、清洁廉价、便于调峰、能够修复生态环境、兼有一次与二次能源双重功能、能够极大地促进地区社会经济可持续发展、具有防洪、航运、旅游等综合效益的电能资源，水电开发对改善电源结构、合理利用资源、减少煤炭用量、降低有害气体排放量、减轻对环境的污染、促进电力工业可持续发展具有十分重要的战略意义。水电开发还可有效降低由于洪涝灾害引发大范围社会、环境问题的风险，并经过灌溉供水等综合效益的发挥，提高土地承载力，改善区域居民生存环境。总体来讲，水电站投资建设后的环境效益是巨大的。长江上游河段水电开发在战略上的意义极为重要，关系到四川生态省的建设进程，也涉及长江上游生态屏障建设的重大战略目标能否实现，进而影响到全国生态环境的动态变化。

长江上游河段水电开发有利于绿色生态屏障建设。加快长江上游河段水电资源开发以及水电站建设，以电代柴，解决退耕还林还草后的烧柴问题，减少人为的生态环境破坏，对长江上游绿色生态屏障建设具有重要支持作用。

减少煤炭消耗，节约不可再生能矿资源。水电站建成后将新增水电发电量377亿千瓦时，根据四川省2020年能源发展规划，按四川省当前火力发电平均每千瓦小时实际耗标煤313克，每千克标煤折原煤1.4千克计算，考虑到火电厂用电比水电厂用电高7.5%，即水电厂发电量相当于1.075倍的火电厂发电量，则水电站新增电力每年可节约原煤消耗约2099.32万吨。若按国家2005年发电煤耗为370克标准煤/千瓦时计算，则水电站新增电力每年可节约原煤消耗约2060.9万吨。即使按照国际先进水平的标准计算，即2005年火电供电标准煤耗由370克/千瓦时下降到355克/千瓦时，水电站新增电力每年仍可节约原煤消耗约2016.95万吨。

减少温室气体、二氧化硫及粉尘排放。我国能源行业节能和环保规定，2010年火电厂每千瓦小时烟尘排放量控制在1.2克，二氧化硫排放量下降到2.7克，氮氧化合物排放控制在2.5克。按照这一排放标准计算，新开发水电站新增电力若为377亿千瓦时，相当于每年直接减少大气中的燃煤烟尘排放48633吨，减少二氧化硫排放109424.25吨，减少氮氧化合物排放101318.75吨。

（三）航运发展对区域经济社会发展的作用

长江"黄金水道"是贯穿整个长江流域经济社会发展的重要脉络，历史上以江兴城、以江兴市、以江兴业，无不与长江息息相关。虽然过去一段时期内，由于运输方式的扩展和运输结构的调整，长江"黄金水道"似乎有些沉寂，但随着近几年"煤电油运"的全面紧张及长江沿线的上海、浙江、江苏、安徽、江西、湖南、湖北、重庆、四川七省二市合作加强，长江"黄金水道"的航运功能得到进一步发挥，长江上游经济区也将得到快速发展。

长江上游经济区一体化发展

1. 长江上游航运是四川外向拓展的重要支撑

全球一体化进程加快要求内河运输与海洋运输相对接，充分利用国内、国际两个市场、两种资源。四川地处内陆、四面环山的盆地地形制约了公路、铁路的建设与运输，而长江航运本身所具有运量大、成本低、能耗小、投资省、占地少的突出优势使作为西部经济强省的四川，东向通道最可行、最便利的就是长江上游航运，通过上游航运连通长江，进入大洋。根据2009年年初四川省初步完成的《泸州—宜宾—乐山港151群布局规划》，将泸州—宜宾—乐山港口群定位为长江上游重要的集装箱枢纽港，计划到2012年港口群货物通过能力达到4280万吨，集装箱通过能力达到200万TEU；到2020年集装箱通过能力达到400万TEU。不断发展的长江上游航运将使长江上游经济区成为具有较强国际竞争力的外向型经济示范区。

2. 长江上游航运能提高长江上游地区承接产业转移的能力

国际金融危机与全球经济复苏放缓加快了产业转移的步伐，过去更看重东部沿海的优惠政策和便利条件的国内外众多企业，现在处于变局，寻求突围，开始往西边看，发现长江上游地区有着广阔的发展空间。欧美市场萎缩，沿海出口受阻，重庆、四川等西部地区有可能更多地承接发达国家和沿海地区的产业转移，迎来新一轮发展机遇。然而，在新的机会下，交通运输的成本依然是制约西部地区承接产业转移的最大"瓶颈"之一。长江上游航运将使长江上游地区尤其是沿江地区较其他西部地区更具成本优势，从而提高承接产业转移的能力。

3. 长江上游航运能够部分缓解内河航运交通压力

长江上游航运以中小港为载体，中小港口作为我国港口群体中一个重要组成部分，对于缓解我国交通压力，推动港口城市的发展具有重要的作用。同时，长江上游航运能力的提升可以推动长江沿江港口的发展，港口因其生产和经营活动会产生大量的人员、物资、信息、资金的流动，直接催生港口产业（海运、仓储、集疏运等），衍生依存产业（造船、贸易、钢铁、石化、电力、加工工业、报税业等），派生产业（有关港口的金融、通信、保险、维修、旅游、服务等），从而使长江上游经济区成为集生产、经营、商贸、旅游、通信、服务等功能为一体的特殊区域，必然增加社会就业。

4. 长江上游航运能提升长江上游地区经济潜力

长江上游地区拥有得天独厚的自然资源优势、相对较好的经济基础、庞大的市场容量和充足的人力资源，是我国未来经济发展中具有巨大潜力的地区。长江上游地区已建立起冶金、化工、电力、建材、机械、电子、食品、轻纺、医药等支柱产业，以机械电子为主的国防工业和优势资源开发为主的原材料工业在全国占有重要的地位。在我国宏观经济布局中，长江上游地处西南经济区和西北经济区的接合部，是我国西部经济与中、东部及沿海经济交融的要冲，是我国西部内陆腹地通往南亚次大陆和印度洋的战略要地，肩负我国西南部国防前哨与后方基地的重任，在我国全方位开放和跨世纪发展战略中占有突出的地位，是我国西部具有巨大发展潜力并可率先发展的地区。依靠以长江上游航运为主体骨架的经济通道建设，一方面可以进一步提升上游地区的经济潜力；另一方面对出口受阻的东部地区而言，西部是一个巨大潜在的消费市场，长江上游航运使这一市场更加开放，从而有力促进国内消费需求的扩大。

5. 长江上游航运是扩大对外开放的重要保障

长江流域是我国经济最发达、最活跃的地区之一，由于多方面的原因，形成了上、中、下游分别以重庆、武汉、南京和上海为中心的区域经济态势，区域经济梯度性、互补性特征明显。为促进流域经济协调发展和共同繁荣，国家结合实际不失时机地相继启动了东部率先、西部大开发和中部崛起的战略。区域经济的协调发展将会使东中西部的交流与协作不断扩大，人流、物流、信息流、资金流的需求剧增。长江上游航运作为连接东中西部地区的纽带，以其独特的区位优势、巨大的运能及发达的网络在流域区域经济协调发展中将发挥巨大作用。

八、促进长江上游经济区加快一体化发展的对策建议

长江上游经济区既是长江经济带的重要组成部分,也是我国实施西部大开发战略的重要区域。长江上游经济区的主体部分是国务院批准的《成渝经济区域规划》的重要区域,地处我国西南川渝黔滇四省市的接合部。因此,促进长江上游经济区发展,对于加快长江经济带、成渝经济区、西南地区发展和西部大开发都具有重要意义。促进长江上游经济区经济加快发展,一方面要贯彻落实我国西部大开发战略、遵循《成渝经济区区域规划》和川渝黔滇四省市发展规划、符合国家关于区域发展总体战略和国家主体功能区战略的要求;另一方面也要充分利用国家和有关省市已经出台的政策措施。现就促进长江上游经济区经济发展的战略层面,提出如下若干对策。

(一)积极推进长江上游经济区的一体化进程

1. 长江上游经济区的优势集中体现在长江上

按照科学发展观来审视,世界各国人口、城市和经济的地域分布,基本上呈现出沿江(湖)沿海(海湾)和沿路集聚的特点。世界上十大著名的经济带或都市连绵带,也大多是沿江或沿海布局的。其中,沿江沿湖经济带有英国的泰晤士河经济带(伦敦—伯明翰—利物浦和曼彻斯特)、法国的塞纳河经济带(巴黎—卢昂—勒·哈佛)、德国的莱茵河经济带(莱茵—鲁尔,包括波恩、科隆、杜塞尔多夫和埃森等)、美国的五大湖南岸经济带(芝加哥—匹兹堡—纽约)和中国的长江经济带(上海—南京—武汉—重庆)。从发展趋势看,中国的长江经济带有望成为全球最长最繁华的大河经济带。长江经济带由于其独特的区位条件、资源优势和社会经济基础,在我国全面建设小康社会和实现现代化的过程中,必将发挥其他地区难以替代的重要作用,也完全可能成为与沿海经济带比肩的我国又一条重要经济带。长江经济带的发展是党中央、国务院提出的坚持西部大开发、振兴东北地区、促进中部地区崛起、支持东部地区率先发展的总

体布局和解决"三农"问题战略目标的集中体现。长江上游经济区，即重庆—宜宾的沿长江地区，是长江经济带的重要组成部分。然而，迄今为止，长江上游经济区还没有纳入国家战略来进行深入研究。长江上游经济区的开发开放和交通基础设施，应该首先纳入整个长江经济带交通基础设施体系来研究和布局，以利于长江上游经济区的优势能够得到充分的展现。

2. 推进长江上游经济区发展的关键是要加快川江航道的建设

目前长江上游经济区尚未形成一个整体的概念，其原因主要是这一地区还未建立以长江航道为主轴的区域现代化交通基础设施体系，在相当程度上已经影响到这一区域的加快发展和一体化进程。

关于长江干线航道向上游延伸和加深的构想，现已形成广泛的共识。国家对建设西部地区出海通道的建设十分重视，并做出了具体的部署，云南、四川、贵州等省也都把长江作为重要的出海通道。云南省规划的南北"二出省"通道的北通道，就是要通过长江航道使云南省的货物直抵长三角。随着水富港[①]改扩建工程的竣工，金沙江—长江航运已实现1000吨级船舶沿江直达华中各地及上海。也就是说，云南省等西部地区对长江上游经济区的长江航道将不断提出新的要求。特别是随着长江上游的集装箱运输迅速增长和泸州港集装箱码头的建设和发展，应加快进行水富至宜宾航道的整治工程。重庆至泸州、宜宾的航道，虽然在20世纪90年代经过系统整治已达到三级航道的标准，但由于各种原因在很长一段时间一直是按1.8米水深维护的。为了满足西部大开发和成渝经济区发展的需要，宜宾至重庆的航道于2005年又开始整治工程并于2009年5月完工，将维护水深提高到2.7米，并提高了助航设施的科技含量。从长江来看，川江航道应抓住川江的综合开发（包括水能）机会，尽快实现渠化。值得指出

---

① 水富港的建设是在20世纪谋划的，由当时国家计委会同云南省、四川省编制的《金沙江下游地区国土规划》中提出的，该规划后经国务院授权由国家计委批准实施。编制《金沙江下游地区国土规划》，是根据当时胡耀邦总书记的批示精神开展的。当时新华社《国内动态清样》（第1129期）刊发了时任云南省第一书记安平生同志关于国家统一安排开发金沙江下游资源的建议。胡对这一报道做出了批示："……现在需要一批有志气干实事的同志，狠狠了解和抓一抓国家的大的开发工作……"。后又批示："……对这件事我们必须认真办理，先由交通部对通航的可能性做调查研究，计委研究开发磷、煤矿和可能性……"。金沙江下游地区国土规划的范围包括宜宾、昭通等19个县市，总面积3.69万平方公里，当时人口有669万人。

的是，在加快川江航道主轴建设的同时，应同步建设川江干支流的航道体系，以避免区域水运的"肠梗阻"；在加快建设长江航运通道的同时，要在整个区域乃至更大区域建设布局中，注意充分利用川江干支流航道的功能，使航运成为这一区域内部运输的主要方式。总之，国家出台的《关于加快长江等内河水运发展的意见》，已经为长江上游经济区水运开发建设带来了良好的发展机会和前景，也是促进长江上游经济区发展的重要抓手和动力。

3. 长江上游经济区的交通要以完善区域综合交通体系为目标

因为长江上游经济区辐射的区域范围比较大，长江上游经济区的战略定位应该是发展成为全国重要的物流集散地。长江上游经济区物流指向的重点虽然是向东的长江中下游地区，但其物流集散功能和要求决定了其物流流向是360度的，其物流集散必须是由综合交通网络支持的，并要与全国综合运输网络融为一体的。具体地说，长江上游经济区要以完善跨省市交通干线和对外大通道为重点，构建以长江干流、铁路干线和公路主干线为主轴的区域交通走廊和运输大通道，形成由铁路、水运、公路、民航和管道等多种方式所组成的布局合理、发展协调、衔接配套、优势互补、高效便捷的区域现代化综合运输体系，为促进区域经济一体化和发展外向型经济、推进区域经济的合理分工和协作、建立统一大市场、增强商贸流通能力等，提供快捷、畅通和经济的交通运输保障。

4. 长江上游经济区的交通建设应符合可持续发展的要求

长江上游重庆—宜宾段，是长江上游的黄金河道，不仅拥有丰富的水资源，而且具有航运和水能开发的巨大功能。因此，长江上游经济区交通建设要在综合开发的前提下进行，各种运输方式要与长江航运相衔接、相协调。具体地说，应该坚持的方针：一是要坚持交通先行的方针，突出交通的纽带作用，把建设区域交通基础设施作为相关地区的共同任务，国家和有关地区都要以适度超前的要求，予以重点扶持、优先发展；二是要切实贯彻建设综合运输体系的交通发展主导方针，依据经济区自然地理条件和经济社会发展特点，在充分发挥长江上游水运优势的基础上，协调发展铁、公、管、航（空）等其他运输方式；三是要以全国交通运输网规划为依据和前提,统筹规划、合理布局,防止盲目发展、重复建设;四是要根据区域经济布局和发展的需要,适应四川省、云南省、贵州省和重庆市相关地区和更大区域资源开发、水能开发、农业发展和产业结构转型、发展外向型经济的需要,进行交通建设;五是要坚持市场导向和企业主体、政府推动相结合的方针,建设交通基础设施重大项目,为整个区域创造良好的投资环境。

(二) 加速以航道开发为主轴的交通网络体系建设

内河水运既是国家综合运输体系和水资源综合利用的重要组成部分,也是区域经济发展的优势所在。举例来说,京津冀地区与长三角、珠三角地区相比就存在很大的差距和不足,因而也就成为京津冀地区发展和合作的不利因素。内河水运具有运量大、占地少、能耗低、污染小、安全可靠等特点,是我国实现经济社会可持续发展的重要战略资源。长江上游经济区,总的来说是位于盆地丘陵山区,存在交通不便、耕地不足、优质能源缺乏、生态环境脆弱等问题,因此加速以航道开发为主轴的现代化交通基础设施建设,对于促进经济区产业集聚和城镇化发展具有重要意义。2011年1月,国务院印发了《关于加快长江等内河水运发展的意见》,决定用10年左右时间,建成通畅、高效、平安、绿色的现代化内河水运体系。长江上游经济区要抓住这一机遇,加快航运建设。鉴于《成渝经济区规划》已经得到国务院批准实施,很快促进了长江上游经济区有关地区的建设规模逐渐扩大。如果交通基础设施建设跟不上发展要求,势必影响人口、产业的合理布局,进而影响产业的集聚和城镇化的发展。

1. 城市规模是加快综合交通体系建设的重要依据

四川省在《"十二五"规划》中提出要积极培育绵阳、南充、自贡、泸州、攀枝花、宜宾、内江、达州八个城市为100万人口的大城市,其中自贡、泸州、宜宾、内江四个城市就位于长江上游经济区范围内;还提出要推动自泸内宜一体化发展,要加快形成"一极一轴一区块"的总体区域发展格局,其中自贡、宜宾、泸州和内江都在成渝通道的发展轴之中,而泸州、内江又在环渝腹地经济区块之内,可见长江上游经济区自贡、泸州、宜宾、内江四个主要城市在今后四川省经济社会发展中的重要作用。

据此认为，在成渝经济区中，长江上游经济区自泸宜内四市组成的城市群很有可能成为与成都经济区、重庆经济区相鼎足的第三个都市圈增长极，而在长江上游经济区中也很可能率先拥有百万人口的大城市。长江上游经济区中的云南昭通和贵州毕节、六盘水、遵义的城市规模也将会有较快的发展，其中六盘水和遵义也将很快发展成为大城市，而毕节、昭通也有望很快发展成为中等城市。应该指出的是，目前在我国西部地区各大省区中，除广西以外都只有1个中心城市的非农业人口超过百万，而像四川省这样拥有9000万人口的大省只有1个成都市超过百万非农业人口，这是大省区经济发展缺乏动力源或发展不快的一个重要原因，也是大省区建设高速网络运输体系的难点。

2. 促进高速运输网络体系和水利、能源基础设施的建设

《成渝经济区区域规划》和四川省《"十二五"规划》中都对建设高速运输网络体系和水利、能源基础设施做出了安排。《成渝经济区区域规划》在"完善综合交通运输体系"中明确，要加快铁路建设，完善公路网络，加强航道和港口建设，优化机场布局。其中，构筑以重庆、成都为铁路枢纽，规划建设16条铁路主干线，将打通成渝经济区的西北向、东北向、东向、东南向和西南向通道，使长江上游经济区处于放射状铁路网之中；打通至兰州、西安、郑州、武汉、长沙、贵阳、昆明等周边省会城市的快速铁路通道，使长江上游经济区缩短与这些城市商贸往来的距离；加强成渝等区域内城际轨道和城市轨道交通的规划建设，为长江上游经济区进一步融入成渝大区域创造更为有利的条件。在完善公路网络和加快公路通道建设方面，明确了要重点建设重庆至宜宾至昆明、成都至自贡至泸州、宜宾至攀枝花等公路通道，以及安排了区域内市县出境公路、断头路、长江过江通道和农村公路改造、完善等级公路网等建设，为长江上游经济区的区内外公路拓展便捷的发展空间。在加强航道和港口建设方面，明确了以长江干线和嘉陵江、渠江、乌江、岷江等支流高等级航道为重点，建设干支衔接、水陆联运、功能完善的内河水运系统。同时，还提出了加强长江干线航道治理，提高岷江等通航能力，建设水富至宜宾、乐山至宜宾三级航道，加强泸州、宜宾等港口建设，大力发展集装箱、汽车滚装、大宗散装、化危品运输和旅游客运等建设，为长江上游经济区尽快形成以航道开发为主轴，加速沿江高速运输网络体系基本框架的形成，奠定重要的基础。在优化机场布局方面，明确了要加强泸州、宜宾等支线机场的建设，为长江上游经济区发展对外交流、空港经济创造条件。在四川省《"十二五"规划》中还安排建设贵州—泸州—内江—成都成品油管道等工程，为长江上游经济区形成综合运输体系提供支撑。

在加强水利基础设施建设方面，《成渝经济区区域规划》明确了要完善供水保障设施和加强防洪减灾设施建设，为长江上游经济区一些或工程性缺水，或资源性缺水，或水质性缺水的城市和农村地区，提高供水保障程度，也将使宜宾、泸州等港口城市和江河沿岸城镇增强防洪减灾的能力。

在加快能源基础设施建设方面，有关部门已经提出了优化电力供应结构、水电和煤电互济、各种电源协调发展的规划思路，并提出了有序发展水电，合理开发长江、乌江、金沙江等水能资源，加强嘉陵江、岷江下游航电工程和大中型水电站建设，以及内江 60 万千瓦循环流化床示范电站等建设，为长江上游经济区的能源需求提供重要保障。

以上交通、水利、能源等基础设施的规划建设和安排，将有力促进长江上游经济区的开发建设，重要的是在实施过程中要注意落实，保障工程的顺利建设。有关宜宾—重庆长江干流的水电梯级开发的前期工程也应尽快进行，以利于这个地区的城市空间布局、水运通道建设和产业集聚区规划的合理安排。

3. 明确主要城市的功能定位，引导产业集聚

由于国务院批准实施新一轮西部大开发战略和《成渝经济区区域规划》，加之长江上游经济区的所在各省市也都发布了《"十二五"规划》，长江上游经济区已经逐步成为区域内、省内外，乃至国外投资者关注的热点区域。目前，各个开发区、城市改造项目和重大基础设施工程已经呈现出前所未有的发展态势，这是个可喜的现象。但是，由于各项准备不足，也出现了不少问题和困难。例如，某些地区的统筹规划或滞后或可行性尚待进一步论证，区域性交通、水利、能源等重大基础设施尚待完善，土地等资源集约利用程度不高，内陆型经济特征比较明显，各市之间的功能定位和产业分工还有待进一步协调等问题。因此，有必要进一步明确各中心

城市的功能定位和发展目标，以便尽可能避免在长江上游经济区重演东部沿海地区在早期开发建设中存在的各种问题，影响长江上游经济区开发建设的进程和质量。

鉴于长江上游经济区的区域范围还要进一步明确，其功能定位、各地市的产业分工也要在国务院批准实施的《成渝经济区区域规划》基础上进一步研究提出意见，以便有关部门决策参考，也利于长江上游经济区的开发建设和为促进主要中心城市的产业集聚、城镇化发展提供指导。

促进长江上游经济区开发建设需要明确几个问题：一是要以长江干流为主轴和重点，展开对沿江主要中心城市和沿江地区，以及区域内长江主要支流、重要交通干线沿线和枢纽地区进行研究；二是要初步明确主要中心城市的功能定位，提出区域内合作机制的设想；三是要从沿江中心城市发展的角度，提出川江水利、水运、水能综合开发的构想；四是要探讨重庆、成都两大中心城市对沿江中心城市的辐射带动作用和产业转移与承接提出建设性的意见；五是要研究如何通过交通体系建设和产业集聚，推进长江上游经济区城镇化的进程。

（三）加速构建新型产业体系

长江上游经济区应该作为一个整体区域来进行研究，但各市（地）的开发建设可以具有相对独立性。为了推进区域合作和产业分工，我们设想可以将长江上游经济划分为7个产业组团，包括四川的泸州产业组团、宜宾产业组团、乐山产业组团、内江和自贡产业组团，贵州的六盘水和毕节产业组团，云南的昭通产业组团，以及重庆产业组团。在这里我们对四川境内的四个产业组团进行重点研究，这四个产业组团形成的"长江上游城市带"与长江下游的"皖江城市带"有相似的特点。长江上游经济带与皖江经济带一样，带内城市都可以说是所在省内的经济基础较好、发展活力较强的几个小"龙"。因此，长江上游城市带承接产业转移，可以借鉴皖江城市带的经验和做法。

1. 承接产业转移的重点领域

根据初步研究，长江上游产业带重点向外对接和承接产业转移的产业领域可以选择装备制造业（汽车、摩托车零部件生产、工程机械、节能环保装备等)、原材料产业(冶金、化工、建材、再生资源、新材料)、高新技术产业(电子信息、生物产业)、轻纺产业(服装、食品饮料和农副产品加工)、军工产品业(航空航天产品等)和现代服务业。

之所以选择以上产业作为对接和承接产业转移的领域,是因为长江上游产业带具有开发建设这些产业的雄厚技术实力。如泸州已是中国重要的工程机械基地之一,且具备大型装备机械的航运条件,现有硝化棉、航空航天产品、"801"产品等一批在国际国内具有较高知名度的军工产品,无烟煤、硫铁矿、天然气等资源储量丰富,能够为承接企业提供资源支持。长江上游产业带是中国白酒金三角的所在地,具有建设成为我国高档酒类评定、检测和市场服务中心的条件,而且具有专业技术基础和人才支持;已经建成或正在建设的一批经济开发区和专业工业园,基本拥有了承接发达地区产业转移的能力。如内江市就已建成28平方公里的能承接冶金建材、食品加工、医药化工、机械制造、电力能源等产业的7个产业园区。再如宜宾市已初具规模的临港经济开发区,具有承接临港产业开发建设的巨大潜能;自贡是四川省老工业城市,是我国西部地区重要的装备制造业基地、盐化工基地、国家新材料产业化基地,电站锅炉、数控机床、工业阀门、焊接材料、输送机械、CNG压缩天然气成套设备等产品在国内具有领先优势,可以成为承接转移的重点区域。

2. 承接产业转移要规划先行

作为《成渝经济区区域规划》政策范围内的长江上游经济区,要成为我国西部地区承接东部沿海地区和其他发达地区产业转移的先行区,创造和积累西部地区与东部地区合作发展的经验。因此,要研究制定更加开放、更加优惠的政策措施,争取国家有关部门和有关省市的有力支持,以吸引有关地区和企业到西部地区实施产业转移的发展战略。实施产业转移和承接产业转移要以市场机制、法律保障和企业主体进行,政府要在体制机制上放权,目的是要使有关产业的核心竞争力在转移和承接的过程中得到明显加强,为转移和承接的企业、地区和政府都能在分工合作、优势互补、环境保护和企业一体化发展中得到明显的效益。在完成长江上游经济区承接产业转移规划后,要得到有关部门的批准,并争取成为西部地区国家级的产业转移承接区。

长江上游经济区在承接产业转移方面，应采取由近及远、先易后难的战略，逐步积累经验后再逐渐扩大领域和规模。所谓由近及远，可以先与重庆、成都两大经济区进行合作试点，并可与此同时积极开展与长三角、珠三角和京津冀地区的合作。所谓先易后难，是首先选择承接与转移产业技术经济问题较少的项目进行合作，并在此基础上再逐步深入到技术含量更高、规模更大的项目，开展双方或多方的合作，在条件成熟和许可的条件下双方还可以合作建设开发区，或者现有的开发区成为产业转移方所在园区的一个境外分区或分园。总之，体制、机制都要灵活可变，当然也要遵循国家、省市的有关规定，并取得有关方面批准后才能开展工作。

从长江上游经济区的实际情况来看，应该把长三角地区作为其承接产业转移的首要合作对象。

3. 促进主要城市的合理分工

以各中心城市的优势产业和强势企业为基础，调整空间布局，重点扶持规模较大的产业集聚区发展，是促进经济区各中心城市产业合理分工的有效途径。从长江上游经济区的现状情况来看，这样的愿景业已初步形成，只要各方面共同努力，各中心城市间的产业合理分工局面将会加速形成。从整体来看，长江上游经济区的产业空间布局将形成一带五区的态势，一带指由重庆、泸州、宜宾、乐山组成的沿江产业带，五区指由自贡、内江、六盘水、毕节、昭通五市分别形成的5个产业片区。从产业上来看，一带五区的产业发展格局符合长江上游经济区有关产业的定位，即可以实现"全国重要能源原材料基地和西部地区资源深加工基地"的构想。但是，在具体的产业规模化发展、空间布局调整方面，还要根据市场化、城镇化的发展要求，加以引导。最有效的措施是要加快长江上游经济区规划的编制工作，并在国家和兄弟省市的帮助下，引入相关的大型工业项目作为重要产业集聚区的核心功能区。同时，各市还要重视宜人、宜商、宜居商务区的功能建设。

（四）促进生态环境保护和建设

1. 加大生态环境保护与建设的力度

政府及各部门、流域管理者、水库管理者和其他利益相关者都应该秉承生态环境保护的理念，充分认识到水电站建设和运行给生态与环境带来的不利影响，同时，应该认识到问题的复杂性和长期性。加大对生态环境保护和建设的力度，通过生态移民、鼓励劳动力迁移、放开人口限制、加大生态保护区和水源地保护力度、退耕还林还草等手段减少人类活动对生态脆弱经济区的影响，使生态环境得到逐渐修复。

2. 加强流域综合管理

在长江上游水资源综合规划中，应从全流域角度，根据各河段特点，综合考虑河流的经济和自然功能，制定河流生态流量标准，逐步实现水利设施的生态调度，并作为水电站规划、设计、建设和运行的重要依据。同时，水电站的规划不能仅考虑水能利用的经济指标，还要考虑水电站及水库对各类自然保护区及生态环境敏感区的影响，应将避免和减少这种影响作为规划的重要目标。

3. 积极防治地质灾害

各地应该加强区域内的地质环境调查工作力度，加大"天然林保护工程"和"长江上游水土保持工程"的实施力度，增加当地的植被覆盖率，改善当地的居民分布格局和产业结构，尽可能遏制水土流失。依据长江上游地区地质环境问题分区与国家重大工程的分布，对区内地质灾害易发区开展以流域为单元按行政县（市）展开1∶50000地质灾害详细调查以及其他有针对性的环境地质调查。开展专项地质环境调查，为工程建设提供准确翔实的基础资料，为减少工程建设对生态地质环境的影响提出科学合理的对策建议。

4. 加强长江上游水电梯级开发对生态环境影响的研究

目前，我国对水电开发的环境影响研究多是对单项工程进行的，而流域性的梯级开发对环境影响的研究还不是很多。梯级开发对生态环境的影响，除具有单个水库对环境影响的共性外，还具有群体性、系统性、累积性、潜在性等特征，这些方面的研究都还较少，需要加强。

5. 探索并实施水库生态调度，充分发挥水库的生态功能

完善现行的水库调度方式，针对现行水库调度方法的缺陷，采用多目标生态调度技术，在实现防洪、发电、供水、灌溉、航运等社会经济多种目标的前提下，对流域实行生态补偿。通过下泄合理的生态基流保护下游水生态环境，运用适当的调度方式控制水库淤积、富营养化等，充分考虑下游水生态及库区水环境保护。采取人造洪峰调度方式，根据水生生物的生活繁衍习性灵活调度，控制低温水下泄，控制下泄水体气体过饱和，充分考虑水生生物及鱼类资源保护。通过水库"蓄清排浑"的调度运行方式，结合调整运行水位，采用底孔排沙等措施，降低泥沙淤积，延长水库寿命，充分考虑泥沙调控问题。

6. 加强鱼类资源保护力度

加强鱼类资源、鱼类基础生物学研究，高度重视水电梯级开发的叠加效应，在摸清家底、辨析影响、完善措施的基础上，进行科学规划。严格实施适度开发，为珍稀、特有鱼类留下最后的生存空间。应当有选择、有限度地开发流域水能资源，在电站之间保留一定面积的流水生境，以切实减少水电开发造成的不利影响。加强保护区建设与管理，切实做好资源保护工作。地方政府及相关机构应积极配合鱼类保护行动，取缔保护区内商业性捕捞，控制天然水体渔业活动，以遏制鱼类资源衰退趋势。

（五）切实搞好水电开发

1. 规划前期要科学论证

在规划水电开发前，要组织包括地质学、地震学、生态学、水利工程学、环境科学、经济学、军事学等学科专家组成的专家组对长江上游地区梯级水电开发的模式和规模及其地质和生态风险进行全面、深入、系统的大跨度、多学科交叉的综合研究与评估，在科学论证的基础上科学规划长江上游经济区的水电开发模式和规模。

2. 加强长江上游流域统一规划与管理

长江上游流域总体规划是合理开发的核心，这种综合规划必须跳出行业决策模式，不能仅由水利部门单独完成，还需环保、林业及科研等部门的配合和参与，对河流开发中已经产生的问题也需要在规划中提出解决方案。流域规划的过程应根据国民经济的发展，对水资源合理、有效地利用，并考虑地区利益以及环境质量进行综合选择。同时，还要树立流域规划的法定权威和约束性，已论证通过的流域规划不能随意改变，否则按程序追究法律责任。

3. 开展长江上游流域梯级滚动开发

"流域滚动梯级开发"是被国内外水电开发证明了的、行之有效的建设模式。以一个流域公司为主体进行流域水电开发，有利于建立统一的流域梯级调度中心，有利于流域梯级统一运行调度，显著提高流域各级的供电和调峰调频能力，大大提高电网的稳定运行水平，从而实现流域梯级最优开发。对于整个长江上游河流系统，通过建立包括各梯级水库群和三峡梯级的联合调度中心，可以协调长江上游水库群的综合用水矛盾，使整个系统实现最优化调度运行，大大提高河流梯级开发的安全性和综合利用效益。

（六）制定和完善相应的政策法律

多年来的水电建设实践表明，经济政策的不够完善和配套会阻碍水电的发展。因此，要在总结经验教训的基础上，汲取国外水电建设的有益经验，制定和完善有利于促进水资源综合利用、水电建设与水库淹没及生态环境保护相协调和加快水电建设的经济政策和法律法规。

因为水事活动的流域系统性很强，无论是建设还是运行，都应从流域整体考虑，而流域内水利水电建设和管理又涉及很多部门和地区，各地区、各部门、各企业很容易从各自利益最大化的角度考虑问题，影响流域的整体效益和生态环境。因此，需要制定有关法律法规，加强对流域内水库相互配合、合理调度的管理，指导流域内各水库的蓄水和调度运行，减少因水库蓄水运行不合理对生态环境带来的不利影响和对流域整体综合效益的损害。

专题报告之一

长江上游经济区一体化发展的可行性研究

长江上游经济区一体化发展是基于成渝经济区规划而提出的。成渝经济区依托重庆和成都两个特大型城市为"双核"而构建，目前来看存在两大短板：其一是空间结构问题。在成渝经济区内，成都和重庆"双核"的功能非常强大，而中间和周边地区则相对较弱，在成渝之间和周边形成一个经济发展的塌陷地带。如果这些地区不进行一体化发展，没有合理的分工协作，将很难避免"大树底下不长草"的局面。其二是物流成本高的问题。我国过去的沿海经济区是基于较低的物流成本这一竞争优势发展起来的，但成渝地区不同于长三角和珠三角，其深居内陆，尽管要素资源富集，但产品运出的物流成本无疑会很高，必将大大削弱该地区产品的竞争力。然而，成渝经济区拥有的"黄金水道"长江，是该区域产品走向全国乃至全世界的重要通道。本专题主要围绕长江上游川南、黔北和滇北地区构建经济发展一体化区域的可行性进行分析，并就长江上游航道开发对区域经济一体化发展的重要作用进行讨论。

一、长江上游经济区一体化发展的战略意义

2011年3月1日，国务院常务会议原则通过了《成渝经济区区域规划》。按照规划，成渝经济区将成为西部地区的增长级和经济高地、国家重要的先进装备制造业、现代服务业、高新技术产业和农产品基地、全国统筹城乡综合配套改革试验区、国家内陆开放示范区和国家生态安全保障区（见图1-1）。

长江上游经济区一体化发展

五大战略定位
一、西部大开发的增长极或经济高地
二、国家重要的先进装备制造业、现代服务业、高新技术产业和农产品基地
三、全国统筹城乡综合配套改革试验区
四、国家内陆开放示范区
五、国家生态安全保障区

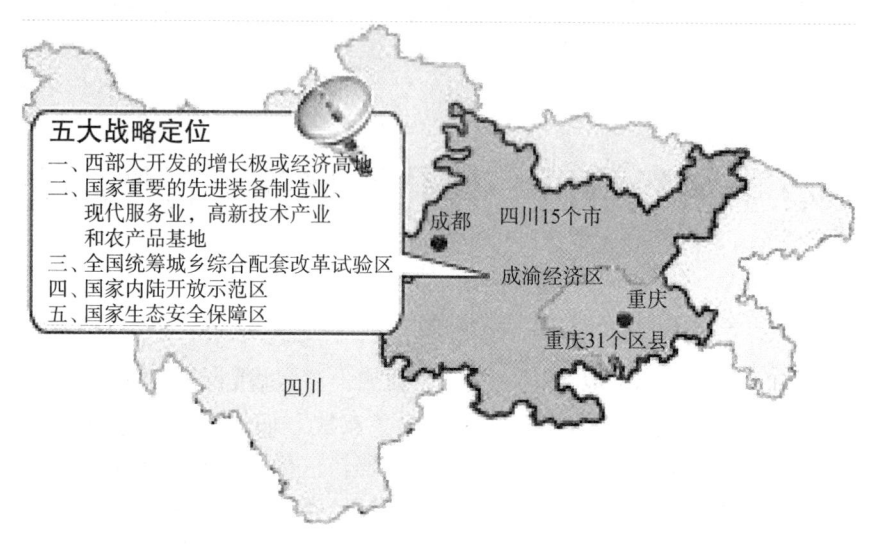

图1-1 成渝经济区区域规划图

成渝经济区包括重庆市31个区县和四川省15个地市，总面积达20.61万平方公里，2012年常住人口9840.7万人，经济总量为1.58万亿元，是我国重要的人口、城镇和产业集聚区。成渝两地距离为326.4公里，相距较远，目前呈现哑铃状的发展态势，即经济发达的两大都市居两头，中间及周边则是相对欠发达地区。为了加快成渝经济区发展，除继续支持成渝两大都市发展外，还需要加快培育新的增长极。

本专题主要探讨在成渝经济区内川南部分城市及毗邻地区构建一体化次区域来承接两大都市区经济辐射和产业转移的可行性。只有长江上游经济区实现一体化发展，才能构成成渝经济区的南翼，与遂宁、南充、达州等城市组成的北翼共同支撑成渝经济区发展，形成诸如长三角、珠三角和京津冀一样的发达经济区，进而带动西部地区加快发展。

二、长江上游经济区的范围界定

传统意义上的长江上游是指宜宾至宜昌段，也称川江，长约1044公里，其间有岷江、沱江、赤水河、嘉陵江、乌江等较大支流汇入。但是，

长江上游经济区一体化发展的可行性研究

经济区是政策区，也是合作区，其政策实施和产业发展要考虑自然地理、经济社会、文化传统等方面的联系和相似性，有可能小于或大于传统地理上的流域范围，这就要求我们提出科学合理的原则来界定经济区建设和发展的范围，以利于该区域经济社会与资源环境的协调可持续发展。

（一）界定原则

一体化区域是指具有相似的自然地理、经济社会、文化传统的地区，依托中心城市和城市群，形成有较强凝聚力和辐射力的空间上连片、经济联系密切、兼顾行政区划完整的地理单元。本课题考虑到与成渝经济区的经济联系和承接关系，将长江上游经济区的区域范围界定在四川、重庆、云南和贵州四省市的交界地区，界定原则如图1-2所示。

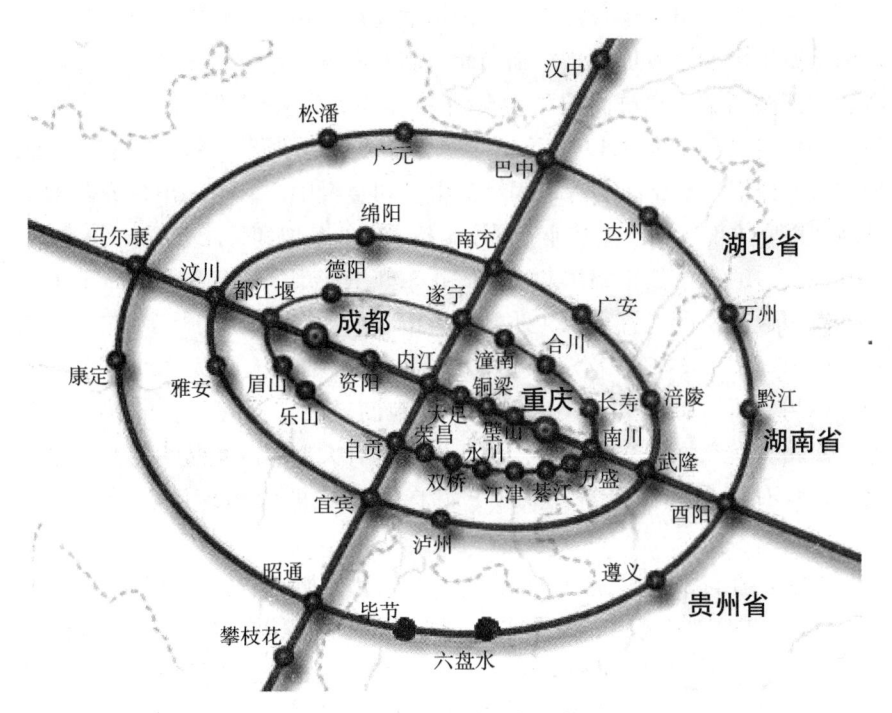

图1-2 成渝经济区辐射范围

处在长江上游干流和支流流域的地区；
毗邻成渝经济区，位于成渝经济区的腹地之内；

长江上游经济区一体化发展

地域连片，通过一体化易于统一进行国土规划和生态环境整治；

经济集聚程度高，分工明确，互补性强；

经济区内通过一体化能够形成以城市为中心的若干增长极；

经济区内外交通网络基本建立，通过一体化能够形成对内联系紧密、对外开放度高的格局；

经济区范围保持县及以上行政单元的相对完整性。

（二）长江上游经济区各地区的基本情况

结合以上原则，在这一区域内地域联系最为紧密的地区有宜宾、泸州、自贡、乐山、重庆、内江、六盘水、毕节和昭通，本课题将这九个地市划定为长江上游经济区的范围。具体的地域与地缘关系如下：

重庆。重庆市位于长江上游、四川盆地东部边缘，地跨青藏高原与长江中下游平原的过渡地带，东临湖北省和湖南省，南接贵州省，西靠四川省，北连陕西省，幅员面积8.24万平方公里，是我国辖区面积最大的城市，2012年年末常住人口为2945万人。重庆是汇集水、陆、空交通资源的特大型城市，是长江上游地区经济中心和金融中心、内陆出口商品加工基地、重要的现代制造业基地、国家高技术产业基地和长江上游航运中心。

泸州。泸州市位于四川盆地南缘，东邻重庆市，南接贵州省毕节市和云南省昭通市，西连宜宾市，北接自贡市和内江市，地处长江和沱江汇流处，幅员面积12242.9平方公里，2012年年末常住人口为425万人。泸州是四川省唯一联结川、滇、黔、渝四地的城市，拥有完备的铁路、公路、水路和航空立体交通体系，是四川省具有大型国际集装箱码头的城市之一，具有接受成渝经济圈辐射，并向欠发达的滇黔地区辐射的区位优势。

宜宾。宜宾市位于四川省中南部、川、滇、黔三省结合部，东邻泸州市，南接云南省昭通市，北靠自贡市，地处长江零公里处，幅员面积13283平方公里，2012年年末常住人口为446万人。宜宾是长江上游开发最早、历史最悠久的城市之一，是南丝绸之路的起点，素有"西南半壁古戎州"之称。宜宾拥有完备的铁路、公路、水路和航空立体交通体系，是四川省内拥有大型国际集装箱码头的城市之一，具有接受成渝经济圈辐射，并向滇北地区辐射的区位优势。

长江上游经济区一体化发展的可行性研究

自贡。自贡市位于四川盆地南部,与内江市、宜宾市、泸州市、乐山市相邻,幅员面积4372.6平方公里,2012年年末常住人口为271.32万人。自贡是四川省最早的省辖市和工业重镇之一,是闻名全国的盐之都、龙之乡、灯之城,也是川南区域的中心城市,拥有完备的铁路、公路交通体系,经铁路可以直接抵达成都、贵阳、昆明、宜宾、重庆、昭通、内江等城市。

内江。内江市位于四川省的东南部,坐落在沱江之滨,东连重庆市,西接成都市和资阳市,南扼自贡市、宜宾市和泸州市,北通遂宁市和南充市,幅员面积5386平方公里,2012年年末常住人口为371.81万人。内江交通便利,成渝铁路与内昆铁路、成渝高速公路与内宜高速公路在此交汇,是川东南乃至西南各省交通的重要交汇点,素有"巴蜀要冲、成渝之心、川中枢纽、川南咽喉"的美称。

乐山。乐山市位于四川省的东部,地处岷江、青衣江、大渡河中下游,北连眉山市,东邻自贡市,南接宜宾市,西靠凉山彝族自治州和雅安市,幅员面积12827平方公里,2012年年末常住人口为325.44万人。乐山交通便利,境内有成昆铁路和筹建中的成贵高速铁路、成都—乐山、乐山—宜宾、乐山—自贡、乐山—雅安等高速公路。乐山公路主干道直达重庆、宜宾、西昌等重要城市,内河航运可直达宜宾、泸州、重庆,大件码头可装卸大型货物和集装箱。

毕节。毕节市位于川、滇、黔交汇处,东邻省会贵阳市和遵义市,南接安顺市和六盘水市,北接四川省泸州市和宜宾市,西接云南省昭通市,幅员面积26844.5平方公里,2012年年末常住人口为652.41万人。毕节是黔西北的大门,素有"鸡鸣三省"之称,有着较好的区位优势。毕节境内河流纵横,拥有丰富的矿产资源和水能资源,是川、滇、黔接壤地区商品集散地和人流、物流、信息流的枢纽城市。

六盘水。六盘水市位于贵州省西部,地处川、滇、黔、桂四省结合部,是长江上游和珠江上游的分水岭,幅员面积9965平方公里,2012年年末常住人口为284.9万人。六盘水是贵州省第三大城市,素有"中国凉都"和"西南煤都"之称,境内铁路有滇黔铁路、内昆铁路和在建的株六铁路复线、水柏铁路等,届时将形成北上四川入江、南下广西入海、东出湖南到华东、西进云南进入东南亚的十字交通体系。

昭通。昭通市位于云南省东北部，坐落在四川盆地向云贵高原抬升的过渡地带，东面紧邻贵州省毕节市，北面与四川省宜宾市以金沙江为界，幅员面积23021平方公里，2012年年末常住人口为529.6万人。昭通历史上曾是云南通向川黔两省的重要门户，也是中原文化进入云南的重要通道，为我国著名的"南丝绸之路"要冲，素有"锁钥南滇，咽喉西蜀"之称。

（三）长江上游经济区基本情况

人口和面积。九个地市的总面积为19.03万平方公里，2012年年末常住人口6252.48万人，与成渝经济区[①]相比，地域面积几乎相同，但人口少近3161.48万；人口密度为328人/平方公里，与全国141人/平方公里和西部68人/平方公里相比，该区域属于人口稠密的地区，但较成渝经济区的411人/平方公里低83人/平方公里。

经济总量。长江上游经济区GDP总量达到18777.75亿元，占到四川、重庆、云南、贵州四省市GDP合计的20.7%。但与成渝经济区GDP总量32233.46亿元相比，低13455.71亿元。

人均GDP。长江上游经济区人均GDP为30032.48元，比成渝经济区的34240.07元低4207.59元。

经济密度。长江上游经济区经济密度为986.53万元/平方公里，比成渝经济区的1387.71万元/平方公里低401.18万元/平方公里。

城镇化水平。长江上游经济区城市化率为46.3%，落后于全国52.6%的平均水平。

城乡居民生活水平。长江上游经济区城镇居民人均可支配收入为21483.0元，较全国平均水平24564.7元低3081.7元；农民纯收入为6619.9元，较全国的平均水平7916.6元低1296.7元。

从总体经济指标及各地市的经济指标来看，经济发展水平有三个等级，重庆市属于较为发达的地区，川南地区居中，黔北的毕节市和滇北的

[①] 成渝经济区包括四川省成都、德阳、绵阳、眉山、资阳、遂宁、乐山、雅安、自贡、泸州、内江、南充、宜宾、达州、广安等15个地市和重庆市万州、涪陵、渝中、大渡口、江北、沙坪坝、九龙坡、南岸、北碚、渝北、巴南、长寿、江津、合川、永川、南川、綦江、潼南、铜梁、大足、荣昌、璧山、梁平、丰都、垫江、忠县、开县、云阳、石柱等29个区县。2011年10月27日，重庆市进行了行政区划调整，撤销了万盛区和綦江县，设立綦江区；撤销双桥区和大足县，设立大足区。

长江上游经济区一体化发展的可行性研究

昭通市属于落后地区。

2012年,昭通市和毕节市的人均GDP分别为10490.94元和13564.48元,不到川南地区的1/2;经济密度分别为241.34万元/平方公里和329.66万元/平方公里,不到川南地区的1/3;城镇化水平较低,昭通市仅为25.04%,毕节市仅为29.99%。从城镇居民人均可支配收入看,毕节市、昭通市不仅低于全国的平均水平,也低于该区域的平均水平。从农民人均纯收入看,昭通市仅为3897元,仅为全国的一半强,毕节市也仅为4926元。毕节市和昭通市的物产匮乏、城市化水平低,造成绝大多数人口处于较为贫困的状况。因此,加强该区域经济一体化发展不仅有利于构建成渝经济区的增长极和经济高地,而且有利于带动云贵贫困地区走向共同富裕(见表1-1、表1-2)。

表1-1　　　　　长江上游经济区基本情况(2012年)

地区	面积(平方公里)	年末常住人口(万人)	GDP(亿元)	人均GDP(元/人)	人口密度(人/平方公里)	经济密度(万元/平方公里)	城镇化率
宜宾	13283.0	446.00	1242.76	27864.57	336	935.60	41.08%
泸州	12242.9	425.00	1030.45	24245.88	347	841.67	41.73%
自贡	4372.6	271.32	884.80	32610.94	621	2023.51	44.40%
内江	5386.0	371.81	978.18	26308.60	690	1816.15	41.80%
乐山	12827.0	325.44	1037.75	31887.60	254	809.04	42.97%
重庆	82400.0	2945.00	11409.60	38742.28	357	1384.66	56.98%
毕节	26844.5	652.41	884.96	13564.48	243	329.66	29.99%
六盘水	9965.0	285.90	753.65	26360.62	287	756.30	40.00%
昭通	23021.0	529.60	555.60	10490.94	230	241.34	25.04%
合计	190342.0	6252.48	18777.75	30032.48	328	986.53	46.33%

资料来源:《四川统计年鉴(2013)》《贵州统计年鉴(2013)》、《重庆统计年鉴(2013)》和各市2012年国民经济和社会发展统计公报及政府网站中数据计算得出。

表1-2　　长江上游经济区城乡居民收入水平及增长率(2012年)

地区	城镇居民人均可支配收入(元)	增长率	农民人均纯收入(元)	增长率
宜宾	20522	15.60%	7771	14.60%
泸州	20746	16.00%	7463	14.60%

续表

地区	城镇居民人均可支配收入（元）	增长率	农民人均纯收入（元）	增长率
自贡	19447	15.40%	7955	14.40%
内江	19142	15.30%	7602	14.50%
乐山	20397	15.60%	7746	14.40%
重庆	22968	13.30%	7383	13.90%
毕节	19243	19.28%	4926	17.01%
六盘水	18764	14.60%	5182	16.80%
昭通	16394	16.50%	3897	18.30%
合计	21483	—	6620	—

资料来源：各市2012年国民经济和社会发展统计公报中数据计算得出。

三、长江上游经济区一体化发展的基础条件

一体化区域是按照自然地域、经济内在联系、产业分工、商品流向、民族文化传统以及社会发展需要而形成的区域经济联合体。也就是说，一体化发展是有传统的，是建立在该区域历史发展进程中业已形成的分工与合作基础之上的，只是传统上的一体化是自发的和非正式的。根据这样一种认识，本专题在长江上游毗邻成渝经济区的选择上，以宜宾市、泸州市、自贡市、乐山市、重庆市、内江市、六盘水市、毕节市和昭通市作为长江上游经济区的主体，因为这九个地市已经初步具备一体化发展的地理优势和历史传承，即具有一体化发展的现实基础。

（一）地缘相接，条件相似，资源具有互补性

地域相连、地缘相接是形成区域经济一体化的基本内容和必要条件。只有在地域和空间上形成一体化，才能在此基础上构建交通网络、产业分工、商品流向等方面的一体化格局。从九个地市的自然地理状况看：

1. 自然地理环境相近

九个地市虽然分属四省市，但自然地理环境相近，山水相连，同属一大的地质构造单元，地貌格局基本一致，均以山地丘陵为主体。早在20

长江上游经济区一体化发展的可行性研究

世纪90年代,国家就确立了"攀西—六盘水资源综合开发区",作为我国战略资源开发的重要基地,其中的宜宾市、泸州市、乐山市、昭通市、六盘水市就具备了合作的基础,今天再度合作共同承担成渝经济区经济辐射与产业转移次区域的重任。

2. 经济区位相似

除重庆以外,其他各城市或地区均远离政治、经济、文化中心,不仅在省域经济发展中处于边缘的位置,而且在成渝经济圈中处于边缘的位置,同时在"攀西—六盘水综合开发区"中也处在一个边缘的位置。尽管如此,该区域若形成一体化发展,就能共同构成长江上游经济区的核心(见图1-3)。

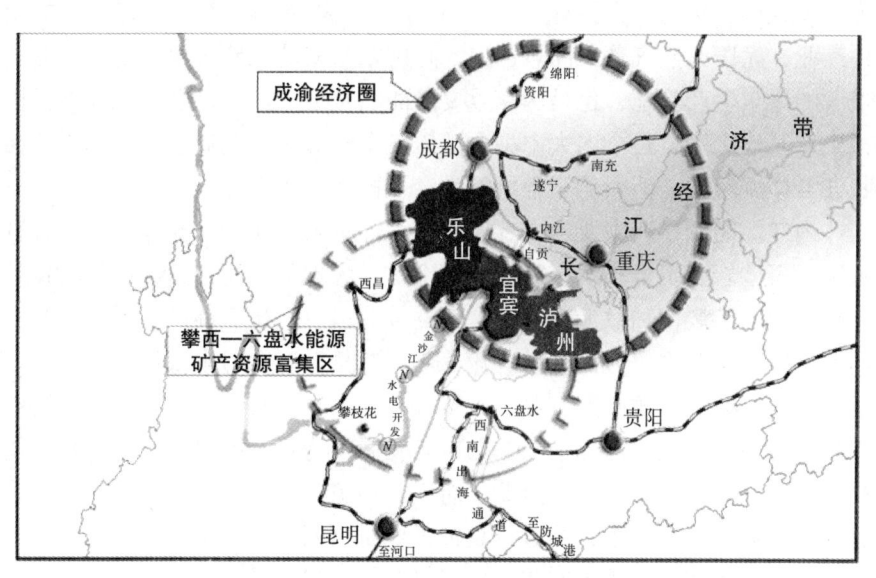

图1-3 长江上游经济区的区位特点

3. 资源互补性强

九地市资源各具特色,互补性强,共同构成长江上游经济区的资源宝库。

宜宾。能源矿产资源富集,已探明的矿产资源有44种,其中煤炭储量约53亿吨,天然气储量约600亿立方米,硫铁矿约15亿吨,岩盐矿、

长江上游经济区一体化发展

石灰石、石英均在 100 亿吨以上，居四川省第一。水能资源丰富，具有建设和发展能源、制造、食品饮料等产业的显著优势，是国家确立的水电、火电、核电综合发展的重要能源、原材料生产基地。宜宾农业资源丰富，生物资源多样，是"植物之苑"、"香料之都"、"茶叶世界"、"天然竹海"。

泸州。矿产资源有煤、天然气、硫铁矿、方解石、大理石、铜、金、石油、铀、镓、锗、铝土、耐火黏土、熔剂白云岩、盐、石灰岩、高岭土、玻璃用砂、陶瓷用黏土、石膏等 20 多种。农业资源丰富，盛产水稻、糯高粱、荔枝、桂圆、猪、牛、山羊、家蚕等。珍稀植物有珙桐、水杉、桫椤、篦子三尖杉、连香树、香果树等共 46 种。中药材有天麻、五倍子、佛手、黄柏、杜仲、安息香等 1444 种。珍稀动物有中华鲟、白鲟、华南虎、黑颈鹳、林麝、猕猴等 18 种。化学工业是泸州最大的最有前景的支柱产业，尤以天然气化工闻名遐迩，是国家重要的天然气化工基地、亚洲最大的尿素生产基地，也是国家重要的酿酒基地。泸州是全国九大工程机械生产基地之一，是全国大中型全液压汽车起重机、挖掘机制造中心。在长江沿岸城市中，泸州的工程机械生产规模仅次于上海。

内江。能源矿产主要有煤、天然气、油页岩。非金属与建材矿产有石灰石、石砂岩、页岩、耐火黏土、铝土矿、大理石、河沙、砾石与陶瓷黏土等。金属矿产与稀散元素有铁、钾、金等以及盐矿、钾矿和煤层中共生的铝、镓、铷及锂等分散元素。化工矿产有盐矿和含钾水云母粘土矿等。

自贡。矿产资源主要有煤、天然气、卤水、岩盐及石灰石。自贡历史上一直是中国井盐生产的中心，如今已发展成为一个拥有国家新材料产业化基地，并以机械、化工、盐业、纺织、轻工、食品、灯饰、新型建材等为支柱产业的工业城市，同时也是世界地质公园、国家历史文化名城。

毕节。矿产资源主要有硫、铁、煤、锌、铜、硅铁、草炭、黏土、重晶石、大理石、高岭土、石灰岩、玄武石、石棉等 20 余种。农业资源有 73 个种类 455 个品种，除主产玉米、大豆、小麦、稻谷、马铃薯等食作物外，还盛产烤烟、油菜、柑橘、花生、茶叶、大蒜、魔芋和名扬中外的中药材天麻、杜仲、半夏，有独具高寒山多特色的猪、牛、马、羊等动物产品。河流总长 695 公里，水能蕴藏量 20.83 万千瓦，可开发量 11.56 万千瓦。轻纺、制革、食品、卷烟、煤炭、冶炼、建材、化工、机械、电力、医药是毕节的支柱产业。

六盘水。素有"西南煤海"、"江南煤都"之誉，煤炭预测储量569亿吨，品种全，质量好，易开采，其中炼焦煤保有储量95亿吨，煤层气和浅层天然气的储量在1万亿立方米以上。水能资源理论蕴藏量117万千瓦，平均每平方公里118千瓦，高于全国平均值，通过西电东送的建设，将形成装机容量1000万千瓦的电力生产体系。六盘水是我国长江以南14个省中最大的煤炭资源基地，同时也是江南地区重要的煤炭钢铁工业基地。煤炭、电力、冶金、建材是六盘水的支柱产业。

昭通。矿产资源种类多，已知矿产资源33种，现已探明储量22种。煤、硫储量居全省首位，为我国南方第二大褐煤田，也是云南三大有色金属基地之一。水能资源丰富，国家在金沙江下游昭通境内规划有溪洛渡、向家坝、白鹤滩三座巨型电站。农业资源种类繁多，苹果、天麻、杜仲、魔芋等特色产品驰名省内外。电力、能源、重化工、农特产品加工是昭通的支柱产业。

4. 社会经济水平相近

除重庆外，其他地区既是少数民族聚居区，也是欠发达地区，还是石漠化程度最为严重的地区。川滇黔交界区，特别是六盘水、毕节和昭通，均属喀斯特地貌类型，河谷深切，岩石裸露，耕地零碎，人口承载力低，群众生活在缺土、缺水的恶劣条件下，贫困不可避免。截至2005年年底，毕节市、六盘水市和昭通市石漠化面积分别占国土面积37.6%、28.32%和11.5%[①]。该地区面临环境退化，人口多，经济社会发展落后，贫困面广且贫困程度深等多重压力，是人文环境特殊，人地矛盾尖锐的地区。在2010年国家级贫困县中，川南地区有4个县，占四川省贫困县总数的11%；六盘水市有3个贫困县，毕节市有5个贫困县，两者合计占贵州省贫困县总数的16%；昭通市有10个贫困县，占云南省贫困县总数的14%。该区域的22个贫困县，其生成原因与相同的生态环境有很大的关系（见图1-4）。

---

① 张绪清：《喀斯特生态环境与省区交界地带经济发展》，载《六盘水市师范高等专科学校学报》2009年第6期。

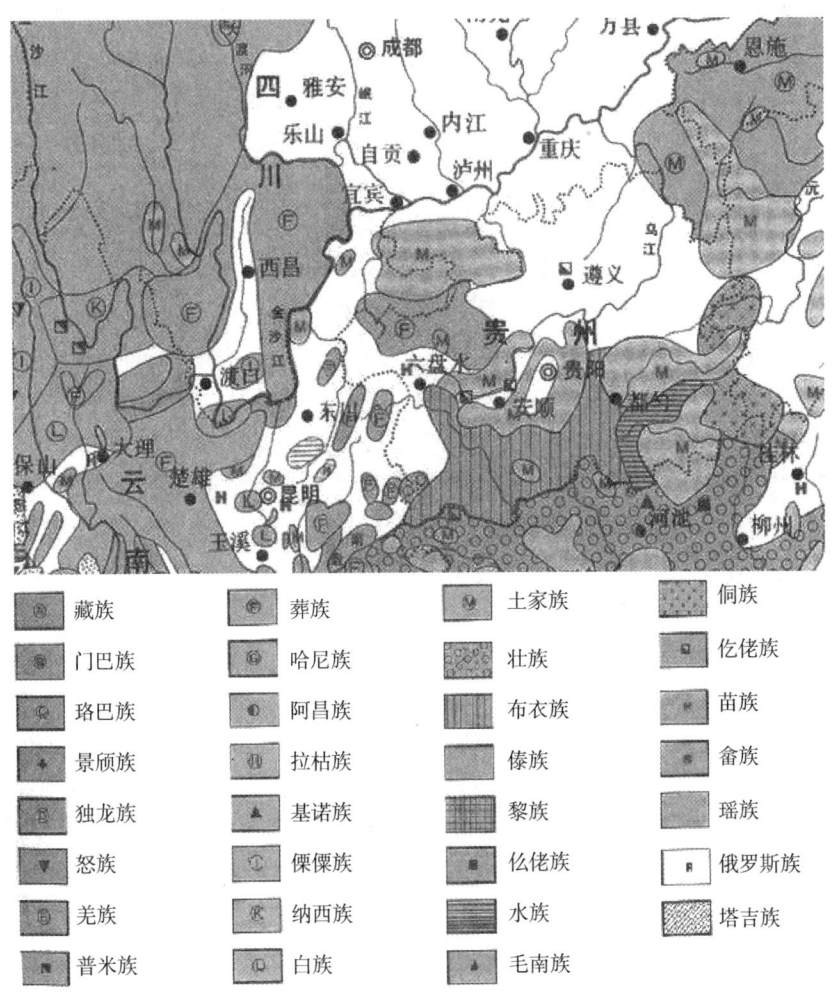

图 1-4　长江上游经济区少数民族分布

因此，川滇黔交界地带的经济发展不仅需要充分发挥市场对资源配置的决定性作用，更应该加入长江上游经济区，通过政府的宏观调控，积极构建相互联系、分工协作的区域分工网络，从根本上破除六盘水、毕节、昭通的"生态环境恶劣→人口贫困→陡坡开荒→植被减少→土地退化→水土流失加重→山地石漠化→贫困"的恶性循环。

长江上游经济区一体化发展的可行性研究

(二) 长江上游干流及其支流经过的地区

河流和湖泊是形成区域一体化的重要载体，国内外许多一体化经济区都是依托河流和湖泊而形成的，如依托德国莱茵河所形成的鲁尔工业区、依托北美五大湖区所形成的北美制造业带、依托中国长江下游干流所形成的长三角经济区和依托中国珠江所形成的珠三角经济区。

以德国的莱茵河为例，德国的莱茵河在其干流之外有许多支流，德国人通过修建运河连接干流和支流构成一个四通八达的水运网，进而形成许多有特色的经济区。鲁尔工业区就位于莱茵河的支流鲁尔河和利珀河之间，莱茵河干流和支流不仅保证了鲁尔区的工业用水和电力供应，还为鲁尔区提供了重要的运输条件。正是依靠这种便利的运输条件，大批铁矿砂和其他矿物原料源源不断地从国外运到这里，鲁尔区的工业品也源源不断地运到世界各地。鲁尔工业区的发展很大程度上得益于对莱茵河水道的开发和利用。

对于长江上游经济区来说，长江干流以及众多的支流能够为该地区的一体化发展提供重要的支撑，包括电力生产、航运开发、工业用水等。毋庸置疑，该经济区的发展有赖于对长江干流和支流的开发和利用。各个地市的主要河流和水资源如图1-5所示。

图1-5 长江上游经济区的主要河流

宜宾。境内因金沙江、岷江在此汇合，长江至此始称"长江"，被称为"万里长江第一城"。三江支流共有大小溪河600多条。

长江上游经济区一体化发展

内江。境内有长江支流的沱江水系,沱江为长江一级支流,境内的清流河、小青龙河为长江二级支流。

自贡。坐落在长江上游的釜溪河畔,境内河流主要为沱江水系,釜溪河为沱江在市境的主要支流,市境西部有越溪河自北向南穿越荣县,属岷江水系。

泸州。长江自西向东横贯境内,沱江、永宁河、赤水河、濑溪河、龙溪河等交织成网。

乐山。位于四川盆地西南的岷江、大渡河、青衣江汇合处。

六盘水。地处长江水系和珠江水系的分水岭地区。长江水系以乌江上游三岔河为干流,流经市境北部;珠江水系以北盘江为干流,由西向东横贯市境中部。

毕节。分属长江流域和珠江流域两大水系,长江流域面积占95.38%,珠江流域面积占4.62%,是乌江、赤水河、北盘江的重要发源地之一。

昭通。地处金沙江下游地区,境内直接流入金沙江的河流有横江、牛栏江、以礼河等大小河流40多条;流入长江干流上游的有罗布河、赤水河等;流入乌江的有以萨河、泼机河等。金沙江水系流域面积占全市总面积的84.6%,长江上游干流水系流域面积占12.3%,乌江水系流域面积占3.1%。

重庆。境内主要河流有长江、嘉陵江、乌江、涪江、綦江、大宁河等。长江干流自西向东横贯全境,流程长达665公里,嘉陵江穿过主城区。

长江上游经济区不仅拥有众多的河流,而且水能资源丰富,水能资源理论蕴藏量为19717万千瓦,其中干流宜宾至宜昌为5814万千瓦,支流为11436万千瓦;可开发水能资源巨大,其中干流可建设电站4座,装机容量为3175万千瓦,支流可建设电站1126座,装机容量为7568万千瓦。

因此,充分开发和利用长江干流及支流的水能和航运资源,不仅有利于降低区域的物流成本,而且会形成具有独特性和有效性的区域经济一体化新格局。在长江上游经济区的规划中,要借鉴莱茵河的开发与治理模式,汲取鲁尔工业区依河建设的经济一体化经验,促进该区域经济社会协调发展。

长江上游经济区一体化发展的可行性研究

（三）交通网络贯穿经济区，运输方式多样

交通运输网络是形成区域经济一体化的基本骨架，发达的交通网络有助于经济区内产业的合理分工和资源的有效配置。长江上游经济区目前已建成的铁路有成渝、内昆、宝成、成昆、达成5条干线铁路；目前在建的铁路有渝黔、内毕、隆黄、叙永至织金、攀枝花至丽江、锦遂内自宜城际、乐山至自贡至泸州、宜宾至泸州等。这些铁路连接该区域广大地区，并且与周边省市相连，目前已经形成北通陕甘、东接重庆、南连云南的铁路网络。这些铁路交通网络在该区域经济一体化发展中发挥着重要的作用（见图1-6）。

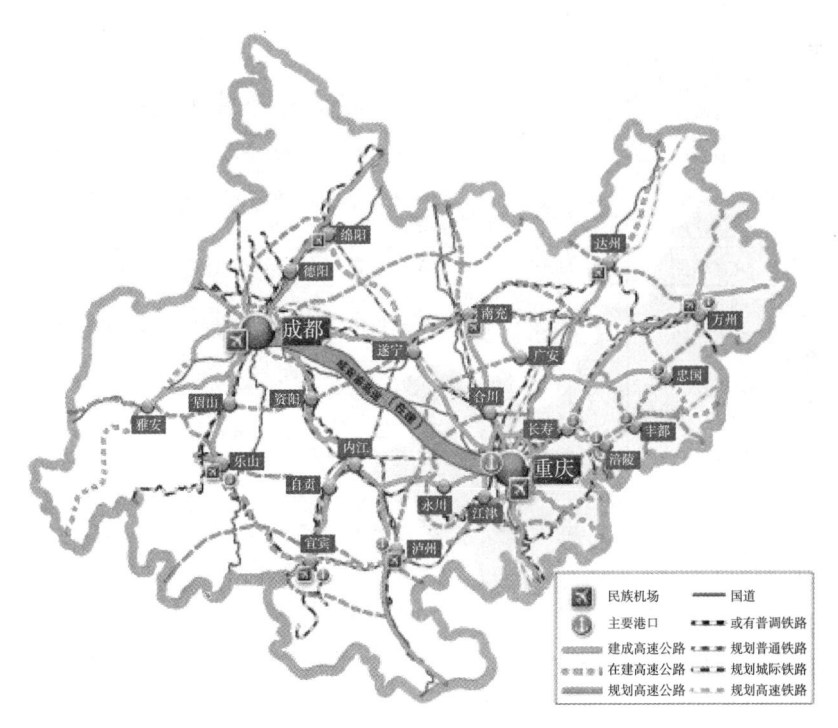

图1-6 长江上游交通运输网络图

水路运输沿金沙江上行可达云南绥江和四川屏山；沿长江—岷江向北上行通往犍为、乐山、眉山、成都；沿赤水河上行可达贵州赤水；顺长江

而下通往重庆及中下游地区，经三峡直下武汉、南京、上海。已有或在建的港口有泸州港、宜宾港，目前正在对岷江、沱江、赤水河等航道的整治。这些水运网络也在该区域经济一体化发展中起着推动作用。

区域内机场现有宜宾菜坝机场、泸州蓝田机场、重庆机场和正在建设的六盘水机场（见表1-3）。

表1-3　　与长江上游经济区有关的铁路、公路规划及在建项目

	项目	进展阶段	概况
铁路	渝昆铁路	规划	重庆—泸州—宜宾—昆明，在重庆、四川境内与川江上段紧邻平行
	成贵铁路客运专线	近期开工建设	连接四川、贵州，在宜宾与长江干线交汇
	内昆铁路扩能改造	规划	增强云南北部腹地交通条件和通过能力
	隆黄铁路	在建	由隆昌至广西黄桶，改善贵州北部腹地交通条件
	昭通—攀枝花—丽江铁路	规划	通过昭通与内昆线连接，成为攀西地区连接宜宾港的重要铁路
	峨宜铁路	规划	峨眉山市至宜宾，攀西地区连接宜宾港的重要铁路
	叙永—古蔺地方铁路	规划	连接古叙煤田与泸州港，为煤炭运输为主的地方铁路
	泸州集装箱码头铁路专用线	在建	泸州港铁路集疏运专用线
公路	成自泸高速公路	在建	直接相连成都经济区与泸州港
	乐宜泸渝高速公路	在建	起于乐山，经宜宾、泸州，止于重庆。将乐山港、宜宾港、泸州港三大港口连接起来，并与重庆相接，有利于转港运输
	金沙江沿江公路	规划	攀西地区连接川江段的重要公路
	纳黔高速公路	在建	起于泸州纳溪区，连接贵州北部，使川江段腹地向贵州境内大幅度拓展

资料来源：作者搜集整理而来。

（四）初步形成具有一体化特征的沿江城市带

城市带是指在特定地域范围内具有相当数量的不同性质、类型和等级

长江上游经济区一体化发展的可行性研究

规模的城市，依托一定的自然环境条件，以一个或两个超大或特大城市作为区域经济的核心，借助现代化的交通工具和综合运输网以及高度发达的信息网络，发展城市之间的联系，共同构成的一个相对完整的城市"集合体"。

从目前状况看，长江上游经济区九个城市依托长江干流和支流已经初步形成了沿江城市带。在一体化进程中，这个城市带将依托该区域经济一体化的具体实施得到进一步发展，即通过日益发达的一体化水路运输网络及信息网络，建立起城市间功能互补、产业联系紧密、空间结构呈多中心、行政管理相互独立的新格局（见图1-7）。

图1-7 沿长江城市带

分区域看，由于便利的水陆交通，川南地区历史上已经形成较为紧密的沿江城市带，如内江、自贡、泸州、宜宾、乐山依托长江干流、公路、铁路，将行政区紧密连接在一起，从内江到自贡的两城中心直线距离为36公里；宜宾与自贡和泸州行政区相交，宜宾到自贡两城中心距离为65公里。川南诸城市作为长江上游经济区的增长极，其一体化发展将会带来更多的人流、物流和信息流，加快该区域城市化发展的步伐。

需要注意的是，尽管黔北和滇北地区在历史上与川南地区有密切的经济往来，但由于这种经济往来是自发的，且由于自然环境及交通的原因，并没有形成一体化的资源配置和明确的产业分工格局。因此，黔北和滇北地区内部以及与川南地区的城市合作有待进一步加强。

（五）产业集聚特征显著

产业集聚有三类，其一是指向性集聚，即利用地区资源优势形成的产业群体，如利用地区廉价的劳动力资源、富集的矿产资源等，这些资源优势作为重要的指向，吸引并形成了产业的集聚；其二是纵向集聚，即地区内一个企业的投入是另一个企业的产出，企业之间的关系是投入产出关系；其三是横向集聚，即围绕着地区主导产业所形成的产业集群。长江上游经济区综合了三类产业集聚的特征，初步形成了一体化的产业分工格局。

1. 以自然资源为导向的产业集聚特征显著

区域内蕴藏着丰富的自然资源，其中水能、矿产资源富集，表现为：水能资源居全国之冠，平均每平方公里的水能发电量高出全国平均水平8.7倍；煤炭储量居江南第一，且煤种齐全，煤质较好；铁矿储量居全国第二位，综合利用前景广阔；硫磷资源优势独居全国；有色金属和贵金属在全国占有重要位置；建材和冶金辅料遍布全区，质优量大；生物资源丰富，农林牧业极具开发潜力。该区域是典型的资源富集区。

由于这些富集资源的指向，目前在该区域内的产业呈现以资源为导向的错综复杂的产业带，主要体现为：第一，毕节、六盘水、昭通的煤炭资源产业带；第二，内江、自贡的发电装备制造（循环流化床火电机组）、机械制造产业区；第三，宜宾、泸州的白酒金三角；第四，宜宾、泸州的岸线开发和临港经济区；第五，内江、攀枝花为重点的钒钛工业园；第六，自贡的新材料、盐及盐化深加工产业集群；第七，川南特色农产品、

长江上游经济区一体化发展的可行性研究

食品饮料、医药化工的制造；第八，毕节有色金属、烟草、毛纺、皮革、农产品加工等。

2. 围绕"三线"基础，形成有特色的主导产业

除了资源优势外，该区域是中国政府"三线"建设时期的核心区域，拥有众多的电子、航空、机械、化工等工业基地和技术人才。目前围绕"三线"基础已经形成了一定的专业化协作和产业集聚，推动各个地市发展起既具有资源指向，又具有横向和纵向集聚特色的主导产业，如六盘水的冶金、自贡的新材料、内江的循环流化床火电机组等都是自然资源与"三线"资源相结合的产物。

3. 人力资源丰富，劳动密集型产业集聚特征显著

这一区域人口众多、密集，但城市化水平较低。由于以农村剩余劳动力居多，劳动力成本相比中国东部地区便宜，这为吸引东部产业转移，强化劳动密集型产业的集聚，提供了人力支持。例如，国内著名的肉类加工企业、食品饮料企业、电子元配件生产企业、商务部以旧换新项目下的旧电器回收加工等劳动密集型企业纷纷入驻各个地市的产业园区。

各个地市在着力打造各自主导产业的同时，也注重资源的深加工，延长产业链，加快下游产品的开发，吸纳更多的劳动力就业。例如，六盘水在开采煤矿的同时，发展煤化工产业，围绕焦炭、煤焦油系列产品进行深加工；毕节盛产特色农产品，通过延长农产品产业链，提高附加价值，如围绕马铃薯所进行的深加工等。

在区域一体化的推进中，产业集聚特征更加突出，不仅是产业向城市的集聚，也包括产业向工业园区的集聚和产业向大企业的集聚。通过产业一体化的发展，不仅促进产业结构的优化和地区企业竞争力的提高，而且能够带动地区内部劳动力的合理流动，吸纳发达地区的产业转移，促进劳动密集型产业的发展和城镇化的推进，推动该区域劳动力素质的提升（见图1-8）。

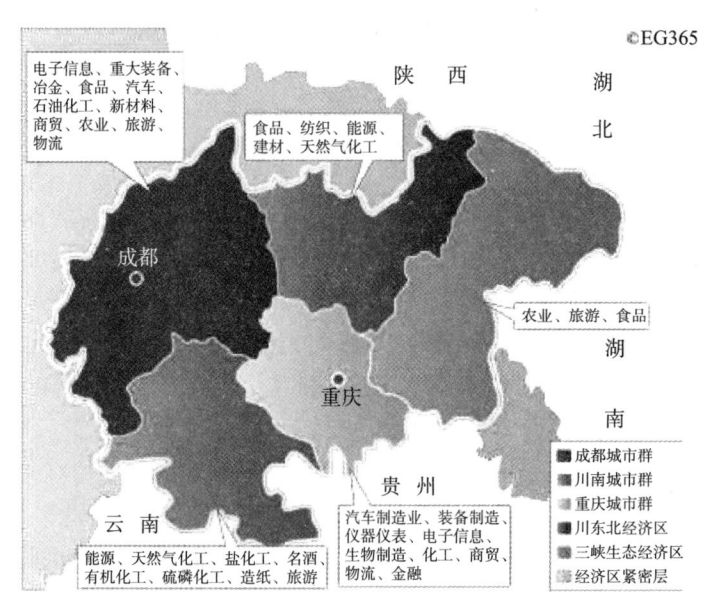

图1-8 长江上游经济区产业集聚特征图

(六) 与其他经济区的比较

从经济总量看，2012年，长三角经济区[①] GDP约占全国GDP的20.96%，珠三角经济区[②]约占9.20%，京津冀经济区[③]约占10.31%，成渝经济区约占6.21%，长江上游经济区约占3.61%。比较来看，长江上游经济区的经济总量仅为长三角经济区的17.24%、京津冀经济区的35.04%、珠三角经济区的39.30%和成渝经济区的58.26%。

从人均GDP看，长三角经济区为69028元，珠三角经济区为83976元，京津冀经济区为49752元，成渝经济区为34240元，长江上游经济区为30032元。长江上游经济区仅为长三角经济区的43.51%、珠三角经济区的35.76%、京津冀经济区的60.36%。

从经济密度看，珠三角经济区密度最高，为11458.48万元/平方公

---

① 长三角经济区包括上海、江苏和浙江一市两省。
② 珠三角经济区包括广州、深圳、珠海、佛山、东莞、中山、江门、惠州和肇庆等9个地市。
③ 京津冀经济区包括北京、天津和河北两市一省份。

里，长三角经济区次之，为 5168.74 万元/平方公里，京津冀经济区为 2466.96 万元/平方公里，成渝经济区为 1563.89 万元/平方公里，而长江上游经济区仅为 986.53 万元/平方公里（见表 1-4）。

表 1-4　长江上游经济区与国内主要经济区的主要指标比较（2012 年）

经济区	面积（万平方公里）	人口（万人）	GDP（亿元）	人均 GDP（元）	经济密度（万元/平方公里）
长江上游	19.03	6252.48	18777.75	30032.48	986.53
成渝	20.61	9413.96	32233.46	34240.07	1563.89
长三角	21.07	15777.00	108905.27	69027.87	5168.74
珠三角	4.17	5689.64	47779.56	83976.43	11458.48
京津冀	21.72	10770.00	53582.47	49751.60	2466.96

资料来源：《中国统计年鉴（2013）》、《四川统计年鉴（2013）》、《贵州统计年鉴（2013）》、《重庆统计年鉴（2013）》、《广东统计年鉴（2013）》。

总体来看，长江上游经济区是资源富集区，自然资源和人力资源丰富，沿江城市带和产业聚集使得该地区具有显著的一体化特征。然而，由于没有形成符合市场经济规律的真正意义上的经济一体化区域，与其他经济区相比，在经济总量、人均水平和经济密度上都处于较低的水平。因此，有必要加快一体化发展，以提高其经济实力与区域竞争力。

四、长江上游经济区一体化发展的实现路径

尽管长江上游经济区九个地市在长期的历史发展中，凭借自然地域联系，已经初步形成产业分工、交通设施、商品流向等方面的区域经济联合体，然而由于行政管理体制分割、利益协调机制不健全，还没有真正成为符合市场经济运行规律的一体化经济区域。因此，要实现真正意义上的经济一体化，还需要不断的改革和探索，消除阻碍该地区实现一体化的不利因素和体制上的障碍，促进生产要素在地市之间的合理流动，实现该区域经济一体化的发展。

长江上游经济区一体化发展

(一) 克服行政壁垒，推动要素市场一体化

长江上游经济区九地市分属三省一市，行政管理体制分割的问题比较突出，行政协调成本高，对区域发展带来许多不利的影响。推动该地区要素市场一体化的目标就是克服由行政区域分割造成的各自为政、地方市场垄断和地方保护主义，促进该区域市场要素既合理又有效率的流动和配置。当然，要素市场一体化并不是提倡该区域的无政府状态，相反一体化是离不开政府参与的，但政府的参与必须是基于行政性力量对市场规范共识的基础上，即通过市场的一体化，扫除行政壁垒，促进区域内部要素的流动，实现资源的有效配置，最终形成统一的区域经济共同体。

推动该区域要素市场一体化具体思路如下：（1）在区域内实现物流管理的一体化，即实现交通运输的无障碍连接，跨区域的旅游线路和运输企业工商注册及运营不受区域限制；（2）在区域内实现要素准入制度的一体化，即实现检疫检验、工商登记、海关通关、技术标准、管理制度、区域政策的统一和规范；（3）在区域内实现资本市场建设的一体化，即覆盖经济区的产权市场、股权市场和多样化金融市场统一建立。

(二) 建立利益协调机制，实现利益共享

由于资源、交通、环境、劳动力分布等方面的差异，长江上游经济区的各个地市在一体化过程中对利益目标的预期、对利益目标的实现手段上均是不同的。如何通过建立一体化的区域发展框架达到利益共享，这是区域一体化发展过程中各个利益主体不能不考虑的问题。

长江上游经济区一体化发展的合作机制应表现为：第一，是基于追求该区域共同利益这一合作原则之上的，同时也是建立在分享共同利益基础之上的合作行为，地方政府只有选择合作策略才能增进和分享共同的利益；第二，一体化是一个管理平台和管理机制，通过一体化这样一个平台，地区间就有了一个商讨和协调各地区利益目标的机制和对话框架，进而有利于促进该区域的共同发展和共同繁荣。

利益协调机制建立的具体思路为：第一，对九个地市进行功能定位，明确各个地市优先发展、重点发展、限制发展和禁止发展的产业，在此基础上建立区域内各个产业的利益协调和补偿机制，促进九个地市的发展共

长江上游经济区一体化发展的可行性研究

赢；第二，调整地方政府的考核机制，结合各个地市的功能定位，将资源禀赋、环境容量、社会稳定、以人为本的理念结合起来进行地方政府的政绩考评，淡化经济导向。在重点开发地市要做到就业优先，在禁止开发的地市要做到环境优先；第三，打造经济区内统一的对外招商引资平台，对符合区域可持续发展要求的产业，在税收、用地、信贷等方面给予政策倾斜；第四，创新财政激励机制，充分运用专项、补贴、转移支付等政策工具，引导信贷和社会资金，加大对科技创新产业的支持力度，采用补贴、奖励等方式对淘汰落后产能给予财政支持；第五，建立反映市场供求状况和资源稀缺程度的价格形成机制，如实行差别电价、对淘汰类产业限电、现代服务业与工业用水、电、气同价等。

（三）以基础设施一体化为突破口，促进经济区协同发展

基础设施一体化是区域一体化的基本架构，交通、港口、通讯是推进区域一体化的重要基础，也应该是区域一体化规划的核心。没有基础设施的一体化，不仅可能使现有的资源和设施空置或浪费，而且也会极大地制约地区间生产要素的自由流动而提高区域内的物流成本。基础设施一体化的实现必须是基于区域一体化的平台，只有各个地区在一体化问题上达成共识，才能减少断头路，降低地区间的交通成本。长江上游经济区地处丘陵地带，在交通等基础设施的建设上投入成本较高，这更加有赖于一体化的区域合作。

长江上游经济区基础设施一体化已经有了一定的基础，目前规划与在建的铁路项目有八条，规划与在建的公路有四条（见表1-3），建成后会大大缓解该区域的交通紧张状况，有利于经济一体化的推进。但仅有这些交通设施建设对区域经济一体化的发展还远远不够，未来长江上游经济区基础设施一体化的重点有三：其一，加快规划和建设连接各城市的高速公路、城际铁路等交通基础设施，构建长江上游经济区一小时通勤圈；其二，充分发挥长江航运的优势，利用长江航运将沿岸各个城市连接起来，降低运输成本，当然这有赖于航道等级的提升和吞吐量的扩大；其三，加强国、省干线公路和重要城镇过境线的升级改造，努力提升城市之间、市与县、县与县、县与村、村与村的公路标准，构建多功能、高水平的公路网络体系。

（四）加快产业一体化，提高区域竞争力

区域整体竞争力归根到底在于产业的竞争力，而产业竞争力的关键在于区域产业优势的形成。因此，区域内各地市必须从自身的比较优势和竞争力出发，统一制定适合本地区特点的产业发展战略，加强各地方政府间的协调，为企业间的竞争创造良好的市场环境。通过竞争实现整合，逐渐形成以分工协作为基础的区域性产业网络，进而形成整体优势，提高整体竞争力。

目前长江上游经济区产业集聚特征显著，未来在一体化的进程中，应通过进一步强化以资源为导向的基地建设和工业园区建设，提高区域的整体竞争力。

川南地区的重要基地有：一是有色金属工业基地，如四川省内江市的钒钛制品基地；二是工程机械制造基地，如泸州的大中型全液压汽车起重机、挖掘机制造中心，以及自贡的锅炉制造企业集群；三是化工、轻纺工业基地，如泸天化集团的尿素生产厂和油脂化工基地，宜宾天原集团的氯碱化工产品生产基地，以及自贡的井矿盐、两碱和全国有机硅、有机氟、环氧树脂系列产品；四是食品饮料基地，如宜宾五粮液、泸州老窖、郎酒生产基地；五是再生资源利用基地，如内江的西南最大的再生资源产业基地。

黔北地区的重要基地有：一是煤电生产基地，即以毕节为轴心，围绕贵昆铁路，形成织纳煤田、宣威煤田、富源煤田、毕节等的煤炭生产和电力生产；二是钢材生产基地，以六盘水的水钢为中心，形成钢材生产、钢产品加工；三是运输机械制造基地，如毕节的力帆货车生产基地；四是特色农产品生产基地，如六盘水和毕节的马铃薯生产和中药材生产。

（五）推进基本公共服务一体化，促进劳动力的合理流动

长江上游经济区一体化发展意味着劳动力在区域内的流动能够享受一体化的公共服务。表现为：其一，在公共服务对接方面，经济区域内能够做到各项公共服务无缝对接，如建立区域转移接续的养老保障体系，实行医疗卫生服务的一证通；其二，在公共服务的可及性方面，同一经济区域内城乡居民在公共服务方面能够享受均等化的待遇，如开通跨区域的公共

长江上游经济区一体化发展的可行性研究

交通，取消通信异地漫游和长话费，建立统一的社会信用评价标准和征信平台。通过公共服务一体化，各个地区以及城乡之间的劳动力能够享受到均等化的服务，这对于促进劳动力的合理流动，推动地区城镇化的发展，保障社会公平，降低地区贫困都具有重要的意义。

（六）加强资源环境治理一体化，促进可持续发展

长江上游经济区作为以资源为导向的区域，其经济的潜力、起飞和后劲在于将资源优势转化为经济优势，这就面临资源开采、洗选、加工、载运等过程所造成的不断加大的生态环境保护压力，如六盘水煤炭开采所引起的大气和水体污染、川南地区严重的酸雨污染、毕节市严重的水土流失等。在未来的发展建设中，生态环境的治理离不开一体化的综合治理。只有通过构建一体化的区域经济发展战略，进行产业的合理组合、布局、配套和衔接，才能达到对生态环境的综合治理。

（七）依托长江黄金水道，增强辐射周边地区的实力

在一体化发展中，长江上游经济区的空间布局将依托九个城市和长江黄金水道、主要陆路交通干线，形成以九个城市为核心，沿江、沿线为发展带的空间布局。

由重庆川南、黔北和滇北组成的长江上游一体化区域除接受成渝经济区的辐射外，也应具备辐射周边的实力。统计数据显示，该区域县级行政单元100个，地级及以上城市9个，其中特大城市1个；总人口为6252.48万人，占四省市人口总数的32.63%；地区生产总值为18777.75亿元，占四省市经济总量的20.7%；人均GDP为30032元，高出四省市平均水平2666元。该区域九个城市的经济规模大体相近，中心城区之间直线距离较近。在一体化的过程中，随着各个地市集团意识和协作意识的增强，将会形成一股更加强大的合力，发展成为长江上游具有活力和实力的又一个增长极，且具有辐射周边地区的实力。从近距离看可辐射到攀枝花、遵义、康定、西昌等城市；从远距离看，可辐射到西藏、甘南、陕南、鄂东、湘西、广西、广东，甚至东南亚、南亚等地区；利用长江黄金水道，沿长江可联系长江中下游沿线各个口岸，直至上海。

五、长江上游经济区一体化发展的目标

对于长江上游经济区来说,其总体目标就是通过一体化的发展,最终形成一个次区域承接成渝经济区的经济辐射与产业转移,与成渝两大都市协调发展。

(一) 发展模式发生转变

随着长江上游经济区一体化的推进,该区域的发展模式将发生转变。该区域将由各个城市的孤立发展转向区域整体推进,由经济总量扩张为主转向结构和布局优化为主,由粗放型发展转向集约型发展,由行政推动为主转向市场决定资源配置。

(二) 空间布局趋向合理

随着长江上游经济区一体化的推进,该区域的空间布局将逐步趋向合理。该区域将在一个较大的范围内通过整合和优化配置生产要素,保证资源的合理和可持续开发利用,充分体现以人为本的宗旨,确保区域内经济、社会、人口、环境全面协调发展。

(三) 产业结构得到调整

随着长江上游经济区一体化的推进,该区域的产业结构将得到调整。该区域以汽车、装备、电子元器件、钢材、名酒、中成药等为特色的机械、化工、食品饮料、医药、冶金行业将进一步巩固。以优质能源、绿色食品、新型材料、环保产品等为特色的高新技术产业,将成为推动该区域经济发展的主导力量。

(四) 产业集聚特征更加显著

随着长江上游经济区一体化的推进,该区域的产业集聚特征将更加凸显。该区域通过工业向城市集中,企业向园区集中,生产要素向大企业集中,产业的规模效应更加显著;第三产业中的现代服务业不断加强,如旅

长江上游经济区一体化发展的可行性研究

游业凭借独具特色的自然景观、历史文化景观而成为国内外重要的旅游区；第一产业向特色产业发展，特色农业、绿色农业成为该区域农业发展的主要内容。

（五）城市化水平得到提高

随着长江上游经济区一体化的推进，该区域的城市化水平将不断提高。经济区中的九个城市，均具备商品集散、制造、服务等功能，在一体化发展中，各城市通过明确发展定位，合理分工，不断吸纳农村剩余劳动力，促进城市化水平的提高。同时在城市化过程中，明确城市之间、城乡之间的分工和合作，促进该区域城乡社会经济的协调发展。

（六）现代化交通网络初步形成

随着长江上游经济区一体化的推进，该地区通过进一步加强基础设施建设，将形成由铁路、公路、航空、水运和管道运输构成的现代化立体交通运输体系。高速公路贯通区内各个城市，黔北、滇北的城市之间建设客货专用铁路，形成一个现代化的快速交通网，将川南经济区纳入"1小时都市圈"。在航运方面充分利用宜宾、泸州的港口，降低区域内物流成本。

（七）长江黄金水道得到开发和利用

通过加快长江航道的整治与疏浚，使长江上游干线和部分支线航道等级提高，形成以长江为主轴，嘉陵江、乌江、岷江为次轴，沱江、赤水河等支流为地区性干线航道的水运网络。充分利用长江"黄金水道"，沟通东西部地区，同时借助铁路、公路和长江支流等多种通道实现向南"通江达海"的目标，形成与长江中下游联动发展的能力，也形成向华南和东南亚辐射的能力。

（八）区域的生态环境得到治理和改善

该经济区位于长江上游，是长江重要的水源涵养地和水量供给地。加强生态建设，加快林业发展，全力推进长江上游生态屏障建设，既是该经济区实现经济社会可持续发展的需要，也是维护长江流域生态安全的必然选择。为此，要重点实施好三大工程，即天然林资源保护和退耕还林工程、以城市为重点的国土环境绿化工程和野生动植物保护和自然保护区建设。

（九）经济社会得到又好又快发展

随着长江上游经济区经济一体化进程的加快，未来十年该地区的基本社会经济指标将会达到：

1. 经济发展水平

2012年，长江上游经济区的GDP为1.88万亿元，依据最近几年的平均增长速度，加之未来一体化发展的规模效应，增速为10%左右，预计到2020年，长江上游经济区GDP总量将达到2.80万亿元。

2. 人均经济水平

2012年，长江上游经济区总人口6252.48万人，若按人口自然增长率5‰测算，则2020年总人口将达到6965.9万人，预计2020年人均GDP将达到40052元。

3. 城镇居民人均可支配收入

2012年，长江上游经济区城镇居民人均可支配收入平均为21483元，若按平均增速10%计算，预计2020年城镇居民人均可支配收入为37701元。

4. 农民人均纯收入

2012年，长江上游经济区农民人均纯收入为6620元，考虑到城市化进程，农民人数将减少，农民人均收入的增幅将会提高，假定平均增长率为15%，预计2020年农民人均纯收入为19446元。

我们相信，随着该区域经济一体化的推进，区域经济实力和综合竞争力会不断增强，将为不断满足人民日益增长的物质文化需要奠定重要的物质基础。一体化发展的最终成果将惠及广大人民群众，不仅为人民群众建立和完善社会保障体系提供坚实的基础，而且使人民生活水平和生活质量显著提高，为人们过上更加美好的生活提供可靠的保障。

长江上游经济区一体化发展的可行性研究

参考文献：

1. 毕节地区行署：《毕节行政区工作情况汇报》，2011年5月15日。
2. 国家发展和改革委员会：《成渝经济区区域规划》，2010年12月。
3. 泸州市委、泸州市人民政府：《在加快川南经济区发展座谈会上的发言》，2010年12月29日。
4. 焕力：《成渝经济区视野下的川南城市群发展》，载《城市》2009年10月。
5. 内江市委、内江市人民政府：《在加快川南经济区发展座谈会上的发言》，2010年12月29日。
6. 四川省发改委：《四川省国民经济和社会发展第十二个五年规划纲要》，2011年1月。
7. 自贡市发展改革委员会：《自贡市国民经济和社会发展第十二个五年规划纲要》，2011年3月7日。
8. 内江市发展改革委员会：《内江市国民经济和社会发展第十二个五年规划纲要》，2011年2月。
9. 中共六盘水市委政策研究室、人民政府：《调研报告汇编》，2010年。
10. 中共自贡市委、自贡市人民政府：《关于加快川南经济区一体化发展情况汇报》，2010年12月29日。
11. 谢杰：《关于推进成渝经济区建设的工作汇报》，2011年3月8日。
12. 宜宾市委、宜宾市人民政府：《在加快川南经济区发展座谈会上的发言》，2010年12月29日。
13. 易鹏飞：《川南都市圈建设模式分析》，载《四川理工学院学报》（社会科学版）2010年第2期。

专题报告之二

长江上游经济区的功能定位与战略思路

　　长江"黄金水道"是贯穿整个长江流域经济社会发展的重要脉络，历史上以江兴城、以江兴市、以江兴业，无不与长江息息相关。虽然过去一段时期内，由于运输方式的扩展和运输结构的调整，长江"黄金水道"似乎有些沉寂，但随着近几年"煤电油运"的全面紧张及长江沿线的上海、浙江、江苏、安徽、江西、湖南、湖北、重庆、四川七省二市合作加强，长江"黄金水道"的航运功能得到进一步发挥，沿岸中心城市也得到快速发展。本研究将在这种新的形势下，重新审视长江上游（重庆—宜宾）经济区的发展，并且结合沿岸省市的发展战略和国务院颁布的《成渝经济区区域规划》，提出长江上游经济区的功能定位与战略思路。

一、促进长江上游经济区一体化发展的重要意义

　　长江上游经济区水能资源和矿产资源十分丰富，经济发展具有较大的潜力，但长期以来，由于交通不便，资源开发利用程度较低，经济社会发展相对落后。同时，由于长江上游经济区生态脆弱地区人类活动不断加剧，生态环境也面临着严峻的考验。按照《全国主体功能区规划》和《成渝经济区区域规划》的要求，加快长江上游经济区有条件地区经济社会发展，无论是对于促进长江全流域及区域的协调发展，还是对于促进人与自然的和谐发展都具有重要意义。

（一）有利于优化配置长江上游经济区的资源

　　长江上游经济区水能资源、煤炭和硫磷等矿产资源丰富，是我国重要

的能源、原材料基地。但由于交通、电力等基础设施建设滞后，资源优势并没有转化为经济优势。目前，长江上游经济区川南部分地区、贵州省的毕节市和六盘水市以及云南省的昭通市都是贫困人口相对集中的区域。积极开发长江上游水能、矿产等优势资源，优化水矿资源的配置，加快能源、原材料基地的建设，并建立符合本地特色的加工工业，逐步提高资源深加工水平，发展能源、原材料等需求量大、运输量高的产品和项目，不仅有利于缓解云贵川渝对外交通运输的压力，克服地区产业同构的现象，而且有利于合理利用和优化配置资源，促进沿海与内地、长江中下游与上游地区因地制宜、合理分工、各展所长、优势互补、共同发展，以提高宏观经济效益。开发长江上游经济区的水能和煤炭资源，可以建设起相当于1990年全国电力装机发电总量的重要电力工业基地。开发利用该地区丰富的黑色和有色金属资源，可以建立起年产钢2000万吨、有色金属300万吨的钢铁和有色金属工业基地，不仅可以满足西南地区经济发展的需要，而且可以支援毗邻省区。加快开发全国独具优势的硫磷资源，可以建立全国重要的磷肥生产基地，有利于促进我国农业生产发展。因此，加快长江上游经济区优势资源的开发与能源、原材料基地的建设，不仅有利于优化配置长江上游经济区的资源，而且有利于增强我国经济发展的后劲。

（二）有利于加快川南、黔西北和滇东北贫困地区的发展

黔西北和滇东北地区是我国贫困人口相对集中的地区①，也是国家全面建设小康社会的难点和重点地区。2009年，贵州省六盘水市农村贫困人口为46.03万人，贫困发生率为18.7%，毕节市农村贫困人口为125.28万人，贫困发生率高达18.9%；云南省昭通市农村贫困人口为82.9万人，贫困发生率为14.78%。仅六盘水市、毕节市和昭通市的贫困人口总数就占全国贫困人口总数的7.07%。这三个地市农民人均纯收入不到全国平均水平的61%，甚至昭通市还不到全国平均水平的一半。为保证这些地区在2020年与全国同步实现小康社会，国家近几年不断加大对集中连片贫困地区发展的支持力度，整村推进、产业化扶贫和劳动力培

---

① 川南地区的乐山市马边县、宜宾市屏山县和泸州古蔺县及叙永县，黔西北地区六盘水市的盘县、六枝特区、水城县，毕节市的大方县、织金县、赫章县、纳雍县、威宁县，滇东北地区昭通市的鲁甸县、巧家县、盐津县、大关县、永善县、威信县、绥江县、彝良县、镇雄县等都是国家重点开发扶贫县。

长江上游经济区的功能定位与战略思路

训转移等扶贫举措也不断加强,这些地区经济社会也保持了持续稳定发展,但由于地处内陆腹地,交通闭塞,人才短缺,资源的开发利用受到限制,经济发展潜能并没有得到充分发挥,与沿海省市等经济发达地区的差距也越来越大。改善长江上游经济区对外交通条件,促进该地区向东开放,加快区域经济社会发展,将资源优势变成经济优势,不但有利于增强贫困地区自我发展能力,也有利于促进区域协调发展(见表2-1)。

表2-1　　　长江上游经济区贫困地区基本情况(2009年)

地区	农村贫困人口(万人)	贫困发生率(%)	农村人均纯收入(元)
六盘水	46.03	18.7	3046
毕节	125.28	18.9	3100
昭通	82.9	14.78	2455
乐山	—	—	4892
宜宾	—	—	4873
泸州	—	—	4679
全国平均	3597	3.6	5153

资料来源:各地提供资料整理。

(三) 有利于促进长江经济带的形成和发展

长江经济带是我国国土开发空间"两横三纵"发展格局[①]中重要的横轴之一,在我国经济发展战略中占有举足轻重的地位。早在1990年,原国家计划委员会编制完成的《全国国土总体规划纲要(草案)》中就提出,"2000年前后,我国生产力布局以沿海、沿长江、沿黄河为主轴线,结合陇海、兰新、京广、浙赣—湘黔、太焦—焦枝、哈大、南昆铁路沿线地区等二级轴线,构成我国国土开发和建设总体布局的基本框架"。在国家"十一五"规划提出的"开"字形国土开发格局中,长江也是重要的轴线之一。因为长江轴线在我国国土开发中的重要地位,20世纪90年

---

① 中国目前初步形成以沿海及京广京哈线为纵轴,长江及陇海线为横轴的"开"字形空间发展新格局。国家"十二五"规划纲要提出"两横三纵"的城镇化发展格局,其中"两横"是指欧亚大陆桥通道和沿长江通道两条横轴;"三纵"则是指沿海、京哈京广和包昆通道。

代,党中央、国务院就做出重大决策,即把以浦东为龙头的长江三角洲和长江沿江地区作为我国对外开放的重点,不仅使上海和长江三角洲率先成为我国基本实现现代化的地区之一,而且推动我国全方位对外开放格局的形成。"十一五"以来,国家又将武汉都市圈、皖江城市带和鄱阳湖生态经济区上升到国家战略,加快长江中下游地区的发展。但仅有中下游的发展,长江经济带难以真正形成。2011年,《成渝经济区区域规划》的出台标志着长江上游经济发展将进入快车道。如果长江上游地区能加快其优势资源开发与经济发展,将有力支撑上海浦东和长三角地区经济发展和有效缓解中下游地区能源、原材料供需矛盾,同时也有利于长江经济带的形成与发展,促进繁荣富庶长江经济走廊的建立。

(四) 有利于巩固与发展我国战略后方基地

20世纪60年代中期到70年代末,国家在包括长江上游经济区在内的"三线"[①]地区投入巨额资金进行了大规模的"三线"建设,形成了以国防工业和重工业为主体,门类比较齐全的工业生产体系。六盘水、自贡、乐山、泸州等长江上游经济区的城市都是伴随着"三线"建设发展起来的。但是,"三线建设"由于过于分散,过于强调隐蔽性,使得所有企业转向市场经济之后,逐步丧失了竞争力,经济转型缓慢的城市发展受到重大影响。加快开发长江上游丰富的水能和矿产资源,建设相应的交通、电力、通讯等基础设施,将为实力雄厚的"三线"军工、机电企业提供研制重大技术装备的良好机遇。目前,大多数"三线"企业已通过军转民和调整产品结构,承担了民用飞机、大型电站设备、综合采煤设备、液压支柱、大型矿车、铁路车辆、冶金选矿设备、各类载重汽车等重大装备的研制任务,取得了可喜的成绩。"三线"企业的技术优势和生产潜力,将在长江上游资源大规模开发建设中得到进一步发挥,并与地方经济融为一体,为促进长江上游的发展乃至整个西部地区的经济社会发展做出重要贡献。

---

① 三线是1964~1978年那个特殊年代,由中国大陆的国境线依其战略地位的重要性(即受外敌侵袭的可能性)向内地收缩,划三道线形成的地区。三线建设的重点是"八省一市",即云南、四川、重庆、贵州、陕西、甘肃全境以及河南、湖北、湖南的西部地区。

（五）有利于开展与东南亚和南亚地区的合作

长江上游经济区涵盖的重庆、四川、云南、贵州四个省市的部分城市，既是西南省区市的重要组成部分，又是我国邻近南亚次大陆和印度洋的战略要地，具有对外开放的区位优势。该区域自然资源丰富，劳动力供给充沛，是我国最具开发潜力的地区之一，且区内各地市在产业结构、技术优势、资源优势和交通网络布局上，具有较大的互补性和联合发展的巨大潜力。近几年，随着川渝、贵州、云南等省对外通道建设的加快，长江上游地区与东南亚和南亚的经济联系日益紧密。加快长江上游经济区的资源开发与经济发展，将有力推动西南省区市之间的联合协作和优势互补，增强区域在对外贸易和经济技术交流中的整体竞争力，更有利于我国开展与东南亚和南亚地区的合作。

（六）有利于长江上游经济区生态环境保护

长江上游地区历史上曾森林茂密，古木参天。据资料记载，四川在元代时期森林覆盖率超过50%。在20世纪30年代，长江上游地区的森林覆盖率也达30%~40%。50年代后期，由于不合理的耕作方式、过度的采伐和人为破坏，长江上游森林植被大量减少，水土流失加剧，水源涵养能力下降，致使全流域洪涝灾害频发，生态环境日趋恶化。80年代中后期以来，由于采取了一系列的封山育林措施，特别是启动"天然林保护工程"和"长江上游水土保持工程"以来，森林恢复和水土保持工作有了较快的发展，森林覆盖率在多数市、县达到20%。但由于长期以来长江上游地区人口持续增加，使得各支流源头的恢复工作进展缓慢，森林采伐量超过其生长量，生态环境恶化的趋势并未得到根本的扭转。加快长江上游经济区的发展，将吸引高山区、生态脆弱地区人口向城市和城镇转移就业，大大降低人类活动对长江上游地区生态环境的破坏。

二、长江上游经济区一体化发展的SWOT分析

长江上游经济区一体化发展依托于其所在区域的基础条件。全面、系

统地分析这些条件,对于制定科学合理的经济发展战略尤为重要。本部分将遵循这一思路,对长江上游经济区一体化发展的优势、劣势、机遇和挑战进行分析,阐释区域经济发展的基础条件。

(一) 优势

长江上游经济区发展拥有诸多优势,充分发挥和利用这些优势,将比较优势转化为竞争优势,对于加快区域社会经济发展具有重要意义。

1. 区位条件优越

长江上游经济区是国家南北重要交通干线——包昆线和长江经济轴线的交汇点,是南向出川,联系南贵昆、泛珠三角地区,走向东盟、东南亚的重要区域,也是攀西地区、滇北、黔西北地区出入长江黄金水道,连通长江中下游,实现通江达海的重要门户,宏观区位优势非常明显。向东,通过长江"黄金水道"与我国沿海最发达的长三角地区紧密相连,接受长三角的辐射,进行人才、技术和资金等方面的交流合作和产业转移。向南,通过隆黄铁路、内昆铁路、纳黔高速公路等交通通道,经广西、云南与经济迅速增长的东盟各国和南亚联系,为发展与东南亚和南亚的合作提供得天独厚的便利条件。向西,通过成渝铁路、成乐高速公路,经西藏与南亚部分国家相连,拓展与南亚国家的经贸合作。向北,通过宝成铁路连接陕、甘、青等西北省份,开拓广阔的发展腹地和市场空间。

从微观区位看,长江上游经济区位于川渝滇黔四省市的交界地区,处于成都经济区、滇中经济区和黔中经济区的断裂地带,有利于相对独立经济区的形成和发展。经济区内的重庆市是我国最年轻的直辖市,是国家中心城市、长江上游地区的经济中心和金融中心,服务功能较强,具备带动经济区发展的潜力。经济区西北部的成都经济区,是西部重要的经济中心、全国重要的综合交通枢纽,以及先进制造业基地和科技创新产业化基地,能够为长江上游经济区发展提供强有力的人才和科技支撑。经济区西部的攀枝花、西昌等城市,矿产资源丰富,能够为经济区发展提供资源保障和产业基础支撑。

总之,优越的区位为长江上游经济区的发展提供了良好的基础条件,也间接影响着其他生产要素的流动,从而为区域经济发展提供了便利。

长江上游经济区的功能定位与战略思路

2. 资源比较丰富

自然资源比较丰富。长江上游经济区地貌类型多样，地质发育齐全，且垂直性地带分布明显。区域内，除林地人均水平高于全国平均水平外，其余都低于全国平均水平。特别是在低山、丘陵和平原、河谷地区，人多地少的矛盾十分突出，但土地开发利用的潜力很大。由于山地起伏，地形复杂，同时受低纬度和海拔梯度变化的影响，产生水热资源再分配，造就了以亚热带为基带的暖温带、温带、寒温带和寒带的垂直立体气候特征，为发展立体农业奠定了基础。粮油作物主要有小麦、玉米、水稻、马铃薯，水果有核桃、樱桃、橙子石。优质产品粮、棉、油、水果、蔬菜、水产等行销海内外。长江上游干支流纵横交错，水资源十分丰富。由于水急滩多，山高谷深，水量丰沛，河道落差大，水能资源居全国之冠，是举世闻名的水能"富矿"，平均每平方公里的水能发电量高过全国平均水平8.7倍。

矿产资源充裕。长江上游经济区矿产资源储量丰富，矿种齐全。已探明的矿产资源有120多种，其中已探明储量可供开发的有98种，许多重要矿产资源在全国占有重要地位。煤炭储量居江南第一，煤种齐全，煤质较好，铁矿储量居全国第二位，石灰石、硫铁矿、石英砂等储量丰富。六盘水素有"江南煤都"之称，是我国长江以南最大的炼焦用煤炭生产基地。滇东北和川西南是我国最大的硫铁矿基地，也是全国重要的磷矿基地。泸州市和宜宾市已探明硫铁矿储量80亿吨，占四川省硫铁矿储量的40%，属于全国五大硫铁矿之一的川南硫铁矿西段。此外，赤水河流域硫铁矿储量近40亿吨，品位较高，主要分布在四川省的古蔺、叙永等地区。充裕的矿产资源为长江上游经济区发展相关的能源和建材等产业提供了物质基础。

旅游资源众多。长江上游经济区地理环境复杂，少数民族众多，有着诗画般的自然风光、人文景观和多姿多彩的民风民情，其旅游资源非常丰富。较有名气的有长江第一湾、织金洞、威宁草海等自然景观。贵州特殊的喀斯特地质地貌、原始的自然生态环境和浓郁的少数民族风情，形成了以自然风光、人文景观和民俗风情交相辉映的丰富旅游资源。赤水风景区是赤水河流域重要的旅游资源。众多的旅游资源为长江上游经济区旅游业发展奠定了基础。

3. 产业基础相对雄厚

工业基础雄厚。依托腹地的资源优势，长江上游经济区形成了较雄厚的工业基础，初步形成了汽车、煤炭、电力、酿酒、建材、冶金、化工、机械、电子等协调发展的工业体系。重庆是我国最大的汽车、摩托车生产基地之一，产值占重庆市工业的50%左右。毕节、六盘水、泸州和昭通是云贵川大型煤炭基地重要组成部分，煤炭及相关产业在全国地位突出。六盘水、毕节等地市"十二五"末电力装机容量将超过2900万千瓦，是全国重要的电力基地。川南和黔北的泸州—宜宾—仁怀地区拥有集气候、水源、土壤"三位一体"的天然生态环境，是中国白酒的"金三角"。乐山号称"西部瓷都"，规模近百亿，产量达34838万平方米，是中国西部最大的建陶产区；境内还拥有全国林产工业最大的中密度纤维板生产企业——乐山吉象人造林制品有限公司，中纤板年产能力达到30万立方米。水钢（六盘水水城钢铁集团有限公司）、重钢（重庆钢铁集团有限公司）、川威集团、西南不锈钢公司是西部地区重要的钢铁企业，主要产品在国内有较强竞争力。六盘水、毕节、泸州、昭通的煤化工，泸州的天然气化工，自贡的盐化工、宜宾的氯碱化工和乐山的氯碱化工、盐化工、磷化工等都具有很大的优势。如泸州是全国最早的精细化工业基地，以泸天化、北方化工、川天化为代表的规模以上化工企业已超过20家，总资产超过100亿元，年销售收入在100亿元左右；自贡拥有全国最完整的盐卤化工体系，久大盐业集团公司是全国最大井矿盐生产企业，昊华西南化工公司是全国最大的甲烷氯化物生产厂家和西南最大的联碱生产企业；宜宾拥有天原集团、天蓝化工、中正化学公司、天科煤化工、昌宏化工、海丰和锐、双赢化工等重点化工企业，是中国西部最大的氯碱化工产品生产基地；乐山拥有和邦化工、希望深蓝电盐、巨星永祥树脂、金光科尔化工、福华化工、犍为盐化等35家规模企业，纯碱（氯化铵）产能居西南第一，三聚磷酸钠产能居全国第三。泸州是全国九大工程机械生产基地之一，重型、中型工程机械、机械基础件优势尤为突出。宜宾正着力培育一批特色突出、优势明显的产业集群，促进机械装备制造业向产业集群化、技术自主化、产品品牌化发展。此外，长江上游经济区在软件及信息服务业、集成电路、信息安全、光通信、军事电子、电子元器件及信息材料等

长江上游经济区的功能定位与战略思路

领域形成了一定特色和优势，初步形成了集成电路、信息安全、数字娱乐、电子元器件和通信等产品设计、研发、制造和服务的产业链。良好的产品品牌、企业品牌、区域品牌对长江上游经济区产业结构调整和产业层次提升都将起到带动作用（见表2-2）。

表2-2　　　　　　长江上游经济区产业基本情况

产业类型	产业地位
汽车	重庆市是我国最大的汽车、摩托车生产基地之一
煤炭	六盘水号称"江南煤都"
酿酒	泸州—宜宾—仁怀构成中国白酒的金三角
建材	乐山号称"西部瓷都"，境内还拥有全国林产工业最大的中密度纤维板生产企业
化工	泸州是全国最早的精细化工业基地；自贡拥有全国最完整的盐卤化工体系；乐山纯碱（氯化铵）产能居西南第一，三聚磷酸钠产能居全国第三
机械	泸州是全国九大工程机械生产基地之一

农业基础较好。长江上游经济区气候温暖、湿润、多样化，水热资源组合条件好，农业、畜牧业和林业的发展具有一定特色和竞争力。区域内的毕节号称"全国天麻、生漆、竹荪、核桃、樱桃、马铃薯之乡"，内江号称"中国甜都"。农业产业化程度、市场体系及生产基地建设也有一定基础，规模以上的农业龙头企业逐步增加。随着农业产业化程度的不断提高和农业产业化龙头企业的不断壮大，长江上游经济区农产品将与大市场对接，农业发展必将大有作为。

4. 成本优势突出

长江上游经济区得天独厚的资源条件、相对滞后的开发开放及相对较低的经济发展水平，使得其与全国平均水平相比，产业发展成本都较低。这为以能源化工、机械电子、汽车、农副产品加工业为重点的长江上游经济区实现跨越式发展提供了十分有利的条件。如表2-3所示，无论是全市职工平均工资，还是市辖区职工平均工资，自贡、泸州、内江、乐山、宜宾都低于四川省和全国的平均水平；毕节市的工资水平低于贵州省和全国的平均水平；六盘水、昭通的工资水平，也低于全国平均水平。这对人工成本反应敏感的产业具有很大的吸引力。此外，由于本区域水资源和能源资源丰富,各地区又在积极争取直供电试点,电价和水价比其他区域也有优势。考虑到长江上游干流和主要支流航运的发展潜力,本区域的物流、产业规模效应等综合商务成本,也具潜在的优势。这些低廉的生产要素成本使得产业向长江上游经济区转移成为可能。

表2-3　　长江上游经济区与省平均及全国城市工资比较(2012年)

地区	全市职工平均工资(元)	市辖区职工平均工资(元)
自贡	40876.48	41306.67
泸州	35407.44	38120.71
内江	36820.08	40294.52
乐山	37011.31	37766.59
宜宾	40372.56	45359.94
四川省平均	42365.73	45761.56
六盘水	43815.53	48674.97
毕节(市)	41758.51	38276.97
贵州省平均	42661.98	43024.72
昭通	37251.45	43816.18
云南省平均	40215.27	40217.86
重庆	45392.02	46327.81
全国平均	47297.22	53434.64

资料来源:《中国城市统计年鉴(2013)》。

5. 发展腹地广阔

自然腹地宽阔。长江上游经济区幅员广阔,地形多样,占全国国土面积的4.04%。地势南高北低,南部为山区,北部为丘陵地带。其中,重庆至宜宾河段两岸属低山丘陵地区,地势平缓,便于工业布局且不与粮食争地。沿江两岸的重庆、泸州、宜宾等城市,建设用地占市区面积的比重均低于全国平均水平,未来扩充的空间腹地非常大(见表2-4)。

表2-4　　　　长江上游经济区土地资源基本情况

地区	行政区域面积(平方公里)	城市建设用地面积(平方公里)	城市建设用地占市区面积比重(%)
自贡	4347	100	6.97
泸州	12229	96	4.50

长江上游经济区的功能定位与战略思路

续表

地区	行政区域面积（平方公里）	城市建设用地面积（平方公里）	城市建设用地占市区面积比重（%）
内江	5386	45	2.87
乐山	12826	56	2.23
宜宾	13271	79	4.31
六盘水	9946	37	7.77
毕节	26853	39	1.14
昭通	22657	26	1.16
重庆	82826	859	2.90
合计	190341	1337	2.96
占全国比重	4.04%	3.83%	—

资料来源：《中国城市统计年鉴（2013）》。

经济腹地大。长江上游经济区九市的人口有7000多万，再加上周边地市的人口，人口规模和市场容量都很大。这为长江上游经济区和周边地区之间的要素流动、贸易往来、产业关联、分工协作、优势互补提供了条件和可能，经济发展的潜力巨大（见表2-5）。

表2-5　　长江上游经济区人口基本情况（2012年）

地区	年末常住人口（万人）
宜宾	446.00
泸州	425.00
自贡	271.32
内江	371.81
乐山	325.44
重庆	2945.00
毕节	652.41
六盘水	285.90
昭通	529.60
合计	7033.86
四川省	8076

续表

地区	年末常住人口（万人）
贵州省	3484
云南省	4659
九地市占全国人口比重	5.19%
四省市占全国人口比重	14.15%

资料来源：九市的数据来源于《四川统计年鉴（2013）》、《贵州省统计年鉴（2013）》和《云南省统计年鉴（2013）》；四川省、贵州省和云南省人口数据来源于《中国统计年鉴（2013）》。

（二）劣势

所谓劣势，是指经济发展所面临的不利条件，包括各种影响长江上游经济区发展的主客观因素。全面辩证地分析劣势，有助于突破经济发展的瓶颈，采取有效措施进行化解，促进经济发展。

1. 中心城市规模普遍偏小

长江上游经济区九个地市，中心城区的规模普遍偏小。除重庆、自贡外，城区的人口规模均在100万人以下，六盘水、毕节和昭通的城区人口规模甚至不超过30万人，自贡城区人口也刚超过100万人。城区人口占市域的比重都没有超过40%，超过30%的只有重庆和自贡；超过10%，低于20%的有内江、乐山、宜宾和六盘水；毕节和昭通的城区人口规模甚至不到5%。除自贡外，中心城区的面积都没有超过10%，乐山、宜宾、毕节和昭通甚至没有达到1%。九个地市中心城区的面积、人口相对全市规模明显偏小，呈现"小马拉大车"的区域空间特征。这一特征不仅没有起到强有力支撑中心城市发展壮大的作用，反而存在一定程度的离心倾向。该现象主要源于两方面的原因：一方面，在市场经济条件下，区域经济发展的流向和格局已经不再囿于行政区划；另一方面，区域内资源整合程度比较低，没有形成分工合作、优势互补、有机互动、共同发展的格局。中心城市规模偏小造成长江上游经济区内部经济联系弱，难以发展有效的区域分工与协作（见表2-6）。

长江上游经济区的功能定位与战略思路

表2-6 长江上游经济区城市规模基本概况（2012年）

地区	城区面积（平方公里）	城区人口（万人）	城区面积占市域总面积比重（%）	城区人口占市域总人口比重（%）
自贡	778.32	105.08	17.80	38.73
泸州	411.38	8.13	3.36	1.91
内江	204.09	50.78	1.53	13.66
乐山	93.21	50.36	0.73	15.47
宜宾	97.35	54.9	0.73	12.31
六盘水	129.00	28.75	1.29	10.06
毕节	166.09	21.78	0.62	3.34
昭通	61.00	24.53	0.26	4.63
重庆	6105.70	900.53	7.41	30.58

资料来源：《中国城市建设年鉴（2012）》、《四川统计年鉴（2013）》、《重庆统计年鉴（2013）》、《贵州统计年鉴（2013）》、《云南统计年鉴（2013）》。

2. 财政支撑能力薄弱

尽管长江上游经济区的九个地市近几年的发展速度逐年加快，但要依靠自身的财力发展，支撑能力仍显不足。尤其是一些传统的农业地区，财政支出项目庞大，基础设施建设、社会事业历史欠账较多，进一步限制了政府的扶持空间。九地市中，除重庆的财力相对充裕外，其他地市的财力都非常薄弱。地方财政收入占财政支出的比重基本没超过60%，内江、昭通甚至没有达到20%。政府的支出相当大部分要依靠上级政府的转移支付。这类地区的发展一方面要靠上级政府加大支持力度；另一方面就是依托资源的开发，引进重大项目（见图2-1）。

3. 交通基础设施建设滞后

长江上游经济区交通基础设施建设非常滞后，尤其是出海出边不便不畅不快，严重影响区域对外开放和经济发展及融入世界经济。2012年，四川省人均拥有铁路营运里程仅为全国平均水平的60.32%，请车满足率长期徘徊在40%左右；二级及以上公路里程仅占公路总里程的7.19%，高速公路通车里程在西部排第一。贵州省公路路网密度只有东部地区的84.32%，铁路货物运送能力利用率超过100%；二级及以上公路里程仅占总里程的4.19%，约为全国平均水平的35.41%。而经济区内的毕节市

长江上游经济区一体化发展

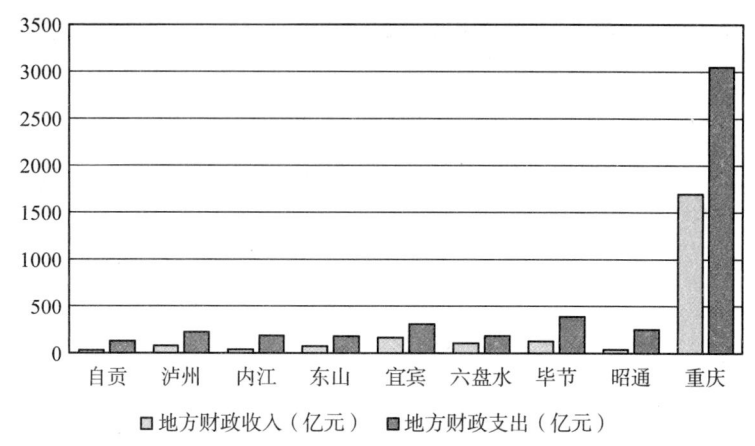

图 2-1 长江上游经济区九地市地方财政收支情况（2012 年）

资料来源：各地市 2012 年国民经济和社会发展统计公报。

既没有通高速，也没有通铁路。交通基础设施建设滞后，对产业及区域经济发展带来负面影响。如表 2-7 所示，大多数产业对交通运输反映非常敏感，特别是酒类、化工、纺织、皮革加工、造纸等产业更是如此。虽然长江上游航运潜力巨大，但受航道等级等因素的制约，长江上游航道对腹地经济的带动作用尚未显现，川江航道和重庆航道的配套联运作用尚未发挥。

表 2-7　　　　　　　　交通对产业发展的影响

部门	影响力系数	感应度系数
缝纫及皮革加工	1.22	0.63
纺织	1.19	1.61
造纸及文教用品制造	1.17	0.5
炼焦、煤气及煤制品	1.17	0.5
金属制品	1.16	0.94
交通运输设备制造业	1.15	1.09
电器机械及器材制造	1.15	1.03
化学工业	1.13	2.46
建筑	1.12	0.51
木材加工及家具	1.1	0.62

长江上游经济区的功能定位与战略思路

续表

部门	影响力系数	感应度系数
金属冶炼	1.1	2.15
机械加工	1.09	1.28
机械设备修理	1.08	0.59
建材及非金属制造业	1.06	1.21
电子及通讯设备	1.04	0.8
石油加工	1.02	0.94
仪器仪表剂量器具制造	1.02	0.54

4. 可供建设的土地资源短缺

长江上游经济区人口密度大，农村人口多，城市规模小，城镇化的任务非常繁重。但由于该区域地处高山、丘陵地带，生态环境脆弱，可供建设的土地资源非常短缺，城镇规模扩大受到自然条件的限制。如表2-8所示，长江南岸的六盘水、毕节、昭通等地区高原山地的面积甚至超过90%。从人均耕地面积看，除六盘水外，其余八市的人均耕地都低于全国平均水平。在国家采取最严厉的耕地保护措施的情况下，农用地转用受到严格的控制，再加上地处高山丘陵，耕地占补平衡的目标难以在区域内平衡，进一步压缩了占用耕地进行建设的空间。一方面是人口要向城镇聚集，需要扩大城镇规模；另一方面是可供建设的土地资源非常有限，二者的矛盾非常突出。

表2-8　长江上游经济区土地资源和地形地貌的基本情况（2012年）

地区	人口密度（人/平方公里）	人均耕地（亩）	地形地貌
自贡	749.74	0.76	地形复杂，分为低山、丘陵、平坝和河谷
泸州	412.89	0.74	北部为河谷、低中丘陵、平坝连片；南部连接云贵高原，为低山
内江	792.16	0.66	典型川中丘陵区地貌，浅丘占88.8%
乐山	279.12	0.69	地貌有山地、丘陵、平坝三种，以为山地为主，占比分别为66.5%、21%、12.5%
宜宾	411.85	0.82	"七山一水二分田"，中低山地占46.6%，丘陵45.3%、平坝占8.1%

长江上游经济区一体化发展

续表

地区	人口密度 (人/平方公里)	人均耕地 (亩)	地形地貌
六盘水	325.33	1.10	境内岩溶地貌占全市总面积63.18%。山地占64.93%，丘陵占16.9%，高原占4.05%，盆谷8.47%，台地1.66%
毕节	319.51	2.09	典型的岩溶山区。境内山高坡陡，峰峦重叠、沟壑纵横，河谷深切，土地破碎。高原山地占全区总面积的93.3%
昭通	257.84	1.50	典型的山地构造地形，山高谷深，海拔高差大，最高海拔4040米，最低267米
重庆	405.89	1.77	地貌以丘陵、山地为主，坡地面积大
全国平均	255.68	1.38	—

资料来源：人口密度数据来源于《中国城市统计年鉴（2013）》；四川省五市耕地面积数据来源于《四川省耕地基本情况统计表》；地形地貌来自各城市的简介。

（三）机遇

"十二五"时期是我国全面建设小康社会承上启下的关键时期，也是长江上游经济区加快发展的战略机遇期。发挥优势，抓住机遇，迎接挑战，努力提高经济发展水平，是长江上游经济区发展战略的重要内容。

1. 国际国内产业转移带来的机遇

20世纪90年代以来，随着世界范围内区域经济一体化趋势的快速发展，新一轮国际产业转移浪潮更加速了国际上资本的流动，制造业、重化工业和服务业向发展中国家尤其是中国转移的步伐加快。长江三角洲、珠江三角洲、闽南三角洲和环渤海地区凭借毗邻沿海的区位优势，以及经济基础、科技实力、市场潜力等优势，已成为吸引国际资本的"磁场"。以长江三角洲为例，目前长三角已经是国际资本在中国的最大"栖息地"，成为纺织服装、家电、机械、信息技术产品和小商品等数十类工业产品的全球货源地。后金融危机时代，国际产业转移的大趋势不仅不会发生根本性改变，相反，战略性投资和跨国并购可能逐步成为外商来华直接投资的主流趋势。金融危机后，越来越多的跨国公司看好我国新一轮国内需求增

长江上游经济区的功能定位与战略思路

长浪潮,从而增加对华直接投资。其中一个新的特点是,通过增加对华直接投资,优化跨国公司的资产多样性组合,以更好地防范全球系统风险。在这个背景下,日韩、中国台湾、东盟、欧美的制造业来华直接投资有可能重新呈现上升趋势,但外商直接投资的档次、结构和区域分布更加合理,预计将产生更有利的技术外溢效应,尤其对中西部地区是一个深化开放的新机遇。长江上游经济区与西部地区的经济中心之一——成渝经济区关系紧密,区位优势明显,极有可能成为西部地区承接国际资本转移的重要阵地。

同时,随着经济发展水平的提高以及产业集聚的不断增加,在沿海一些经济较为发达的地区,如珠江三角洲、长江三角洲地区,生产成本日趋增加,"用工荒"问题日益突出。为了提升产业竞争力,沿海地区纷纷加大产业结构调整力度,把重点放在发展高新技术产业和先进加工制造业上。而在国家"扩内需"的利好政策支持下,西部地区广阔的市场空间受到越来越多企业的重视,部分产业向西转移的力度逐步加大。长江上游经济区拥有近两亿人的市场空间,又占尽地利之优,自身也具有一定的工业基础,拥有承接沿海产业转移的区位优势。长江上游经济区要抓住机遇,积极改善投资环境,主动承接沿海地区的产业转移,强化与沿海地区的经济联系。

2. 西部大开发战略向纵深推进带来的机遇

1999年,国家提出西部大开发战略,并着手制定和实施系统的促进西部地区发展的政策。"十五"规划纲要明确提出"实施西部大开发战略,加快中西部地区发展,合理调整地区经济布局,促进地区经济协调发展"的指导方针,并按照西部、中部、东部的先后次序,对各地区的发展方向做出了总体安排。这种表述方式有着深刻的含义,即从根本上调整了"七五"时期以来按东、中、西梯度推进的区域发展战略取向。十多年来,西部地区迎来了经济发展最快的时期,与东部地区经济发展差距扩大的趋势得到初步遏制。2000~2012年,西部地区① GDP 总量年均增速为17.02%,高于全国同期14.79%的年均增速,GDP 占全国的总量从

---

① 西部地区包括广西、重庆、四川、贵州、云南、西藏、陕西、甘肃、青海、宁夏、新疆和内蒙古12个省市。

17.41%上升到21.93%。经济的快速增长，为西部地区创造了更多的就业机会。另外，交通基础设施建设和"西气东输"、"西电东送"和大型水利枢纽等一批重点工程相继建成，也对加快西部地区发展发挥了重要作用。

2010年，为深入推进西部大开发战略，国家拟定了新的十年规划。根据中央的统一部署，新一轮的西部大开发战略将以增强自我发展能力为主线，以改善民生为核心，更加注重基础设施建设、生态建设和环境保护。在交通建设方面，全面加强铁路、公路、民航、水运建设，扩大路网规模，提高通达能力。在水利建设方面，加大工程措施力度，重点解决西南地区工程性缺水问题。在油气管道和输电通道建设方面，除了要提升运送能力外，增加资源产地油气供给规模，支持地方发展深加工产业。在生态建设和环境保护方面，重点建设"五大重点生态区"，扎实推进"十大生态工程"建设，建立健全生态补偿机制。在改善民生方面，中央将加大对西部地区均衡性转移支付力度，逐步缩小西部地区地方标准财政收支缺口，用于教育、医疗、社保、扶贫开发等方面的专项转移支付重点向西部地区倾斜；中央投资项目将重点向西部地区民生领域倾斜；等等。在鼓励特色优势产业发展方面，对有条件就地加工转化的能源、资源开发利用项目给予优先审核批准，对西部地区鼓励类产业按15%的税率征收企业所得税。同时，为加快西部地区产业发展，将编制产业转移规划，制定相关的政策，安排产业转移引导资金，引导东中部地区企业有序转移，鼓励东中部地区与西部地区共建产业园区。新一轮西部大开发战略的实施，将有效改善长江上游经济区的交通条件、生态环境和民生事业，为经济发展夯实基础。此外，一系列鼓励资源开发、资源深加工的政策措施，也将促进长江上游经济区资源富集地区和生产要素组合条件较好地区的发展。

3. 成渝经济区建设上升到国家战略带来的机遇

2011年3月出台的《成渝经济区区域规划》对加快成渝经济区发展做出了具体安排，并明确中央将加大对该区域在政策实施、项目建设、资金投入、体制创新等方面的支持力度。这为长江上游经济区加快发展提供了宏观背景和政策支持。从统筹区域发展的角度看，成渝经济区要在加强

长江上游经济区的功能定位与战略思路

先进制造业、现代农业、资源型产业和传统产业发展的基础上,培育发展中心城市和重点产业带,加速产业结构的调整和升级,加快小康社会建设步伐。为贯彻落实《成渝经济区区域规划》,有关部门围绕城乡统筹、城市群发展规划和区域合作示范区建设方案等方面制定了相应的政策措施。长江上游经济区与成渝经济区关系密切,是成渝经济区乃至全国重要的能源原材料生产基地。在国家推进成渝经济区发展的过程中,长江上游经济区获得更多的发展机遇,也有望在能源生产、产业结构调整、推进新型工业化等方面获得相关的支持。

4. 国家加快长江等内河水运发展带来的机遇

2011年1月,国务院以国发〔2011〕2号文件正式颁布了《关于加快长江等内河水运发展的意见》(以下简称《意见》)。《意见》明确指出,加快长江内河水运的发展不仅有利于构建现代综合运输体系、优化沿江沿河产业布局,而且对节能减排、促进区域协调发展有着重要意义。《意见》同时提出六大任务,其中,"十二五"期间要"加快长江干线航道系统治理,上游1000吨级航道延伸至水富"、"推进重庆长江上游航运中心建设"、"建设以长江干线为主,铁路、公路、航空、管道共同组成的沿江运输大通道"等任务赫然在列。为保障《意见》实施,还提出了加强规划指导、加大资金投入、完善法律法规、保护岸线资源等措施。长江上游经济区虽然有发展水运的自然条件、社会基础和区位优势,但由于暴雨强度大、枯洪季分明、航运稳定性不足等原因,水运优势并没有发挥出来。《意见》的出台标志着长江上游高等级航道建设将提上议程,航运发展将进入快车道。依靠水运发展,临港产业、港口城市也将步入大发展阶段,对港口腹地的辐射带动作用也将明显加强。这些都会促进长江上游经济区的发展。

(四)挑战

在面临若干重大发展机遇的同时,长江上游经济区发展也面临着诸多挑战。只有正视挑战,勇敢地接受挑战,化压力为动力,变被动为主动,才能实现长江上游经济区的大发展。

长江上游经济区一体化发展

1. 周边地区快速发展形成激烈的竞争态势

从西部地区看,在《全国主体功能区规划》中列出的十八个重点开发地区中,西部地区包括北部湾地区、成渝地区、黔中地区、滇中地区、藏中南地区、关中—天水地区、兰州—西宁地区、宁夏沿黄经济区和天山北坡地区9片地区。从长远发展看,成渝地区、关中—天水地区和北部湾地区区位交通条件优势明显,人才和产业基础雄厚,将获得更多的发展机会。2008年1月,《广西北部湾经济区发展规划》获得国务院批准实施,在该规划中国家给予北部湾地区重大项目布局及项目审批、核准、备案、设立保税区和投融资方面的支持。2009年6月颁布的《关中—天水经济区发展规划》提出将该区域建成全国内陆型经济开发开放战略高地、全国先进制造业重要基地、全国现代农业高技术产业基地和彰显华夏文明的历史文化基地,除支持西安统筹科技资源改革和研究设立陆港型综合保税区外,还出台了财政、税收、土地、环保等方面的政策措施。2011年3月国家批准的《成渝经济区区域规划》将该区域定位为西部地区的经济中心、全国重要的现代产业基地、深化内陆开放的试验区、统筹城乡发展的示范区和长江上游生态安全的保障区,并指出要在政策实施、项目建设、资金投入、体制创新等方面给予支持,这将极大地促进成渝经济区的发展。西部地区三足鼎立的发展局面,将对经济要素形成强有力的集聚作用,而对周边地区则产生极化效应。

从重庆市加快"两江新区"发展、四川省积极谋划"天府新区"发展来看,今后一段时期内,重庆市和四川省都分别将重庆市区和成都经济区作为发展的重点。此外,黔中地区将形成以贵阳为中心,以遵义、安顺、都匀、凯里等城市为支撑的发展态势;滇中地区将构建以昆明为中心,以曲靖、玉溪和楚雄等节点城市为支撑的发展格局。这必将引导经济要素流向重点发展地区,而对内江、自贡、泸州、宜宾、六盘水、毕节、昭通等地区的发展产生激烈的竞争。

2. 市场约束加强带来的严峻挑战

目前,我国有许多行业处于产能过剩状态,其中钢铁、电解铝、铁合金、焦炭、电石、汽车、铜冶炼和部分化工行业产能过剩问题突出,水

长江上游经济区的功能定位与战略思路

泥、电力、煤炭、家电和纺织行业也潜藏着产能过剩问题。今后一段时间内，国家将继续严把"信贷"、"土地"两个闸门，严格市场准入，完善行业规划政策，控制产能过剩行业的发展。同时，国家将根据相关法律法规，淘汰落后产能，推进技术改造，加快兼并重组步伐。

市场约束力变大增强，增加了长江上游经济区经济加快发展的难度。该区域以能源原材料工业为主，其中能源（煤炭、电力）工业、基础化工（煤、盐）、建材（水泥、石材）、钢铁及其制品已经初具规模，有色金属冶炼、汽车制造及其装备业、农副产品加工还处在起步阶段。在市场约束的形势下，煤炭、钢铁、水泥及部分化工行业必然受制于国家"控制总量，淘汰落后，加快结构调整"的政策目标，产能扩张将受到严格限制；而对于国家鼓励发展的高新技术产业、环保产业以及现代服务业，虽然发展潜力大，但由于本区现实基础设施薄弱，环境条件差距大，快速发展的潜能难以在短期内变为现实。这些都对长江上游经济区的发展带来严峻挑战。

3. 资源环境门槛不断提高

为深入推进节能减排和应对气候变化工作，"十二五"时期，国家将加快建设低投入、高产出、低消耗、少排放、能循环、可持续的国民经济体系，推进资源节约型、环境友好型社会建设，加大高耗能和高污染产业的宏观调控力度，淘汰过剩和落后生产能力，加强水、土、矿等战略资源的综合利用和保护，努力促进经济发展方式转变。中央有关部门已制定相关的政策措施，加快淘汰电力、化工、建材等高耗能行业的落后生产能力、工艺装备和产品，积极推进资源性产品价格的市场化改革进程，完善资源综合利用税收优惠政策，调整高耗能和资源性产品进出口政策。同时，进一步制定和完善环境保护的法律法规和标准体系，加快建立健全生态补偿机制，实施排放总量控制、排放许可和环境影响评价制度，实行清洁生产审核、环境标识和环境认证制度，严格执行强制淘汰和限期治理制度。这些经济发展形式的变化，必将对以煤炭、电力、建材等为支柱产业的长江上游毕节、六盘水、昭通、乐山、泸州等地区提出了更新的、更高的要求。另外，长江上游经济区又是重要水源涵养区，生态地位极为重要，庇护着长达6380公里的整个长江流域生态平衡和国土安全，具有其他任何工程措施所不可替代的功能。但由于长期以来的森林过伐、土地过垦、草场过牧，该区域水土流失、荒漠化和石漠化的问题非常突出。毕节、六盘水和昭通等地市是我国石漠化治理的重点地区，生态修复难度大。这些都对长江上游经济区的开发与保护提出了更为严格的要求。

此外，"十二五"时期，国家在继续推进基本公共服务均等化的过程中，将兼顾不同社会阶层的利益，努力协调和处理不同群体之间及群体内部的利益关系，维护和保障最广大人民，尤其是低收入者的利益，不断加强下岗失业人员再就业、养老保险、失业保险、医疗保险、"低保"和扶贫济困、群众合法权益保护等工作。这些工作将逐步强化政府和企业的社会责任，提高经济发展的社会成本。长江上游经济区的大部分地区经济基础发展薄弱，农村贫困面大，各种社会问题将逐步显现，将对区域发展构成强大的社会发展压力。

4. 行政体制分割带来的重大挑战

长江上游经济区涉及的三省一市九个地市，由于经济发展水平普遍较低，各地还处于自发发展状态，区域经济合作的紧迫性还没有充分体现出来，地区发展各自为政的局面并没有改变。长江上游经济区内，重庆无疑是重要的中心，但由于重庆统筹城乡发展任务重，目前还处于极化阶段，对周边地区的辐射带动作用并不明显，与周边地市的合作主要体现在获取能源原材料方面。四川省正积极谋划将内江、自贡、泸州、宜宾打造成仅次于成都都市圈的全省第二大城市群，今后，基础设施的共享，旅游网、物流网、人才网、金融网和信息网的联通，社会保障等管理体制的对接也仅限于该区域内部。六盘水、毕节、昭通等远离经济发展中心的地区，都在积极打造区域性中心城市，增强区域影响力。经济联系不紧密，行政体制分割，导致长江上游经济区的基础设施建设、市场体系建设和社会管理建设等方面都存在巨大差距，限制了各种要素在区域内的自由流动。纵观美国田纳西河、德国莱茵河、法国罗纳河等著名流域的开发，区域经济一体化的发展，都是依托航运的发展，发挥廉价的水运优势，将各地经济紧密联系在一起。长江上游经济区的发展要充分借鉴这些成功的案例，以航运等交通基础设施建设为重点，推进经济的合作和一体化进程，以经济一体化突破行政体制分割带来的挑战。

三、长江上游经济区的战略定位

立足经济发展水平和发展战略的选择，长江上游经济区要从更大的区域范围和更长的时间尺度，科学地明确区域战略定位、作用及其经济结构调整的方向，为全区域基础设施建设、经济社会与资源环境的可持续发展、城镇体系的合理布局及产业发展提供宏观的科学指导。遵循该思路，确定长江上游经济区的战略定位。

（一）全国重要的能源原材料基地

长江上游经济区煤炭资源非常丰富，是国家规划的 13 个大型煤炭基地之一——云贵川煤炭基地的重要组成部分。泸州市的筠连矿区地质储量 35.8 亿吨，古叙矿区地质储量 35.9 亿吨。贵州省毕节市煤炭资源已探明储量 420.87 亿吨；六盘水市煤炭远景储量 844 亿吨，已探明储量 180.1 亿吨，现有煤矿 313 对，总设计能力 9000 万吨。云南省昭通市已探明煤炭资源储量 9.7 亿吨，其中潜在资源量 33.44 亿吨。根据国家 13 个大型煤炭基地的规划，云贵川基地负担向西南、中南供给煤炭，并作为"西电东送"南通道电煤基地。

除丰富的煤炭资源外，硫铁矿、盐矿、泥炭、磷矿（含重稀土）、铅锌等矿产资源也比较丰富。其中，四川省泸州市叙永、古蔺一带，硫铁矿的保有储量 6.6 亿吨，占四川省硫铁矿保有储量的 88%；自贡市盐卤资源丰富，已探明盐储量 174.6 亿吨。贵州省毕节市铁矿已查明资源储量总数为 4.72 亿吨，硫矿探明储量为 3.56 亿吨，泥炭矿探明储量 1.05 亿吨，磷矿已探明储量 13.8 亿吨，铅锌矿探明储量 0.13 亿吨，资源储量居贵州省首位。云南省昭通市硫铁矿预计储量 14 亿吨，属全国五大硫铁矿之一；有色金属为云南省三大基地之一；铜、铅、锌、铝、镁已探明一定储量，铅锌有 170 万金属吨，镁预测储量 18 亿吨以上。

这些资源的合理开发利用，都为把长江上游经济区打造成全国重要的能源、原材料基地奠定了重要的基础。长江上游经济区的两大重要资源型城市也对能源、原材料产业发展做出了具体部署。六盘水市规划在"十二五"期间，新增煤电装机 840 万千瓦，全市电力装机容量在 2015 年达到 1500 万千瓦以上；钢产量在 2015 年达到 1000 万吨左右，电解铝 30 万吨。毕节市在"十二五"期间将发挥"水火互济"的优势，深入实施"西电东送"战略，优化发展火电，深度开发水电，加快建设大型电源基地，到 2015 年装机容量超过 1400 万千瓦；生铁、铅锌冶炼和铸造项目的总产值在 2015 年达到 50 亿元。乐山、自贡、宜宾、昭通等地市也对能源原材料产业发展做了比较详细的规划。在未来的发展过程中，长江上游经济区要立足于大，着眼于强，落脚于好，推动基地建设更好更快发展。"立足于大"就是要坚持大区域布局、大项目策划、大集团引领、大生态建设的思路，突破行政区域的界限，优化生产要素配置，以一批重大项目为抓手，积极引进规模大的企业集团，着力延伸产业链条，加速产业集中和集聚发展，形成产业配套、布局科学的特色园区发展新格局。同时，要加快对长江干流和主要支流等重点流域的治理，并建立若干生态保护区，形成大的绿色带、隔离带，为能源化工产业的大发展提供生态屏障。"着眼于强"就是要重点引进实力雄厚、技术先进的企业，提升产业核心竞争力。"落脚于好"就是在招商选资的过程中，严格准入门槛，真正把效益好、损耗少、污染小的项目引进来，从而达到对当地发展支撑作用大、群众得实惠多、生态建设得到加强的目的。

（二）西部地区资源深加工基地

在多年的发展过程中，长江上游经济区已形成了几个重要的资源深加工基地。第一是有色金属工业基地。四川省内江市正在积极打造中国第二大钒钛制品基地，"钢—钒—钛"产业特色更加突出。云南省昭通市积极延伸铜产业链，做强做大铜产业；铅锌矿的勘探和开发也在积极推进。第二是工程机械制造基地。重庆是全国最大的摩托车生产、出口基地和全国四大汽车基地之一，摩托车产销量连续 13 年和海外出口连续 6 年独占鳌头。泸州是全国九大机械生产基地之一，是全国大中型全液压汽车起重机、挖掘机制造中心，已形成以长江起重机厂、长江挖掘机厂、长江液压机场为骨干的四川长江工程机械集团公司。在长江沿岸城市中，泸州的工程机械生产规模仅次于上海。自贡拥有全国规模最大、品种最齐全、规格最完整的锅炉制造企业集群，自贡板仓工业园是中国西部最大的余热锅炉

长江上游经济区的功能定位与战略思路

生产基地。六盘水的矿山机械、毕节的汽车零配件也在加快发展。第三是化工、轻纺工业基地。泸州是化工部确定的全国16个大化工基地之一，泸天化集团是中国最大的尿素生产厂和油脂化工基地，是中国500家大型企业和500家经济效益最佳工业企业之一。泸州化工厂纤维素衍生物生产产量居全国首位。泸州境内化工部西南化工研究院是化工部直属重点化工研究单位，是全国碳化学研究中心。宜宾天原集团是中国西部最大的氯碱化工产品生产基地，宜宾丝丽雅集团是全球最大规模的维卡纤维生产基地。自贡是四川省井矿盐、两碱和全国有机硅、有机氟、环氧树脂系列产品的重要生产基地，初步形成了从资源到产品加工，以"盐—基础化工—精细化工—高分子化工"为主线，比较完整的盐化工产业链。六盘水是全国重要的煤炭基地，煤化工产业按照大型化、基地化、规模化、一体化、多联产的要求，产业链重点向煤焦化、煤气化等方向延伸。毕节也在依托开采的煤炭资源，积极谋划发展煤化工产业。第四是食品饮料基地。宜宾、泸州酿酒工业历史悠久，五粮液、泸州老窖、郎酒驰名中外，是国家名优酒生产基地。毕节、六盘水充分发挥立体气候的优势，在马铃薯、中药材、核桃等的种植和深加工方面，都有新的突破。第五是再生资源产业基地。内江市正在抓紧建设占地5000亩、总投资超过30亿元的中国西南最大的再生资源产业基地。

这些条件都为长江上游经济区形成西部地区资源深加工基地提供了重要的前提。在未来的发展过程中，要按照上规模、上档次、上水平、创特色的要求，加快基地建设。"上规模"就是要依托大企业，建立专业化的工业园区，推动相关产业集群发展；"上档次"就是要以提高产品技术含量为中心，支持企业创新，提升企业整体竞争力；"上水平"就是要围绕价值链的耦合，搞好产业链内部的整合，不断延伸产业链；"创特色"就是以特色优势产业为基础，逐步拓展新的发展领域，在某一点或某几点上寻求突破。

（三）西南地区重要的增长区域

在我国西南六省区市中，广西的北部湾、四川的成都经济区、重庆市和长江上游经济区都是带动西南地区经济增长的重要引擎。根据《四川省国民经济和社会发展第十二个五年规划纲要》，"十二五"时期，四川省将加快内江、自贡、宜宾、泸州等川南地区开发，打造四川省经济发展新的增长极，并且要将内江、自贡、宜宾、泸州等八个城市培育为100万人口以上的特大城市。《贵州省国民经济和社会发展第十二个五年规划纲要》中也明确提出加快六盘水市、毕节等区域性中心城市的发展。六盘水市正在通过拉大城市框架、推进组团发展、完善城市功能、强化产业支撑等措施，力争在2015年使中心城区的人口达到80万人，2020年建成人口超过120万人的特大城市。毕节—大方城市组团发展已初具规模，根据规划，毕节中心城区远期要形成建成区面积250平方公里，人口达200万以上。《云南省国民经济和社会发展第十二个五年规划纲要》也提出要积极把昭通打造成区域性中心城市。重庆市自直辖以来，就已经与成都一起成为带动我国西南地区发展重要的增长极。

这些都是将长江上游经济区建设成西南地区重要增长区域的重要条件。在未来的发展过程中，要着力做好三方面的工作：一是借势发展。充分发挥长江上游经济区与成渝经济区互有交错的关系，借力成渝经济区的交通、产业和人才优势及长江"黄金水道"的水运优势，以更高的要求、更高的标准谋划长江上游经济区的发展。二是错位发展。按照"分工合理、优势互补、协调发展、各具特色"的要求，结合各城市不同特点，发展特色优势产业，避免正面竞争和冲突。三是合作发展。在西南经济协作区的框架内，加快城市之间的基础设施接轨、产业接轨、生产要素接轨、商品市场接轨步伐，促进长江上游经济区共同发展。同时，建立九市领导人之间的对话协商机制，协调解决发展中遇到的各种问题。

（四）长江流域重要的生态安全屏障

"十二五"期间，中国将加快构建十大生态安全屏障，长江流域生态屏障位居其中。重庆已明确提出，"十二五"期间，重庆新增营造林1200万亩，将三峡库区库周两岸生态屏障区森林覆盖率提高到65%，全市森林覆盖率超过45%，建成国家生态园林城市；构建生态安全屏障，形成长江、嘉陵江、乌江三大水域生态带。四川省在"十二五"期间也要在长江流域营造150万亩防护林，新增水土流失治理面积1.5万平方公里，森林覆盖率超过36%。贵州省很早就确立了"两江上游生态屏障"建设和"生态立省"战略，切实加大了对乌江、赤水河、綦江流域生态环境

长江上游经济区的功能定位与战略思路

的综合治理,加快长江和珠江防护林体系建设和水土流失治理,大力实施封山育林、植树造林和天然林保护。

长江上游经济区在未来的发展中要继续突出生态屏障的功能,在绿色发展、低碳发展和循环发展方面率先突破。"绿色发展"就是要根据区域内的生态环境容量和资源承载力,把经济活动过程和结果"绿色化"、"生态化"作为发展的主要内容和途径,实现经济、社会和环境可持续发展;"低碳发展"就是要以低能耗、低污染、低排放为基础,提高能源利用效率和清洁能源比重,尽量减少温室气体排放;"循环发展"就是以"减量化、再利用、资源化"为主线,提高资源的利用效率,构建节约型建设模式、生产模式和消费模式,促进经济又好又快发展。

四、长江上游经济区一体化发展的战略思路

根据长江上游经济区的基础条件,围绕其战略定位,长江上游经济区发展的思路主要体现在以下几方面。

(一)基础先行,航运为先

基础设施建设是区域经济发展的重要前提,适度超前规划基础设施建设具有重要的引导和带动作用。所谓"基础先行"就是根据长江上游经济区发展的实际需要,借鉴德国鲁尔工业区、美国田纳西河、法国罗纳河等国际著名地区和流域开发的经验,结合沿江铁路、公路和水运的建设,统筹规划区域内的铁路、公路、航空、水运等重大交通基础设施建设,加强经济区对内、对外的经济联系;充分发挥区域内水电资源、煤炭资源丰富的优势,积极推进电源点、电网等电力基础设施建设,尽可能保障区域内外的需求;以防洪安全为前提,遵循防用并举的原则,进一步搞好长江及其岷江、沱江、乌江、赤水河等重要支流的水利基础设施建设,促进水资源的合理开发利用。

所谓"航运为先"就是要按照《国务院关于加快长江等内河水运发展的意见》的精神,充分发挥长江"黄金水道"的作用,采取工程措施提高长江航道通行能力,挖掘重要支流的航运潜能,努力构建发达的内河

航运网络，改善港口和工业区的水陆联系，降低企业物流成本。以此为基础，借鉴国外流域开发的典型经验，统筹考虑长江上游港口城市建设和产业布局，加快长江上游经济区的快速崛起。

（二）链群结合，优化结构

"链群结合"就是产业发展一方面要通过延伸产业链，促进产业向纵深方向发展，提高企业的根植性；另一方面，就是以工业园区为基础，大力发展生产性服务业，发挥产业集群效应，加快产业发展。"延伸产业链"就是要立足现有的产业基础，充分发挥区域的比较优势，努力构建带动作用强的产业链。结合长江上游经济区产业发展实际，着力延伸资源深加工、有色金属深加工、机械制造业、食品制造等重要产业链，创造产业配套的综合优势。产业链的上游着重向品牌、创意和设计等领域延伸，产业链的下游主要发展广告营销、分销管理、零售、物流等领域，产业链的生产环节要重视龙头企业的带头作用。拓展产业链延伸的区域范围，借助区域市场协调地区间专业化分工和多维性需求的矛盾，以产业合作作为实现形式和内容的区域合作载体。"发展产业集群"就是要以产业联系为纽带，将企业紧紧地连接在一起，形成稳定的产业集群。重点培育发展基础好、发展空间大、带动作用强以长江上游经济区为中心的国际性产业集群。顺应全球化趋势，依托成渝经济区国际性产业集群，不断扩张规模和提升产品品质，成为国际同类产品供应商，推动民营经济与海外经济融合发展，推动产业集群与跨国公司对接发展。积极发展生产性服务业，着力打造技术服务中心和产品检验、检测中心等技术支撑平台，重点培育物流、会展、信息、担保、培训、咨询、会计、法律、设计等中介服务机构，为产业集群持续健康发展提供有效服务。

"优化结构"就是立足长江上游经济区的优势资源，大力发展相关产业，推动产业结构向高级化发展。要因地制宜、发挥优势，加快建设特色农产品产业带，推动特色农业向区域化、专业化和产业化方向发展。贵州省六盘水市、毕节市和云南省昭通市要发挥立体气候的优势，在经果林、特色蔬菜、生态畜牧业、茶叶和中药材等绿色产业规模上有重大突破。川南丘陵地区也要在农业内部结构调整和种植业内部结构调整上有新发展。遵循工业结构优化的规律，充分发挥"三线"建设时期留下的人才和产

长江上游经济区的功能定位与战略思路

业优势，增强与外部科研院所和大企业的联系，着力加强工业创新能力建设和产业组织建设，提高工业企业的整体竞争力。按照优化产业结构、拉动区域经济和提升生活质量的要求，加快构筑以信息服务业、科教服务业、中介服务业、创意产业为引领，旅游会展业、商贸流通业、现代物流业、金融服务业为重点，文化服务业、社区服务业、公共服务业等为基础的服务产业体系，提升长江上游经济区对内对外的服务水平。

(三) 集中发展，合理布局

"集中发展"就是要以提高资源特别是土地资源的集约利用水平为目标，依托重点工业园区，促进产业在地域空间上的相对集中；重视交通沿线主要城镇的发展，逐步将沿线城镇建成特色产业发达的重点城镇。根据资源环境承载能力，结合长江上游生态保护要求，将长江上游经济区打造成由重庆、泸州、宜宾、内江、自贡、乐山、昭通、六盘水、毕节等要素相对集中城镇的多点串联，逐步形成"大分散"的空间格局。要以川南丘陵地区为重要载体，加快长江流域航运的开发，促进经济要素在该区域的聚集，夯实合理有序空间格局形成的基础。要正视土地紧缺对经济社会的严重制约，通过丘陵地区的开发，为城市建设和产业发展拓展空间。要按照梯次推进、突出重点、有序开发的原则，统一规划，精心组织，提高长江上游经济区资源综合利用水平。

"合理布局"就是既要突破行政区划的界限规划城镇的发展，又要充分考虑资源开发所导致的城镇布局的变化。如泸州的发展要充分发挥丘陵资源丰富的优势，借重庆发展之势和长江航运发展之力，实现跨越式发展；乐山的发展要与成都经济区和岷江航运的开发紧紧绑定在一起，进一步加强对接，做大做强；内江与自贡的发展既要统筹考虑，又要预见内昆铁路、成渝铁路的发展对释放内江发展潜力的作用；六盘水、毕节要结合煤炭资源的开发，统筹谋划城区和矿区的发展，避免大多数资源枯竭型城市城矿分割的状况。毕节还要充分发挥贵州省在"十二五"期间将其建成仅次于贵阳的全省第二大交通枢纽的优势，加快建设大城市或特大城市，努力将其打造成四省市交界地区的区域性中心城市。

(四) 上下协同，生态共保

"上下协同"就是要打破行政区划的界限，统筹搞好长江上游流域的生态环境保护工作。在高度重视长江两岸生态建设，鼓励和支持长江两岸城市绿色发展、低碳发展和循环发展的同时，要进一步做好沱江、岷江、赤水河等长江支流的流域治理、水土保持等工作。

"生态共保"就是要加强环境保护和生态治理，要在继续开展"天然林保护工程"和"长江上游水土保持工程"的基础上，结合人口和经济活动向长江沿岸集聚的趋势，将水污染防治作为第一要务，通过全面划定饮用水源保护区、严格控制农业面源污染、开展重点河段整治、加强工业和生活污水治理、加强农村环境综合整治等措施，实现水生态系统的良性循环，为长江上游经济区的可持续发展提供良好的生态安全屏障。贵州六盘水、毕节和云南昭通要继续深入实施石漠化治理、退耕还林等生态工程，进一步提高本区域的森林覆盖率。

（五）深化合作，共同发展

"深化合作"包括两方面的含义：一是深化长江上游经济区与成渝、长三角、珠三角和北部湾等其他经济区的合作；二是深化长江上游经济区与各地市的合作。长江上游经济区是中国重要的能源原材料基地，能源输入地主要是西南和中南地区，加强与这些地区的合作，将有助于理顺能源价格体系。对外贸易的方向也主要是顺江而下到长三角地区，或沿铁路而下到珠三角和北部湾地区，强化与这些地区的合作，有助于开展对外贸易。同时，长江上游经济区也是珠三角、长三角、成渝经济区及国际产业转移重要的承接地，深化与这些地区的合作，有助于更好地发展产业。在长江上游经济区一体化建设的大区域格局内，要加快交通设施、金融服务、物流联络等方面的一体化建设。另外，要加强产业发展、市场准入、科技创新等方面的对接，促进商品和生产要素在区域内自由流动。

"共同发展"：一要在区域合作中都能发挥各自的优势，形成定位明确、特色鲜明、功能互补、竞争力强的区域发展新格局；二要协调山区和丘陵地区的关系，通过主体功能区的划分和相关区域政策的实施，实现高山生态保护区和沿江产业带之间的协调发展；三要协调城乡经济和社会发展，实现城乡一体化发展；四要通过空间布局的调整，强制性保留生态岸线、农田保护区、生态廊道等，并严格执行国家产业政策和节能减排目标责任制，实现经济发展与自然环境的协调关系，促进人与自然的和谐。

长江上游经济区的功能定位与战略思路

参考文献：

1. 王小刚：《加快四川经济社会发展研究》，载《内部研究报告》2010年。
2. 《长江上游地区资源开发和生态环境保护总体战略研究》课题组：《长江上游地区资源开发和生态环境保护总体战略研究》，载《内部报告》1993年。

专题报告之三

长江上游经济区重点产业选择

长江上游经济区包括重庆、宜宾、内江、自贡、泸州、六盘水、毕节、昭通、乐山九个地市，这九个地市地缘相近、人缘相亲、文缘相承、商缘相通，是西南地区重要组成部分。同时，长江上游经济区作为云南、贵州、重庆、四川三省一市边界地区的一个特殊区域，除重庆外，都远离本省的经济中心，经济发展水平总体低下，贫困问题相对突出，基础设施建设滞后，是全面建设小康社会的重点和难点地区。加快该区域经济发展，不仅有利于深入推进西部大开发战略，而且有利于实现国家2020年全面建设小康社会的目标。

一、长江上游经济区产业发展现状

认真分析长江上游经济区的产业发展现状，发现问题，然后立足区域资源禀赋条件，结合国家产业政策，前瞻性把握重点产业发展导向，超前谋划区域重点产业发展，发挥产业优势潜力，对于加快长江上游经济区发展具有非常重要的现实意义。

（一）长江上游经济区产业发展成效

2012年，长江上游经济区九个地区总面积19.03万平方公里，地区生产总值总量为18777.75亿元，年末常住人口为6252.48万人，城市化率为46.33%。

1. 自贡市产业发展情况

自贡市位于川南地区，东邻泸州，西接乐山，南靠宜宾，北连内江，幅员面积4372.6平方公里。2012年,全市年末常住人口271.32万人,城镇化率为44.40%,城市建成区面积为100.18平方公里。支柱产业有节能环保、机械装备、盐化工、农产品加工、冶金(新材料)等。

产业发展势头总体良好。2012年,自贡市地区生产总值达884.80亿元,按可比价计算,比上年增长13.9%,人均GDP达到32787元,三次产业结构逐渐调整为12.4∶59.8∶27.8;机械、盐化、新材料三大主导产业完成现价总产值910.55亿元,占全市规模以上工业总产值的比重为67.9%;产业集约化发展特征明显,工业园区面积达到36.8平方公里。

工业连续5年保持高速增长。"十一五"期末,自贡市规模以上工业企业达到578户,比"十五"期末增加267户;年主营业务收入超亿元企业145户,比"十五"期末净增116户;规模以上工业企业现价工业总产值1050亿元,是"十五"期末的3.96倍,年均增长32%;工业增加值达到330亿元,占全市地区生产总值比重为53%,是"十五"期末的4.17倍,年均增长33%;实现主营业务收入1000亿元,是"十五"期末的4倍,年均增长32%。"十一五"期间,自贡市实现全部工业总产值3375亿元,是"十五"期末的4.4倍;实现全部工业增加值1039亿元,是"十五"期末的4.5倍;实现主营业务收入3197亿元,是"十五"期末的4.5倍。自贡市工业产值超10亿元的企业38户,工业经济连续5年保持了两位数以上的增长,呈现出持续向好和强劲的发展势头(见表3-1、表3-2和表3-3)。

表3-1   自贡市"十一五"时期规模以上工业企业主要经济指标变化情况

指标	2005年	2010年	年均增长(%)
企业数(户)	311	578	—
现价总产值(亿元)	265	1050	32
主营业务收入(亿元)	250	1000	32
增加值(亿元)	79	330	33

资料来源:自贡市"十一五"国民经济和社会计划完成计划公告数据整理。

表 3-2　自贡市"十一五"时期工业企业主要经济指标变化情况

指标	2005 年	2010 年
主营业务收入（亿元）	710	3197
工业总产值（亿元）	767	3375
工业增加值（亿元）	231	1039

资料来源：自贡市"十一五"国民经济和社会计划完成计划公告数据整理。

表 3-3　2010 年自贡市行业规模以上工业增加值增长率

行业	增长率（%）
有色金属冶炼及延压工业	81.30
医药制造业	68.10
非金属矿物制品业	61.40
黑色金属冶炼及延压工业	51.70
塑料制品业	51.00
煤炭开采和洗选业	50.50
专用设备制造业	50.20
食品制造业	45.50
农副食品加工业	40.00
化学原料及化学制品制造业	39.00
通用设备制造业	24.50
金属制品业	24.00
电力热力的生产和供应业	7.60
电气机械及器材制造业	5.90
化学纤维制造业	-1.20

资料来源：自贡市"十一五"国民经济和社会计划完成计划公告数据整理。

一批大型企业集团初步形成。通过兼并重组，支持优势骨干企业沿着技术链、产品链扩张，形成了一批拥有知名品牌、国际竞争力较强的现代大企业、大集团。主营业务收入超过100亿元的企业有东方锅炉股份有限公司、华西能源集团工业股份有限公司、四川川润股份有限公司、四川久大盐业集团公司；主营业务收入超过50亿元的有昊华鸿鹤化工有限责任公司、长征机床集团有限公司、自贡硬质合金有限公司、大西洋焊接材料股份有限公司、自贡运输机械有限公司、中昊晨光化工研究院、华光阀门有限公司、自贡大业高压容器有限公司、四川德性能源集团有限公司、一汽华凯龙誉汽车股份有限公司、四川新星源食品有限公司；超过30亿元的企业有东方锅炉工业集团有限公司、自贡西南电线电缆制造有限公司、四川凯基化工集团有限公司、自贡通达机器制造有限公司、中橡集团炭黑个月研究设计院、汇维仕化纤有限公司、自贡高压阀门股份有限公司、自贡塞迪维尔钢化玻璃绝缘子有限公司、辉腾科技股份有限公司、四川安益生物有限公司、自贡东方通用压缩机有限公司（见表3-4）。

表3-4　　　　　　　　　　2010年自贡大企业集团情况

收入规模	公司名称
主营业务收入超过100亿元	东方锅炉股份有限公司、华西能源集团工业股份公司、四川川润股份有限公司、四川久大盐业集团公司
主营业务收入超过50亿元	昊华鸿鹤化工有限责任公司、长征机床集团有限公司、自贡硬质合金有限公司、大西洋焊接材料股份有限公司、自贡运输机械有限公司、中晨晨光化工研究院、华光阀门有限公司、自贡大业高压容器有限公司、四川德性能源集团有限公司、一汽华凯龙誉汽车股份有限公司、四川新星源食品有限公司
主营业务收入超过30亿元	东方锅炉工业集团有限公司、自贡西南电线电缆制造有限公司、四川凯基化工集团有限公司、自贡通达机器制造有限公司、中橡集团炭黑个月研究设计院、汇维仕化纤有限公司、自贡高压阀门股份有限公司、自贡塞迪维尔钢化玻璃绝缘子有限公司、辉腾科技股份有限公司、四川安益生物有限公司、自贡东方通用压缩机有限公司

资料来源：《自贡市国民经济和社会发展第十二个五年规划纲要》，2010年12月。

产业园区建设步伐加快，产业集聚初显雏形。目前，自贡市已经形成"两园五区"和三大产业基地，"两园五区"——自贡市晨光工业园、荣县工业园和板仓工业集中区、沿滩工业集中区、自流井工业集中区、贡井工业集中区、大安工业集中区；三大产业基地——硅氟和超硬等新材料基地、装备制造业基地和精细化工产业基地。引导产业向产业园区集中，园区承接能力和聚集效应不断增强。园区紧紧围绕机械、盐化工、新材料、农产品深加工和电子工业等五大产业和产业链上的承接点，开展工业对外开放、承接产业转移工作，形成了以长征公司、四川川润股份有限公司、运输机械公司、华西能源公司为代表的重大技术装备制造产业和以东锅公司循环流化床锅炉、华西能源公司生物质能锅炉、川润公司余热回收锅炉为代表的锅炉整机及配件产业。晨光化工研究院所在的富顺晨光化工园区已经聚集了氟化工新材料及制品企业，发展势头强劲。2010年，自贡市全部工业园区集聚规模以上工业企业217户，从业人员达到6万人，实现工业总产值200亿元，规模以上工业增加值63亿元，规模以上工业企业主营业务收入475.6亿元，占全市规模以上工业经济总量的43.5%，新产品产值341.68亿元，增长35.4%（见表3-5、表3-6）。

表3-5　　　　　　　　自贡市2010年工业园区发展情况

指标	绝对值
工业园区规划面积（平方公里）	28.8
规划工业用地（平方公里）	20.77
集聚规模以上企业（户）	217
规模以上工业企业实现主营业务收入（亿元）	475.6
规模以上工业企业经济总量占全市规模以上工业经济总量（%）	43.5

资料来源：自贡工业园区网站数据整理。

表3-6　　　　　　　　自贡市工业园区（集中区）产业定位表

园区名称	所属地区	产业定位	2011年工业园区（集中区）面积（平方公里）
板仓工业集中区	高新技术产业园区	特种环保锅炉及部件、重型数控机床、CNG站用成套设备、润滑成套设备、大型皮带运输机械和泵阀等重大技术装备成套设备，新型焊接材料、超硬新材料等相关配套产业及工业物流	10
富顺晨光工业园区	富顺县	有机氟、有机硅系列化工新材料和深加工产品，基础化工、精细化工和医药中间体产品，化工设备与防腐设备等定型机械产品，系列电力变压器，磁性材料等	6
荣县郝家坝工业园区	荣县	制药、压力容器制造和农产品加工等相关配套产业	3
自流井工业集中区	自流井区	精制盐、品种盐、含盐日化品和以压力容器为主的机械制造业及仓储、食品加工业	2
贡井工业集中区	贡井区	绝缘子系列产品，锅炉零部件，环保机械、泵阀制造和食品药品包装业	3

长江上游经济区一体化发展

续表

园区名称	所属地区	产业定位	2011年工业园区（集中区）面积（平方公里）
大安工业集中区	新民园	机械加工、新材料、电子、食品加工业	2.8
	大唐山园	电站锅炉及部件、辅机配套加工业	
	和平园	盐化工、精细化工业	
沿滩工业集中区	沿滩区	普通机械加工、精细化工业	2
合计			28.8

资料来源：自贡工业园区网站数据整理。

五大支柱产业，盐化工业：产业链长，2010年主营业务收入达190亿元，已形成食盐、工业盐、盐深加工产品、纯碱、烧碱、化学肥料、精细化工产品、化学原料药和化学成品药、硅氟高分子合成材料等数十个大类400多个品种的盐化工行业产业链。

机械工业：2010年收入480亿元，已形成电站锅炉、阀门、工业泵、金属切削机床、皮带运输机等重大装备产品为主并形成了生产协作网络的机械产业集群。

冶金工业（新材料）：已形成黑色金属、有色金属冶炼及压延加工业两大门类，以自贡硬质合金厂为骨干，自贡冶金研究所为技术平台的冶金工业系统。自贡已成为当今世界生产的硬质合金和钨钼制品的最大厂家之一，其中氟橡胶在广州销售达2亿~3亿元。

节能环保装备：等离子焚烧分解废品，碳交易净收入1.4亿元，节能环保装备主要依靠原有的企业的结构调整，市场占有率高，燃烧废气达210度，可用于发电、脱硫。

食品农产品加工业：2010年收入突破200亿元，依托自贡新星源食品有限公司、天花井食品有限公司、四川笼都茶叶集团有限公司等国家、省级重点龙头企业，形成肉食品、饮料调味品、果蔬竹笋、中成药、茧丝绸及粮油六大类为主的农产品加工业（见表3-7）。

长江上游经济区重点产业选择

表3-7　　　　　　　　自贡五大支柱产业发展情况

支柱产业	产业及产业链	形成的产业基地
盐及盐化工	食盐、工业盐、盐深加工产品、纯碱、烧碱、化学肥料、精细化工产品、化学原料药和化学成品药、硅氟高分子合成材料等数十个大类400多个品种的盐化工行业产业链	国内一流的盐精深加工基地和氟氯化工基地
机械工业	形成电站锅炉、阀门、工业泵、金属切削机床、皮带运输机等重大装备产品为主并形成了生产协作网络的机械产业集群，重点发展以压力容器、金属切削机床、运输设备、泵阀设备、CNG设备、电力输变电设备等六大门类为主体的企业集群及系列产品	机械装备制造业基地
冶金工业	形成黑色金属、有色金属冶炼及压延加工业两大门类，重点发展金属新材料、高分子合成材料、功能性炭黑及碳石墨三大门类为主体的新材料产品	建成世界领先的氟硅、合金、焊接等新材料基地
节能环保装备	重点发展固体废弃物的治理、工业生活污水治理、大气污染治理、新能源及清洁能源四大门类为主的节能环保装备产品	建成国家级节能环保装备制造基地及配套的国家节能环保监测中心
农产品加工	形成肉食品、饮料调味品、果蔬竹笋、中成药、茧丝绸及粮油六大类为主的农产品加工业	生猪繁殖加工基地、茶叶基地、中药基地

资料来源：自贡市国民经济和社会发展第十二个五年规划纲要资料整理。

2. 内江市产业发展情况

内江属于长江上游的主要城市之一，幅员面积5386平方公里。2012年，全市常住人口371.81万人，城镇化率为41.8%。

经济快速增长。2012年，内江市实现地区生产总值978.18亿元，比上年增长13.6%。其中，第一产业增加值163.31亿元，比上年增长4.5%；第二产业增加值610.10亿元，比上年增长16.8%；第三产业增加值204.77亿元，比上年增长10.7%，第三产业增速创2010年以来的新高。2012年，内江市的产业结构由上年的16.3∶62.5∶21.2调整为16.7∶62.4∶20.9。

支柱产业。2012年，内江市五大支柱产业实现产值1357.47亿元，比上年增长14.9%，占规模以上工业总产值的91.2%。培育了川威、建业等一大批骨干企业，截至2012年年底，全市共有规模以上工业企业535户（见表3-8）。

表3-8　　　　　　　　　　内江支柱产业情况

产业	产业内容	产业基地
冶金建材	冶金,以钢铁为主,钒钛为基础,建材主要有水泥、生产矿石烧制陶瓷	中国钒钛资源利用基地、成渝经济区精品建材基地
农产品加工	肉类加工、粮食加工、酒类、果蔬	成渝地区绿色食品加工基地
机械汽车零部件	主要生产汽车车灯、曲轴、零部件、车架(1万副)、减震器、按产品需求订单生产	中国汽车配件产业基地
医药化工	生产普通的药物为主,如红霉素,近年引进生产治疗癌症的新药,该药从红豆山楂中提取	治疗癌症新药处于世界领先水平
电力能源产业	总装机103万千瓦,100万装机容量,循环流化床能有效地治理酸雨,循环流化床示范电站,利用煤发电,内江的煤的质量与发电匹配	西部煤化工基地、循环流化床示范电站基地

资料来源：根据内江市"十一五"国民经济和社会计划完成计划公告数据整理。

重点产业。食品加工和再生资源产业为内江市重点发展的产业。内江市再生资源产业辐射西南几个省和废旧沿海地区，这些地方的废旧物资运往内江，加工处理，变废为宝。目前主要是初加工，下一步拓展为深加工，测算产值达两百个亿左右。特色产业为花生糖、啤酒、食用酒精。

内江工业园区。截至2010年年底，内江市七大产业园区已形成承载能力28.2平方公里，入驻企业（项目）356个。2010年，内江市七大产业园区实现产品销售收入440亿元，同比增长68.1%；实现工业总产值443亿元，同比增长68.2%；实现工业增加值145.8亿元，同比增长68.2%；利税总额53.2亿元，同比增长68.8%；利润总额22.36亿元，同比增长69%；产业集中度[①]为47.46%，产出效率为[②] 301万元。以五大支柱产业为重点，七大工业园区为载体，加快产业结构的升级格局已经形成（见表3-9）。

[①] 园区规模以上工业增加值/全市规模以上工业增加值。
[②] 全市产业园区实现产品销售收入（万元）/产业园区已出让、租赁土地面积（亩）。

表3-9　　　　　　　　　　内江产业园区定位表

园区名称	产业定位
城西工业园	围绕建设中国西部汽车零部件基地,做大做强机械制造、汽车零部件、电子科技、医药食品、农产品深加工和现代物流业
隆昌工业园	重点发展汽配机械、食品兽药、纺织羽绒三大产业
连界工业园	依托川威集团,发展钒钛钢铁、冶金建材产业集群,打造全国第二钒钛基地
资中工业园	托本县丰富的粮油、生猪资源,发展食品饮料、肉类加工产业
严陵工业园	依托威玻、建业、白塔等企业,发展新材料、精细煤化工、节能建陶产业,打造"西部煤化工基地"、"西部玻纤新材料基地"
中区工业园	发展机械制造和电力产业,依托白马循环流化床电站,打造"中国循环流化床示范基地"
西南循环经济产业园	依托中再生总公司建设西南再生资源产业基地,突出发展建材化工、铸造产业,做大做强循环经济产业集群,打造中国西部再生资源循环利用示范基地

资料来源：依据内江工业园区网站资料整理。

3. 泸州市产业发展情况

泸州市地处长江经济带、成渝经济带、南贵昆经济区叠合部,是四川省唯一一个与滇黔渝三省市接壤的地级市,幅员面积12242.9平方公里。2012年年末,泸州市常住人口425万人,城镇化率为41.73%。

产业发展势头良好。2012年,泸州市实现地区生产总值1030.45亿元,按可比价格计算,比上年增长14.8%；人均地区生产总值24317元,比上年增长14.3%；三次产业结构由上年的14.5∶59.7∶25.8调整为13.9∶60.6∶25.5；三次产业对经济增长的贡献率分别为4.5%、74.3%和21.2%。其中,第一产业增加值143.60亿元,比上年增长4.9%；第二产业增加值624.03亿元,增长18.4%；第三产业增加值262.82亿元,比上年增长11.7%。2012年,全市规模以上工业企业户数601户,实现主营业务收入1143.19亿元,比上年增长15.9%；实现增加值461.34亿元,比上年增长18.0%。

支柱产业。2012年,泸州市白酒、化工、能源、机械四大支柱产业实现工业增加值391.19亿元,增长18.8%,占全市规模以上工业增加值的比重达到84.8%,贡献率87.9%。其中,酒类制造业优势地位更加突出,发展迅猛,实现增加值296.34亿元,增长24.8%,对规模以上工业增长的贡献率为83.5%,其增长率和贡献率都居泸州市四大行业之首；能源行业实现增加值37.95亿元,增长5.8%；化工行业生产仍然低迷,实现增加值39.06亿元,下降1.2%;机械行业实现增加值17.84亿元,增长8.8%(见表3-10)。

表3-10 泸州支柱产业情况

支柱产业	产业现状	产业基地
酒业	泸州老窖集团和郎酒集团两大龙头企业,优先发展白酒业,以打造"中国白酒金三角"	建成全国白酒基地
化工业	发展天然气化工、硫铁矿化工、煤化工,建成西部化工城	全国循环型化工基地
能源产业	西华煤矿、震东煤矿、古蔺县岔角滩煤矿、观文煤矿、箭竹坪煤矿、李家寨一井、李家寨二井、龙山煤矿、邱家祠煤矿、石屏一矿、石屏二矿、双沙煤矿、瓦窑坪煤矿、煤气化中心	能源生产基地
机械制造业	高性能液压件、挖掘机、油气井用爆破器材整体技改搬迁项目、川油钻采异地技改、海科机械专业铸造	四川重要的工程机械制造业基地

资料来源:根据泸州市"十一五"国民经济和社会发展计划完成公报资料整理。

七大工业园区。截至2010年年底,泸州市七大园区(泸州酒业集中发展区、泸州化工园区、泸州机械工业集中发展区、四川合江临港工业园区、江南轻工业园区、四川泸州经济开发区、泸县中小企业创业园)规划总面积116.6平方公里,已建成面积25.05平方公里,在建面积11.66平方公里。工业园区实行"一园一业主、园区有特色"原则,按照"关联发展、成链发展、集聚发展、集约发展、合作发展"的要求,明确了各产业园区的发展定位,形成了沿江布局、主业明确、特色突出、集聚发展的产业园区发展新格局。

泸州酒业集中发展区主要发展白酒产业,纳溪化工园区主要发展以煤化工、硫磷钛产业和天然气化工为主的化学工业,泸州经济开发区主要发展以纤维素衍生物、有机硅、石化深加工为主的化学工业和物流业,四川合江临港工业园区主要发展以天然气精细化工为主的化学产业,泸州机械工业园区主要发展汽车零部件和医药制造业,江南轻工业园区主要发展轻纺包装制造业,泸县中小企业创业园形成了以酒业、机械、医药、纺织·服装·鞋·帽、化工、建材等为主导的产业格局。泸州化工园区、泸州酒业集中发展区、四川合江临港工业园区三个园区是省"1525工程"100亿元培育园区,四川泸州经济开发区为省级开发区。

长江上游经济区重点产业选择

2010年，泸州市七大产业园区入园企业达到503家，其中规模以上工业企业224家，实现销售收入375亿元，比上年增长30.8%；实现工业增加值118亿元，比上年增长38.6%；产业集中度为44.4%。2010年，酒业集中发展区、泸州经济开发区、泸县经济开发区和泸州化工园区产值和服务收入突破100亿元；实现规模以上工业增加值66亿元（不含泸州酒业集中发展区），新增规模以上企业31户；完成基础设施投资4.5亿元，企业投资13.8亿元。各类园区建设步伐加快，辐射带动能力不断增强，形成了沿江布局、主业明确、特色突出、集聚发展的产业园区发展新格局（见表3-11、表3-12）。

表3-11　　泸州市工业园区主要经济指标（2009~2010年）

指标	2009年 绝对值	2009年 增长率（%）	2010年 绝对值	2010年 增长率（%）
面积（公顷）	11660			
入驻企业（个）	503		534	6
其中规模以上企业（个）	224		255	13.8
销售收入（亿元）	375	30.8	420	12
工业增加值（亿元）	118	38.6	166	40.67
园区产业集中度（%）	44.4			

资料来源：根据泸州"十一五"国民经济和社会计划完成公报数据整理。

表3-12　　　　　泸州产业园区产业定位表

园区名称	产业定位	产业基地
泸州酒业集中发展区	发展白酒产业，打造"中国白酒金三角"	白酒生产基地
纳溪化工园区	主要发展以煤化工、硫磷钛产业和天然气化工为主的化学工业	全国循环型化工基地
泸州经济开发区	主要发展以纤维素衍生物、有机硅、石化深加工为主的化学工业和物流业	长江上游综合生产性物流基地和化工基地
泸州机械工业园区	主要发展汽车零部件和医药制造业	机械工业基地
江南轻工业园区	主要发展轻纺包装制造业	轻纺包装制造基地
泸县中小企业创业园	发展酒业、机械、医药、纺织、服装、鞋帽、化工、建材产业	中小企业集群
四川合江临港工业园区	主要发展以天然气精细化工为主的化学产业	天然气精细化工产业基地

资料来源：根据泸州产业园区网站资料整理。

港口水运基础设施产业。泸州是成渝经济区的次级综合交通枢纽，被交通部定为全国28个内河主要港口之一，泸州港年吞吐能力已达50万标箱，成为长江上游千吨级大港（枯水期1000吨级船舶和丰水期8000吨级船舶可昼夜通行）和长江黄金水道出川的第一港，泸州国际集装箱码头一期工程于1997年年底开工，2003年7月开港运行，设计吞吐量8万~10万标箱/年，2008年实现吞吐量6.6万标箱；二期工程于2007年12月开工，2009年建成投产，设计吞吐量20万标箱/年，实际可达50万标箱/年。截至2009年年底，泸州港吞吐量已连续4年保持增长，连续四年突破千万吨大关，二期续建工程建设进展顺利。2010年年底，泸州港货物周转量1363357万吨公里，港口吞吐量6075.04万吨，集装箱吞吐量249565标箱，货物周转量较"十五"期末增长311%，吞吐量增长140.8%。泸州市现有水运企业44家，其中客运企业8家，货运企业36家，在册营运性运输船舶603艘（货船481艘，客船122艘），载重38.09吨、6123客位，长江干线省际运输船舶214艘、31万载重吨，平均吨位达1449载重吨，1000载重吨以上的运输船舶182艘，最大单船已达5028载重吨（见表3–13）。

表3–13　　　　　　　　泸州港口2010年建设情况

指标	绝对值
货物周转量（万吨公里）	1363357
港口吞吐量（万吨）	249565
集装箱吞吐量（标箱）	249565
水运企业（家）	44
营运性运输船舶（艘）	603
船舶载重（吨）	38.09
客位（个）	6123
长江干线省际运输船舶（艘）	214
省际运输船舶载重（万载重吨）	31
平均吨位（载重吨）	1449
1000载重吨以上的运输船舶（艘）	182
最大单船载重（载重吨）	5028

资料来源：根据泸州"十一五"国民经济和社会计划完成公报数据整理。

长江上游经济区重点产业选择

4. 宜宾市产业发展情况

宜宾市位于四川省南部，处于川、滇、黔三省结合部，金沙江与岷江在此汇合始称长江，东邻泸州市，南接云南省昭通市，西界凉山彝族自治州和乐山市，北靠自贡市，幅员面积13294平方公里。2012年年末，宜宾市总人口546.57万人，常住人口为446万人，城镇化率为41.08%。

产业整体发展势头良好。2012年，宜宾市实现地区生产总值1242.76亿元，比上年增长14.1%；三次产业对经济增长的贡献率分别为4.7%、75.0%和20.3%；产业结构由上年的15:61.9:23.1调整为14.6:62.3:23.1。其中，第一产业增加值181.94亿元，比上年增长4.8%；第二产业增加值773.97亿元，比上年增长16.9%；第三产业增加值286.84亿元，比上年增长12.0%。2008~2012年，宜宾市经济一直保持两位数的增速，最高达到25.08%，年均增速高达18.33%（见图3-1）。

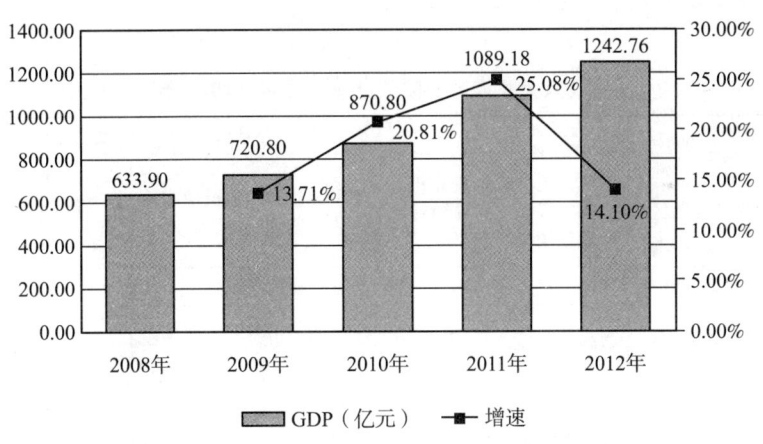

图3-1 "十一五"期间宜宾市地区生产总值

资料来源：根据宜宾市2008~2012年国民经济和社会发展计划公报数据制作。

工业持续快速增长。2012年，宜宾市实现工业增加值712.17亿元，比上年增长16.8%，其中，规模以上工业增加值增长17.3%。在规模以上工业中，轻工业增加值增长21.2%，重工业增加值增长13.6%。全年规模以上工业企业实现利润总额238.01亿元，比上年增长44.18%；实现利税353.36亿元，比上年增长32.8%。工业经济效益综合指数320.39

点，比上年提高33.3点。

"四基地"产业。2012年，宜宾市"四基地"产业实现工业增加值553.57亿元，比上年增长17.8%，对全市规模以上工业增长的贡献率达88.9%，其中：酒类食品基地实现增加值235.81亿元，比上年增长25.0%；综合能源基地实现增加值163.07亿元，比上年增长20.1%；化工轻纺基地实现增加值95.42亿元，比上年增长7.2%；机械制造基地实现增加值59.27亿元，比上年增长5.1%。宜宾酒成为国家地理保护产品，五粮液集团公司2012年营业收入600.68亿元，实现利税205亿元，品牌价值达659.19亿元。丝丽雅集团迈入了100亿元企业，2012年实现营业收入100.92亿元。

工业园区现状。设立五粮液、盐坪坝、白沙、宜宾罗龙、江安阳春、宜宾向家坝、高县福溪、长宁、珙县余箐、兴文太平、屏山新发、翠屏区象鼻、筠连巡司等13个产业园区，开发总面积36.36平方公里，其中工业用地25平方公里（见表3-14）。

表3-14　　宜宾六大重点产业园区产业定位表（2010年）

园区名称	产业定位	产业基地	面积（平方公里）
五粮液产业园区	酒业为主、机械装备制造为辅、多元化发展形成产业集聚规模的产业	中国酒业和西部机械装备制造业基地的龙头园区	20
罗龙产业园区	轻工、化工	轻工、化工基地	15.4
江安阳春产业园区	氯碱化工	中国西部最大的氯碱化工基地	20
高县福溪产业园区	福溪电厂、水厂、宜宾普什铸造公司二期工程、输变电工程、引进顺粉磨站、晨光机械、西城实业和海林木业有限公司	能源生产基地	9.05
长宁（宋家坝、下场）产业园区	轻工、化工，该园区有五粮液醋酸纤维素及100万吨真空制盐等重大项目正式入驻	轻化工集群和物流中心	10.27
向家坝产业园区	高载能、机械制造为主	高载能、机械制造基地	21

资料来源：宜宾市产业园网站资料整理。

长江上游经济区重点产业选择

5. 重庆市产业发展情况

重庆市地处较为发达的中东部地区和资源丰富的西部地区的结合部,东邻湖北、湖南,南靠贵州,西接四川,北连陕西,是长江上游最大的经济中心、西南工商业重镇和水陆交通枢纽,幅员面积82400平方公里。2012年,重庆市年末常住人口2945.00万人,城镇化率为56.98%。

产业总体发展良好。2012年,重庆市实现地区生产总值11459.00亿元,比上年增长13.6%;产业结构调整为8.2:53.9:37.9。其中,第一产业增加值940.01亿元,比上年增长5.3%;第二产业增加值6172.33亿元,比上年增长15.6%;第三产业增加值4346.66亿元,比上年增长12.0%。按常住人口计算,全年人均地区生产总值达到39083元,比上年增长12.4%(见图3-2)。

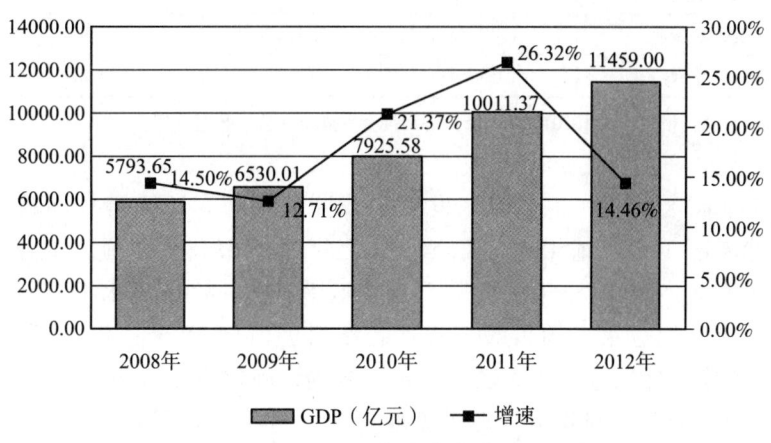

图3-2 2008~2012年宜宾市地区生产总值

资料来源:根据宜宾市2012年国民经济和社会发展统计公报数据制作。

规模以上工业。2012年,重庆市实现工业增加值5181.01亿元,比上年增长15.9%,占全市GDP的45.2%。其中,规模以上工业总产值13104.02亿元,比上年增长18.0%;工业经济效益综合指数达到262.0,比上年提高13.5个百分点;实现利税总额1187.77亿元,比上年增长19.7%;实现利润608.29亿元,比上年增长10.4%。

五大支柱产业。在规模以上工业中,多业支撑格局基本形成。2012

年，重庆市汽车、摩托车制造业总产值3540.28亿元，比上年增长11.3%，占工业总产值的27.0%；电子信息产品制造业总产值2193.74亿元，比上年增长60.4%，占工业总产值的16.7%；材料制造业总产值1966.69亿元，比上年增长5.0%，占工业总产值的15.0%；装备制造业总产值1248.43亿元，比上年增长14.4%，占工业总产值的9.5%；化医产品制造业总产值1055.64亿元，比上年增长12.2%，占工业总产值的8.1%（见表3-15）。

表3-15　　　　　重庆市四大支柱产业指标（2012年）

产业	总产值（亿元）	同比增长（%）	占工业总产值比重（%）
汽车摩托车制造业	3540.28	11.3	27.0
电子信息产品制造业	2193.74	60.4	16.7
材料制造业	1966.69	5.0	15.0
装备制造业	1248.43	14.4	9.5
化医产品制造业	1055.64	12.2	8.1

资料来源：根据重庆市2012年国民经济和社会发展统计公报数据整理。

工业园区现状。工业园区发展步伐明显加快。2010年，重庆市全部工业园区工业产值191.8亿元，比上年增长81.8%；园区工业产值占全市工业产值的52.8%，比上年提高8.4%。拉法基水泥、新格铝业、白雪冰柜等重点项目竣工投产。新引进项目55个，总投资209.3亿元，实际到位资金79.3亿元。园区基础设施建设投入40.3亿元，比上年增长131%。打造五大万亿工业板块，两江新区万亿板块重点依托龙盛地区和两路保税港区，形成先进制造业集群；西永万亿板块形成笔记本电脑产业集群；江南工业走廊万亿板块依托长寿、涪陵、万州等地区，形成化工、钢铁、装备制造产业集群；二环沿线万亿板块依托二环沿线的南岸茶园、巴南环樵坪、九龙坡西彭、北碚、江津、璧山等地区，形成电子信息、装备制造、铝材加工、生物医药及轻纺等制造业集群；区县万亿板块依托各区县特色优势产业共同支撑万亿元工业产值规模（见表3-16）。

长江上游经济区重点产业选择

表3-16　　　　重庆工业园区产业定位表（2010年）

园区名称	面积（平方公里）	支柱产业
西彭工业园区	65	航空航天、交通运输、装备制造、建筑建材、电子电器、包装印刷
两江新区工业园区	170	关键零部件及配套零部件制造、电力装备基地、船舶制造基地、汽车产业、装备制造产业及物流产业
九龙园区	36.08	装备制造业
茶园工业区	30	茶产业
永川工业园区	20	机械制造、轻纺食品、能源化工、冶金建材
丰都工业园区	10	食品、轻工、机械
晏家工业园区	38.98	冶金及金属压延、机械制造、新材料
忠县工业园区	5	A区：农副产品加工、生物制药、能源化医产业；B区：机械制造、燃气化工、电子信息产业；C区新型建材、船舶修造
正阳工业园区	11.47	食品、新材料（硅、多晶硅、单晶硅）、化工（PVC和烧碱）
大足工业园区	50	五金制造、摩托车零部件及配件制造、锶盐化工
梁平工业园区	5.06	食品加工、丝绸纺织、羽绒服装、机械电子、建筑装饰、天然气化工
港城工业园区	11	电子电器产业、装备制造业、汽车及零部件产业、造船业、物流产业
建桥工业园区	10	先进制造业、新材料产业、医药食品产业、电子信息产业和现代物流业
西永微电子产业园区	30	教育、产业和物流三大高地
垫江工业园		机械加工、电子电器制造、天然气精细化工、医药食品、轻纺服装和农副产品深加工
城口工业园区	28公顷	锰矿加工基地和建材加工基地、农林产品加工
彭水工业园区	6.4	农副产品加工、矿产品加工业和建工建材业
铜梁工业园区	18	碳酸锶生产基地、水禽养殖基地、汽车、摩托车制造基地配套市场
双桥工业园区	5	重型汽车生产基地，中国西部汽车零部件产业集群区
酉阳工业园区	11.7	食品、药品、服装加工、电子产品
长寿化工园区	31.3	天然气化工、氯碱化工、石油化工
巫山工业园区	1.7	劳动密集型加工业和制造业

长江上游经济区一体化发展

续表

园区名称	面积（平方公里）	支柱产业
奉节工业园区	16	煤化工基地和建材加工生产基地、农副产品加工基地、出口贸易加工基地
巫溪工业园区	3	石材生产基地和农林特产品等出口加工贸易区
秀山工业园区	4	中药饮片加工、金属产品精深加工、农副食品加工业、非金属矿物制品精深加工、服装鞋帽加工业
石柱工业园区	18	电矿、食品、制药、轻化
空港工业园区	54	先进加工制造业的基地
龙桥工业园区	13	医药、建材、食品
南川工业园区	26	轻纺、生物医药、机械、食品
綦江工业园区	10	机械制造、有色冶炼为主，辅以能源、轻纺、电子
璧山工业园区		皮革皮鞋、建筑建材、机器加工、机械制造基地
云阳工业园区	8.3	食品加工、机械、轻化工、能源、建材、医药
白涛化工园区	13	医药、建材、食品
涪陵工业园区	31	食品工业、新型建材、精细化工
江津工业园区	5.86	"百亿重型装备制造基地"、"百亿涂料基地"、"中国西部建材基地"和"都市工业园"
合川工业园区	22.3	医药、食品、机电
巴南经济园区	62	装备制造、机械、机电行业
万盛工业园区	10	资源加工产业、配套加工工业、旅游配套服务产业
同兴工业园区	5.27	机械制造、生物制药、仪器仪表、机械制造、包装
潼南工业园区	15	化工纸业、机械加工和农副产品深加工
武隆工业园区		铝业：氧化铝、金属铝及其深度产品和配套产品
荣昌工业园区	25.5	机械、轻工、建材、煤炭
开县工业园区	14.5	能源、建材、绿色食品加工、轻纺服装、天然气精细化工
万州工业园区	30	盐气化工、新材料新能源、机械电子、纺织服装、食品药业
井口工业园区	10000亩	机械、电子信息

资料来源：重庆市工业园区网站。

港口运输。2010年，重庆市内河港口完成货物吞吐量9668.42万吨，比上年（8609.46万吨）增长12.3%；空港完成旅客吞吐量1604.63万人，比上年增长12.6%；空港完成货物吞吐量19.78万吨，比上年增长

5.5%；集装箱吞吐量64.05万标箱，比上年增长11.3%。

6. 乐山市产业发展情况

乐山市地处四川省的中南部、成都平原至川西南山地的过渡带，北连眉山市，东邻自贡市，南接宜宾市和凉山彝族自治州，西界雅安市，幅员面积12827平方公里，2012年年末，乐山市常住人口325.44万人，城镇化率为42.97%。

工业经济发展良好。2012年，乐山市实现地区生产总值1037.75亿元，按可比价格计算，比上年增长14.4%。其中，第二产业增加值比重为62.1%，上升0.3个百分点；第三产业增加值比重为26.0%，上升0.3个百分点。2012年年末，乐山市拥有规模以上工业企业636户，增加值比上年增长17%，产品销售率96.68%；实现主营业务收入1338.46亿元，比上年增长1.0%；实现利润63.4亿元，比上年增长4.4%；实现利税总额117.08亿元，比上年增长2.0%。

六大支柱产业群强力支撑。2012年，乐山市五大产业集群工业总产值1080.3亿元，比上年增长15.2%。全年规模以上工业增加值中，煤炭开采和洗选业增加值比上年增长21.7%；农副食品加工业增加值比上年增长31.7%；纺织业增加值比上年增长45.7%；通用设备制造业增加值比上年增长23.1%；专用设备制造业增加值比上年增长16.9%；交通运输设备制造业增加值比上年增长25%；电气机械及器材制造业下降17.1%。

工业园区建设步伐加快。截至2010年，乐山市产业园区（工业集中区）12个，规划面积195.58平方公里，已开发面积52.47平方公里，2010年，产业园区新增开发面积8.14平方公里，比上年增长47.23%；基础设施投入16.98亿元，比上年增长61.09%；新入园企业87户，比上年增长107.14%。高新区、五通桥盐磷化工产业园区、峨眉山市工业集中区列入省重点扶持的"1525"百亿产业园区。

产业园区"4+3"重点发展模式：4个园区——乐山高新区多晶硅及光伏产业园区、五通桥盐磷化工产业园区、沙湾冶金建材产业园区和夹江陶瓷产业园区；3个产业集中区——市中区工业集中区、峨眉山市工业集中区和犍为县工业集中区，培育集成度高、配套完善的冶金建材集群。

2010 年，峨眉山市工业集中区企业实现销售收入 120 亿元，首次突破百亿大关（见表 3–17）。

表 3–17　　　　　　　　乐山产业园区产业定位表

园区名称	产业定位	产业基地
乐山高新工业园	建设光伏产业园区，主要发展多晶硅生产、下游光伏及配套产业和电子信息产业及农产品加工	中国硅材料及太阳能光伏产业基地
峨眉山工业园区	主要发展多晶硅生产及下游电子深加工产业；冶金建材主要生产电解铝及下游产品、水泥、铁合金；现代物流、农产品加工	中国硅材料产业基地、电子信息基地、冶金建材集群、物流中心
五通桥工业园区	发展盐磷化工循环产业	盐磷化工循环产业集群
沙湾工业园区	主要发展冶金建材，生产钢铁及下游产品、不锈钢及下游产品、铁合金、特种水泥及能源产业	西部最大的冶金建材基地，能源产业集群
夹江工业园区	主要生产各类陶瓷产品	陶瓷生产基地
市中工业园区	以冶金、铸造、现代装备制造为主	冶金、铸造集群
井研工业园区	重点发展盐化工、天然气化工产业、农场产品加工	盐化工、天然气化工产业、农产品加工集群
犍为工业园区	发展盐化工、农产品加工	盐化工产业集聚区和农产品加工集群
沐川工业园区	精细磷化工，农产品加工（林浆纸一体化等）	磷化工产业集聚区和农产品加工集群
马边工业园区	发展磷矿采选、水电和高能载装备制造业、农产品加工	磷化工产业集聚区、水电和装备制造业集群
临港高新技术工业园区	新能源产业	新能源集聚区
峨边工业园区	水电、高能载装备制造业、农产品加工	能源、装备制造、农产品加工集群

资料来源：乐山市工业园区网站。

7. 六盘水产业发展情况

六盘水市位于贵州省西部，地处长江上游和珠江上游的分水岭，属贵州省省辖市，辖六枝特区、盘县、水城县和钟山区四个县级行政区及钟山、红果两个经济开发区，幅员面积 9914 平方公里。2012 年年末，六盘

长江上游经济区重点产业选择

水市常住人口为285.90万人，城镇化率为40.00%。

经济发展态势良好。2012年，六盘水市实现地区生产总值738.65亿元，比上年增长16.0%。其中，第一产业增加值为43.27亿元，比上年增长8.8%；第二产业增加值为451.57亿元，比上年增长15.9%，其中工业增加值412.52亿元，比上年增长15.5%；第三产业增加值为243.82亿元，比上年增长17.3%。

规模以上工业发展进一步提升。2012年，六盘水市规模以上工业增加值完成310.95亿元，比上年增长17.1%；实现主营业务收入为808.7亿元，比上年增长11.6%。主要工业行业中，除电力、热力的生产和供应业外，其余各行业增加值均比上年增长15.0%以上。其中，煤炭开采和洗选业，石油加工、炼焦和核燃料加工业，非金属矿物制品业，黑色金属冶炼及压延加工业等行业增长较快，分别比上年增长21.2%、20.4%、50.6%和23.7%。

工业园区。工业园区依托产业优势主动承接关联配套产业转移，依托资源优势主动承接资源深加工产业转移，依托成本优势主动承接劳动密集型产业转移，依托区位优势主动承接加工贸易和服务业产业转移（见表3-18）。

表3-18　　　　　　　　六盘水工业园区产业定位表

园区名称	产业定位
钟山经济开发区	装备制造业、物流、食品加工
红果经济开发区	煤化工、装备制造业、物流业等
六枝特区木岗产业园区	煤炭深加工、有色金属冶炼、机械制造、新型建材、物流等
六枝特区岩脚产业园区	煤化工、电力、建材、铁合金、农副产品加工、农业生态旅游观光
六枝郎岱产业园区	农副产品加工、农业生态旅游观光
盘县鸡场坪产业园区	煤化工、钢铁、电力、煤炭采掘和洗选等
盘县保田产业园区	煤化工、煤炭采掘与洗选、电力、煤气层的利用、农副产品加工、农业生态旅游观光等
水城县发耳产业园区	煤化工、煤炭采掘与洗选、电力、新型建材、农副产品加工等
水城县玉舍产业园区	煤化工、煤炭采掘与洗选、瓦斯发电、煤气层的利用等
水城县董地产业园区	煤化工、铝及铝加工、装备制造业
水城蟠龙产业园区	种养殖、农副产品加工、生态旅游等

续表

园区名称	产业定位
钟山区水月产业园区	钢铁、装备制造、物流业、绿色食品加工、煤化工、新型建材及城市再生资源利用
钟山区汪家寨产业园区	煤化工、煤炭采掘与洗选、电力、新型建材、农副产品加工
钟山区大湾产业园区	煤炭深加工、铅锌、铸铁冶炼、火电、机械制造、仓储、物流、新型建材等

资料来源：六盘水市工业园区网站。

8. 毕节市产业发展情况

毕节市地处乌蒙山腹地，是川滇黔锁钥、贵州高原屋脊、长江珠江屏障，位于贵州省西北部，西邻云南省昭通市、曲靖市，北接四川省泸州市，东靠贵阳市、遵义市，南连安顺市、六盘水市，幅员面积26844.5平方公里。2012年年末，毕节市常住人口为652.41万人，城镇化率为29.99%。

经济发展势头良好。2012年，毕节市实现地区生产总值877.96亿元，按可比价格计算，比上年增长15.3%；产业结构调整为18.23∶46.24∶35.53。其中，第一产业增加值为160.07亿元，比上年增长8.6%；第二产业增加值为405.97亿元，比上年增长17.1%，比上年增长16.4%；第三产业增加值为311.92亿元，比上年增长16.0%。

五大支柱产业。煤炭产业：已探明煤炭资源储量596.76亿吨，其中上表储量256.91亿吨，占贵州省煤炭资源52%。2010年，煤炭产量达4622万吨，产值180亿元。电力产业：2010年发电量408.1亿千瓦时，产值141.67亿元。化工产业：2010年产值10.62亿元。烟草产业：2010年毕节复烤厂复烤烤烟叶180万担，卷烟厂生产卷烟208亿支，产值34.32亿元。机械制造业：2010年产值达到4.45亿元（见表3-19）。

表3-19　　　　毕节市五大支柱产业情况（2010年）

产业	产值（亿元）
煤炭产业	180
电力产业	141.67
烟草产业	34.32
化工产业	10.62
机械制造	4.45

资料来源：毕节市经信网。

工业园区产业定位。毕节市现有九个年工业园区，分别是黔西工业园区、双池工业园区、威宁工业园区、金沙工业园区、织金工业园区、纳雍工业园区、赫章工业园区、毕节高新技术产业园区、大方工业园区（见表3-20）。

表3-20　　　　　　　　　毕节市工业园区产业定位表

园区名称	产业定位
黔西工业园区	发展电力产业、煤化工、建材、矿山机械加工、高新产业（光伏太阳能产业功能区）及物流功能区、煤炭加工
双池经济园区	发展汽车、烟叶、电力、化工
威宁工业园区	发展新型能源及煤磷硫化工、现代装备制造、冶金、医药、农产品加工、建材、现代物流等产业
金沙工业园区	发展煤电产业（支柱产业）、特色食品加工、装备制造、高新技术产业
织金工业园区	"煤磷电化一体化"循环经济工业基地。发展煤炭工业、煤化工、磷及稀土化工、煤电产业、新型建材、电力六大产业。八大功能区：即煤炭工业基地、煤化工区、磷及稀土化工区、煤电工业区、新型建材区、综合加工区、物流运输区、管理服务区
纳雍工业园区	发展有色金属、电力、化工、建材
毕节高新技术产业园区	主要生产载重汽车
大方工业园区	主要生产建材、化工、电力、物流
赫章工业园区	一园三区，即"野马川农特产品加工工业园区"、"珠市装备制造工业园区"和"妈姑有色冶金工业园区"三个产业集聚区。主要发展特色农产品加工、装备制造产业和有色冶金产业。野马川特色农产品加工工业园区发展核桃、苦荞、中药材、腊肉、樱桃、马铃薯、茶叶等农特产品及畜禽养殖精深加工产业，延长赫章农特产品加工产业链。珠市装备制造工业园区发展铁矿及精深加工产业，集铁矿开采、冶炼、铸造、铸件加工为一体的产业链，打造我国西南最大的铸造基地和汽车零部件产业集群区。妈姑有色冶金工业园区发展铅锌、煤、铁等矿产资源及精深加工产业，着力打造铅锌加工基地、建材基地和焦煤基

资料来源：毕节市工业园区网站。

9. 昭通市产业发展情况

昭通市位于云南省东北部、金沙江下游，与四川、贵州接壤，幅员面积23021平方公里。2012年年末，全市常住人口为529.60万人，城镇化率为25.04%。

经济持续快速增长。2012年，昭通市生产总值（GDP）达555.6亿元，按可比价格计算，比上年增长16.1%；三次产业对经济增长的贡献率分别为8.3%、69.3%和22.4%；产业结构由上年的19.7∶47.9∶32.4调整为20.4∶48.7∶30.9。其中，第一产业增加值113.35亿元，比上年增长7.3%，第二产业增加值270.61亿元，比上年增长22.9%，其中：工业增加值206.11亿元，增长23.2%，第三产业增加值171.64亿元，比上年增长11%。

工业持续快速增长。2012年，昭通市工业增加值实现206.11亿元，比上年增长23.2%，对经济增长的贡献率为54%。全市七大支柱产业完成增加值147.25亿元，全部实现增长。卷烟、煤炭、电力规模以上工业企业共实现增加值123.44亿元，占规模以上工业增加值的79.5%。其中，烟草制品业48亿元，比上年增长12%；煤炭开采和洗选业45.15亿元，比上年增长20.7%；有色金属采选业10.06亿元，比上年增长36.2%；有色金属冶炼及压延加工业2.39亿元，比上年增长16.6%；化学原料及化学制品制造业5.93亿元，比上年增长0.7%；非金属矿物制品业5.42亿元，比上年增长31.6%。全年规模以上工业企业实现主营业务收入290.6亿元，比上年增长17.9%，实现利税总额76.2亿元，比上年增长2.3%。

工业园区现状。昭通市有八个工业园区，其中省级工业园区两个（昭阳、水富），市级工业园区六个（彝良、鲁甸、盐津、镇雄、绥江、大关）（见表3-21）。

表3-21　　　　　　　　昭通工业园区产业定位表

园区名称	产业定位
昭阳工业园区	主要发展以生物制药为重点的生物创新产业；依托马铃薯、苹果、魔芋、蔬菜等资源为主的农特产品深加工业；以华新水泥有限公司为依托的建筑建材业；以烟草、食品、药品、工艺品、旅游业为载体的印刷包装产业；以丰富的褐煤等矿产资源为依托的矿冶炼业
水富工业园区	发展重化工、能源、制药、食品加工、机械制造、现代种养殖业及建材、物流等产业
彝良工业园区	主要发展煤炭产业、铅锌产业、水电产业、硅矿产业、天麻产业
鲁甸工业园区	主要发展矿冶、化工、建材、农特产品加工产业

长江上游经济区重点产业选择

续表

园区名称	产业定位
盐津工业园区	主要发展水电、电石化工、矿冶、煤炭开采、建材、农特产品加工
镇雄工业园区	发展煤电、煤化工、硫化工、建材、生物资源加工五大重点产业
绥江工业园区	发展农特产品加工、高新技术产业、新型建材、煤化工、轻工业
大关工业园区	重点发展建材、矿冶、化工、煤炭、特色种养殖及加工、物流和服务业

资料来源：昭通市工业园区网站。

（二）产业发展总体情况

"十一五"时期以来，随着区域经济的快速发展，长江上游经济区的经济规模大幅提升，产业结构得到不断优化调整，产业园区建设取得明显成效，逐步形成了一批具有影响力和竞争力的企业集团和产业集群。同时，地方政府对基础设施的建设力度不断加大，企业投资的软硬环境也在不断改善（见表3-22）。

表3-22　　　　　　　"十一五"期间产业发展情况

地区	年份	GDP（亿元）	第一产业增加值（亿元）	第二产业增加值（亿元）	第三产业增加值（亿元）
自贡	2005年	275.01	55.83	118.8	100.38
	2012年	884.80	109.39	529.26	246.14
内江	2005年	254.81	59.12	111.86	83.83
	2012年	978.18	163.31	610.10	204.77
泸州	2005年	284.90	72.1	110.1	102.7
	2012年	1030.45	143.60	624.03	262.82
宜宾	2005年	366.04	81.89	180.48	103.67
	2012年	1242.76	181.94	773.97	286.84
重庆	2005年	3069.10	463.42	1258.32	1347.36
	2012年	11459.00	940.01	6172.33	4346.66
乐山	2005年	306.72	56.16	160.69	89.87
	2012年	1037.75	123.72	643.91	270.12
六盘水	2005年	214.84	18.54	121.86	74.44
	2012年	738.65	43.27	451.57	243.82

长江上游经济区一体化发展

续表

地区	年份	GDP（亿元）	第一产业增加值（亿元）	第二产业增加值（亿元）	第三产业增加值（亿元）
毕节	2005年	231.02	74.31	87.99	68.72
	2012年	877.93	160.07	405.97	311.92
昭通	2005年	170.85	42.71	63.05	65.09
	2012年	555.60	113.35	270.61	171.64
总计	2005年	5173.29	924.08	2213.15	2036.06
	2012年	18805.12	1978.66	10481.75	6344.73

资料来源：长江上游经济区九个地市2005年、2012年国民经济和社会发展统计公报数据整理。

1. 经济总量大幅上升

"十一五"时期以来，长江上游经济区经济总量（GDP）由2005年的5173.29亿元增加到2012年的18805.12亿元，年均增长20.25%。其中，一产增加值从2005年的924.08亿元增加至2012年的1978.66亿元，年均增长11.49%；二产增加值从2005年的2213.15亿元增加至2012年的10481.75亿元，年均增长24.88%；三产增加值从2005年的2036.06亿元增加至2012年的6344.73亿元，年均增长17.63%。

2. 产业结构不断优化调整

"十一五"时期以来，长江上游经济区三次产业结构在经济总量的扩张中不断调整，三次产业的增加值分别年均增长11.49%、24.88%和17.63%；三次产业结构由2005年的17.86∶42.78∶39.36调整为2012年的10.52∶55.74∶33.74，第一产业比重下降7.34个百分点，第二产业的比重上升12.96个百分点，第三产业的比重下降5.62个百分点。

3. 企业实力不断发展壮大，活力不断增强

"十一五"时期，长江上游经济区规模以上工业企业总数由2005年的3746户增加至2010年的9608户，规模以上工业增加值2010年年末达到5011.14亿元，占经济区GDP的38.42%，形成了以煤炭、电力、化工、医药、装备制造、电子信息、农产品加工、冶金、建材、物流为主导产业的产业体系。主导产业成为拉动长江上游经济区工业生产快速增长的主要动力,对整个经济区形成了强势支撑,培育了东方锅炉股份有限公司、华西能源集团工业股份公司、川润股份有限公司、久大盐业集团公司、川橡、建业、威钢等一批大型企业集团,对经济区的产业发展起着重要的引领作用。做大做强企业已经成为经济区产业发展的风向标。

4. 产业园区建设取得重大进展,产业聚集显现雏形

"十一五"期间,长江上游经济区九个地市不断加大产业园区建设的投入,以促进工业集中区和产业园区的快速发展。2010年年末,经济区内已形成120个工业园区,聚集企业3692户。目前,六盘水、毕节、昭通、古叙、筠连的煤炭、电力、煤化工、医药、农产品加工基地已初具规模,乐山的硅材料及光伏产业极具特色,重庆的汽车摩托车生产基地和电子信息产业基地,以及泸州、宜宾、内江、自贡的盐化工、煤化工、酒业、装配制造、汽车零配件、精细化工产业、冶金、建材等产业已形成较大规模的产业基地,吸引相关产业及产业链向园区集聚。九个地市都设有自己的特色工业园区,以形成产业集聚效应,如重庆有43个工业园区,聚集企业1891家,2010年园区实现产值191.8亿元;内江7个园区,聚集企业356家,园区实现产值145.8亿元,等等。整个长江上游经济区产业呈极强的向园区集聚的趋势,形成不同的产业带、产业群、产业链,工业园区已经成为繁荣区域经济,推动工业现代化的重要平台。

5. 产业发展的环境不断改善

"十一五"时期以来,长江上游经济区产业发展环境明显改善。一是经济区各城市不断加大水利、电力、交通、环境等基础设施的投资力度,提升为产业发展服务的硬件环境;二是经济区的各市相继出台一系列促进产业发展的政策,各产业园区也出台了一系列吸引企业入园的优惠政策,如土地出让、人员户籍、孩子入学、税收、金融贷款等,相对于"十五"时期,产业发展的环境明显改善,促使了产业更快更好的发展。

(三)产业发展存在的问题

尽管长江上游经济区经过多年的快速发展,经济规模逐步壮大,发展水平不断提高,但是与我国长三角、珠三角、京津冀三大经济区甚至是全国平均水平相比,各方面都存在不同程度的差距,同时也存在诸如产业结构不合理、产业链条短、基础设施不完善、资源环境压力加大等方面的问题(见表3-23)。

表3-23 长江上游经济区与我国三大经济区主要指标的比较(2012年)

主要指标	长江上游	长三角①	珠三角②	京津冀③
面积(万平方公里)	19.03	21.07	4.17	21.72
常住人口(万人)	6252.48	15777.00	5689.64	10770.00
城镇化率(%)	46.33	67.04	83.84	58.93
GDP(亿元)	18805.12	108905.27	47779.56	57348.29
人均GDP(元)	30032.48	69027.87	83976.43	49751.60
产业结构	10.5:55.8:33.7	4.8:48.0:47.2	2.1:46.2:51.7	6.1:43.1:50.8
第一产业增加值(亿元)	1978.66	5213.97	983.24	3508.46
第二产业增加值(亿元)	10481.75	52293.04	22084.62	24726.66
第三产业增加值(亿元)	6344.73	51398.26	24711.70	29113.17
规模以上工业总产值(亿元)	22079.25	208577.47	81163.91	82072.37

注:①长三角经济区包括上海、江苏和浙江一市两省。
②珠三角经济区包括广州、深圳、珠海、佛山、东莞、中山、江门、惠州和肇庆9个地市。
③京津冀经济区包括北京、天津和河北两市一省份。
资料来源:依据长江上游经济区九个市2012年国民经济和社会发展统计公报、《中国城市统计年鉴(2013)》、《中国统计年鉴(2013)》和《广东统计年鉴(2013)》的数据整理。

1. 经济发展水平滞后

经济总量偏小。长江上游经济区2012年实现地区生产总值18805.12亿元,占国内生产总值的比重为3.62%,而长三角、珠三角、京津冀的地区生产总值占国内生产总值的比重分别是20.96%、9.20%、11.04%,长江上游经济区地区生产总值占比约为长三角的1/6、珠三角的2/5、京津冀的1/3。而长江上游经济区国土面积与长三角和京津冀差不多,近乎珠三角的5倍。相比之下,长江上游经济区经济总量明显偏小。

人均GDP与其他经济区差距较大。2012年,长江上游经济区的人均地区生产总值为30032.48元,不到全国平均水平的80%,仅为长三角的43.51%、珠三角的35.76%和京津冀的60.36%。长江上游经济区的人均地区生产总值不仅低于我国三大经济区,而且低于全国平均水平,发展差

长江上游经济区重点产业选择

距很大。

工业发展相当滞后。2012年，长江上游经济区规模以上工业企业总产值是22079.25亿元，长三角、珠三角、京津冀三大经济区的规模以上工业总产值分别是208577.47亿元、81163.91亿元和82072.37亿元。长三角、珠三角、京津冀三大经济区规模以上工业总产值分别是长江上游经济区的近10倍、3.68倍和3.72倍，长江上游经济区工业发展水平与我国三大经济区的差距相当大。

2. 城镇化水平低

长江上游经济区2012年的城镇化率是46.33%，而长三角、珠三角、京津冀三大经济区及全国的城镇化率分别是67.04%、83.84%、58.93%和52.57%，相比之下，长江上游经济区城镇化水平最低，分别比长三角、珠三角、京津冀三大经济区及全国约低21、38、13、7个百分点。2012年，长江上游、长三角、珠三角、京津冀四个经济区的常住人口分别是6252.48万人、15777.00万人、5689.64万人和10770.00万人，长江上游经济区比长三角、京津冀的人口少，但是城镇化率比这两个地区分别低21和13个百分点，比珠三角多562.84万人，但城镇化率比珠三角低38个百分点，这些数据说明，长江上游经济区农业人口占比过高。

3. 三次产业结构不合理

2012年，长江上游经济区三次产业结构是10.5∶55.8∶33.7，而长三角、珠三角、京津冀三大经济区和全国的产业结构分别是4.8∶48.0∶47.2、2.1∶46.2∶51.7、6.1∶43.1∶50.8和10.1∶45.3∶44.6，长江上游经济区第一产业比珠三角、长三角、京津冀三大经济区及全国分别高5.7、8.4、4.4、0.4个百分点，第二产业比长三角、珠三角、京津冀三大经济区及全国高7.8、9.6、12.7、10.5个百分点，第三产业则比长三角、珠三角、京津冀三大经济区及全国分别低13.5、18、17.1、10.9个百分点。第一产业占比较高，第三产业发展滞后，产业结构不合理，有待于进一步优化。

4. 产业链条短，产品层次低

沿江地区的产业大多依赖本地资源开发进行的传统加工业，产业产品层次总体上不高。经济区内主导产业以煤炭的开采和洗选业、天然气的开采、电力热力的生产与供应、农产品的初级加工、有色金属及非金属矿采选业、炼焦业六大资源和原材料型产业为主，这些产业以初加工产品居多，产业链条短，配套能力不强，产品附加值低、档次低、核心竞争力低下，产品同质化严重；而战略性新兴产业，如生物、新能源、新材料等高端产业、高端环节、高附加值、长链条等方面，发展严重滞后甚至缺位，产业发展的持续性和竞争力不强。

5. 综合交通运输体系发展滞后

长江上游经济区的许多地方交通发展落后，沿线的航运等级低（如重庆以上至泸州、宜宾的航道等级仅为四级，很难满足运输需要）；连接沿江各地的公路等级低，没有形成连接整个区域的快速通道，成昆线既有的运输能力已经饱和，其他线路的通道未打通，区域内高等级的公路比例小，尚未成环、成网；宜宾以上水运航道等级低，多种运输方式自成体系，衔接配合差，运输整体效益难以发挥。综合运输体系发展滞后，航道等级低，水运体系极不发达，与港口关联的工业、商贸业、运输业、现代服务业及现代物流未得到相应的发展，沿江五大港口间缺乏合理的分工合作，港口集疏运方式单一，水路与高速公路、铁路衔接差，港口集疏运方式以铁路为主，公路次之。由于长江上游经济区铁路、公路不发达，铁路、公路的运输能力不足，限制口多，加之现有的港口等级低，影响了港口运输能力发挥，使得综合运输体系相当滞后，从而制约了产业发展。

6. 第三产业发展水平不高

2012年，长三角、珠三角、京津冀三大经济区及全国第三产业的增加值分别是51398.26亿元、24711.70亿元和29113.17亿元，而长江上游经济区第三产业增加值为6344.73亿元，约为长三角经济区的12.34%、珠三角经济区的25.68%和京津冀经济区的21.79%。从第三产业占比看，长江上游经济区第三产业占比33.7%，而长三角、珠三角、京津冀三大经济区及全国的第三产业占比分别是47.2%、51.7%、50.8%和44.6%，长江上游经济区第三产业占比分别比珠三角、长三角、京津冀三大经济区及全国的低13.5、18、17.1和10.9个百分点，说明长江上游经济区第三产业的规模小，发展水平低，也意味着其服务业的发展水平不高。

7. 环境资源问题突出

沿江地区山高坡陡，水土流失严重，水电开发、矿产开采导致生态环境严重破坏，资源依赖性产业如化工、煤炭、建材、火电发展迅速，而环境治理工作未跟上，使得长江上游地区的环境污染日益恶化，不少江段严重污染，环境污染的危害和影响已经远远超出了本地区的承受范围，向长江中下游地区转移扩散。

二、长江上游经济区产业发展的总体思路

明确了解长江上游经济区的资源禀赋条件和产业基础，认清当前存在的问题和产业发展的内外部环境，遵循科学发展、可持续发展的思想，提出长江上游经济区重点产业发展的总体思路和发展目标。

（一）指导思想

以邓小平理论和"三个代表"为指导，全面落实科学发展观，以区域"经济一体化、政策一体化、发展一体化、市场一体化"为指导方针，按照产业"集群化、集聚化、集约化"的发展思路，以产业整合、率先崛起为风向标，紧紧把握产业资本、要素流动的资源导向、区位导向和市场导向，发挥资源富集的优势，着力加快产业结构的升级，增强产业的创新能力、自我发展能力及对区域的带动能力。大力发展现代农业，推进农业产业化经营，打造特色农业生产基地和农产品深加工基地；加快开发区和工业园区建设，引导企业向开发区和工业园区集中，形成产业集聚效应；打造商贸物流中心；保护生态环境。着力构建特色鲜明、布局合理、集群发展、协调配套的现代产业体系，增强长江上游经济区可持续发展的能力，打造长江经济带新的增长极。

（二）发展思路

在邓小平理论、"三个代表"和科学发展观的思想指导下，长江上游

经济区重点产业发展不仅要重视大型企业集团的发展，而且要重视中小企业的发展，要促进大型企业与中小企业协调合作发展；要大力建设产业园区，促进产业集群发展和产业优化整合；要不断优化产业布局和产业结构，构建现代服务业体系。

1. 大型企业集团与中小企业分工协调发展

产业组织方面，既要注重于培养大型企业集团，又要大力发展中小企业，使大企业与中小企业协调发展。

培育大型企业集团。以汽车、钢铁、水泥、煤炭、机械制造、电解铝、化工、电子信息、农产品加工、医药等行业为重点，鼓励企业通过收购、兼并重组、优势企业强强联合，提高产业集中度，发展跨区域性综合性大型企业集团，培育各主导产业的龙头企业，主攻产业前后项关联度大、链条长的项目，主攻研发和生产一体化综合项目开发，通过龙头企业对产业链上的上下游进行整合，使产业配套发展。加大对大型企业在税收、要素保障等方面的政策支持，鼓励金融机构加大对重点企业、重点项目的贷款力度，支持一批企业上市融资。

大力发展中小企业。在培育大型企业集团的同时，引导中小企业向"专、精、特、新"方向发展，重点发展科技型、生态环保型、劳动密集型和外向型中小企业，培育一批"成长型"和"小巨人型"企业，鼓励中小企业加入大企业产业链体系，形成与龙头企业（大型企业集团）配套协作和优势互补的格局。鼓励中小企业充分利用资本市场上市融资和扩张发展。大力发展民营经济，优化民营经济发展环境，促进民营经济快速健康发展。

2. 依托产业园区，集群发展

以加快产业园区建设、产业集群发展、产业链延伸、专业化分工为导向，吸纳要素、资源向园区集聚，形成规模效益。整合现有的产业及产业园区，围绕能源产业、原材料、装备制造业、电子信息、农产品深加工、物流等产业重点发展产业集群，以产业群、产业链和优势企业群三个层次组成的优势集合体作为基础支撑框架，建设一批具有较高集聚程度的重点产业园区。推动资源要素向园区集聚，加快产业集群形成，突出优势产业，以高科技手段改造传统产业，提升产业竞争力，形成各具特色的现代化产业基地，带动经济区经济快速发展。

3. 加大产业整合力度

做大做强产业链，以产业协作为重点，围绕能源、原材料、装备制造、电子信息、农产品加工、物流六大重点产业，整合现有的产业，延伸和拓展产业链。以大企业为龙头，重大项目为依托，重点产品为端点，形成上游供应链和下游产品精深加工体系。重点发展煤炭产业链和煤化工产业链、天然气产业链和天然气化工产业链、盐化工产业链、氯碱化工产业链、硫磷化工产业链、医药化工产业链、装备制造产业链、冶金建材产业链、农产品加工产业链、物流产业链、电子信息产业链，依托产业链做大做强重点企业。

4. 优化产业布局

按照区域主体功能定位，综合考虑能源资源、环境容量、市场空间等因素，优化重点产业生产力布局。优先在资源地、沿江地带布局产业，有序推进城市钢铁、有色、化工等企业搬迁，以产业链为纽带，以产业园区为载体，发展一批专业特色鲜明、品牌形象突出、服务平台完备的现代产业集群。

5. 构建现代服务体系

依托交通枢纽、产业基地和区位优势，以物流一体化和信息化为主线，以先进技术为支撑，强化基础设施建设。整合现有的物流资源，发展现代物流服务体系，加强物流业和先进制造业融合发展。深化专业化分工，重点建设港口物流体系，提高物流专业化、社会化、规模化水平。以物流业发展为突破，构建商贸流通、金融服务、信息服务、房地产、农村服务、旅游文化、科技咨询、社区服务、对外服务贸易等现代服务业体系，推动经济区服务业全面协调快速发展。

（三）发展目标

在邓小平理论、"三个代表"和科学发展观的思想指导下，沿着发展思路，合理提出长江上游经济区未来的发展目标，包括总量、产业结构、园区建设等目标。

1. 总量目标

按地区生产总值年均增长20%计，长江上游经济区地区生产总值2020年达到80758.32亿元，2030年达到500034.25亿元。

2. 产业结构调整目标

经济区的结构调整取得重大进展，农业基础进一步巩固，工业结构不断优化，战略性新兴产业有所突破。2020年，产业结构调整为7.13∶52.58∶40.29；2030年，产业结构调整为3.13∶49.58∶47.29。

3. 重点产业发展目标

2020年，重点产业的增加值占经济区地区生产总值的比重达50%；2030年重点产业的增加值占经济区地区生产总值的比重将达60%以上。

4. 产业园区发展目标

适度扩大产业园区的集中度和规模，企业有序向产业园区和开发区聚集，产业园区成为长江上游经济区产业发展的主要载体。2020年，园区的产业集中度超过60%；2030年，园区的产业集中度超过70%。

三、长江上游经济区重点产业选择

长江上游经济区重点产业的选择依据，主要是该区域拥有较为丰富的优势资源，产业发展已经具有相当的基础，在全国具有较强的竞争优势。区域内煤炭总储量1723.58亿吨，主要分布在六盘水、毕节、宜宾、昭通等地区；天然气储量4945亿立方米，主要分布重庆、泸州、宜宾、自贡等地区；硫铁矿储量58.56亿吨，主要分布在泸州、宜宾、毕节、六盘水、重庆等地区；盐卤储量3435.01亿吨，主要分布在重庆、自贡、乐山、宜宾、内江等地区；铅锌储量0.15亿吨，磷矿储量20多亿吨，主要

长江上游经济区重点产业选择

分布在六盘水、毕节等地区；铁矿储量4.72亿吨，主要分布在六盘水、毕节、乐山等地区。此外，还有铀、镍、银、锗、镉、镓、铟、铝土矿、锶矿、锰、白云石、萤石、石膏、钴土、耐火黏土、熔剂白云岩、石灰岩、高岭石等矿产资源，经过"三线"和改革开放30多年的建设，已经形成一大批大型企业集团。

（一）六大重点产业

依据长江上游经济区资源禀赋和产业发展现状，筛选出能源、原材料、装备制造、电子信息、农产品深加工、物流六大重点产业。

1. 能源产业

长江上游经济区是国家西电东送的重要基地，水及水能资源、煤炭资源、天然气资源蕴藏量丰富，为能源的发展提供了机遇，具备发展能源产业的基础。

（1）煤炭产业。

发展基础。长江上游经济区煤炭资源储量1723.58亿吨，主要分布于六盘水、毕节、昭通、泸州、宜宾等五个地区。其中，六盘水市煤炭储量711亿吨（2000米以内），已探明储量164亿吨（普、详、精查），垂深1000米以内可靠储量413亿吨，煤种齐全，煤质优良，埋藏浅，素有"西南煤海"、"江南煤都"之誉。毕节市煤炭储量596.76亿吨，其中上表储量256.91亿吨，占贵州全省煤炭储量的52%；昭通市煤炭储量165.82亿吨，已探明储量102.27亿吨，褐煤储量达81.98亿吨。泸州市筠连县煤炭储量53亿吨，古叙县煤炭储量69亿吨。区域内已有泸州古叙煤炭基地、宜宾筠连煤炭生产基地、六盘水煤炭基地、昭通煤炭基地、毕节煤炭基地。经济区具备煤炭产业发展的资源优势和产业基础，煤炭产量由2005年的10564.22万吨增加到2010年的21650.69万吨，年均增长15.4%。

发展重点。按照规模化、集约化、集团化的发展思路，加快煤炭企业集团的建设、资源整合和小煤矿的升级改造、企业兼并重组，建设煤炭大集团大基地，提高产业集中度。进一步优化煤炭产业结构，大力推进大矿带小矿产业体系建设。大力发展选煤和配煤技术，提高煤洗选和加工度，合理利用资源,提高煤炭回收率,积极开发煤矸石、煤泥、煤气层、煤电路。推进新维、船景、石屏、岔角滩、大盘江、水城、六枝等重点矿区建设。沿着煤炭的"采选——炼焦业——煤化工——发电"的产业链延伸,做"大"做"足"拉"长"煤炭产业链,重点打造2个煤炭产业链:

炼焦业——重点发展焦炭—炼铁、煤焦油—煤化工、焦炉煤气—炼焦、炼铁、民用三个产业子链。

煤化工——重点发展甲醇—烯烃、甲醇—碳一、煤焦化—焦油深加工、煤制合成氨—精细化工四个产业子链。

发展规模。2010年,长江上游经济区原煤产量为21650.69万吨,按15.4%年均增长速度计算,2020年将达9.1亿吨,2030年将达37.98亿吨。

空间布局。沿铁路、公路等交通沿线布局矿区,六盘水市要加大盘江、水城、六枝三大矿区的建设;加快筠连矿区、古叙矿区煤电路综合开发;推进新维、船景、石屏、岔角滩等重点矿井的建设。大型矿区布局在六盘水、毕节、昭通等地区,中小型矿区布局在筠连和古叙。

(2)电力。

长江上游经济区拥有三种重要的发电能源,第一种是煤炭,即火力发电;第二种是水能,即水力发电;第三种是风能,即风力发电(见图3-3)。

煤炭、水或风 → 发电 → 电 → 配电 → 电能销售

图3-3 电力产业链示意图

①水电。

发展基础。水电是清洁能源,具有发电、拦沙、防洪、航运、灌溉、供水等综合效益,优先发展水电是我国的最重要的能源战略。长江上游经济区水资源丰富,拥有众多的支流,包括岷江、嘉陵江、金沙江、乌江,河流纵横,河川径流量大,大部分地区年降雨量充沛,地下水资源丰富,是我国乃至世界少有的水能资源富集区。水资源主要分布在重庆、宜宾、乐山、泸州、六盘水、毕节、昭通等地区,水资源储量达8603.68亿立方米,占全国水资源储量的31%。其中,三峡水库是我国最大的水利水电工程,库容393亿立方米,面积1084平方公里,总装机容量1820万千

长江上游经济区重点产业选择

瓦，三峡左右岸安装着 26 台 70 万千瓦巨型机组。这些机组满负荷运转，年均发电量将达 847 亿千瓦时，比水位在 156 米时增加 100 多亿千瓦时，相当于 6 个半葛洲坝电站。三峡水电站发的电相当于 18 个核电站，可以满足中国庞大用电需求量的 1/20。水电是清洁能源，如果以三峡电站替代燃煤电厂，相当于 7 座 260 万千瓦的火电站，每年可减少燃煤 5000 万吨，少排放二氧化碳约 1 亿吨。向家坝电站第一批机组将于 2012 年发电，装机 640 万千瓦，年发电 307 亿千瓦时。重庆至宜宾河段规划有小南海、朱杨溪、新路口、石棚、江安五级水电站，总装机 800 万千瓦，年发电量 400 亿千瓦时。从水资源分布现状和现有产业看，长江上游经济区具备发展水电产业的良好基础，宜作为重点发展产业之一（见表 3-24）。

表 3-24　　　　　　　长江上游经济区现有的水电站现状

水电站	库容（亿立方米）	总装机容量（万千瓦）	安装机组	年均发电量（亿千瓦时）
三峡水电站	393	1820	26 台 70 万千瓦巨型机组	847
溪洛渡电站	126.7	1386	18 台 77 万千瓦水轮发电机组	640
向家坝电站	51.63	640	8 台 80 万千瓦机组	307.47
白鹤滩电站	188	1200	16 台 75 万千瓦的混流式机组	515
泸州（重庆至宜宾河段 5 个电站）		800		400
洪家渡水电站	49.47	600	3 台 200 万千瓦机组	15.59
索风营电站	2.012	600	3 台 200 万千瓦机组	20.11
引子渡电站	5.31	36	2 台 12 万千瓦水轮发电机组	9.78
毛家河水电站	0.13	18	3 台 6 万千瓦时发电机组	6.51
万家口子电站		18	2 台 9 万千瓦时发电机组	7.1
石板寨电站	0.23	36		1.684

资料来源：依据经济区各市电站资料整理。

发展重点。未来水电发展重点是突出推进流域梯级协调和综合开发，优先开发调节性能好的大中型水库电站。一是重点加快重庆至宜宾河段新的水电站的开发步伐（5 个水电站），采用低坝多级开发方式，这一河段开发涉及发电、航运、水环境、鱼类保护和区域经济等各方面。该河段采用低坝多级开发方式，比较容易修建鱼道，解决了鱼类洄游问题。同时，

长江上游经济区一体化发展

通过该河段的开发，使航道等级大幅提高，从开发前的三级航道提升到一级行道，从通行1000吨级自行船舶提高到通行5000吨级以上的自行船舶，形成云贵川的出海大通道，将长江上游的黄金水道向上延伸370公里，使该地区的物资可以直接通江达海，区域运输能力和保证率大幅提高，运输成本和能耗大为降低，初步测算一级航道可替代三条铁路和五条高速公路的运力。2007年泸州港的年货运量是1121万吨，河道开发后，预计2020年货运量将达3252万吨，2030年将达6030万吨，为区域发展和物流提供了巨大的帮助。五个电站的总装机800万千瓦，年发电量400亿千瓦时，年节约原煤2000万吨，少排放二氧化碳约4000万吨，二氧化硫约15万吨，有助于改善气候生态环境和减少酸雨的作用。通过水电的综合开发利用，可从根本上解决四川盆地的交通"瓶颈"问题，使区域内物流具备大进大出的条件，充分利用周边云贵川的基础原材料、人力、水、矿产等资源优势，依托沿江的城市群和低山丘陵等有利的自然环境，带动劳动密集型和低附加值产业发展。重庆至宜宾河段两岸为低山丘陵区，有利于产业布局，且不与粮食争地，便于灾后重建的产业布局。航道改善后，就具备了把长三角、珠三角、环渤海的区域发展模式复制到长江上游经济区的条件和比较优势，为该区域承接产业转移和产业升级奠定基础。二是加快昭通市溪洛渡、向家坝、白鹤滩三座大型电站建设。其中，向家坝电站是西电东送的重大项目，总装机640万千瓦，年发电307.47亿千瓦时，除发电外，该项目还有拦沙、灌溉、防洪、航运等作用，库区配套的灌区可自流灌溉宜宾、自贡、泸州三市375万亩农田，解决500万人的生活用水；溪洛渡电站总装机1386万千瓦，年平均发电量640亿千瓦时，调节库容64.6亿立方米，装机容量与原来世界第二大水电站——伊泰普水电站（1400万千瓦）相当，是中国第二、世界第三大水电站，该水电站以发电为主，兼有拦沙、防洪和改善下游航运等综合效益的大型水电站，建成后可增加枯水期电量18.8亿千瓦时，大量的优质电能代替火电后，每年可减少燃煤4100万吨，减少二氧化碳排放量约1.5亿吨，减少二氧化氮排放量近48万吨，减少二氧化硫排放量近85万吨，而且库区生态环境和水土保持措施的落实，将有助于提高区域整体环境水平；白鹤滩总装机容量1200万千瓦，年发电量515亿千瓦时，保证出力355万千瓦，以发电为主，兼有拦沙、防洪、航运、灌溉等综合效益，预留防洪

长江上游经济区重点产业选择

库容56亿立方米，调节库容达100亿立方米，增加枯期电量55亿千瓦时。三是因地制宜的开发中小型水电站，积极发展电航通道。

发展规模。依据九个市已建、在建、拟建水电站装机量推算出，2020年长江上游经济区水电的装机容量将达9200万千瓦，2030年将达9600万千瓦（见表3-25）。

表3-25　　长江上游经济区"十二五"时期水电站装机量

地区	"十二五"期间水电总装机量（万千瓦）
重庆	2000
毕节	2560
六盘水	100
泸州（宜宾至重庆5个水电站）	800
宜宾	680
内江	—
昭通	1800
自贡	—
乐山	130
总计	8870

资料来源：依据各电站"十二五"规划资料整理。

空间布局。水电站沿江布局。水资源主要集中在重庆、宜宾、乐山、泸州、毕节、六盘水、昭通，大型水电站应在这几个地区布局，形成几大水电产业集群。一是大型水电站布局在重庆、宜宾、乐山、昭通等地区。长江上游的水资源主要集中于这四个地区，其中重庆市水蕴藏量约为5000亿立方米，宜宾市为2428.4亿立方米，乐山市为855.1亿立方米；昭通市水能蕴藏量为2080万千瓦，可开发装机容量1612万千瓦。二是重庆至宜宾五级水电站开发，总装机800万千瓦，年发电量400亿千瓦时。除发电外，该项目具有航运、水环境、鱼类保护、区域经济等综合效益。三是发展六盘水市和毕节市的中小型水电站。

②火电。

发展基础。长江上游经济区是煤炭资源富集区，煤炭资源总储量1723.58亿吨，具有筠连、古叙、六盘水、毕节、昭通五大煤炭生产基地，六盘水、毕节、昭通三个地区的煤炭资源尤为丰富，占长江上游经济

长江上游经济区一体化发展

区煤炭资源储量的85%，具备发展火电的现实基础，所需煤炭资源能够得到就近满足，应依托煤炭基地建设坑口大容量机组。筠连煤炭资源丰富，无烟煤储量达35.81亿吨，占四川省总储量的28.9%。同时，筠连矿区内瓦斯储量约429.8亿立方米，大多数矿井属高瓦斯矿，可抽采利用瓦斯量达172亿立方米。目前已建成16套瓦斯发电机组，年发电量达6300多万千瓦时，每年创经济效益2000多万元，每年减排的瓦斯量相当于消除25万吨二氧化碳产生的温室效应。古叙煤炭基地探明加预测储量达到69亿吨，其中探明储量37亿吨，占四川省探明储量的41%，煤层气储量达1001亿立方米，其煤炭属优质无烟煤。预计2020年实现原煤产量1500万吨，年发电量4929.4万千瓦时。其中，古蔺矿段优质无烟煤储量45亿吨，占古叙矿区的65.2%。六盘水市煤炭总储量768.73亿吨，火电总装机容量为610.2万千瓦，年发电量350亿千瓦时。毕节市煤炭储量达256亿吨，2010年总装机量1130万千瓦，年发电量418.62亿千瓦时；昭通市煤炭储量165.82亿吨，总装机量480万千瓦，年发电量252亿千瓦时。长江上游经济区电力资源以水电为主，径流式水电站占相当比例，丰枯水出力悬殊，枯水期短电，丰水期弃水的问题突出，必须依靠一定的火电提供调峰能力，保证电网正常运行。此外，部分火电开发涉及能源综合利用和循环经济，属于国家鼓励开发的项目。因此，火电属长江上游经济区发展的重点产业之一（见表3-26）。

表3-26　　　　　　长江上游经济区火电情况

地区	煤炭储量（亿吨）	发电机组（总装机量）	年发电量（万千瓦时）
筠连	35.81	16套瓦斯发电机组	6300
古叙	37	20台500千瓦发电机组	4929.4
六盘水	711	610.2万千瓦	3500000
毕节	596.76	1130万千瓦	4186200
昭通	165.82	480万千瓦	2520000

资料来源：依据各地区电站资料整理。

发展重点。新建燃煤机组，火电发展规模适度增长，重点是优化结构，节约资源，重视环保，提高火电技术水平和经济性。依托煤炭基地建设坑口大容量机组，推行煤田煤电化综合开发，大力发展洁净煤技术。新

长江上游经济区重点产业选择

建燃煤机组单机容量一般在60万千瓦以上,鼓励建设超临界、超超临界大型机组、循环流化床锅炉机组,发展以煤、煤泥、煤矸石为燃料的综合利用电厂,拉长煤炭产业链,提高煤炭产业附加值。加快福溪电厂建设,2011年年底完成一期工程2台60万千瓦机组超临界燃发电机组的投产发电,加快华电珙县电厂一期2台600兆瓦国产超临界"W"火焰炉燃煤发电机组和泸州电厂二期工程扩建2台60万千瓦燃煤发电机组的建设,重点建设六枝电厂2台100万千瓦机组、盘南电厂2台60万千瓦机组、盘江煤电集团煤矸石电厂2台30万千瓦机组、续建盘县黔桂发电公司上大压小项目120万千瓦和水矿集团煤矸石电厂2台30千瓦机组。加快云南昭通大型火电项目建设,该项目是上大压小①的项目,规划容量4×600兆瓦,工程先期在塘房厂址建设2×600兆瓦超临界"W"火焰锅炉燃煤发电机组。逐步形成勘建采一体化、煤电化一条龙的开发新格局,打造长江上游重要的能源生产基地。

发展规模。2010年,长江上游经济区火电总装机量为2221.2万千瓦,2020年火电装机容量争取达到2800万千瓦,2030年达到3400万千瓦。

空间布局。在六盘水、毕节、昭通、泸州、宜宾等煤炭富集区建设大型燃煤火电站。六盘水、毕节、昭通三地煤炭总储量1473.58亿吨,占长江上游经济区煤炭总储量的85%,特别是六盘水和毕节,两地煤炭储量之和达1307.76亿吨。大型火电厂应布局在六盘水市、毕节市和昭通市,中小型火电厂应布局在泸州市和宜宾市。

③风电。

发展基础。风电是风能发电或者风力发电的简称。风力发电是风能利用的重要形式,风能是可再生、无污染、能量大、前景广的能源,大力发展清洁能源是世界各国的战略选择。长江上游经济区的沿江风能资源丰富,不少山区有稳定的强风,具备开发风能的基础。长江上游经济区风电起步较晚,目前多为在建项目。

发展重点。风电的产业链:风机零部件制造(钢材等原材料加工成轴承、齿轮、叶片等零部件)——风机制造(零部件装整机)——风电场的运营(整机发电),沿着产业链,重点发展海上和江上风电(见图3-4)。

---

① 上大压小是指在电力工业中建设大型发电机组,关停小发电机组。

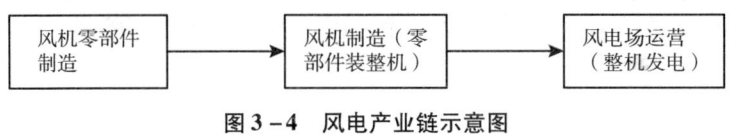

```
风机零部件制造 → 风机制造（零部件装整机）→ 风电场运营（整机发电）
```

图 3-4　风电产业链示意图

发展目标。2020年，长江上游经济区风电装机量力争达到350万千瓦，2030年目标为400万千瓦。

空间布局。在毕节、昭通、六盘水等地区山地及重庆、乐山、内江、泸州等地区布局风电项目。

（3）天然气。

发展基础。天然气是一种高效的洁净环保的优质能源，其热值是人工煤气的两倍，燃烧时产生二氧化碳少于其他化石燃料，温室效应较低，因而能从根本上改善环境质量。天然气资源是长江上游重要的战略资源之一，域内天然气储量4945亿立方米，天然气发电调峰颇具潜力，是长江上游区域内重点发展产业之一。天然气主要分布于川南和重庆等地区。加快天然气开发是长江上游经济区未来发展的战略重点，是实现区域资源优势向经济优势转化的战略选择。

发展重点。重点加强天然气勘探，将天然气富集区作为天然气资源勘探的重点，加快天然气输气管道的建设（见图3-5）。

```
勘探生产（上游）→ 运输储存（中游）→ 城市配送（下游）
```

图 3-5　天然气产业链示意图

资料来源：依据天然气生产环节绘制。

发展规模。2010年，长江上游经济区天然气产量211.76亿立方米。"十一五"期间，天然气的产量年均增长8%，依据这一增长率，推算出2020年天然气产量达457.17亿立方米；2030年天然气产量达987亿立方米。

空间布局。天然气区主要布局在重庆、泸州、自贡、宜宾等地区。重庆市天然气储量3200亿立方米，是全国重点开采的大矿区；自贡市天然气储量695亿立方米，泸州市天然气储量650亿立方米，宜宾市天然气储量400亿立方米。今后，长江上游经济区要着力有序开发这些地区的天然

长江上游经济区重点产业选择

气资源。

2. 装备制造业

发展基础。装备制造业是现代制造业的核心，其发展程度是区域竞争力的重要体现。经过"三线"建设和改革开放30多年的发展，长江上游经济区的装备制造业基本形成了产业规模大、技术装备较为先进、研发水平领先、配套体系完善的制造工业体系，成为国内三大重要装备制造基地之一。区域内资源承载力较高，资源丰富，有金、铁、锰、铀、铝、镁、锌等金属矿产，其中铁矿4.72亿吨（主要分布在六盘水、毕节、乐山），硫铁矿储量8.28亿吨，铝矿储量7400万吨（重庆），铅锌储量1500万吨，锶矿储量185万吨（重庆）。长江上游经济区已经形成了自贡装备制造、泸州工程机械装备、内江汽车运输装备制造、重庆的汽车摩托车制造、六盘水的矿山机械及煤机制造、载重汽车及铸造加工等装备制造、毕节的机械制造等产业集群和产业园区，这将有助于产业结构的升级。随着国际经济形势的好转，装备制造业的市场空间将进一步扩大，为长江上游经济区装备制造业发展提供了良好的机遇，长江上游经济区要依托优势资源条件加快装备制造业发展。

发展重点。抓住国家振兴装备制造业的机遇，深化国企改革，扩大生产规模，增强自主创新能力，推进集群化发展，提高龙头企业专业化水平和配套骨干企业技术水平。沿着装备制造业的研发——零部件的制造（钢、铁、铝等原材料加工制造零部件）——整机制造（零部件安装整机）——配售（物流）产业链，做大做强如交通运输设备制造业、工程机械设备、汽车零部件、机械加工、矿山机械、大型环保成套设备，打造多个装备制造业产业园区，形成产业集群。重点进军新型高端装备制造业，如研制导航、遥控、通信等卫星组成的空间基础设施框架，发展智能控制系统、高档数控机床、高速列车及城市轨道交通装备制造业（见图3-6）。

研发企业 → 零部件制造（钢铁、铝等原材料加工成零部件）→ 安装整机 → 配售（物流）→ 售后服务

图3-6 装备制造业产业链示意图

资料来源：依据装备制造业生产环节绘制。

长江上游经济区一体化发展

——交通运输设备。包括摩托车、轿车、重型卡车、铁路机车等。重庆市已经成为我国最大的汽车、摩托车生产基地之一,其产值占重庆市工业产值的50%左右。长江上游经济区汽车生产制造实力较强,摩托车生产量更在全国占有重要位置。要依托长安福特、长安铃木、庆铃、重庆重型汽车等知名企业集团和重庆大学、重庆汽车研究所、机械部第三设计院为代表的汽车研发机构,采用国际标准和先进技术,发展新型轿车、轻型汽车、重型汽车,开发为汽车配套的汽车电子基础部件、电子化总线、智能化控制装置,开发新型车用发动机,形成微型轿车车型,轻型、重型的汽车发动机生产系列。发展汽车金融、专业物流、汽车售后服务等相关服务产业。依托嘉陵、建设、力帆、宗申、隆鑫等摩托车及配套企业,开发具有自主知识产权的大排量新车型,产品面向国际化。充分发挥经济区电子产业发达、汽摩零配件配套能力强的优势,进一步完善高品质的汽车、摩托车零部件设计与生产,形成强大的综合配套体系,最终形成比较完备的整车、发动机和零部件研发能力,建成面向全球的汽车、摩托零部件生产供应基地,打造中国西部汽车产业集群。

——工程机械设备。泸州市是全国九大工程机械制造业基地之一,也是全国大中型液压起重机、挖掘机制造中心。要以泸州工程机械装备基地为依托,重点发展具有行业优势和差异的大吨位汽车起重机、履带挖掘机、液压基础元件、石油钻采设备等系统集成装备及汽车零部件。通过上下游配套产品的扩展,延伸产业链,发展液压元件、结构元件和基础零部件。建设泸州工程机械工业园区,通过搬迁、企业重组和积极承接产业转移,促进机械工业产业结构调整和升级,重点建设工程机械和汽车零部件产业基地。

——机械加工。加大机械加工业的整合力度,支持大型企业集团整合区域内的数控机床产业资源。建设系列高档数控机床的研制与生产基地,推动龙头企业与配套中小企业构建工程机械产业集群。全面提升机械工业的竞争力,形成上下游产业衔接、产业链条不断延伸、"专、精、特、新"的机械加工制造产业链。

——汽车零部件。以重庆汽车工业配套为重点,发挥长江机械有限公司的龙头企业作用,加快发展具有自主知识产权的汽车零部件产业,重点发展同步器齿环、活塞环、半轴、连杆系列产品。

长江上游经济区重点产业选择

——大型环保成套设备。发展30万千瓦以上的循环流化床锅炉和垃圾废气、煤层气、瓦斯、余热余压及秸秆等生物燃料发电技术和装备制造能力，开发研制烟气脱硫脱硝、垃圾处理和城市污水处理及中水回用成套设备和技术。

——矿山机械。充分发挥能源、冶金、原材料和煤焦产业机械设备市场的优势，大力发展载重汽车、矿山成套设备、铸造加工、电子电器、矿山机电设备配件等矿山机械项目。

发展规模。2010年，长江上游经济区装备制造业增加值1756.31亿元，"十一五"时期年均增长10.65%。考虑产业园区成规模形成产业集聚带来的规模效应，及重庆至宜宾河段开发带来的企业运输成本下降，装备制造业的年均增长率按12%计算，2020年，该区域装备造业增加值达到5454.83亿元；2030年装备制造业增加值达到16941.88亿元。

空间布局。沿江及交通沿线布局装备制造业，便与原材料和成品的运输。装备制造主要布局在重庆、宜宾、泸州、自贡、六盘水、毕节、内江等地区。交通运输设备布局在重庆市，打造重庆汽车摩托车生产基地。工程机械主要布局在泸州机械工业集中发展区、泸州化工园区、四川合江临港工业园区、泸州经济开发区，依托工业园区形成工程机械产业集聚区。机械加工业和大型环保成套设备主要布局在自贡市，以自贡板仓、晨光、郝家坝三大工业园区和自流井、贡井、大安、沿滩四大工业集中区为依托，建成大型环保成套设备和机械加工基地。汽车零配件主要布局在内江城西工业园区，要抓住成渝整车生产的契机，积极主动对接，提供配套服务，加快汽配工业园建设，打造西部汽车零部件生产基地。矿山机械布局在毕节市和六盘水市，发挥大煤矿区这一市场的需求优势，加快建设现代化的矿山机械制造业基地。

3. 原材料产业

长江上游经济区的原材料产业主要包括化工、冶金和建材。

（1）化工业[①]。

发展基础。长江上游经济区的化工产业主要包括以煤炭、天然气、

---

① 化工产业包括石油加工、炼焦及核燃料、化工原料、化学制品制造业、化学纤维制造业、橡胶制品业、塑料制品业、医药制造业。

硫、磷、盐卤、医药等优势资源形成的化工产业。该区域内蕴藏丰富的煤炭、天然气、盐、硫铁、药材等重要资源。其中，煤炭总储量1723.58亿吨，主要分布在六盘水、毕节、宜宾、昭通等地区；天然气储量4945亿立方米，分布在重庆、泸州、宜宾、自贡等地区；硫铁储量58.56亿吨，主要分布在泸州、宜宾、毕节、六盘水、重庆等地区；磷矿储量20亿吨，主要分布在六盘水、毕节等地区；盐卤储量3435.01亿吨，主要分布在重庆、自贡、乐山、宜宾、内江等地区；铁矿4.72亿吨，主要分布在六盘水、毕节、乐山等地区。长江上游经济区已具备发展综合化工资源优势，化资源优势为产业优势，因地制宜的发展化工产业，积极拓展化工产业链条，带动上下游产业。已形成的化工产业基础：重庆市的医药生产和天然气化工、六盘水市的医药生产和煤化工、毕节市的煤化工、泸州的煤化工、天然气化工和硫磷钛、昭通市的煤化工、自贡市的盐卤化工、乐山市的盐磷化工、宜宾市的氯碱化工等产业群和产业基地。长江上游经济区已具备化工产业发展的产业基础。

　　发展重点。依靠技术进步，加大技改力度，优化产业格局，加快结构调整和产业升级，延长化工产业链，提高产业附加值，重点发展煤化工产业链、天然气产业链、盐化工产业链、硫磷化工产业链、氯碱产业链、医药化工产业链。加强区域内化工资源整合，调整化工产业结构，促进产业上下游一体化。加快化工产业园区建设，使产业向园区集中，形成系列化的主导产品链和成熟的用户群，建设沿江环境友好型特色化工产业基地。

　　——煤化工。合理开发利用煤炭资源，加强煤电联营，鼓励开发以中煤、煤泥、煤矸石为燃料的综合利用电厂，引导支持利用工业余热发电。围绕古叙、筠连、六盘水、毕节、昭通五大矿区煤电路综合开发，逐步形成矿区勘建采一体化、煤电、煤化工一条龙的矿区开发新格局。引进国际国内大型化工企业及技术，提高产业层次和产业集中度。合理延伸产业链，提高附加值，重点发展甲醇—烯烃、甲醇—碳一、煤焦化—焦油的深加工、煤制合成氨—精细化工四大产业链（见图3-7）。

长江上游经济区重点产业选择

图 3-7 煤化工产业链示意图

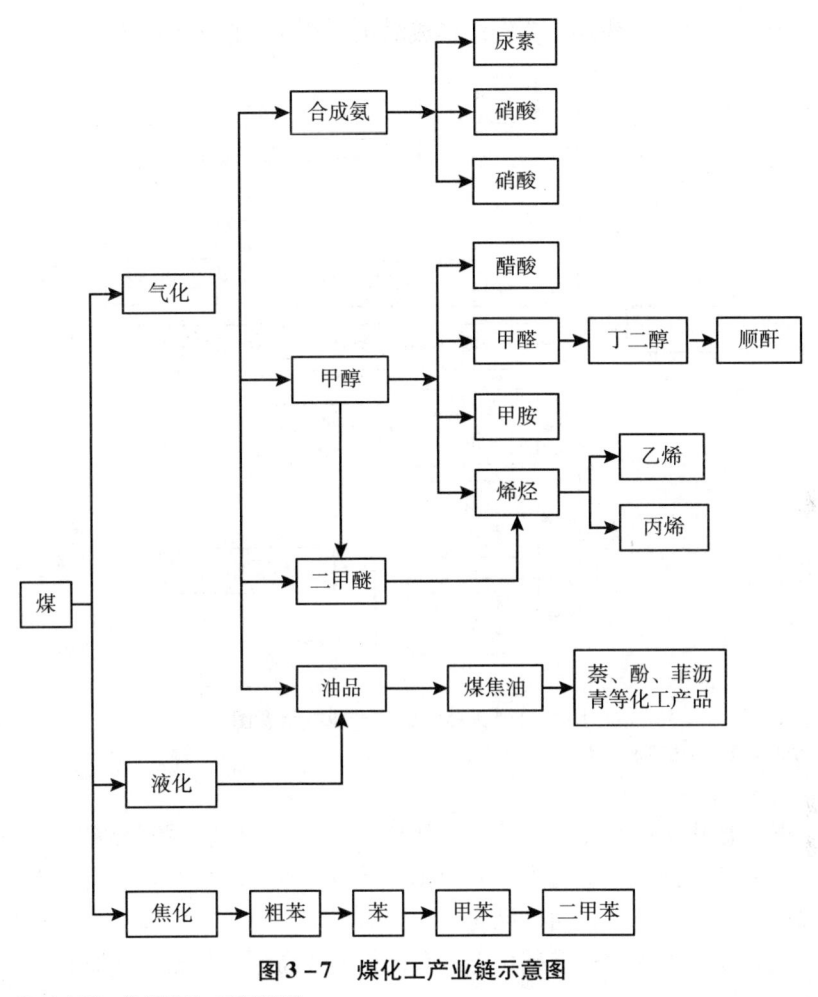

资料来源：依据煤化工原理制作。

——天然气化工。利用天然气、煤、硫等优势资源，依托区域内泸天化、泸州化工厂等行业内有影响的化工企业和科研机构，积极发展天然气化工产业，重点发展天然气制乙炔产品链、天然气合成氨、高效复合肥产品链、烃类转化、天然气精细化工，积极推广合成气制备新技术、甲醇、二甲醚应用技术、有机硅氟应用技术、天然气等离子法生产乙炔工艺技术，积极研发化肥催化即使、精细化工催化技术、变压吸附技术（见图3-8）。

长江上游经济区一体化发展

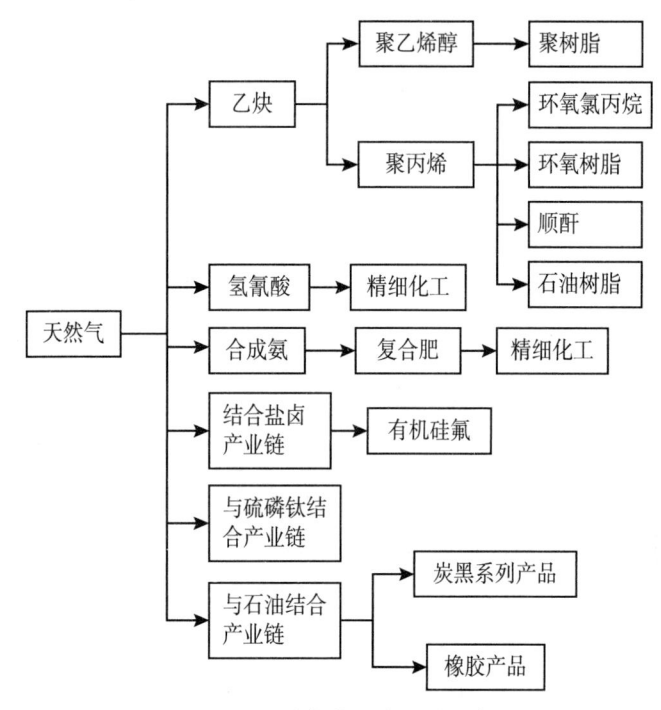

```
                          ┌─→ 聚乙烯醇 ──→ 聚树脂
                ┌─→ 乙炔 ─┤
                │         └─→ 聚丙烯 ──┬─→ 环氧氯丙烷
                │                      ├─→ 环氧树脂
                │                      ├─→ 顺酐
                │                      └─→ 石油树脂
                ├─→ 氢氰酸 ──→ 精细化工
  天然气 ───────┤
                ├─→ 合成氨 ──→ 复合肥 ──→ 精细化工
                ├─→ 结合盐卤产业链 ──→ 有机硅氟
                ├─→ 与硫磷钛结合产业链
                └─→ 与石油结合产业链 ─┬─→ 炭黑系列产品
                                      └─→ 橡胶产品
```

图 3-8 天然气化工产业链示意图

资料来源：依据天然气化工原理制作。

——盐化工。盐化工产业链：盐化工（主要是离子膜烧碱装置）→氯气、氢气、液碱、电石生产→聚氯乙烯→废渣生产水泥和新型。调整盐及盐化工的生产布局，通过纵向延伸，横向整合，发展壮大盐及盐化工产业。重点发展做大盐—基础化工—有机化工—高分子化工—后加工产品的产业链。

——氯碱化工。氯碱化工产业链：原盐→离子膜烧碱产生→氯气、氢气、盐酸和烧碱→氯气与丙烯生产环氧丙烷、氯气与甲醇生产甲烷氯化物、盐酸与甲醇反应生成→氯甲烷→氯甲烷与硅粉反应色生成有机硅、氢气与石油苯生产苯胺、苯胺与光气生产聚氨酯。在巩固制盐和联碱产业发展的同时，重点发展盐—电石—PVC 产业、烧碱及下游耗氯医药中间体等产品。调整产业结构，提高产品附加值，开发具有自主知识产权的有机硅、有机氟专用炭黑系列产品的后加工产品，发展以氯碱为原料的精细化工和日用化工产品，带动相关产业的发展。

长江上游经济区重点产业选择

——硫磷化工。加快硫磷矿产开发和就地加工转化，延长产业链，将泸州建成最大的化肥和甲醇生产基地、硫磷生产基地。重点发展硫—磷—钛化工产业链，硫铁矿制成硫酸，磷矿制成磷酸，积极发展产业磷下游的磷酸一铵、磷酸精制、多功能磷酸盐、特制六磷酸钠等产品。

——医药化工。沿着医药化工产业链：中药提取—饮品—成药，全面提升中药生产的技术、工艺、装备现代化水平，力争在中药的提取、分离、纯化等方面取得重大突破。培育创立一批名药材和名药品牌，提高中药产品的市场占有率，加强中药创新品种和制剂新技术研发。

发展规模测算。2010 年，长江上游九个地市的化工产业增加值1084.34 亿元，"十一五"时期年均增长 10.24%。按此增长率，2020 年化工产业增加值将为 2812.50 亿元，2030 年为 7617.52 亿元。

空间布局。沿江布局化工产业，以产业园区为核心，引导化工产业向园区聚集，根据区域资源禀赋、产业基础实现错位发展和互不发展。加快建设泸州西部化工城，重点发展天然气化工产业链、煤化工产业链、精细化工产业链、有机硅产业链，建设硫磷钛生产基地。盐化工主要集中在自贡、乐山、宜宾、重庆等地区的工业园区；氯碱化工主要布局在宜宾工业园区，硫磷化工主要布局在泸州、宜宾、乐山、内江等地区的工业园区；煤化工主要布局在泸州、六盘水、昭通、毕节等地区的工业园区；医药化工主要布局在重庆、毕节、乐山、六盘水等地区的工业园区；天然气化工主要布局在泸州、重庆、自贡、宜宾等地区的工业园区。

（2）冶金业。

发展基础。以钢铁为主的冶金产业是国民经济的重要支柱产业，是长江上游经济区重点发展的产业之一。区域内富集的矿产资源有铁矿、铝土矿、铜砂、沙金、铝土矿、锶矿、锰、钡矿、铅锌等，其中铁矿达 4.72亿吨，铝矿达 7400 万吨，具备发展冶金的资源基础。拥有川威集团、水钢集团、西南不锈钢公司、重庆机电集团等大型企业集团，主要产品在国内有较强竞争力。

发展重点。淘汰落后钢铁、落后焦炭产能，加强资源的勘探和整合力度，支持优势企业推动冶金企业的兼并重组，支持企业沿上下游产业链整合，实施煤—电—钢—铝—深加工一体化发展战略。加快发展高速铁路用钢、高强度汽车用钢、高档电站用钢、不锈钢板管、机械用高档工模具钢、高强度建筑钢材、多元化优质铁合金高等高附加值、高技术含量的产品。实施煤—电—铝—深加工一体化的发展思路，积极推进生铁、铜镍、铅锌冶炼好和铸造项目建设，延长产业链，建设高附加值的铝制品加工产业，建成煤电铝及铝深加工联合企业，打造铝工业基地。

发展规模。2010年，冶金产业增加值318.3亿元，"十一五"期间年均增长13.1%，推算2020年长江上游经济区冶金产业增加值为1090亿元，2030年为3733亿元。

空间布局。以工业园区为依托，引导冶金企业向园区集聚。钢铁产业布局在六盘水、乐山沙湾冶金园区、内江威远连界冶金产业集聚发展区，有色冶金也布局在昭通、六盘水、重庆等地区的有色金属基地。

（3）建材业。

发展基础。建材业是国民经济的基础产业。随着工业化和城镇化的进程加快，基础设施建设持续推进，水泥等建材的消费将保持较高的水平，建材业将进入更快的发展阶段。长江上游经济区拥有煤矸石、石灰岩、白云岩、石英砂岩、耐火黏土、页岩、沙石、石膏、陶土砂岩等非金属资源，已经建成一批新型干法水泥生产企业，形成了内江川南精品建材基地和毕节、六盘水、乐山建材基地，已具备建材业发展的基础。

发展重点。建材产业链：原材料产业（如铝锭、金属材料、专用泥土等）—建材生产技术研发产业—生产建材产品的机械制造产业—房地产业、建筑业、废旧建材回收利用产业、建材营销产业、售后服务产业、建材包装产业。围绕产业结构调整和优化，以开发可再生资源为重点，研发利用高新技术，发展新型环保建材产品。加快淘汰落后产能，重点建设新型干法水泥生产线，发展工艺陶瓷，开发民用陶瓷。推进煤矸石、粉煤灰、尾矿砂等废弃物的综合利用，充分利用废气余热资源。鼓励大型建材业兼并重组联合，提高产业集中度（见图3-9）。

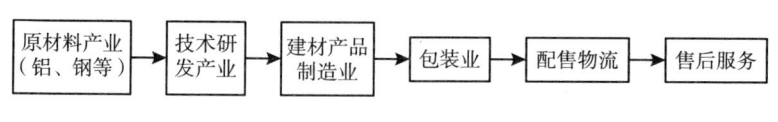

原材料产业（铝、钢等）→ 技术研发产业 → 建材产品制造业 → 包装业 → 配售物流 → 售后服务

图3-9 建材业产业链示意图

发展规模。2010年，建材业增加值179.41亿元，"十一五"期间年

均增长5%。依据这一增长率推算2020年建材业增加值为292.24亿元，2030年为476.03亿元。

空间布局。建材主要布局在珙县、古叙、自贡、内江、乐山、毕节和六盘水等地。

4. 电子信息产业

发展基础。电子信息产业是高附加值、技术密集型产业，也是未来体现产业竞争力和产业技术水平的重要行业，各国各地区在经济腾飞时无不把扶持电子信息业作为其产业政策的重要导向。长江上游经济带有发展电子信息产业的良好条件。改革开放以来，一批国外电子信息产品和软件产品制造商，如摩托罗拉、菲尼克斯、英特尔、友尼森等跨国公司相继进入长江上游经济区，大规模集成电路、笔记本电脑、家用电子、光机电一体化等产品已具有相当的优势。近年来，区域内电子信息产业的规模迅速扩大，技术水平明显提高，产品的档次更加多元化，已经成为长江上游经济区新的增长点。已有企业和在建的产业基地：重庆市正在建设的富士康、广达、英业达等笔记本生产基地，以及江北海尔工业园、西永中电科产业园、万州密胜电气电子制造基地；乐山菲尼克斯半导体有限公司、乐山飞舸模具公司、长飞光纤光缆四川有限公司、乐山无线电股份有限公司、乐山希尔电子有限公司、琅盛光电科技公司；内江的电子元器件基地；自贡的金威电子信息产业公司。长江上游经济区电子信息产业具备一定的产业基础和优势，是未来该区域重点产业之一。

发展重点。按照发挥优势、重点突破、开放引进、创新模式、集群发展的原则，推行产业链垂直整合模式，加快发展以信息为主导的战略性新兴产业，发展笔记本电脑、集成电路、电子元器件、软件、网络通信设备等产品。把重庆建成国内最大的笔记本生产基地和国内最大的离岸数据开发和处理中心。集中打造通讯设备、高性能集成电路、节能与新能源汽车、轨道交通装备、环保装备风电装备及系统、光源设备、新材料、仪器仪表、生物医药十大产业聚集，建成万亿级国家重要的战略新兴产业高地。乐山电子信息产业要根据IT级多晶硅生产、研发优势，依托菲尼克斯、乐山无线电有限公司做大做强电子元器件，并向芯片、集成电路方向发展延伸。以乐山高新技术产业园区、物联网园区为载体，以研成科技公司为龙头，举力发展射频识别装置、红外感应器、全球定位系统、激光扫描器等信息传感设备生产。

发展规模。2010年，长江上游电子信息产业增加值1102.71亿元，"十一五"时期年均增速13.75%。按这一增速计算，2020年电子信息产业增加值将达4000亿元，2030年达到14504.05亿元。

空间布局。沿江布局产业，以工业园区为核心，产业向园区集聚。重庆打造笔记本电脑、显示器和通信设备三个高地。乐山打造物联网元器件生产基地，园区布局工业硅—电子级多晶硅—单晶硅—硅外抛光延片—硅半导体器件—集成电路。内江建设电子元器件基地，配套成渝，错位发展。

5. 农产品加工业

发展基础。农产品加工是长江上游经济区长盛不衰的产业，对农业发展及农民增收关系重大。区域农产品资源丰富，劳动力供给充足，已经拥有一批知名品牌和拳头产品。相比沿海的长三角、珠三角经济区，地处内陆的长江上游经济带腹地及周边地区自然作物资源丰富，开发利用价值巨大，加工生产能力强大，市场通达性强。区域内有果蔬、茶叶、中药材、粮食、家禽、生猪、土豆等优质农产品，并且拥有一大批国内知名的食品饮料加工生产制造企业，一些产品品牌在国际国内具有显著知名度，如五粮液、剑南春、茅台酒、泸州老窖、食品加工业、重庆啤酒、涪陵榨菜等知名企业，具有很强的市场竞争力和地域特色。长江上游经济区要依托现有的产业，充分整合自身富庶的资源优势、生产加工能力、品牌与技术，将食品精深加工与先进生产工艺、高新技术以及国际有关质量标准相结合，注重产品的科技含量，放大产品既有优势，形成跨越行业、部门的绿色产业链，打造我国最大的绿色有机食品生产加工基地。通过农产品深加工提高农副产品的附加值，增加农民收入，减轻城市就业压力，真正化资源优势为产业优势。

发展重点。加强农产品生产基地建设，形成一批农产品深加工基地，着力延长农产品产业链，发展高附加值的农副产品（见图3-10~图3-13）。

长江上游经济区重点产业选择

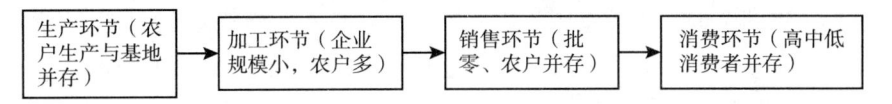

生产环节（农户生产与基地并存）→ 加工环节（企业规模小，农户多）→ 销售环节（批零、农户并存）→ 消费环节（高中低消费者并存）

图 3-10　农产品鲜活类加工链示意图

资料来源：依据农产品加工环节绘制。

生产环节（农户生产与基地并存）→ 加工环节（企业规模小，农户少）→ 销售环节（批零并存、农户直接销售少）→ 消费环节（中低消费者并存）

图 3-11　农产品初级加工链示意图

资料来源：依据农产品加工环节绘制。

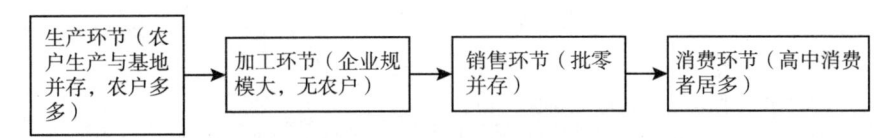

生产环节（农户生产与基地并存，农户多多）→ 加工环节（企业规模大，无农户）→ 销售环节（批零并存）→ 消费环节（高中消费者居多）

图 3-12　农产品深加工链示意图

资料来源：依据农产品加工环节绘制。

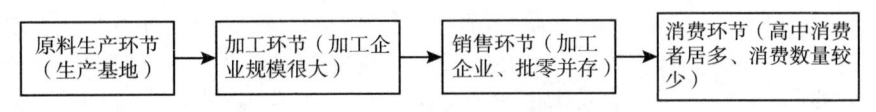

原料生产环节（生产基地）→ 加工环节（加工企业规模很大）→ 销售环节（加工企业、批零并存）→ 消费环节（高中消费者居多、消费数量较少）

图 3-13　农产品精深加工链示意图

资料来源：依据农产品加工环节绘制。

——白酒业。依托五粮液、剑南春、茅台酒、泸州老窖等优质白酒企业，打造宜宾—泸州—仁怀中国优质白酒"金三角"，形成世界最大的优质白酒生产基地。加快酒业集中区发展建设，支持江口醇、小角楼等地方名酒及原酒生产中小企业快速发展。延伸酒类设计、包装、物流、服务等关联产业链，形成以白酒为主，配套产业协调发展的产业集群。

——特色食品加工业。发展茶叶、马铃薯、果蔬、豆制品、辣椒、肉类、荞麦、玉米、生姜、大蒜、核桃等为主的农产品加工业，发挥特色效益农业优势，主攻精深加工的绿色、方便、休闲食品和高档调味品、脱水蔬菜、泡制品、饮料、肉食品等。

——特色农业生产基地。发展天麻、脐橙、荞麦、土豆、肉类等高效农业，建设烤烟生产基地、茶叶生产基地、畜牧生产基地、无公害蔬菜和反季节蔬菜生产基地、中药材原料生产基地，形成沿江地区特色农产品产业带。食品加工主要布局在毕节、乐山、自贡、六盘水等地。

产值测算。2010年，长江上游经济区农产品加工业增加值是1022.59亿元，"十一五"时期年均增长15.6%，推算2020年农产品加工业增加值将达4357.93亿元，2030年达到18571.98亿元。

空间布局。依托产业园区布局产业。白酒类主要布局在泸州、宜宾等地；烤烟布局在毕节、昭通等地；无公害蔬菜和反季节蔬菜生产基地布局在乐山、宜宾、泸州等地；中药材原料生产基地布局在毕节、六盘水、内江、昭通等地；茶叶生产基地布局在乐山、宜宾、泸州、六盘水等地；食品加工布局在毕节、六盘水、乐山、内江、自贡等地。

6. 物流业

发展基础。发展物流业需具备区位优势、资源优势、交通基础、产业基础。长江上游经济区的九个市分属四个省市，地理位置相邻，产业基础雄厚，资源丰富，具备发展物流的基础条件。

——区位优势。长江上游经济区位于川、渝、滇、黔四省市的交界地区，东临重庆，南邻云贵，沿长江东下可达重庆、武汉、上海，溯岷江而上可达乐山、成都，沿金沙江西南可达云南，"自古擅舟楫之利，北接巴蜀，南控滇黔"，是川、渝、滇、黔四省市出入长江的黄金水道，连接东西沟通南北的重要交通枢纽，是走向东南亚自由贸易区的重要通道，具备建成长江上游物流中心的区位优势。

——资源优势。长江上游经济区资源富集，矿产资源优势突出。水资源富集，水资源储量8603.68亿立方米，主要集中在重庆、宜宾、乐山、泸州、毕节、六盘水、昭通等地，已建、在建和拟建的水电站有三峡、溪洛渡、向家坝、白鹤滩、乌东德等宜宾至重庆河段的5个拟建电站，总装机6470万千瓦。区域内矿产资源得天独厚，煤炭储量1723.58亿吨，硫铁矿储量58.56亿吨，此外还有磷矿、铁、铅、锌、铀、镍、银、锗、镉、镓、铟、硫铁矿、石灰石、白云石、萤石、石膏等矿产资源。长江中下游地区对长江上游资源的需求不断加大，西矿东运、西电东送工程迫切需要物流业的快速发展。

长江上游经济区重点产业选择

——产业基础。经过30多年的发展，长江上游经济区已经成为我国能源、原材料、装备制造业、化工、农产品加工、电子信息、冶金建材的重要生产基地。产业的发展需要物流业的发展。据测算，在公路、铁路、水路运输中，水路的运输成本最低，约0.02～0.03元/吨，公路的运输成本是0.7元/吨，铁路的运输成本是0.4元/吨。长江上游经济区具备发展水运物流的良好基础。

——立体交通网络基本形成。一是铁路。区内铁路南北干线基本形成，成昆铁路从北向南经过资源富集的攀西地区；内昆铁路北接成渝铁路，南连贵昆，是沟通云、贵、川、渝三省一市的主要干线；隆黄铁路北起隆昌、南到贵州黄桶，经过古蔺县、叙永县、毕节等煤炭资源富集区，其中纳溪至叙永段已经建成。二是高速公路。区域内的高速公路网正在形成，已建的有内宜高速、宜昆高速、西攀高速和隆纳高速、成自泸赤高速泸州段。川黔高速、宜泸渝高速、乐宜高速正在加速建设中。三是港口水运。区域内已有的三大港口重庆港、泸州港、宜宾港，三大港口2009年区域内港口货物吞吐量达2.25亿吨，集装箱吞吐量大63.64万标箱。四是民航机场。重庆机场、泸州机场、宜宾机场、昆明机场、贵阳机场，其中昆明机场2010年全国排行第七位，年旅客吞吐量达2019.46万人次；重庆机场排第十位，年旅客吞吐量1580.01万人次。

发展重点。物流产业链：各产业生产的产品—物流中心（货运市场）—信息技术（面向物流企业应用的TMS OMS WMS等系统）—物流技术—物流设备。重点建设港口物流中心，依托物流园区，配套建设货物分拨中心和配送中心。围绕优势重点产业，发展粮食、装备制造、化工、电子、电器、汽车、建材、医药、农产品等专业物流。强化物流园区、物流中心和重要服务站点的建设，完善交通运输设施平台，打通连接省内外、区内外乃至全球的货运快速通道。构筑完善的物流网络，培育现代物流企业集团，大力发展第三方物流。加快物流信息平台建设，打造以重庆、泸州、宜宾为结点，辐射云、贵、川、渝的区域物流中心，形成高效、便捷、低成本的现代物流服务体系（见图3-14、表3-27和表3-28）。

长江上游经济区一体化发展

各产业产品 → 物流中心 → 面向物流企业信息技术 → 物流技术 → 物流设备

图 3-14　物流产业链示意图

资料来源：依据物流环节绘制。

表 3-27　　　　长江上游经济区重点产业布局

地区	区位优势	重点产业
重庆	资源优势、交通枢纽、经济中心	装备制造业、电子信息、物流、天然气和水电、盐化工、医药化工、天然气化工、冶金
毕节	煤炭、硫铁、铅锌等资源优势	煤炭产业、电力、装备制造、煤化工、医药化工、冶金、建材、农产品加工、物流
六盘水	矿产资源优势	煤炭、电力、冶金、建材、煤化工、装备制造、医药化工、农产品加工、物流
自贡	盐卤、天然气等资源	天然气、装备制造、盐化工、天然气化工、精细化工、建材、农产品加工、物流
内江	区位优势、产业优势	装备制造业、磷化工、煤化工、冶金、建材、电子信息、农产品加工、物流
宜宾	川滇黔结合的特殊区位优势，长江黄金水道等综合交通优势	电力、装备制造业、盐化工、硫磷化工、天然气化工、氯碱化工、农产加工、物流
乐山	产业技术和资源优势	电力、电子硅材料、冶金、建材、盐磷化工、医药化工、农副产品加工、物流
昭通	煤炭等矿产资源优势、有色金属优势	煤炭、电力煤化工、装备制造、化工、农产品加工、冶金、物流
泸州	煤气、天然气、硫铁化工、机械、食品等优势产业，沿江优势	能源电力、天然气化工、煤化工、精细化工产业链、有机硅产业链、硫磷钛化工、装备制造、农产品加工、建材、物流

资料来源：依据长江上游经济区9个城市资源及重点产业绘制。

表 3-28　　　　长江上游经济区重点产业发展目标预测

重点产业类型			2015 年	2020 年	2030 年
能源产业	煤炭产量（亿吨）		4.4	9.1	37.98
	电力（万千瓦）	水电	8800	9200	9600
		火电	2400	2800	3400
		风电	300	350	400
	天然气（亿立方米）		311.14	457.17	987

长江上游经济区重点产业选择

续表

重点产业类型		2015年	2020年	2030年
装备制造业增加值（亿元）		3095.22	5454.83	16941.88
原材料产业增加值（亿元）	化工产业	1765.47	2812.5	7617.52
	冶金	589.05	1090	3733
	建材	228.98	292.24	476.03
电子信息产业增加值（亿元）		2099	4000	14504.05
农产品加工增加值（亿元）		2111.03	4357.93	18571.98
物流产业增加值（亿元）		1255.31	2021.69	5243.75

资料来源：依据以上各产业发展规模数据整理。

发展规模。2010年，物流业增加值779.45亿元，"十一五"期间年均增长8%。考虑"十二五"时期港口、铁路、高速的加快发展，按照10%年均增长速度计算，2020年物流业增加值为2021.69亿元，2030年达到5243.75亿元。

空间布局。沿港口、铁路、公路布局物流工业园区，主要布局在重庆、乐山、宜宾、泸州、六盘水、毕节、内江、昭通等地。

（二）加快沿江经济带的产业发展

通过开发长江上游沿江水电，和赤水河、岷江、沱江、嘉陵江等支流航运，提高港口岸线资源的利用效率，有助于推动沿江及其支流城市的发展，推动沿江经济带的形成，进而吸纳周边地区劳动力向沿江经济带集中和工业向沿江经济带的工业区集聚，从而减少人类生活生产活动对长江上游生态环境的破坏。依据资源禀赋，长江上游经济区适合发展资源及深加工、重型装备和劳动密集型产业，而这些产业通过隧道运输比较困难，需要临港布局。

产业布局是长江上游沿江经济带建设的核心问题。依据"布局集中、岸线集约、用地集约、产业集群"的原则，结合自身资源条件和产业特色，以沿江工业园区和航运港口为依托，以培育壮大工业为重点，按照一园多区的思路，在沿江各城市布局工业园区和工业集中区，延伸产业链，提高产品的附加值，提高资源的利用率，变资源优势为产业优势。通过工业园区和工业集中区加速沿江产业集聚，形成产业集群，辐射带动周边地区的经济发展。

1. 构建"一核、一轴、三带"沿江产业发展格局

加快建设长江上游沿江工业园区和工业集中区，逐步形成港口区、工业区和城镇群互动的"一核、一轴、三带"产业空间格局。即以长江上游的重庆为核心城市，以嘉陵江、岷江、沱江、嘉陵江、金沙江、赤水河为依托，形成沿江经济发展轴，以及重庆至乐山、内江至昭通、内江至六盘水三条经济带，重点发展重庆、泸州、宜宾、乐山、昭通等地的沿江工业园区。同时，通过整合园区产业布局，每个园区形成1~2个规模产业，以规模效应形成若干个产业集群。

（1）"一核"：重庆。

重庆作为沿江城市，是中国东西结合部，又是西南的交通枢纽和贸易口岸，向东可与武汉城市群相接，经过西南出海通道与南（宁）贵（阳）昆（明）经济区紧密相连，是西南地区连接东中部地区的枢纽，是汇接全国的交通、通信两大枢纽。重庆作为长江上游经济区核心城市，境内水能和矿产资源丰富，是长江上游的商贸、金融、科技、文化中心，也是中国西部以高新技术为基础的现代产业基地。重庆是长江上游和西南地区最大的工商重镇，也是西部地区唯一的中央直辖市，制造业在整个经济体系中占有重要的地位。重庆以其区位优势、自然资源禀赋及原有的产业基础，充当长江上游沿江核心城市，适合于发展以汽车摩托车为主体的机械工业、以天然气化工和医药化工为重点的化学工业、以优质钢材和优质铝材为代表的冶金工业、电子信息产业及沿江物流。

（2）"一轴"：沿江经济发展轴。

长江上游经济区沿江主要港口有泸州港、宜宾港、重庆港、乐山港、水富港五个港口。无论是产业基础，还是资源禀赋，沿江的这五个城市都具有较强的互补性。应本着发挥区域比较优势的原则，以产业联结和资源互补为核心，构建沿江经济发展轴。把长江上游看做一条轴，沿江的五个港口城市看做"五个点"，在沿江的"五个点"之间再选取不同的点，通过不同产业点的爆发力，带动长江上游经济区的发展，即"点轴"发展模式。当"点"的数量变多，点与点之间出现了相互联结的交通线，两个"点"及其中间的交通线就具有了高度增长极的功能，即发展轴。"发

长江上游经济区重点产业选择

展轴"具有增长极的所有特点,其作用的范围更大。"点"的极化作用达到一定程度,并且扩张到足够强大时,就会产生向周围地区的扩散作用,将生产要素扩散到周围的区域,带动周围区域增长。

重庆:优先发展完善沿江的永川、江津、主城区、长寿、"库三角"、"小南海"6个"点"的产业。

——永川处于川渝城市群核心位置,是成渝间真正的桥头堡。通过这个川渝交互的"节点",使重庆更便于与泸州、自贡、宜宾、内江等川南城市连成一轴,而重庆与泸州、内江、自贡、宜宾资源互补,产业关联,这种点轴式的发展,会扩散带动周边地区发展。

——江津依托港口,发挥临近公路、铁路枢纽的交通优势和现有产业优势,吸引需要大运量、大吞吐量的工业项目,重点发展冶金、化工、机械等大型临港产业。

——主城区工业逐步向区县和工业园区转移,主要发展现代制造业、电子信息、现代服务业、研发转化基地以及具有高附加值的产业,带动区域经济的高速发展,最终形成内陆开放型、具备强大辐射力的产业体系。

——长寿应重点发展矿产开采、建材、饲料加工、盐业加工、农产品加工等产业。

——"库三角"以其丰富的农副产品资源,应发展柑橘、榨菜、竹笋等的果蔬深加工业。利用"库三角"较为丰富的天然气、岩盐资源和良好的化学工业基础,构建天然气、化肥、工业盐等化工,形成具有较强竞争力的化工产业链。利用库区秀丽的风景发展旅游业,使旅游业成为库区的支柱产业,带动第三产业的发展。

——"小南海"依托丰富的水资源,发展旅游业带动当地第三产业的发展。"小南海"的水务环保区,集中发展供水、污水处理、固废处理的完整水务环保产业链。"小南海"因水资源而快速发展,吸引周边的人口向区域集中,扩大城镇规模,从而促进产业发展。

泸州:泸州作为港口城市,以区域综合交通枢纽为契机,依托区位和资源优势,形成"一轴、三带、五港、七园"的沿江经济带,以实现港口园区联动,加速产业集聚,增强区域竞争力。"一轴",即以长江泸州沿岸为轴线进行沿江产业布局;"三带",即在长江沿岸港口集中布局化学工业、机械工业、以酿酒为主的食品工业三个产业集聚带;"五港",

长江上游经济区一体化发展

即纳溪港区、龙江港区、泸县港区、合江港区和古蔺港区等五大港区；"七园"，即酒业集中发展区、泸州化工园区、泸州机械工业集中发展区、四川合江临港工业园区、泸州轻工业园区、泸州经济开发区和泸县中小企业创业园区七大园区。

——五大港口物流业。纳溪港区主要为古叙地区转运煤炭、非金属矿石等大宗散货，并承担纳溪化工园区的工业原料和产品运输。龙江港区主要为成都经济圈提供集装箱运输服务，并结合其他运输方式大力发展现代物流业。泸县港区主要为腹地内成都、自贡、内江、资阳、威远等地和泸县中小企业创业园区提供进出货物服务，并承担本地部分煤炭外运。合江港区主要为黔北和古叙地区提供煤炭运输服务，并承担四川合江临港工业园区原料、产品以及城市发展所需的散杂货运输。古蔺港区主要为古叙地区提供煤炭外运服务，并承担部分城镇发展和居民生活所需的物资运输。

——七个沿江产业园区。酒业集中发展区重点发展酒类灌装、包材、仓储、物流配送、技术研发等上下游关联产业，形成白酒加工配套产业集群，建成中国最大的白酒贴牌加工（OEM）园区和西南最大的包装材料供应地。泸州化工园区重点发展天然气化工、煤化工、硫磷钛化工、建材及物流产业，形成煤（气）化工产业集群、硫磷钛产业集群，建成中国最大的化肥、甲醇和硫磷钛生产基地。泸州机械工业集中发展区重点发展工程机械产业，形成大型工程成套设备产业集群，建成四川重要的工程机械和装备制造业基地。合江临港工业园区重点发展天然气化工、精细化工、汽车零部件制造、大型及重型机械制造、加工、物流等产业，形成精细化工产业集群、汽摩配件产业集群和物流产业集群，建成川渝合作的示范园区。泸州轻工业园区重点发展箱包皮具和服装轻纺产业，建成泸州承接产业转移的主要基地和川南最大的轻工业产品制造基地。泸州经济开发区重点发展港口物流、纤维素及其衍生物、有机硅、石油化工、航天及工程机械、汽车零配件、配变电成套设备、食品、生物医药等产业，形成物流产业集群、纤维素及其衍生物产业集群、有机硅产业集群，建成世界最大的硝化棉生产基地和西南最大的沥青生产基地。泸县中小企业创业园区重点发展机械、化工、纺织服装、鞋、帽的制造和物流等产业，并承接沿海地区产业转移和成渝经济圈产业辐射，建成四川重要的中小企业创业基地。

长江上游经济区重点产业选择

宜宾：作为沿江城市的宜宾，拥有长江、金沙江和岷江岸线共约493公里。依托沿江优势，布局五粮液、阳春、罗龙、白沙、盐坪坝、福溪、向家坝7个集约化、规模化、专业化的特色工业园区。宜宾沿江经济带核心区覆盖翠屏区、宜宾县、南溪县、江安县、长宁县、高县、屏山县等1区6县的39个乡镇和中心城区10个街道，宜宾沿江东接泸州，西连乐山市、两周市，南壤云南省昭通市，是南北干线与长江"黄金水道"的交汇点，是攀西—六盘水地区出入长江的黄金水道，是成渝地区连接南贵昆走向东南亚的重要门户，宜宾以其区位和资源禀赋，是川滇黔结合部连接东西，沟通南北的综合交通枢纽和战略要地。长江上游宜宾段沿江地区承接三个转移：一是承接攀西—六盘水和川南地区矿产资源、建材、工农产品向长江中下游和全国输送转移；二是承接东部机械装备、重化工等"亲水产业"向长江上游地区转移；三是金沙江水电梯级开发所需的物资、装备在宜宾集散、相关配套产业聚集而形成的转移，这三个转移使得宜宾沿江经济带成为发展要素聚集、整合和扩张的重要地区。

——按照"以线串点，以点带面"的思路，系统推进"兴点、织网、带面"，逐步形成"一轴、一核、七板块"的空间格局。一轴，即以长江黄金水道、岷江、乐宜高速、宜—泸—渝沿江高速等东西向通道为主轴。连接中心城市、江安—阳春、南溪—罗龙、新发、高场—喜捷、长宁—下长、月江—大窝、蕨西—泥南等主要板块，构成沿江经济带开发主轴线。一核，即以中心城区为核心，包括柏溪、晋安、安边、赵场、菜坝、李庄、南广、象鼻、沙坪等城镇和临港经济区、出口加工区、开发区、工业园区、物流园区及宜宾港志成作业区，逐步形成川滇黔结合部区域性资源配置中心、创新中心和对外开放中心。七板块，即重点发展江安—阳春、南溪—罗龙、新发板块、高场—喜捷、长宁—下长、月江—大窝、蕨西—泥南七大经济板块，使之成为沿江地区辐射其他区域的重要的传导点和转换点。江安—阳春板块由江安县城、阳春工业园区和宜宾港江安港区组成，主要发展氯碱、造纸、物流、新材料等产业，是连接泸州和重庆的重要门户。南溪—罗龙板块由南溪县城、罗龙工业园区、南溪港区组成，主要发展机械加工、制药、精细化工、农产品加工、纸业等产业及物流业。高场—喜捷板块由高场镇、喜捷镇、向家坝工业园区组成，重点发展机械设备和机电制造业、食品饮料和农产品深加工及汽车零部件制造等产业。

新发板块由屏山县新县城、宜宾港新发作业园区和新发工业园区组成，重点发展机械设备制造、农产深加工等产业。长宁—下长由长宁镇、下长镇、长宁工业园区组成，重点发展机电制造、旅游、农副产品加工等产业。月江—大窝由月江镇、大窝镇、福溪工业园区组成，重点发展机械制造、煤化工等产业。蕨西—泥南板块由蕨西、泥南、古柏等乡镇组成，是宜宾市工业战略后备区。

——沿江产业群。酒类食品产业群由酒类、茶叶、农产品深加工三大产业链构成，主要布局在五粮液工业园区、宜宾经济开发区、罗龙河向家坝工业园区。化工产业由氯碱、磷化工、盐化工产业链构成，主要分布在阳春、罗龙和长宁工业园区。机械制造产业群向材料加工、基础元件、向关键部件、主机和设备成套制造方向发展，主要布局在罗龙、象鼻、五粮液、向家坝工业园区。能源产业主要发展核电原料元件制造业，布局在向家坝工业园区和福溪工业园区。轻纺产业群由纺织产业链、竹产品产业链构成，主要分布在盐坪坝、盐龙工业园区。

乐山：乐山沿江产业带按照"点连线、以线带面"，构建"一轴、四港、六园、两带"的沿江工业园区。

——"一轴"。重点以大渡河—岷江（包括金口河—峨边—沙湾—市中区—五通—犍为等县（区））为沿江经济走廊的发展主轴，沿江进行产业布局，带动沿江城镇发展。

——"四港"。在沿江重点打造嘉州港区、沙湾港区、五通桥港区和犍为港区四个港口，港为市用，市以港兴，港城互动，协调发展。在岷江老木孔枢纽库区建设嘉州港区，以大件、集装箱、件杂货、客运为主，重点为旅游客运、集装箱、德阳大型设备运输和工业产品运输等提供中转服务。在大渡河安谷枢纽库区建设沙湾港区，以散货、件杂货为主，重点为沙湾区和攀西经济区原材料和工业成品提供中转服务。在岷江犍为枢纽库区建设五通桥港区，以件杂货和危化品运输为主，重点为五通桥、井研、眉山等地的化工产品和部分工业产品提供中转服务。在下渡和河口建设犍为港区，以件杂货、散货为主，重点为犍为、沐川、井研、峨边、马边等地的物资运输提供中转服务。

——"六园"。在沿江重点打造硅材料及太阳能光伏、盐磷化工、冶金建材、现代物流、高新技术、高载能产业6大产业园区，形成沿江点状

长江上游经济区重点产业选择

经济板块。硅材料及光伏产业园区重点布局在高新区、犍为、五通桥等地，依托新光硅业、东汽峨半、乐电天威、永祥、新天源等一批多晶硅上、下游产品生产企业，延伸电子硅材料、太阳能光伏硅材料、硅化工循环利用等产业链，形成千亿产业，把乐山建设成国家硅材料开发与副产物利用产业化基地。盐磷化工产业园区重点布局在五通桥老木孔梯级东岸一带，以和邦、巨星、永祥、福华等企业为龙头，重点发展盐磷化工产业，加强科研攻关，引进新技术，开发新产品，延伸产业链条，提高产品附加值。冶金建材产业园区重点布局在沙湾港区，依托德盛钢铁、西南不锈钢等企业，发展冶金建材产业，加快形成钢铁冶炼、钢铁冶炼配套、钢铁深加工、不锈钢、水泥等支柱产业。现代物流产业园区重点布局在乐山中心城区，依托乐山港嘉州港区，规划建设布局合理、功能齐备，集装卸、仓储、运输代理、配送、信息服务于一体的集疏运基地；加快建设物流公共信息平台，发展现代物流形态，构建高效的现代综合物流体系。高新技术产业园区重点布局在乐山高新区，发展电子、医药、机械电气、生化、精密仪器等高新技术产业和农产品精深加工产业，加快引进软件、芯片、机床数控、燃料电池、太阳能电池材料、半导体照明材料等关键技术，壮大产业集群。高载能产业园区。重点布局在金口河和峨边，发展铁合金、磷、硅等基础原材料产品，引进和应用新环保技术、节能技术、清洁能源技术，不断提高高载能产业能源利用效率，减小并控制污染，加强环境保护。

——"两带"。在沿江加快形成特色效益农业带和沿江黄金旅游带。充分发挥沿江地区滩涂和水资源丰富的优势，立足"调优结构、调高效益"的沿江整体开发战略，加强沿江农业结构调整，加速农业产业化进程，形成以生态水产、特色林果、时令蔬菜和优质畜牧等为内容的沿江特色产业带。市中区重点发展畜牧、蔬菜等城郊型农业；沙湾区重点发展中药材、畜牧等产业；金口河区重点发展天麻、马铃薯等特色效益农业；峨边彝族自治县重点发展鲜笋、马铃薯等特色农产品；五通桥区大力发展花木、生姜、养鸡等特色种养业；犍为重点发展生猪、家禽养殖、水果、林竹等。整合沿江旅游资源，充分发挥江、岛风光兼备、地形地貌类型丰富的优势，促进水上旅游与陆上旅游、观光旅游与休闲旅游有机结合，发展集观光、休闲、娱乐等于一体的综合性旅游业，建成自然风光、历史遗迹与现代城市特色有机融合的沿江风光旅游带，使乐山的旅游"显山露水"。重点开发凤洲岛、平羌小三峡、小西湖、峨边黑竹沟、大渡河金口大峡谷等生态探险旅游区，犍为古文化旅游区、沙湾沫若博物馆、金口河铁道兵博物馆等。

昭通：形成"一圈、一轴、一带、一片区、一门户"的经济发展格局，打造产业集群。

——"一圈、一轴、一带、一片区、一门户"的经济发展格局。"一圈"是指以昭鲁一体化为重点的昭鲁彝大一小时经济圈；"一轴"是指昭水发展轴，形成以昆水公路和内昆铁路为依托的经济发展轴；"一带"是指沿金沙江经济带，形成以金沙江下游干流和沿江公路为依托的经济带；"一片区"是指镇雄威信片区，形成集火电、化工、旅游、生态农业为主体的节能型、生态型新型工业经济区；"一门户"是指水富，将其建成云南参与成渝经济区和长江经济带合作的重要门户城市。

——打造产业集群。打造西部重要的能源产业基地、新型载能产业基地、生物产业基地、产业转移承接基地、长江上游生态屏障和中国内地通往南亚、东南亚以及云南通往长江经济带、成渝经济区和中国内地的大走廊。重点发展烟草、能源、煤化工、矿冶建材加工、生物资源开发、文化旅游六大产业，突出大交通、大工业、大旅游、大物流。

（3）"三带"：重庆—乐山经济带、内江—昭通经济带、内江—六盘水经济带。

三条经济带主要依托沿路的高速公路和铁路运输促进经济带产业的发展。目前，泸州—六盘水的铁路、高速公路正在修建，内昆铁路在昭通通过。

2. 依托长江，优化提升传统产业

充分发挥长江上游沿江水能资源丰富、火电基础良好的优势，借助临水航运和古叙、筠连、毕节、昭通、六盘水的优质煤炭资源，大力发展水电，优化发展煤电，加快发展煤矸石发电，力争核电前期启动，加快投资风电建设，形成水电火电联动的能源供应产业体系，进一步巩固沿江电力生产基地的地位。

整合矿产资源，将冶炼、建材工业向沿江集中布局，支持企业沿上下

长江上游经济区重点产业选择

游产业链整合，实施煤—电—钢—铝—深加工一体化发展战略，加快发展高速铁路用钢、高强度汽车用钢、高档电站用钢、不锈钢板管、机械用高档工模具钢、高强度建筑钢材、多元化优质铁合金高等高附加值、高技术含量的产品。有色金属产业要实施煤—电—铝—深加工一体化的发展思路，积极推进生铁、铜镍、铅锌冶炼好和铸造项目建设，延长产业链，建设高附加值的铝制品加工产，建成煤电铝及铝深加工联合企业，打造集团铝工业基地。

化工业主要发展煤化工产业链、天然气化工产业链、氯碱化工产业链、盐化工产业链、硫磷化工和医药化工。其中，煤化工产业链重点发展甲醇—烯烃、甲醇—碳一、煤焦化—焦油的深加工、煤制合成氨—精细化工四大产业链；天然气工产业链重点发展天然气制乙炔产品链、天然气合成氨、高效复合肥产品链、烃类转化、天然气精细化工，积极推广合成气制备新技术、甲醇、二甲醚应用技术、有机硅氟应用技术、天然气等离子法生产乙炔工艺技术，积极研发化肥催化技术、精细化工催化技术、变压吸附技术；盐化工产业链重点做大盐—基础化工—有机化工—高分子化工—后加工产品的产业链；氯碱产业链重点发展盐—电石—PVC 产业、烧碱及下游耗氯医药中间体等产品，调整产业结构，提高产品附加值，开发具有自主知识产权的有机硅、有机氟专用炭黑系列产品的后加工产品，发展以氯碱为原料的精细化工和日用化工产品，带动相关产业的发展；硫磷化工重点发展硫—磷—钛化工产业链，硫铁矿制成硫酸，磷矿制成磷酸，积极发展产业磷下游的磷酸一铵、磷酸精制、多功能磷酸盐、特制六磷酸钠等产品；医药化工沿着产业链（中药提取—饮品——成药）发展，全面提升中药生产的技术、工艺、装备现代化水平，力争中药的提取、分离、纯化等方面取得重大突破。推进农产品由初级阶段向精深加工转变，建立完整的农产品深加工生产链。

3. 加快发展对接沿江城市的配套产业

加强与周边城市对接合作，共同推进一些产业园区的建设，重点发展沿江物流产业、装备制造及能源等产业，加强沿江城市产业的配套，推动长江上游区域经济区发展。积极开展地区合作，大力发展汽车等机械配套中小企业，培育发展装备制造业零部件中小企业群。把装备制造业向沿江产业园区集中，借助沿江航运发展的机遇，推动沿江经济的发展，把沿江经济带发展成为长江上游最大的装备制造业基地。

四、长江上游经济区发展重点产业的政策建议

（一）加快企业改革步伐，完善体制机制

按照现代企业要求，对国企、央企等进行重组改制，完善公司治理。按照产业化发展、企业化经营、规范化管理的要求，推动央企与地方企业战略合作，对能源、装备制造、原材料、电子信息等领域的企业进行股份制改造。

（二）发展资本市场，促进融资渠道多元化

创新融资模式，拓宽融资渠道，发挥资本市场的融资作用，发展多元化的融资渠道。

上市融资。放宽企业上市的门槛，鼓励符合条件的企业到主板上市，高成长型企业到创业板块、中小企业板块、柜台交易市场进行股票融资。

发债融资。鼓励符合条件的企业发行债券融资，放宽发行债券的条件，使得急需资金企业利用这一渠道融得资金。

金融机构贷款。金融机构加大对产业发展的支持力度，发挥好间接融资在产业发展中的作用。

设立产业投资基金。产业投资基金投资于新兴产业、重点产业。资金来源于私人投资、其他企业和机构的投资、财政资金。

融资租赁。融资租赁是出租人根据承租人对租赁物件的特定要求和对供货人的选择，出资向供货人购买租赁物件，并租给承租人使用，承租人则分期向出租人支付租金，在租赁期内租赁物件的所有权属于出租人所有，承租人拥有租赁物件的使用权。租期届满，租金支付完毕并且承租人根据融资租赁合同的规定履行完全部义务后，对租赁物的归属没有约定的或者约定不明的，可以协议补充；不能达成补充协议的，按照合同有关条款或者交易习惯确定，仍然不能确定的，租赁物件所有权归出租人所有。

融资租赁是集融资与融物、贸易与技术更新于一体的新型金融产业。其特点是融资与融物相结合,出现问题时,租赁公司可以回收、处理租赁物,因而在办理融资时,对企业资信和担保的要求不高,非常适合中小企业融资。

BT的融资模式。港口航道等基础设施建设采用BT的方式,将项目交项目承建方,承建方投资建设,在项目建成后,项目投资建设方按一定的收益率,收回本金和利息,将项目交回东道方。

(三) 加快产业园区的建设步伐,引导产业集中布局

进一步加快产业园区建设。依据资源优势和现有的产业基础,建设产业园区,把产业园区作为工业集聚发展的主要载体,把园区经济作为工业经济发展的重要形式。坚持高起点、高标准和发展循环经济的原则,优化产业空间布局,提高产业集中度和关联度。按照"总体布局、产业导向、功能分块"的要求,加快园区建设,打造工业生产基地。

产业园区错位发展。明确九个市产业园区的产业定位和承接方向,形成优势互补、错位发展、各具特色的工业园区,把园区打造成承接产业转移的重要平台。

形成产业集群。优先保证园区建设和工业项目用地,引导资本、要素、产业向园区集中,形成专业化的产业集群。促进上下游关联度高的企业进入园区,推动产业、企业集群发展,延长产业链,提高产品附加值。

推进专业化协作。吸引为骨干企业配套的中小企业向园区集聚,在园区形成配套完整的产业链和大企业为轴心、中小企业配套的产业发展模式。

(四) 加快长江上游的航运、交通基础设施建设

加快航道港口建设。一是建议尽快开发重庆至宜宾河段。重庆至宜宾至河段地处四川盆地南缘,地形属于低山丘陵地区,便与布局工业,不与粮食争地,河道平缓,流速缓慢,流经区域经济发达,人烟稠密,在四川和重庆经济中占重要地位。该河段是长江从高山峡谷向低山丘陵的过渡带,在长江流域中起着承上启下的作用。尽快开发宜宾至重庆河段,提高航运的运输能力,节约企业的运输成本。河段的开发可以使长江黄金水道

从重庆延伸至宜宾,同时带动两岸经济发展,形成沿江经济带。重庆至宜宾河段承担着四川对外交通大通道的作用。重庆至宜宾370公里(其中重庆100公里,四川270公里)的长江航道采取低坝多级开发形式,航道等级将大幅提高,开发前的三级航道提升到一级行道,从通行1000吨自行船舶提高到通行5000吨级以上的船舶。并与三峡衔接,将长江上游的黄金水道向上延伸370公里(从四川盆地东端延伸至西端宜宾),成为云贵川的出海大通道,使区域内的物资可以直接通江达海,区域内的运输能力和保证率大幅提高,运输成本和能耗大为降低,使大出大进成为可能。二是加快重庆港、泸州港、宜宾港、乐山港、水富港建设。以长江干线和嘉陵江、渠江、乌江、岷江等支流高等级航道为重点,建设干支衔接、水陆联运、功能完善的内河水运系统。建设水富至宜宾、乐山至宜宾三级航道,加快重庆港、泸州港、宜宾港、乐山港、水富港建设和改革的步伐,大力发展集装箱、汽车滚装、大宗散货、化危品运输和客运,推动重庆长江上游航运中心建设。

加快铁路建设。加快对外铁路大通道建设。加快成贵铁路建设,与规划的贵阳—广州通道相连,可直达经济发达的珠江三角洲地区;加快成昆铁路二线建设,计划2014年建成,加快渝昆高速铁路前期工作,加快隆黄铁路叙永—织金段工作。攀昭铁路已完成规划方案编制,正开展前期工作,继续推进港口、重点矿区铁路专线和地方支线铁路建设。

加快高速公路建设。加快建设乐宜、宜泸渝、川黔、成自泸赤高速公路建设,加快沿江宜宾—攀枝花、西昌—昭通高速公路建设。

(五) 加强财政税收、金融政策支持

加强财政税收对产业发展的支持。对一些高能耗产业转型实行减免税收政策。加大政府的财政转移支付力度,促进循环经济、绿色经济的发展。对一些战略重点产业,通过税收政策扶持这些产业发展。

加强金融政策对产业发展的支持。对一些关系民生的重要产业加大金融的支持力度,优先给予低息贷款。

参考材料:

1. 李欣:《区域主导产业选择理论研究述评》,载《工业技术经济》2007年第

7期。

2. 王辰：《主导产业的选择理论及其实际运用》，载《经济学动态》1994年第11期。

3. 长江上游经济区九个城市《2005年、2010年国民经济和社会发展计划完成公报》，九个城市政府网站。

4. 长江上游经济区九个城市《十二五规划纲要》，人民网2011年3月16日。

5.《重庆市2010年统计年鉴》（电子版），中国统计出版社2010年版。

6.《自贡市2010年》电子版本，中国统计出版社2010年版。

7.《乐山市、内江、宜宾、泸州、六盘水、昭通、毕节2010年统计年鉴》，中国统计出版社2010年版。

专题报告之四

长江上游经济区的城镇体系与空间布局

我国是一个人口众多、资源相对稀缺的国家，生态环境也比较脆弱。这就要求我国在经济高速增长过程中，特别注重资源的集约利用，注重生产力布局与资源环境承载力相适应。长江上游经济区地处西南地区腹地，平原数量少，高山峻岭密布，地质条件复杂，生态环境脆弱，维护好生态环境不仅关系到当地的可持续发展，更对西南地区和整个长江流域的生态平衡至关重要。很多情况下生态环境恶劣导致贫困，贫困又加剧生态环境的破坏。贫困和生态破坏存在"共生"的关系。这种关系很容易使区域发展陷入"低水平贫困陷阱"。在这种特殊的自然地理环境下，长江上游经济区的发展更应处理好开发与保护、集聚与分散之间的关系。具体而言，应在生态承载力强、资源禀赋好的地区大规模布局城市或者城市群，将周边生态脆弱区内的人口吸纳到"中心"之中，使不适宜人类居住的地区得到"自然修复"，这样既减少对当地生态环境的破坏，又缓解贫困，兼顾短期的经济增长与长远的可持续发展，真正实现"以人为本"、科学发展。

一、长江上游经济区发展背景分析

未来 10~20 年，随着国家西部大开发战略、主体功能区战略的实施和深入，以及成渝经济区建设付诸实践，长江上游经济区的经济发展和城镇化将迎来良好机遇期。本区内 9 个地市分属四川、重庆、贵州、云南三省一市，各省市对长江上游经济区内分属自己管辖的城市和地区的发展目标给予了清晰的指向，"十二五"期间各省市将出台一系列政策扶持推动各城市和地区快速发展。

国家"十二五"规划纲要提出要加强西部地区基础设施建设，完善铁路、公路、民航、水运等交通网络，建设一批骨干水利工程和重点水利枢纽，建设国家重要能源、战略资源接续地和产业集聚区，发展特色农业、旅游等优势产业。长江上游经济区最大的问题就是基础设施薄弱，缺乏产业支撑。在上述目标的指导下，国家出台的相关政策将成为打破限制长江上游经济区发展"瓶颈"的有力工具。

成渝经济区建设上升为国家战略成为长江上游经济区发展的重大机遇。长江上游经济区的主体部分——重庆市、川南地区都包含在成渝经济区范围之内，成渝经济区建设必将大大改善交通基础设施，加快产业链向周边地区的延伸，带动滇北、黔北地区的发展，加速长江上游经济区一体化进程，进而促进区域协调发展。

四川省"十二五"规划指出，打造川南地区成为经济发展新的增长极，依托长江"黄金水道"，有序推进岸线开发和港口建设，加强高速公路、快速铁路建设，大力发展临港经济，加快建设沿江产业带。"十二五"期间，四川将培育8个人口规模超100万人的大城市，其中有4个在长江上游经济区内。

贵州省对毕节和六盘水两地发展也非常重视，其"十二五"规划纲要中提出要将毕节和六盘水作为区域的次中心城市；六盘水和毕节要建成省内重要的交通枢纽；还提出发展壮大六盘水中心城区，推进中心城区"一城七片"建设和钟山城区—水城城区一体化发展；以毕节为中心，积极推动毕节—大方同城化发展。

云南省"十二五"规划纲要对昭通的发展予以"浓墨重彩"，提出要大力推动昭通的交通基础设施建设，将昭通机场迁建纳入重点工程，加强昭通作为滇东北交通中心的地位；将昭通建设成为西南地区和云南省重要的新能源产业基地、生物产业基地和产业转移承接基地；还提出强化昭通作为长江上游重要生态屏障的功能。

二、长江上游经济区城市基本情况

长江上游经济区自古就是我国经济发展条件较好、土地肥沃、人口稠

长江上游经济区的城镇体系与空间布局

密的地区。良好的自然条件为本区域农业、商业、手工业发展奠定了良好的物质基础。商业、手工业的发展带动了城镇体系的发展,早在春秋战国时期四川省就已经形成了规模较大的城市。现阶段,长江上游经济区作为我国西部地区经济发展条件最好、人口最为稠密、产业基础最为雄厚的地区之一,是我国未来工业发展和城镇人口大规模集中的重点开发地区。国家实施西部大开发战略以来,区内城镇规模和城镇体系建设取得长足的进步。但必须看到,长江上游经济区城镇体系仍然存在一些问题,包括城镇化水平不高、城镇规模偏小、城镇规模序列出现缺失等问题。因此,本报告将对长江上游经济区城镇体系和重点城市现状进行描述,并探讨其存在的问题,以便为推动长江上游经济区发展提供有益借鉴。

(一) 城镇体系整体概况

长江上游经济区总面积19.83万平方公里,包括重庆市,四川省自贡市、内江市、乐山市、泸州市、宜宾市,云南省昭通市和贵州省六盘水市、毕节市,2012年年末常住人口6252.48万人,其中城镇人口2896.98万人(见表4-1),占常住人口的46.33%。

2012年,长江上游经济区地区生产总值合计达到18777.75亿元,占四川、云南、贵州和重庆三省一市地区生产总值总量的35.81%,常住人口占四省市常住人口总和的32.63%。整个长江上游经济区人口密度为315人/平方公里,其中,重庆市的人口密度为357人/平方公里,川南地区五地市人口密度为328人/平方公里,毕节、六盘水、昭通三地市的人口密度分别为243、287和230人/平方公里。与全国141人/平方公里和西部68人/平方公里的人口密度相比,该区域属于人口稠密的地区。2012年,长江上游经济区城镇化率为46.33%,落后于全国52.5%的平均水平,城镇化水平还是比较低的。

从区域经济发展来看(见表4-1),重庆市经济最发达,2012年人均GDP达到38742.28元,相当于长江上游经济区平均水平的1.29倍,其次为川南五地市,人均GDP、人口密度、城市化水平均高于黔北的毕节市、六盘水市和滇北的昭通市。从中心城区来看,重庆市无疑是长江上游经济区的龙头,主城区人口超过900万人;川南地区自贡市的中心城区人口规模次之,达到105.05万人,属大城市之列;毕节市中心城区人口规模最低，仅为21.78万人。从区域内部的关系看，重庆市主城区及其西线城镇化水平最高，川南的城市发育也较为完善，两个区域集聚要素和带动区域经济发展的能力比较强，重庆市和川南地区的城市和城镇空间距离较近，历史和地理条件决定两者的经济联系更为紧密。未来，渝西地区和川南地区将依托长江"黄金水道"开发，加快一体化进程，发展成为分工合理、协作高效、经济高度一体化的区域，从而辐射带动长江上游经济区和川滇黔地区经济社会发展。

表4-1　　　　长江上游经济区基本情况统计（2012年）

地区	地区生产总值（亿元）	人均GDP（元）	人口密度（人/平方公里）	城镇化率（%）	城区常住人口（万人）	建成区面积（平方公里）
宜宾	1242.76	27864.57	336	41.08	54.90	79.85
泸州	1030.45	24245.88	347	41.73	84.13	101.05
自贡	884.80	32610.94	621	44.40	105.08	100.18
内江	978.18	26308.60	279	41.80	50.78	45.20
乐山	1037.75	31887.60	254	42.97	50.36	64.10
重庆	11409.60	38742.28	357	56.98	900.53	1051.71
毕节	884.96	13564.48	243	29.99	21.78	36.51
六盘水	753.65	26360.62	287	40.00	28.75	38.50
昭通	555.60	10490.94	230	25.04	24.53	36.00
合计	18777.75	30032.48	315	46.33	1320.84	1553.10

资料来源：根据《四川统计年鉴（2013）》、《贵州统计年鉴（2013）》、《重庆统计年鉴（2013）》、《中国城市建设年鉴（2012）》和各市2012年国民经济和社会发展统计公报及政府网站中数据计算得出。

目前，长江上游经济区呈现"一圈、一片、三点"的城市发展格局（见图4-1、图4-2）。"一圈"是指重庆都市圈，由重庆主城区和紧邻其周围的永川、合川、南川、江津、长寿、涪陵等城市组成，是带动长江上游经济区经济社会发展的龙头；"一片"是指川南地区，以内江、自贡、泸州、宜宾和乐山五个城市为主，若干中小城市组成的城市集中片区，是长江上游经济区的重要支撑；"三点"是指黔北的毕节、

长江上游经济区的城镇体系与空间布局

六盘水和滇北的昭通三个城市，是接受成渝经济区辐射且带动黔北和滇北发展的重要结点。

图4-1 长江上游经济区九地市城区示意图

由图4-3城镇规模等级分布可知（县级及以上城市的城区人口），经济区内有城区人口500万以上的特大城市1个，即重庆，占整个经济区城市人口比重为67.43%；城区人口100万~500万的大城市有1个，即自贡，人口所占比重为7.87%；城区人口50万~100万的中等城市有4个，即宜宾、泸州、内江和乐山，人口所占比重为17.98%；除县城和建制镇外，小于50万人口的小城市有4个，人口所占比重为6.72%；此外，经济区内还分布有73个县城和数量众多的建制镇。

长江上游经济区一体化发展

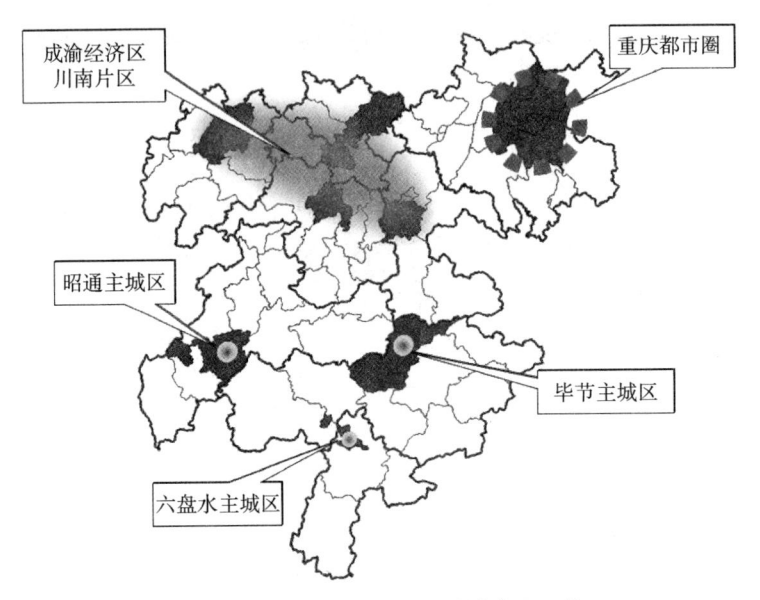

图4-2 长江上游经济区城镇布局现状

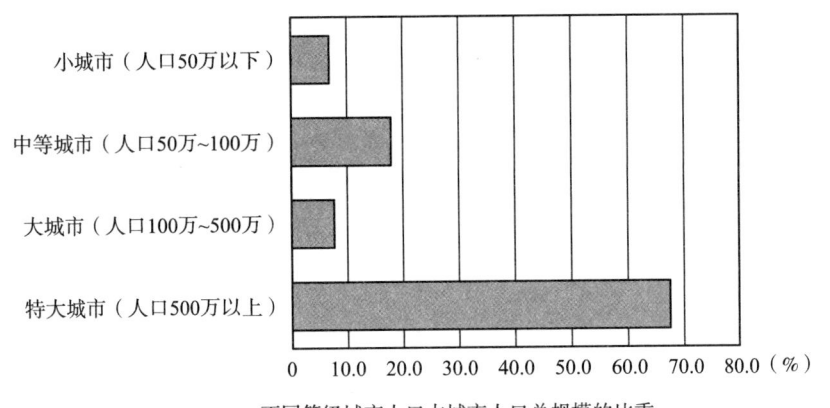

图4-3 城镇规模等级分布

资料来源：《中国城市建设年鉴（2012）》中县级及以上城市的城区人口。

图4-4是长江上游经济区和全国城市位序及规模分布散点图，横轴表示各个城市的规模（取自然对数），纵轴表示各个城市规模在各自区域城镇规模等级体系中的排位（简称为位序，同样取对数）。大量实证研究

长江上游经济区的城镇体系与空间布局

表明,城市的位序和规模之间存在指数关系,即契莫夫律(Zipf Law)。更确切地说,契莫夫律反映在散点图中就是拟合曲线的自变量系数接近于1。从图4-4可以看出,全国的位序规模曲线基本符合契莫夫律,而长江上游经济区城市体系明显偏离了全国位序规模曲线:首先,随着城市位序的提高,城市规模提高速度明显慢于全国的速度,说明长江上游经济区城市规模普遍偏小;另外,位序最高点的重庆,人口规模又突然出现跳跃,首位城市和次位之间人口规模差距巨大,同样印证了图4-3中经济区内大城市过少的结论。

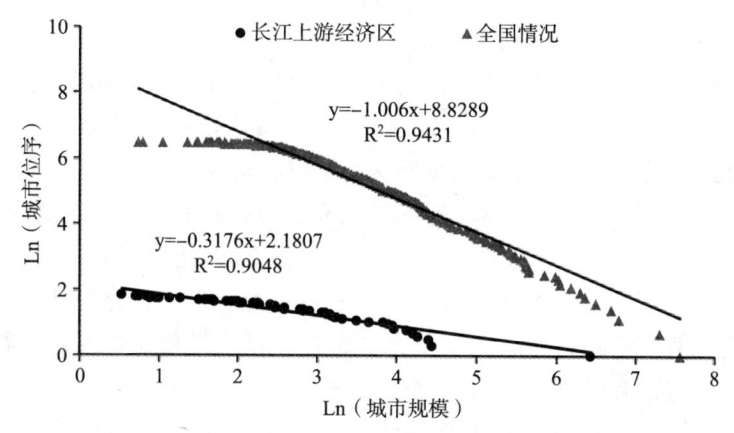

图4-4 长江上游经济区和全国城市位序及规模分布散点图

综上所述,长江上游经济区城镇体系主要存在以下主要问题:第一,城市规模普遍偏小。除重庆外,其他城市规模普遍偏小,建制镇数量众多。区域空间结构整体仍处于极化阶段,是一种典型的中心外围模式。大中小城市之间难以形成有效的分工合作,影响城镇体系整体经济、社会和生态效益的发挥。重庆核有着极强的规模经济效益,无论从人均收入水平还是发展速度上都是其他中小城镇难以匹敌的,收入差距、社会发展不协调等问题比较突出。第二,城市规模体系明显不合理。大城市的数量明显不足,城镇体系中承接核心城市与外围中小城市和小城镇的100万~500万人口规模的大城市仅有一个,城镇体系是不合理的。

（二）地市基本情况

1. 重庆市

重庆市是我国四大直辖市之一，是西南地区最重要的中心城市之一，既是长江上游地区的经济中心和金融中心，也是内陆出口商品加工基地和扩大对外开放的先行区，以及中国重要的现代制造业基地。重庆市土地总面积8.24万平方公里，其中耕地面积347.77万公顷，人均耕地面积为1.77亩/人。2012年年末，重庆市常住人口为2945.00万人，其中主城区常住人口900.53万人，市域城镇人口1678.11万人。

重庆市地处我国中部和西部地区的结合部，近年来在西部大开发战略的带动下，交通基础设施的建设得到了长足的发展，逐步成为铁路、水路、公路、航空、管道运输综合性交通枢纽。辖区内拥有成渝铁路、川黔铁路、襄渝铁路、渝怀铁路、遂渝铁路和宜万铁路六条电气化铁路干线。另有支线铁路达万铁路、三万铁路（綦江三江至万盛）和万南铁路（万盛至南川）。在建的铁路有兰渝铁路、渝利铁路、渝怀铁路二线、遂渝铁路二线、南涪铁路、成渝城际铁路、渝万城际铁路和渝黔高速铁路。未来规划的铁路有黔张常铁路、安张常铁路，以及郑渝、渝昆、重庆—西安客运专线、重庆—长沙客运专线。重庆是交通部审定的第五大交通枢纽。

重庆市工业基础雄厚，门类齐全，综合配套能力很强，目前已经形成汽车摩托车产业、装备制造业、资源加工业和电子信息产业四大支柱产业。重庆市汽车工业在全国具有举足轻重的地位，是全国第四大汽车产业基地，具有良好的汽车零部件产业基础。重庆市是我国最大的摩托车生产和出口基地，重庆市嘉陵、建设、宗申、力帆、隆鑫5家企业同时进入全国摩托车企业前十位。重庆市装备制造业在全国具有重要地位，是中国重要的内燃机生产基地、最大的仪器仪表生产基地、大型变压器生产基地、齿轮加工机床基地、内河船舶研发生产基地。重庆市是国家重要的资源加工业重镇，是国家布局的西南化工基地和全国综合性化工基地。电子信息产业是近年来重庆市工业发展最快的产业，成为国内最大离岸数据开发和处理中心，2010年产值超过1400亿元，相比2000年提高70倍。

长江上游经济区的城镇体系与空间布局

2. 内江市

内江市辖两区三县，幅员面积 5386 平方公里，是四川省"十二五"时期重点培育的 8 个特大城市之一。2012 年年末，内江市常住人口 371.81 万人，耕地面积 16.44 万公顷，人均耕地面积仅有 0.66 亩。2012 年，内江市城镇化率达到 41.8%。

内江是川东南乃至我国西南地区交通的重要交汇点，是四川省仅次于成都的第二大交通枢纽，除航空外，铁路、公路、内河和管道运输俱全。铁路有成渝、内昆、资威、隆泸铁路，纵贯南北；成渝、内宜、隆纳三条高速公路在内江汇合成"T"字形，并有省道遂筠路、资泸路、隆雅路等干线公路通过，41 条县道公路将全市两区三县串联在一起，132 条乡道公路纵横交错于全市 112 个镇（乡）；有内河航道 10 条，通航里程达 416 公里，有 74 个乡镇通水路。内河航运以沱江为主，沱江自西入境，流经境内四个区县，下游到泸州与长江相通。

内江市农业发达，是四川省粮食和经济作物主产区；矿产资源丰富，已探明煤炭保有储量 6000 万吨。内江是西部典型的老工业城市，"三线"建设时期，大批部、省属企业在本区布局。目前，内江市已经形成冶金建材、食品加工、医药加工、机械制造、电力能源五大支柱产业，2012 年五大支柱产业实现总产值 1357.47 亿元。

3. 自贡市

自贡市位于四川盆地南部、成渝经济区中部，幅员面积 4372.6 平方公里，辖四区两县。2012 年年末，自贡市常住人口 271.32 万人，实有耕地面积 13.74 万公顷，人均耕地面积仅有 0.76 亩。

自贡市交通基础设施不断完善，具有一定的区位优势，形成了以内宜高速公路为依托，遂筠路、资贡路、隆雅路等省道为骨架，县乡公路为支线的公路网，与相邻市（县）的进出口通道均建成二级或二级以上水泥砼路面。随着成自泸赤高速公路、乐自高速公路等一系列高速公路的开工建设，自贡市将形成四通八达的公路交通网络。此外，绵遂内自宜城际客运专线等的建成和沱江航道整治，将使自贡成为四川省重要的次级综合交通枢纽。

自贡是四川省甚至西南地区重要的老工业城市，是我国西部地区重要的装备制造业基地、盐化工基地、国家新材料产业化基地，拥有全国重要的盐卤化体系，以及一批国内知名的装备制造业骨干企业。其机械制造业规模超过川南其他四地市机械制造业规模的总和，电站锅炉、数控机床、工业阀门、焊接材料、输送机械、氯碱化工、盐及盐深加工等产品在国内具有领先优势。

4. 泸州市

泸州市位于四川省东南部川渝黔交界处，地处四川盆地南缘与云贵高原的过渡地带，下辖三区四县，幅员面积 12.24 万平方公里。2012 年年末，泸州市常住人口 425.00 万人，实有耕地总面积 21.03 万公顷，人均耕地面积仅有 0.74 亩。

泸州是川、滇、黔、渝四省（市）结合部交通枢纽，是国家交通部确定的二级枢纽站和长江主枢纽港城市。主要对外交通有长江航运、321 国道、西南出海大通道、泸州蓝田机场及隆叙铁路。泸州港是交通部确定的四川唯一的全国 28 个内河主要港口和国家水运口岸之一，是四川省第一大港，也是四川省及滇东、黔北地区最重要的水运出海通道和实现江海联运的枢纽港，拥有多个集装箱码头。泸州蓝田机场位于泸州市区西南方、长江岸边的蓝田镇，为四川省第三大航空港，现已开通泸州至北京、上海、广州、深圳、昆明等地航班。隆叙铁路贯穿泸州市境，在建和规划的铁路有渝昆铁路（重庆—泸州—昆明）、内江—泸州城际铁路、乐山—自贡—泸州城际铁路、泸州港铁路专用线、叙永—古蔺—遵义铁路等。泸州为国家公路枢纽城市之一，321 国道、厦蓉（隆纳）高速贯穿泸州全境，在建高速公路有渝泸宜、成—自—泸—赤、纳叙等。

泸州区位优势明显，自然资源丰富，产业基础比较雄厚，形成了以酒业、化工、能源、机械四大产业为支柱的工业体系，规划和建设了 7 个沿江产业园区，沿江经济带的发展和建设已初具规模。泸州市既有直接接受成渝两个特大中心城市辐射的优势，又具有广阔的腹地空间，特别是商贸物流、医疗卫生和教育培训发展较早，基础扎实，优势突出，对川滇渝黔结合部具有较强的影响力和辐射力。

长江上游经济区的城镇体系与空间布局

5. 宜宾市

宜宾市地处四川省东南部、川、滇、黔三省结合部、长江零公里处，幅员面积13283平方公里。2012年年末，宜宾市常住人口446.00万，实有耕地面积24.31万公顷，人均耕地面积仅有0.82亩。

宜宾是四川省水、陆、空综合立体交通枢纽。铁路方面，已建成电气化干线铁路内昆铁路（北接成渝铁路、南接贵昆铁路）和地方铁路宜珙铁路、金筠铁路。公路方面，经过境内的国道有213国道、国道主干线GZ40；已建高速公路有内宜高速、宜昆高速、乐宜高速，在建高速公路有宜泸高速公路，计划建设的高速公路有金沙江沿江高速、宜遵高速、宜叙高速、宜宾—昭通高速，宜宾交通外环线。航空运输方面，菜坝机场为二级机场（4C级），宜宾宗场国际机场已开工移民，未来将建设成为川西地区重要的航空中心。宜宾市位于岷江和金沙江交汇处，西北可至乐山，西南可抵水富，东下可达上海。2010年，宜宾港建成开港，成为长江上游重要的航运中心。

宜宾市矿产资源丰富，已探明矿产53种，煤炭、硫铁矿、石灰石、石英砂等储量丰富，其中煤炭保有储量53亿吨，居四川省首位；水资源丰富，可开发水能资源716万千瓦。旅游资源独具特色，有蜀南竹海、兴文石海等。目前，宜宾市已经形成酒类食品产业基地、综合能源产业基地、化工轻纺产业基地、机械装备制造业基地、物流商贸中心、西部特色旅游目的地六大产业基地。

6. 乐山市

乐山市位于四川盆地西南部，幅员面积12827平方公里，是岷江、大渡河、青衣江汇合处，辖4个区（市中、五通桥、沙湾、金口河）、1个县级市（峨眉山市）、4个县（犍为、井研、夹江、沐川）和2个彝族自治县（峨边、马边）。2012年年末，乐山市常住人口325.44万人，实有耕地总面积14.99万公顷，人均耕地面积仅有0.69亩。

乐山交通便利，境内有成（都）昆（明）铁路、乐山—宜宾高速公路、在建的乐山—自贡、乐山—雅安高速公路和筹建中的成贵高速铁路和成绵乐城际铁路。成都港选址距乐山城区10公里五通桥区，设计货物运输年吞吐量5000万吨、集装箱300万标箱，建成后，1000吨级船舶可以常年从上海、重庆等地直航成都港，而3000吨级船舶可在洪水期通行，长江航道将向上延伸162公里。

目前，乐山市已形成了五大支柱产业，即多晶硅、冶金建材、能源、盐磷化工和农副产品加工，其中多晶硅、冶金建材和盐磷化工已经发展成为千亿元产业集群。乐山市拥有世界闻名的峨眉山—乐山大佛自然遗产，旅游资源非常优越，旅游业业已成为其重要产业之一。

7. 毕节市

毕节市位于贵州省的西北部，东邻省会贵阳市和遵义市，南接安顺市和六盘水市，西与云南省交界，北与四川省接壤，辖毕节市、大方县、黔西县、金沙县、织金县、纳雍县、威宁彝族回族苗族自治县和赫章县8个县市，幅员面积26844.5平方公里。2012年年末，毕节市常住人口为652.41万人，耕地面积90.75万公顷，人均耕地面积为2.09亩/人。

毕节市地处乌蒙山腹地，位于川、滇、黔三省交通要冲，交通便利，四通八达，横穿毕节东西和连接南北的两条国家级骨干高速公路"杭—瑞"、"厦—蓉"和穿越毕节腹地的"成都—贵阳—广州"客运专用高速铁路毕节段全面动工，毕节—威宁省级高速公路、毕节机场正在开工建设。随着交通基础设施的进一步完善，作为国家规划建设的一级公路交通枢纽、二级铁路综合枢纽城市，毕节将成为川滇黔三省交汇处的区域性物流中心。

毕节市是一个资源富集的山区，境内山峦起伏，河流纵横，拥有丰富的能源矿产资源、水能资源，生物资源多样，旅游资源独具特色，且资源组合条件较好，布局较为集中，为加快资源开发创造了优越条件。优质无烟煤储量丰富，铁矿、硫铁矿、泥炭、磷矿（含重稀土）、铅锌储量名列全省第一。目前，毕节市食品、冶金、纺织、机械、烟草、化工等产业已初具规模，初步形成了"两烟"、电力、煤炭等支柱产业，成为"西电东送"的重要能源基地和贵州省第二大煤炭工业基地。

8. 六盘水市

六盘水市位于贵州省西部，地处川、滇、黔、桂四省结合部，是长

长江上游经济区的城镇体系与空间布局

江上游和珠江上游的分水岭,现辖六枝特区、盘县、水城县和钟山区四个县级行政区,幅员面积9965.37平方公里。2012年年末,六盘水市常住人口为285.9万人,耕地面积20.89万公顷,人均耕地面积为1.10亩/人。

目前,六盘水市境内已建成株六铁路复线、水柏铁路、内昆铁路;高速公路有镇胜高速公路,水盘高速公路和瑞杭高速;六盘水即将建设覆盖全国的高铁车站,盘县红果将建设沪昆高铁车站,"六盘水市机场"正在建设中。随着六盘水南编组站的建成,以及滇黔铁路的贯通,六盘水将处于华南、西南铁路大通道交汇点,形成一个北上四川入江,南下广西入海,东出湖南到华东的重要的铁路枢纽城市。

六盘水市资源丰富,有"江南煤都"之称,煤、铁、锰、锌等矿产资源达30多种,其中煤炭资源远景储量844亿吨,已探明储量180亿吨。境内有水城钢铁(集团)公司、盘江煤电(集团)公司、水城矿业(集团)公司、六枝工矿(集团)公司、黔桂发电公司、水城水泥公司等大中型企业,形成了以煤炭、电力、冶金、建材为支柱的工业体系。2012年,六盘水市规模以上工业增加值实现310.95亿元,比上年增长17.1%。

9. 昭通市

昭通市位于云南省东北部,地处云、贵、川三省结合部、金沙江下游沿岸,属于四川盆地向云贵高原抬升的过渡地带,与贵州、四川两省接壤,总面积23021平方公里。境内群山起伏,山地面积占72.2%,坝区面积占27.8%。2012年年末,昭通市常住人口为529.60万人,耕地面积75.02万公顷,人均耕地面积为1.5亩/人。

昭通处于昆明、成都、贵阳、重庆等西南地区中心城市发展辐射的交汇点,是国家规划的"攀西—六盘水经济开发区"腹心地带,是云南的北大门和滇、川、黔三省经济、文化的交汇重地。随着内昆铁路的建成通车,由公路、铁路、航空、水运组成的立体交通网络已具雏形,昭通正在成为云南连接长江经济带和成渝经济区的重要门户和内地入滇乃至南下东南亚、南亚的便捷通道,区位优势明显。同时,昭通市三大电站即将建成,将大大推动当地的经济社会发展,其中溪洛渡为中国第二、世界第三大的电站，三大电站的装机容量相当于两个三峡电站。

昭通市自然资源丰富，已知矿产资源33种，现已探明22种。煤、硫储量居云南省首位，已探明煤炭储量102.27亿吨、铅锌矿储量166.92万吨，硫铁矿为全国五大矿区之一。昭通市水能资源在云南首屈一指，水能蕴藏量为2080万千瓦，可开发装机容量1612万千瓦，境内规划有溪洛渡、向家坝、白鹤滩三座巨型电站。昭通市生物资源种类繁多，苹果、天麻、杜仲、魔芋等特色产品驰名省内外，是南方最大的优质苹果基地和全国品质最优的野生天麻核心区域。

三、长江上游经济区的城市空间布局

在西部大开发战略不断深入和成渝经济区加快建设的引领下，未来10~20年将是长江上游经济区经济社会发展的重要战略机遇期。特别是在新型工业化的带动下，城镇发展格局将会快速变化。只有准确把握城镇空间格局的变化趋势，才能为政策制定提供科学的参考依据。本报告将从城市化率、城镇体系建设和重点城市规模三个层面预测长江上游经济区的城镇空间格局。

（一）城镇化水平

2012年，整个长江上游经济区城镇化率为46.33%，第二产业增加值占地区生产总值的比重为55.74%，人均GDP为4758.56美元，属中上等收入水平。根据国际经验标准，长江上游经济区大致处于工业化初期向中期过渡的阶段，且已进入城镇化加速时期。从区内各县的城镇化水平来看，大部分县市人均GDP已经超过1500美元，预示着这些地区已经进入城镇化快速推进阶段[①]（见图4-5）。

[①] 郭克莎（2002）认为，人均GRP在1500美元时，经济进入工业化中期阶段。根据传统的城镇化发展阶段理论，工业化进程的快速推进必将带动城镇化快速发展。由此可见，长江上游经济区很多县未来一段时间将进入城镇化快速推进的阶段。

长江上游经济区的城镇体系与空间布局

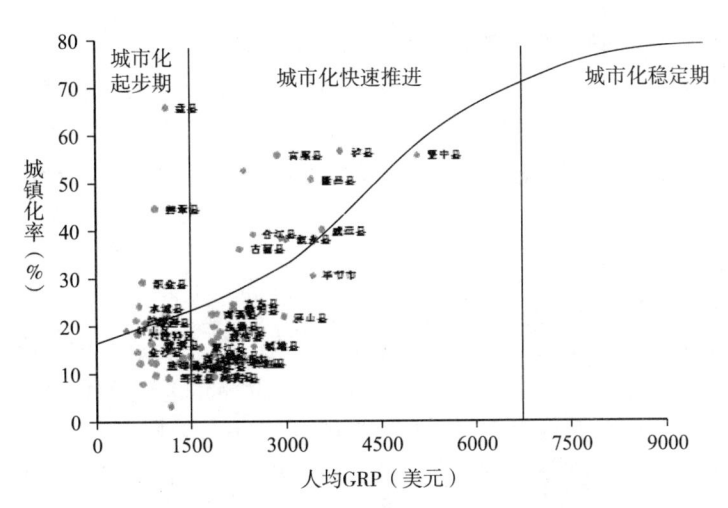

图 4-5　长江上游经济区城镇化与经济发展水平

注：城镇化水平按照县域非农业人口占常住人口的比重来计算，各指标值均来自所在省市2013年统计年鉴。

2011年3月，国务院批准实施的《成渝经济区区域规划》，为长江上游经济区跨越式发展带来了新的历史性机遇，预计未来10~20年里长江上游经济区的城镇化将出现快速发展势头。有关资料显示，东部地区在城镇化快速扩张阶段，每年增加1.2个百分点。按照此增长率，2020年长江上游经济区整体城镇化水平将达到或接近55%。分区域来看，如果保持现有发展趋势，2020年渝西地区城镇化率将接近70%，川南地区将达到60%以上，滇北和黔北地区将分别超过40%，这是一个可行的目标。

（二）城镇体系预测

城镇体系是指一定区域内，相互关联密切的各种类型、等级的城镇组成的群体。描述城镇体系最主要的特征就是城镇规模分布，即各种规模的城镇数量和人口占全部人口的比重。对未来城镇规模分布的准确预测，有助于了解未来人口和产业的规模与分布形态，从而为政府制定促进区域可持续发展的政策提供科学的依据。

城镇规模预测是一项比较复杂的工作，这是由于不同地区产业结构、自然禀赋、文化传统存在差异，城市化过程也具有区域差异性，而且现实经济活动充满不确定性，各种外部冲击和政策变动都会影响城市化过程。目前学术界对城镇规模的预测还尚无成熟的方法，本节我们尝试采用两种不同方法对未来10~20年长江上游经济区各城镇的规模和城镇化率进行预测，进而得到城镇规模分布形态。这两种方法分别是增长弹性法和综合因素法。

1. 增长弹性法

理论上说，城镇化的根本推动力是工业化，工业化过程中产业最重要的特征是规模报酬递增，而工业的这种特征必然带来产业的集聚。产业为人们提供工作岗位和劳动收入，是人们谋生的物质载体。因此，人口总是追随着产业分布的变化而流动，产业在何处集聚，人口就跟随其在何处集聚。产业集聚地区经济最显著的特征是经济增长加速，产业聚集的规模越大，经济发展水平越高，城镇化水平也就越高。

基于以上分析，我们可以从某地区经济增长的速度大致推算城市化速度，所使用的方法为增长弹性法。这种算法的基本思路是：利用省级层面数据求出经济发展水平（用人均GDP表示）对城镇化率影响的弹性系数e，即人均GDP增长1个百分点，带动的城镇化率提高多少个百分点。再预测出长江上游经济区未来10年的经济增长速度，反推出城镇化水平提高速度。我们从省级层面推导出弹性系数基于两方面考虑，一是省级统计数据相对完整而且准确性较高；二是省级行政区之间经济发展水平存在较大差异，这也契合了长江上游经济区城镇之间的发展差距。增长弹性法推算各城镇城镇化率的具体步骤如下：首先，按照趋势外推法估算2009~2020年各地区经济增速。计算出长江上游经济区各地区2004~2012年人均GDP的增长率（g）；然后，假设人均GDP增长速度是先快后慢，2013~2015年按照人均GDP增长率g推算，2015~2020年按照0.5g的速度推算；接着，通过最小二乘回归计算出弹性系数e，回归公式为$\ln Urban = e * \ln gdp + u_i$。方程右边的e即为所需的增长弹性系数。得出增长弹性系数后，将其与2020年人均GDP水平对数代入图4-6中估计方程中即可推导出各地区城市化率的预测值。

长江上游经济区的城镇体系与空间布局

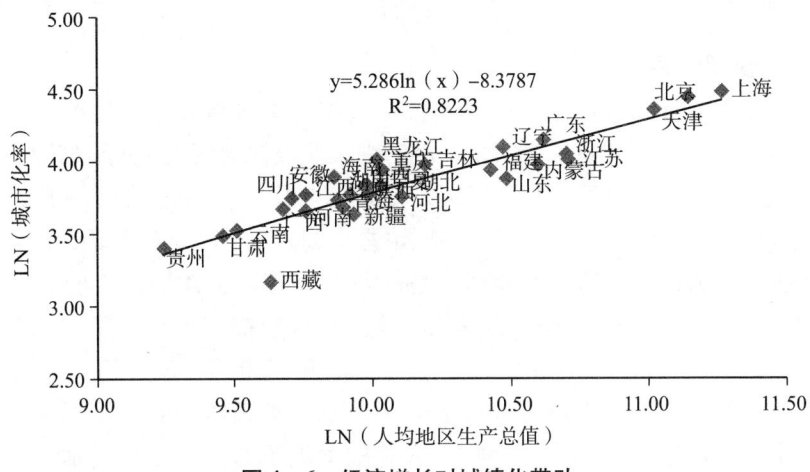

图中公式：$y = 5.286\ln(x) - 8.3787$，$R^2 = 0.8223$

图 4-6　经济增长对城镇化带动

2. 综合因素法

除考虑工业化对人口规模的带动作用来预测城镇规模外，我们还需考虑资源环境承载能力，其中包括人均耕地面积。对黔北地区来说，人均耕地少、农民收入低导致更多地开垦农地，使得本区脆弱的生态环境遭到进一步的破坏。如果能够通过城镇化，将生态脆弱区承载的人口迁移出来，一方面通过增加人均耕地面积提高农民的生活质量；另一方面通过非农就业提高迁移出劳动力的收入水平。最终既能提高人民的收入水平，又能保护脆弱的生态环境。因此，对非主城区的县区城镇规模需考虑人均耕地面积。具体计算过程如下：首先，假设全国2020年总人口为14.5亿人，城市化率为80%，农村人口规模5.8亿人，耕地总面积18亿亩，农村人均耕地面积为2.8亩；其次，假设2020年长江上游经济区通过生态移民和城市化等手段减少了各县区农村人口，农村人口人均耕地面积达到2.5亩，据此可推算出农村人口规模；再次，根据前面得到的城镇化率水平可得各县区的总人口规模；最后，用推算出的总人口规模减去城镇人口规模即可得城市人口规模。根据2020年各城镇人口规模和发展速度，我们还对2030年各城镇规模进行了大致的趋势外推，2021~2030年城镇人口的增长率按照2009~2020年增长率的0.6倍计算，以此计算2030年城镇空间格局。

3. 预测结果

根据上文计算过程,可以得到长江上游经济区城市体系情况(见表4-2和图4-7)。需要说明的是,由于很难获取镇区的人口规模情况,本研究只能将各非主城区的县区城镇人口规模当做一个点处理,而实际上县区范围内城镇人口是分布在各个小城镇之中的,这些小城镇也是城镇体系中重要组成部分,这里的处理只是一种退而求其次的方法。可以看到,2020年,20万以下人口的小城镇数量和人口规模都将大幅下降,2030年小城镇数量和人口规模比重继续下降。2020年,20万~50万人口的中等城市数量将增加,但人口比重将下降,2030年城镇数量和人口规模比重继续下降。2020年,50万~100万人口的大城市数量将有所增加,人口规模比重将有所减少,2030年人口规模比重有所增加。2020年,超大城市数量较2009年保持不变,人口规模有所下降,2030年超大城市人口规模比重较2020年有所下降。到2020年,城镇体系中最大的变化将表现为若干100万以上人口特大城市的出现,这将弥补区内没有特大城市的缺陷。而分布在特大城市中的人口将超过长江上游经济区全部城镇人口的1/4,成为人口向城市和城镇集聚的主要载体。2030年,重庆将处于超大城市行列,极大地带动长江上游经济区经济社会的发展和城镇体系的成熟。

表4-2　　　　　　长江上游经济区城市体系的发展趋势

城市规模等级	2020年城市数量 个数	2020年城市数量 百分比(%)	2030年城市数量 个数	2030年城市数量 百分比(%)	2020年城市规模 合计人口(万人)	2020年城市规模 百分比(%)	2030年城市规模 合计人口(万人)	2030年城市规模 百分比(%)
小城市 (50万人以下)	53	80.30	53	80.30	725	22.00	730	15.94
中等城市 (50万~100万人)	6	9.09	3	4.55	730	22.15	1250	27.29
大城市 (100万~500万人)	6	9.09	9	13.64	890	27.01	1200	26.20

长江上游经济区的城镇体系与空间布局

续表

城市规模等级	2020年城市数量		2030年城市数量		2020年城市规模		2030年城市规模	
	个数	百分比（%）	个数	百分比（%）	合计人口（万人）	百分比（%）	合计人口（万人）	百分比（%）
特大城市（500万~1000万人）	1	1.52	0	0.00	950	28.83	0	0.00
超大城市（1000万人以上）	0	0.00	1	1.52	0	0.00	1000	21.83
合计	66	100.00	66	100.00	3295	100.00	4580	100.00

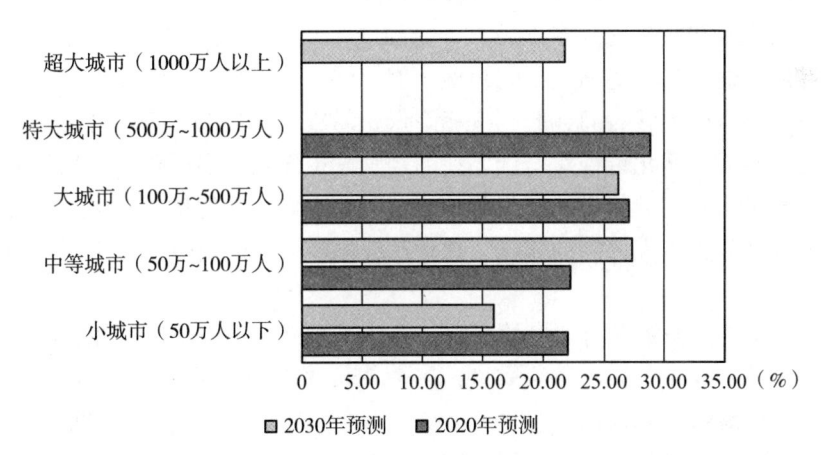

图 4-7　2020 年和 2030 年预测不同规模城市人口比重（不含建制镇）

注：根据计算结果绘制。

（三）城镇体系建设

所谓城镇体系就是要依照经济规律，按照城镇之间的经济联系，寻找城镇的规模和区位的最佳组合，即城市和城镇的空间布局，并将区内城镇按照一定原则划分为联系紧密的点、线、面。通过对城镇的布局形态进行谋划，采取诸如完善基础设施、投资倾斜、财税优惠甚至行政区划调整，使资源和要素实现最优配置，实现经济效益和人民福利的最大化。

对未来长江上游经济区城镇布局形态进行谋划必须有一定原则，我们认为要主要考虑以下几个方面：第一，经贸联系紧密。经济贸易联系紧密既可以影响空间布局形态，也是划分空间的主要标准。形成紧密经贸联系的原因主要是城镇间要素禀赋的比较优势不同，故加强经贸联系能够为双方带来益处。因此，经济联系紧密程度成为判断不同城镇能否划归同一地带的关键标准。第二，地理位置邻近。人流、物流、信息流的发生必须克服空间的"摩擦"，这些摩擦就是要素流动产生的成本。地理位置远近无疑是影响流动成本高低的主要因素。在交通运输条件一定的情况下，距离越远，运输和贸易成本越高，两地区分工协作的代价越大，城镇之间结成有机联系群落的可能性越低。第三，交通联系便捷。虽然并不能缩短两个城镇的物理距离，但是可以通过改善两地的交通基础设施，降低生产要素和产品交流和贸易的成本。另外，时间成本是贸易成本的重要组成部分。便捷的交通虽然不能缩短空间距离，但能够通过缩短运输时间的方式加快货物、要素的周转时间，起到变相降低贸易成本的目的。第四，文化传统相近。相似的文化传统对城镇之间的经贸联系影响是通过降低市场行为人的心理来实现的。相似的文化传统能够强化人们之间的认同，更为重要的是能够加强人与人之间的信任，这种信任能够降低防范投机主义行为而产生的成本。

根据上述城镇空间布局的原则，并尽可能覆盖区内全部城镇，我们按照城镇结点带动产业发展的模式，将未来长江上游经济区划分为"一轴、三带"的城镇空间格局（见图4-8）。一轴是指沿长江城市发展轴，三带是指重庆—内江—自贡产业带、内江—昭通产业带、内江—毕节产业带。

1. 沿江发展轴

逐水而居是人类建立定居点的重要倾向。沿江河居住不但能够就近利用水源，而且沿江河分布的土地一般比较肥沃，在农业社会中能够带来更高的生产率。因此，城市诞生伊始，沿江河布局就成为城市布局的重要特征。进入工业社会之后，运输成本对企业运行日益重要，而临海或临江河的区位条件能够大大降低运输成本，因而江河湖海成为运输需求较强的产业优先选择之地，而与产业集聚相伴的是城市在大海和江河沿岸得到迅速扩张。长江是中国第一大河流、世界第三大河流，水量充沛，航运价值极高。

长江上游经济区的城镇体系与空间布局

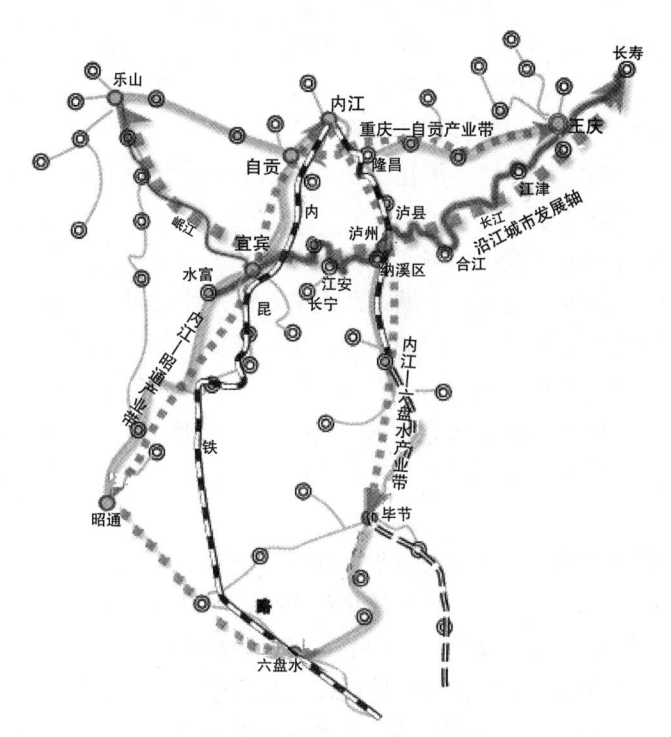

图4-8　城镇体系未来布局状况

据估计，长江干线航运若完全开发，运能应该在30亿吨，至少相当于10条京广铁路的运输能力，是名副其实的"黄金水道"。长江上游干流交通轴线，以重庆为枢纽，向上分布有江津、泸州、宜宾等港口城市，向下分布有长寿、涪陵、万州等港口城市，通过长江水道与华中、华东地区连接。随着川江干流、支流航道的疏浚，以及泸州、宜宾、乐山港口设施不断完善，川江的水运功能将进一步提升，沿江城市间的经济社会联系将会大大加强，形成一个以水运交通为轴线的经济带。

长江上游经济区沿江城市要素禀赋优势互补较强，经济发展梯度差异较大，这就决定了城市间产业分工协作，形成城市发展轴能够带来巨大的协作效益。重庆产业基础雄厚，规模巨大，层次较高，能够起到对周边城市的辐射带动作用，但沿江岸线资源开发强度已经较高。泸州、宜宾等城市具有较为优越的自然资源条件，待开发的岸线资源还比较丰富，尤其是泸州境内岸线土地资源的开发潜力巨大。这些城市的劳动力资源也比较丰

长江上游经济区一体化发展

富且廉价。经济带内城市有相同的历史文化基础，自古以来沿江一带的人们在经济文化上的交往就非常频繁。改革开放后，随着市场经济的发展，城市间人员流动日益频繁，产业关联日益紧密，交通基础设施日益便捷。因此，沿江城市之间经济一体化程度已经达到一定水平，初步具备形成一体化城市发展轴的条件。

重庆是西部地区最大的工业城市，在长江上游沿江城市带中起到龙头带动的作用。泸州、宜宾两座城市既是沿江的次中心城市，也是重要的支撑点。随着岷江航电开发工程的实施、乐山港扩建为成都港，以及岷江航道整治，1000吨级船舶可从重庆、泸州等地直航成都港，大大推进乐山与宜宾、泸州和重庆的一体化进程。此外，还包括长寿区、江津、荣昌、永川、合江、纳溪、龙马潭区、江安、南溪、屏山、犍为、五通桥等众多沿江中小城市。

沿江发展轴的发展方向是：加大重庆、泸州、宜宾三大港口的建设，发挥长江黄金水道在区域经济一体化和提升区域竞争力的作用，依托航运发展，加快沿江产业的聚集，以产业聚集带动城市的扩张，形成以川江航道为核心，具有强大辐射带动作用的沿江城市带。重庆是沿江经济快速发展带的龙头，要加快建设寸滩港，完善临港工业的条件，进一步强化城市要素集聚的功能，承接国内外现代产业转移与培育本地高端产业并举，尽快实现由产业聚集洼地向经济辐射高地的转变。泸州是长江上游经济区的重要支点城市，既受重庆辐射又承担带动黔北发展的重任。泸州实现快速扩张的条件极好，既有丰富的岸线资源，又是仅次于重庆的大港，具备做大临港工业的条件。此外，泸州港是川南与黔北连接的港口，黔北大宗货物外出的首要通道，未来要继续扩建集装箱码头，另外加强与黔北地区的陆路对接，加快黄桶铁路、川黔高速公路和叙蔺高速公路建设，形成黔北货物到泸州港的无障碍通道。宜宾地处长江、金沙江和岷江汇合的港口，是成都水运和滇北地区货物外出的必经之地，战略地位也很重要，未来可建成川滇结合部的交通枢纽和商贸物流中心。乐山是成都平原货物沿江出川通道，通过岷江航道和长江航道与沿江城市形成一个整体（见表4-3）。

长江上游经济区的城镇体系与空间布局

表4-3 沿江城市发展轴城市规模分布预测（2020年）

规模等级	城市名称
特大城市（500万~1000万人）	重庆主城区
大城市（100万~500万人）	宜宾主城、乐山主城
中等城市（50万~100万人）	江津、綦江、铜梁、大足、长寿、南川
小城市（10万~50万人）	合江、宜宾县城、南溪、江安、长宁、珙县县城、屏山、犍为、夹江、沐川

2. 重庆—内江—自贡经济带

重庆至内江的带状区域内分布有众多的城镇，超大城市1座，大城市2座，中等城市7座，人口稠密，地形以低山丘陵为主，适宜工业化和城镇化开发。这些城市之间交通便捷，重庆到自贡之间有建成的成渝铁路、成渝高速公路、内宜高速公路等交通主干线相连接。重庆是西部人口和经济总量最大的城市，开发密度较高，产业基础雄厚，是西南地区重要的汽车制造、电子信息、综合化工、医药制造基地。重庆发展所需的熟练工人、能源和矿产资源对周边地区的依赖程度较高，而且随着产业集聚的深化，要素价格也在不断提高，重庆也有了输出资本、迁出劣势产业的需要。而内江、自贡有着丰富的劳动力资源和矿产资源以及"三线"建设时期留下的一批实力雄厚的工业企业，产品在全国具有较强的竞争力。内江和自贡的产品需要重庆资本、技术和创新理念输出，并通过重庆大市场走向更广阔的空间；重庆也需要利用内江、自贡两市的市场、劳动力、矿产和土地资源，壮大经济实力。因此，重庆沿成渝、内自等公路铁路线的带状区域内，依托三个大城市和众多中小城市结点能够形成一体化程度较高、综合竞争力较强的产业带。

重内自产业带将长江上游经济区北部的主要城市囊括其中，由渝西地区的长寿区出发，经重庆、双桥、永川、荣昌进入四川。在四川境内包括隆昌、内江、资中、威远、容县、自贡等。

该产业带共有10个主要城市结点，规模分布如表4-4所示，经济总量和人口密度位于长江上游经济区城镇集中分布带中的首位，对全区的带动作用和战略地位仅次于沿长江城市发展轴。重内自产业带是西南地区重要的能源化工、冶金、装备制造、电子信息和农产品加工产业基地，应进一步强化重庆辐射带动功能，加快产业梯度转移。内江、自贡两城市仅距

39公里，高速公路相连，车程不足半小时，具有形成一个大城市甚至特大城市（200万人以上）的可能性。要加快内江和自贡同城化发展，加强基础设施对接，成为重内自产业带上和长江上游经济区中仅次于重庆的区域中心城市。

表4-4　重庆—内江—自贡产业带城市规模分布预测（2020年）

规模等级	城市名称
特大城市（500万~1000万人）	重庆
大城市（100万~500万人）	江津、内江主城、自贡主城
中等城市（50万~100万人）	荣昌、隆昌、富顺、永川
小城市（50万人以下）	双桥区、荣县、威远、资中

3. 内江—昭通经济带

内江—昭通带状区域依托包昆铁路、渝昆高速公路（内江至昭通段）等交通大动脉，以沿交通干线的内江、自贡、宜宾、昭通和六盘水等大城市为支撑，有条件形成长江上游经济区内另一条重要城镇和产业集中分布带。包昆铁路是国家主体功能区规划中"两纵三横"城镇化战略格局中的"一纵"。这条纵轴纵贯长江上游经济区，连接内江、自贡、宜宾、昭通和六盘水五个大城市中心城区，以及12个重要的城镇结点。正在修建的渝昆高速公路也将成为滇北通往成渝的重要通道，便利滇北城市和成渝城市的经济联系。随着这些交通干线的建成，将大大推动内六产业带城市的经济一体化进程。

城市经济互补性很强，是内昭产业带形成的基础。昭通市水能、矿产资源资源丰富，是成渝经济区经济增长重要的能源保障基地，还盛产各种农副产品，如烟草、水果、中草药等，而邻近重庆和川南几个大城市为其农副产品提供了广阔的消费市场。六盘水市是西部地区煤炭和钢铁生产基地，重庆和川南几个大城市经济快速发展过程中急需各种能源和原材料，将成为六盘水市矿产资源和原材料的主要消费地。另外，利用宜宾、泸州和重庆的港口，六盘水的钢材、建材和装备能够通江大海走向世界。重庆、泸州、宜宾三个沿江城市位于长江上游经济区的核心区域，在西部地区都具有重要战略地位。随着西部大开发和成渝经济区建设的不断深入，要素将向三大城市进一步集聚，产业发展和城市扩张对能源、原材料、农

长江上游经济区的城镇体系与空间布局

副产品需求量逐渐扩大,与昭通、六盘水等资源丰富、地理相邻的地区进行分工协作,有助于打破发展"瓶颈",优势互补,降低发展成本。

内江—昭通经济带包括四川的内江、自贡、沿滩、宜宾、水富、盐津、大关、彝良、昭通、威宁、钟山、水城和六枝等城市。其中,内江、自贡、宜宾是中等或大城市,昭通、六盘水属于小城市。

未来,该经济带要以内昆铁路为主轴,加快传统优势产业壮大,发挥比较优势发展劳动密集型产业和战略性新兴产业。特别是要扩大区域内铁路沿线城市规模,形成宜宾、昭通、六盘水、六枝等多个大规模人口聚集区,吸引川南和滇北地区劳动力进入带内城市就业居住。该经济带内城市规模分布如表4-5所示。

表4-5　　　　　　　内昭产业带城市规模分布预测(2020年)

规模等级	城市名称
大城市(100万~500万人)	自贡主城、内江主城、宜宾主城
中等城市(50万~100万人)	昭通主城、六盘水主城
小城市(50万人以下)	宜宾县城、盐津、大关、彝良、水富、威宁、六枝特区、水城

4. 内江—毕节产业带

长江上游经济区中部,有条件形成另一条重要的产业带,即内江—毕节产业带(简称内毕产业带)。这条产业带依托成渝铁路、隆黄铁路、夏蓉高速、成昆铁路等交通干线,串接内江、隆昌、泸州、叙永、毕节、大方等川中和黔北重要城市,将成为长江上游经济区城镇体系重要的支撑。

内毕产业带已具备良好的物质基础:首先,内毕产业带的交通基础设施将得到极大发展,极大地促进内毕产业带各城市的经济一体化过程,有利于城市形成良好的分工协作和城镇体系完善。黄桶铁路、夏榕铁路以及泸州港扩建将加大产业内城市间劳动力、商品和资源原材料流动,同时也成为内毕产业带劳动力、物流和信息流与长三角、珠三角,甚至全世界交流营建顺畅的通道。其次,区内丰富资源的开发将为产业扩张和城市体系发展创造条件。矿产资源开发、能源工业建设需要大量劳动力,能够促进地方就业,增强城市化的动力。另外,依托资源开发和工业生产的生产服务和消费服务也将创造更大的劳动力需求,为周边城镇扩张提供强大动力。优质无烟煤的保有储量达350亿吨以上，硫铁矿42亿吨，磷矿14亿吨，古叙煤炭基地已经列入国家大型煤炭基地建设规划，毕节市已开工和即将开工建设几个大型火电厂和水电站，是西电东送的重要电源基地。矿产资源通过铁路和泸州港能够运达内毕产业带、成渝经济区，甚至是西南地区主要工业城市。

该产业带依川黔铁路（隆黄铁路）分布，带内包括内江主城区、隆昌县城、泸州主城区、兴文县城、叙永县城、古蔺县城、大方县城、毕节中心区、织金县城两个大城市和7个小城市。

内毕产业带将依托未来的川黔高速公路、隆黄铁路的建设，便利川南与黔北地区的要素流动，降低黔北资源富集地区货物外运的交通成本，形成高效、共赢的地域分工格局。鼓励交通干线沿线城市工业聚集，壮大沿线城市规模。未来带内形成以内江中心区、泸州中心区两个大城市为龙头，以毕节、隆昌两个中等城市以及叙永、古蔺、大方三个小城市以及众多小城镇为支撑的，体系完备、分工明确的产业带。该经济带内城市规模分布如表4-6所示。

表4-6　　内毕产业带城市规模分布预测（2020年）

规模等级	城市名称
大城市（100万~500万人）	泸州主城、内江主城
中等城市（50万~100万人）	毕节城区、隆昌城区
小城市（50万人以下）	泸县县城、叙永、古蔺、资中、大方、金沙、织金、赫章

（四）主要城市功能定位与发展目标

1. 重庆

功能定位：长江上游经济区经济中心、交通枢纽和物流中心，对内对外开放的门户，西部地区最大的制造业基地，辐射带动川滇黔三省经济增长的引擎。

发展方向：合理划分城市功能，协调推进城市发展，提高城市发展水平。提升中心城区综合服务功能，完善市政基础设施，改善人居环境，提升城市品质，促进现代服务业聚集发展，打造金融、商贸、会展之都和国际旅游城市。建立健全城市创新体系，建设高端产业集聚的国家创新型城市。积极推进中央商务区建设，建设高端服务业集聚区。提升两江新区综合功能，重点发展新能源汽车、高端装备制造、信息网络、生物医药等战略性新兴产业，打造我国内陆重要的先进制造业和现代服务业基地，建成功能现代、产业高端、总部集聚、生态宜居的内陆新区。完善城区外围组团集聚功能，优化空间布局，重点发展电子信息、新材料、装备制造、商贸物流等产业，加快建设大学城和西永微电园，促进外环高速公路沿线城市组团发展。

发展目标：未来十年，随着西部大开发的深入推进，以及成渝经济区、重庆综合配套实验区等国家战略的实施，重庆将迎来一个高速发展的新时期。按照建设西部地区重要增长极、长江上游地区辐射中心的要求，按照未来五年主城区人口新增20万人的速度，2020年重庆主城区常住人口将增加到950万人以上。同时，主城区的建成区面积也将超过1100平方公里。2030年，重庆主城区与其周边城市组成的都市圈将成为人口超1200万人的大都会。

2. 自贡

功能定位：长江上游经济区二级中心城市、川南城市群中心城市之一，特色旅游文化名城。

发展方向：城市建设向内江方向延伸，完善与内江的交通通勤设施，实现自贡内江同城化发展。未来应重点发展盐化工、机械装备制造、新材料和旅游文化产业，成为国家新材料产业基地、西部重要的盐化工、机械装备制造基地。

发展目标：城镇化进程不断加快，城镇化率年均提高2个百分点左右，2020年市中心城区人口发展到150万人，2030年达到200万人。

3. 内江

功能定位：成渝经济区重要交通结点、川南地区区域性中心城市、长江上游经济区北部的增长极。

发展方向：内江是成渝之"心"，交通区位优势十分突出，且资源禀赋条件优越。加快与重庆和成都的产业对接，主动承接产业转移，建设两地电子信息、汽车的配套生产基地。依托区位和资源禀赋，重点发展冶金建材、农产品加工、汽车零配件、医药化工四大支柱产业，努力打造成为西部重要的绿色农产品加工、冶金建材和汽车零配件基地、长江上游经济区物流集散中心和联系成渝经济区的重要门户。加快城市建设向自贡方向延伸，加强基础设施建设，尽早实现同城化发展。

发展目标：2020年，内江发展到成为人口规模超100万人的大城市，建成区面积120平方公里；2030年中心城市人口规模达到150万人。

4. 泸州

功能定位：长江上游经济区重要的区域性中心城市、辐射带动川南和黔西北地区的增长极、长江上游经济区重要的航运和物流中心。

发展方向：依托长江上游河段开发和港口开发的机遇，大力聚集现代制造业，建设临港工业园区，打造西南地区新兴重型装备制造基地。加快融入重庆都市圈，发挥泸州土地、劳动力、环境容量等基本生产要素的比较优势，加大政策优惠力度，主动承接重庆等地区的产业转移。加快与黔北地区城市联系，成为带动连接成渝、带动黔北的区域中心城市，向北成为成都、资阳、内江等地区的出川水运通道，向南辐射黔北地区，成为黔北地区资源便捷的外运中转站，带动黔北地区经济发展。重点发展酒业、化工、机械装备制造、商贸物流四大支柱产业，成为国家高端白酒基地、西部和长江上游重要的化工、机械装备制造基地，以及川黔渝三省交界的物流中心。

发展目标：将按照近期建成长江上游沿江特大城市的目标进行规划，2020年人口超过150万人，建成区面积160平方公里，2030年城市规模达到200万人。

5. 宜宾

功能定位：川滇黔结合部经济强市和长江上游经济区重要的经济增长极、长江上游重要的航运枢纽、滇北地区和成都平原物资通江达海的门户。

发展方向：凭借处于川滇黔交界的区位优势，打通通往滇北的铁路和高速公路，依托其港口，成为成渝经济区西部及滇北地区商品、大宗物资进入长江航道的中转站,成为带动滇北地区辐射黔北的次区域中心城市。重点发展能源、白酒、化工、机械制造四大支柱产业,成为国家级高端白酒生产基地、西部地区和长江上游重要的综合能源、化工、机械制造基地,成为川滇黔结合部的商贸物流集散中心。

发展目标:宜宾未来的城镇体系主要构架形成"一中心、八结点"的布局形态。到2020年,宜宾主城区发展成为人口超过100万人的大城市,2030年达到150万人。

6. 乐山

功能定位:成都平原南部区域性中心城市、成都经济区货物水运出川的南大门、长江上游经济区重要结点城市。

发展方向:按照特大城市规划建设,依托港口建设临港工业发展区,加快城市快速通道建设。将乐山建设成为成渝经济区重要的清洁能源、新材料、冶金建材产业基地、生态和文化旅游胜地、川南地区重要的交通结点和港口城市。

发展目标:2020年,乐山发展成为人口超100万人的大城市,建成区面积100万平方公里;2030年城市规模达到150万~180万人。

7. 昭通

功能定位:滇北地区经济增长极、成渝经济区联系的桥头堡、长江上游经济区区域性中心城市。

发展方向:加快建立优势特色产业体系,打造中国西部重要的能源产业基地、现代烟草产业基地、生物产业基地、农特产品加工基地、产业转移承接基地,形成长江上游生态屏障和中国面向西南开放桥头堡的双向大走廊,成为西部大开发的特色区域和开放度高、辐射力强、经济繁荣、社会和谐、生态良好的新兴增长极。

发展目标:到2020年,建成人口规模50万人以上的中等城市,建城区面积60平方公里;2030年,中心城区人口规模达到80万人。

8. 六盘水

功能定位:建成贵州省西部区域性中心城市、川滇黔三省结合部交通枢纽和物流中心、长江上游经济区重要的能源和原材料供应基地。

发展方向：六盘水应大力实施工业强市战略，走新型工业化发展道路。抓住国家实施新一轮西部大开发的机遇，大力调整结构，转变发展方式，把六盘水建成西南地区重要的煤炭化工、资源精深加工、矿山装备制造和特色农产品加工基地。

发展目标：2020年，六盘水市中心城区人口超过50万人；2030年，中心城区人口规模达到90万人，建成区面积110平方公里。

9. 毕节

功能定位：建成川滇黔结合部的区域性经济中心、长江上游经济区能源保障基地和南部经济增长极、西南地区重要的综合交通枢纽、长江和珠江上游重要的生态屏障。

发展方向：改造提升能源工业、绿色食品加工业、建材工业等传统优势产业，着力培育壮大生物医药产业、汽车及零部件产业、装备制造业等战略性新兴产业，积极承接国内外产业转移，做大生态型工业的总体规模，打造国家重要新型能源产业和生物医药产业基地、西南地区特色装备制造业基地和西部地区承接产业转移重要基地。

发展目标：到2020年，中心城市人口达到80万人，成为川滇黔渝交界处的中等城市。远期2030年，毕节—大方组成的中心城市人口规模超过150万人。

10. 合川

功能定位：重庆北部水路交通枢纽和重要的能源基地，以及嘉陵江流域区域性中心城市。

发展方向：加快建设嘉陵江水电资源开发和渠化工程，依托合川工业园区大规模聚集产业，形成汽车摩托车整车及零部件及配件制造、医药制造、IT电子、天然气及盐化工、纺织、水泥建材等产业集群。

发展目标：2020年，力争合川城区常住人口将由目前的30万人增加到70万人，到2030年争取成为100万人以上的大城市。

11. 永川

功能定位：渝西区域中心城市、川东南商贸物流中心和中国茶竹文化旅游名城。

发展方向：积极承接产业转移，特别是加大对台资企业招商引资力度，加快打造永川成为国内具有较强实力的电子信息产业基地。

发展目标：到2020年，永川人口规模达到70万~80万人，2030年力争步入100万人以上人口的大城市行列。

12. 南川

功能定位：重庆主城区重要卫星城、重庆市资源和原材料供应基地和重庆南部辐射带动黔北的区域性中心城市。

发展方向：重点发展精细化工、电子信息、纺织、铝镁加工和生态旅游五大支柱产业。

发展目标：2020年，力争南川城区人口规模超过30万人，建成区面积30平方公里；2030年建设成为人口规模超过50万人的中等城市。

专题报告之五

长江上游经济区交通基础设施建设和生态环境保护

长江上游经济区地处青藏高原与长江中下游平原、云贵高原与黄土高原的过渡地带，土地肥沃，地形多样，是长江经济带的重要组成部分，在西部地区处于极为重要的地位。该区域既是我国水能资源的主要聚集区，也是我国最大的水电开发基地和西电东送基地的重要组成部分。区域内天然气储量丰富，矿产资源种类繁多，分布广泛，门类齐全，是我国重要的能源、矿产资源富集地区。同时，长江上游经济区拥有许多珍稀、古老的动植物种类，是我国重要的生物多样性保护区和生态屏障。

一、交通基础设施建设和生态环境保护现状

长江上游经济区交通基础设施在进入"十一五"时期以来得到快速发展，已建铁路、公路、水运、港口和机场已经初步形成水陆空立体的交通运输网络，在建铁路、公路、水运、港口和机场正加快建设和改造，届时长江上游经济区的交通运输条件将进一步改善，支撑区域经济发展的能力将进一步增强。长江上游经济区生态环境保护工作在进入"十一五"时期以来也得到积极推进。但是，长江上游经济区在交通基础设施体系建设和生态环境保护方面仍然存在亟待解决的问题。

（一）现状分析

长江上游经济区铁路网络初具规模，成渝、渝黔、内昆、成昆、贵昆等主干铁路连接长江上游经济区主要大中城市，林织、隆黄、叙大、昭

（通）黔等支线铁路加快了经济区内的人流和物流的交换。公路建设迅速推进，形成了以成乐、内宜、隆纳等高速公路为主线的高速公路骨架网。主要港口和库区水运基础设施建设得到较大改观，重庆港、泸州港等港口建成一批内河集装箱、大宗散货和汽车滚装专业化泊位，重庆长江上游航运中心建设初具规模。航空运输迅速发展，形成了以重庆江北机场为核心的航空运输网络。

针对生态系统脆弱、石漠化和水土流失问题较为突出的现实状况，长江上游经济区内的毕节、六盘水等地区牢牢把握"开发扶贫、生态建设、人口控制"三大主题，把生态环境建设与经济结构调整、农民致富有机结合，从改善生态环境的战略高度出发，把生态建设作为发展区域经济和引导农民脱贫致富的重要措施，采取强有力的措施，全面规划，综合治理，为推进区域内喀斯特地区可持续发展进行了成功探索。

1. 交通基础设施现状分析

（1）铁路网络现状。

重庆市。重庆火车站是重庆市铁路客运的中心，全国有三条主要铁路干线在这里交汇，与全国其他铁路干线联网：川黔铁路北起重庆，南至贵阳，全长463公里；成渝铁路西起成都，东至重庆，全长504公里；襄渝铁路东起湖北襄阳，西至重庆，全长915公里。目前，重庆境内已形成"一枢纽五干线二支线"格局，一枢纽是指重庆火车站，五干线是指成渝铁路、渝黔铁路①、襄渝铁路、渝怀铁路②和遂渝铁路③，二支线是指三南涪线、达（州）万（州）利（川）线。在建的兰渝铁路、渝利铁路、渝蓉高铁、渝昆铁路④、遂渝二线、渝怀线重庆至涪陵段二线等一批新线和扩能改造项目进展顺利，规划中的铁路包括渝万城际铁路、渝黔高速铁

---

① 渝黔铁路自小南海站起，沿着原綦江铁路至綦江，继续向南进入贵州，再经桐梓、遵义、息烽、修文至贵阳，全长423.6公里。

② 渝怀铁路西起重庆，止于湖南怀化，自2000年12月16日动工，2005年建成竣工，2006年年初开行了货车，2007年4月18日客运全线通车。

③ 遂渝铁路起始于达成铁路遂宁站，经过重庆潼南县和合川区，于襄渝铁路北碚站接入重庆枢纽，全长165公里。

④ 渝昆铁路由新重庆站引出，途经重庆江津、永川进入四川泸州、宜宾入云南经昭通、东川等地引入昆明南枢纽站。全长约700公里，预计设计时速350公里/小时，重庆昆明互通仅需两个多小时，比现在缩短约20个小时。

长江上游经济区交通基础设施建设和生态环境保护

路、郑渝昆客专大通道、黔张常铁路等。未来，重庆南下的通道将由渝怀铁路、渝黔铁路、渝黔新线、渝昆高铁和渝长客专构成，形成渝黔铁路主货、渝怀铁路客货兼顾、渝黔新线和渝昆高铁主客的南下大通道格局（见图5-1）。

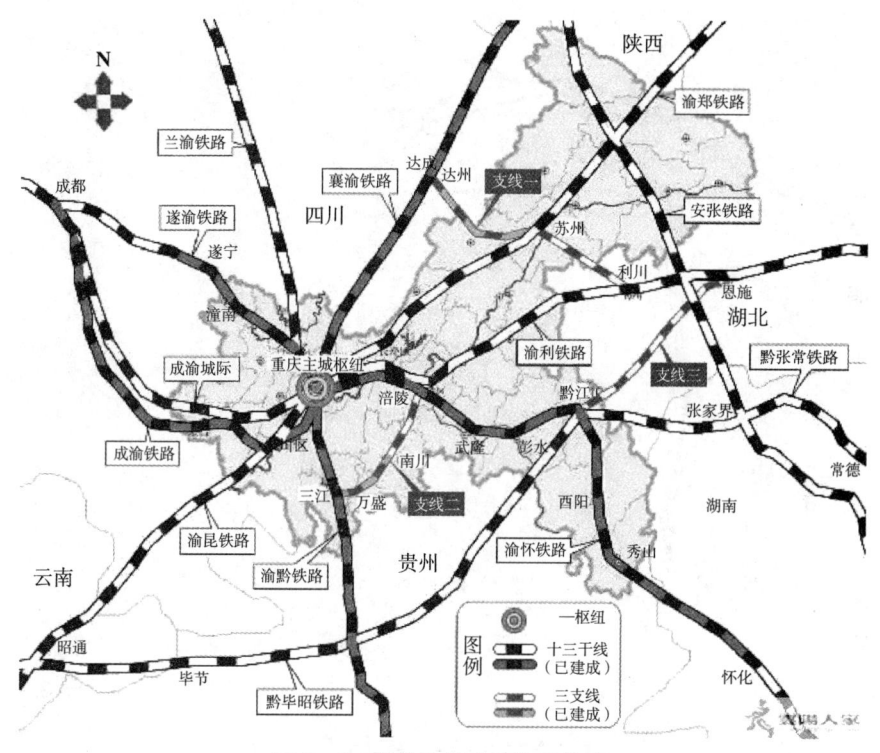

图5-1 重庆市铁路建设现状图

泸州市。截至2010年年底，泸州市建成通车铁路有1条，即攀西—六盘水地区的重要铁路干线隆黄铁路北段部分隆昌—纳西—叙永段，是衔接水运的货物运输主要通道；在建铁路有渝昆铁路（泸州段）、叙（叙永）大（大村）铁路、隆（昌）黄（桶）铁路叙（永）织（金）段和泸州港进港铁路专用线（实现泸州集装箱码头与成都青白江铁路集装箱基地的无缝对接，使港口与经济腹地的联系更加方便快捷，形成铁水联运）；规划建设铁路有内泸城际铁路、隆黄铁路隆昌至叙永段改建工程和乐自泸铁路；古蔺至遵义铁路在开展前期工作（见图5-2）。

长江上游经济区一体化发展

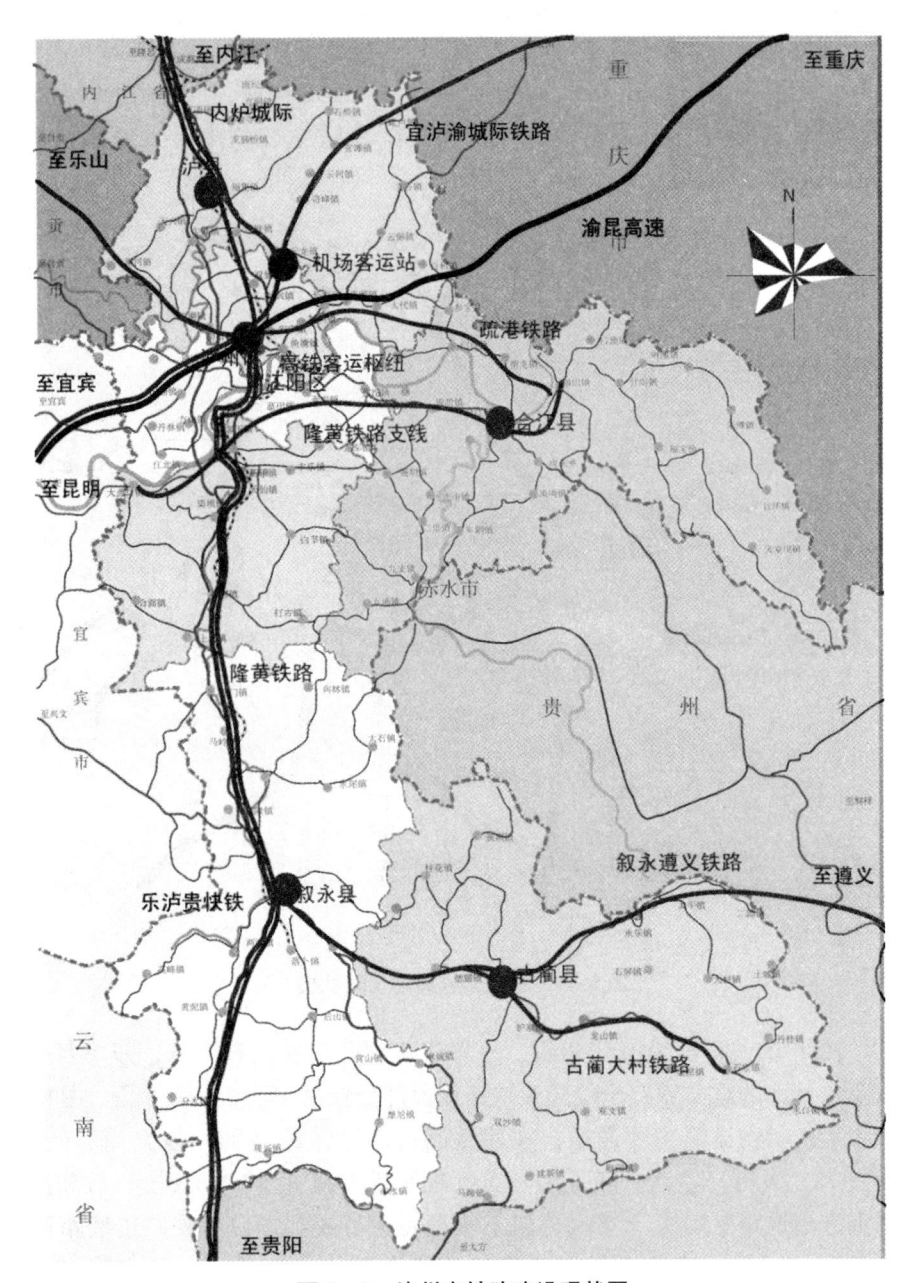

图 5-2 泸州市铁路建设现状图

长江上游经济区交通基础设施建设和生态环境保护

宜宾市。截至2010年年底，宜宾市建成通车铁路有内昆铁路①（宜宾段）、金沙湾至筠连铁路、宜珙铁路3条，铁路运营里程达241公里；在建铁路有成贵铁路（宜宾段）②、宜宾港志城作业区进港铁路和绵遂内宜城际铁路；纳入国家铁路规划网近年将开工的有渝昆高速铁路（宜宾段）、绵阳—内江—宜宾城际铁路等；宜西（攀）、宜遵、金筠延伸至昭通铁路和宜泸城际铁路正在开展前期工作（见图5-3）。

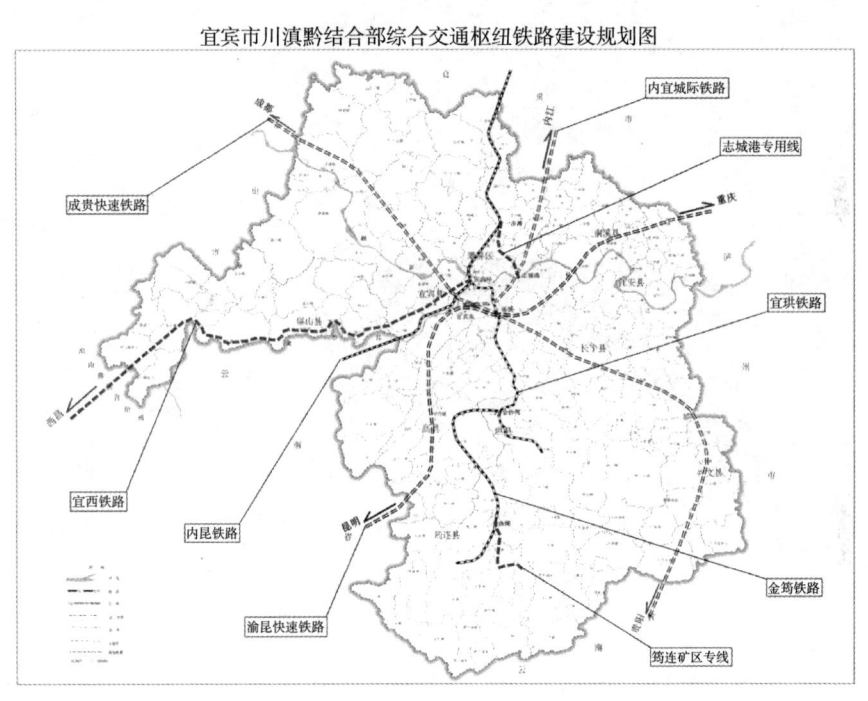

图5-3 宜宾市铁路建设现状图

---

① 内昆铁路与成渝线、南昆线相连，形成了四川经宜宾至广西最便捷的出海通道，也是到广东最短的线路。
② 成贵铁路自成绵乐铁路乐山站，经四川宜宾、云南威信、贵州毕节、黔西，至贵阳东站，正线全长519公里，宜宾境内设有宜宾、长宁、兴文三个站点。

长江上游经济区一体化发展

内江市。截至 2010 年年底，内江市建成通车铁路有成渝①、隆泸②、资威、内昆、归连 5 条铁路；在建铁路有成渝客运专线（内江段）（见图 5-4）。

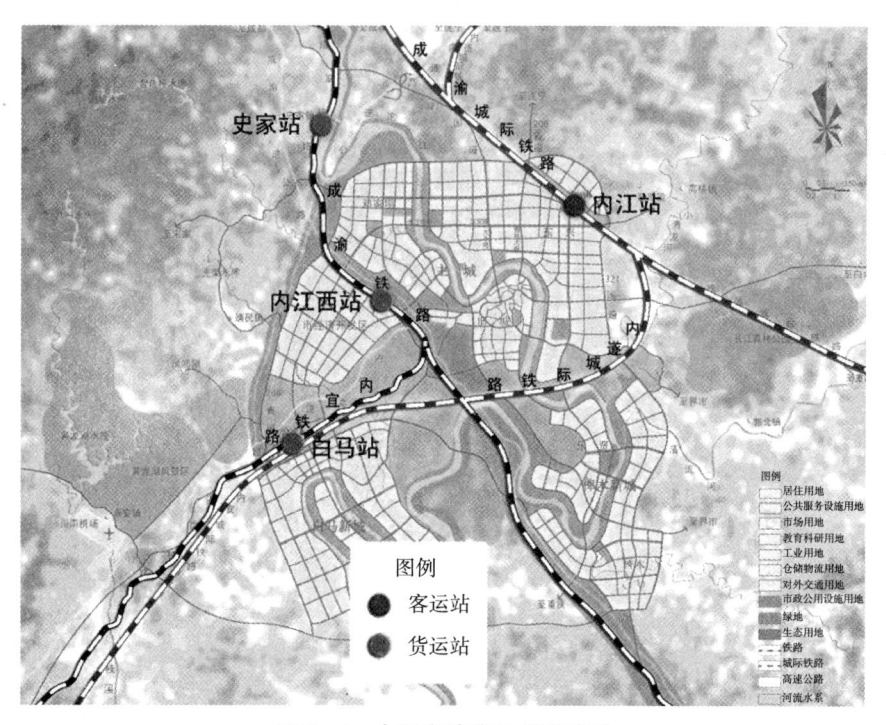

图 5-4 内江市铁路建设现状图

乐山市。截至 2010 年年底，乐山市建成通车铁路有成（都）昆（明）铁路③（乐山段）1 条铁路；在建铁路有成昆铁路复线④、成贵高速

---

① 成渝铁路走向为成都—简阳—资中—内江—隆昌—荣昌—永川—江津—沙坪坝—重庆。
② 隆泸铁路走向为成都—内江—隆昌—泸州—纳溪—叙永。
③ 成昆铁路走向为成都（简阳—资阳）—内江—自贡—宜宾—水富—（盐津—昭通）—（六盘水—宣威）—沾益—昆明。
④ 成昆铁路复线是连接成都和昆明的重要通道，全长 1100 公里，纵贯乐山市夹江、峨眉、沙湾、峨边、金口河 5 个县（市、区），乐山段长 200 公里（含峨眉燕岗至乐山港段 30 公里）。

长江上游经济区交通基础设施建设和生态环境保护

铁路（乐山段）、乐自铁路①和成绵乐城际铁路②（见图5-5）。

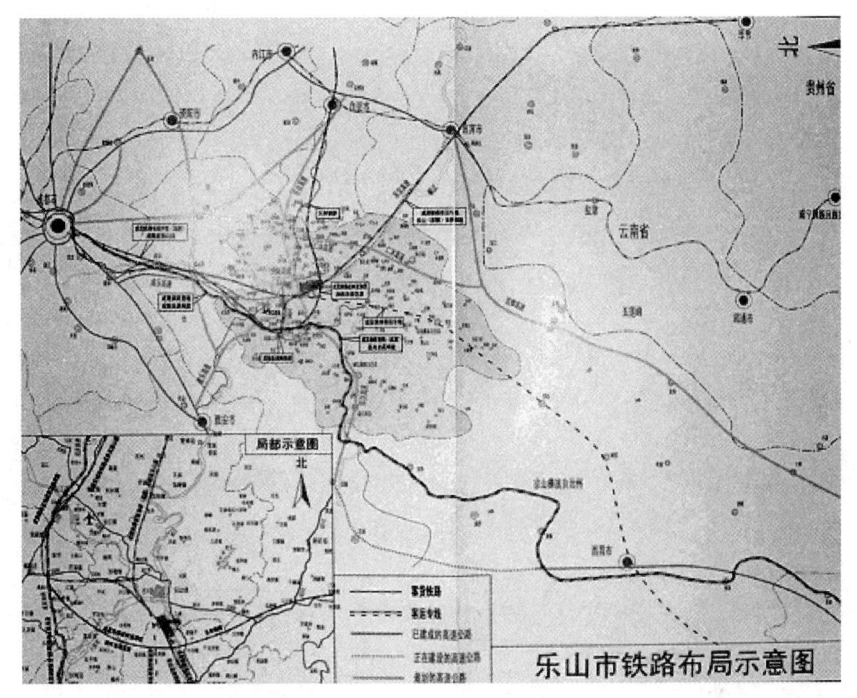

图5-5 乐山市铁路建设现状图

自贡市。截至2010年年底，自贡市建成通车铁路仅有内昆铁路1条，长29.8公里，另有厂矿专用铁路线24.7公里。

六盘水市。截至2010年年底，六盘水市投入运营的铁路有贵昆线、株六复线、内昆线、南昆线（威红支线）、水柏线、盘西线、水大支线、六盘水枢纽南编组站及国有企业专用线，累计全长740公里，除企业专用线外，已基本实现电气化；在建铁路包括六盘水至沾益铁路复线、贵阳至昆明客运专线；规划建设铁路为毕水兴城际铁路（见图5-6）。

---

① 乐自铁路起于嘉州港区与成燕复线延伸段接轨，经五通桥、井研、荣县、自贡至隆昌接轨，设计速度160公里/小时，全长132公里，乐山境内50公里。
② 成绵乐城际铁路起于成都，向北经德阳、绵阳至江油，向南经眉山进入夹江，再经峨眉至乐山，全长316公里，乐山段长62公里。成都至乐山段设计速度350公里/小时。

长江上游经济区一体化发展

图 5-6 六盘水市铁路建设现状图

毕节市。截至 2010 年年底，在建铁路有成贵铁路①、隆（昌）黄

---

① 成贵铁路乐山至贵阳段，经四川省犍为县、宜宾市、长宁县、兴文县，云南省的威信县、镇雄县，贵州省的毕节市、大方县、黔西县，至贵阳市，总建筑长度为 511.853 公里，贵州段的 165 公里中，毕节市建筑里程达 117 公里，设计时速达每小时 250 公里，项目工期 5 年，预计 2015 年建成通车。

长江上游经济区交通基础设施建设和生态环境保护

(桶) 铁路①织金经毕节至叙永段和林歹经织金经纳雍至六盘水②铁路3条铁路；规划建设铁路为内昆铁路威宁段、毕（节）水（城）兴（义）城际铁路③、成贵客运专线铁路和昭（通）黔铁路（经威宁经毕节经金沙至遵义）（见图5-7）。

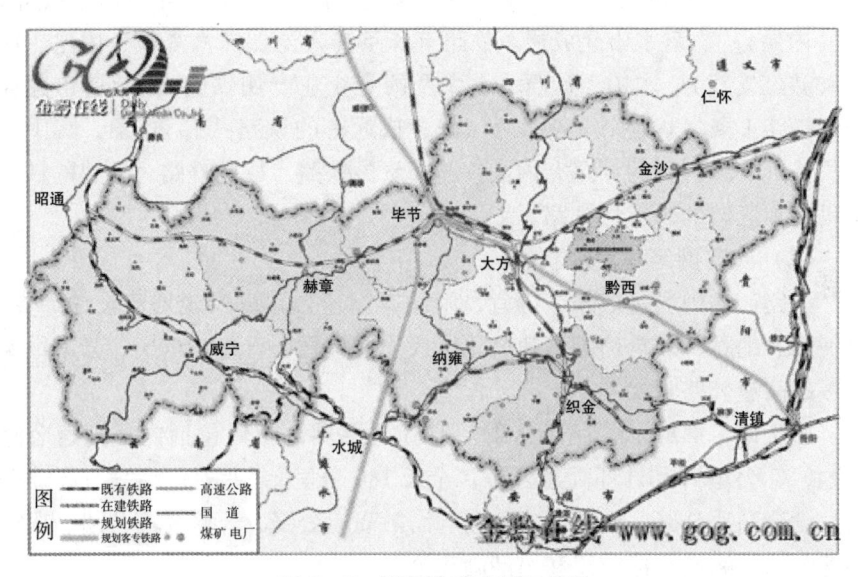

图5-7 毕节铁路建设现状图

昭通市。截至2010年年底，昭通市建成通车铁路有内昆铁路；规划建设铁路为昭（通）黔铁路。

从整个长江上游经济区铁路建设上看，截至2010年年底，重庆市建

---

① 隆黄铁路北起四川隆昌，南到贵州黄桶，全长497.4公里，横穿乌蒙山区的四川叙永、古蔺，贵州织金、纳雍、大方、黔西、毕节、安顺等资源富集区，这一铁路建成后，将贯通成渝铁路和贵昆铁路，形成西南地区大宗货物出海的又一重要南下通道。隆黄铁路纳叙段建成通车，四川煤炭紧缺的情况将得到缓解，古叙煤田的大开发时机来临，四川煤炭运价将下降一半以上。

② 林歹至六盘水铁路：总里程97.4公里，总投资43亿元；其中，区内里程44公里，投资15.2亿元。国铁二级，单线，设计时速120公里。2013年建成。织金经纳雍至六盘水铁路：总里程137公里，预计总投资50.97亿元。其中，区内里程99公里，投资36.97亿元，国铁二级，单线，涉及时速80公里。2011年全面开工建设，2014年建成。

③ 毕水兴城际铁路，贵州省第三条待开建的城际铁路，由贵州毕节市引出，经六盘水市（水城）南下，经黔西南州普安县，与在建的沪昆高铁的普安站交汇，后继续南下，终点至兴义市。拟为有砟轨道，设计时速200公里，条件允许地段预留250公里。为客运专线，不承担货运。货运由六盘水—盘县—兴义铁路承担。

长江上游经济区一体化发展

成通车铁路 7 条（成渝、渝黔、襄渝、渝怀、遂渝、三南涪线、达（州）万（州）利（川）线）；泸州市建成通车铁路 1 条（隆黄铁路北段部分隆昌—纳西—叙永段）；宜宾市建成通车铁路 3 条（内昆（宜宾段）、金沙湾至筠连铁路、宜珙）；内江市建成通车铁路 5 条（成渝、隆泸、资威、内昆、归连）；乐山市建成通车铁路 1 条（成昆）；自贡市建成通车铁路 1 条（内昆）；六盘水市建成通车铁路有 8 条（贵昆、株六复线、内昆、南昆（威红支线）、水柏、盘西、水大及国有企业专用铁路）；昭通市建成通车铁路 1 条（内昆铁路）。区域内建成通车的铁路共有 20 条，其中贯穿长江上游经济区的铁路有内昆铁路、贵昆铁路、成昆铁路，在建的铁路中贯穿本区域的为成贵铁路。

（2）公路网络建设现状。

公路运输则通过成乐、内宜、隆纳等高速公路以及规划建设的泸赤、宜泸渝、纳黔、成自泸等高速公路形成连接陕甘、青海、重庆、云南纵深地区的高速公路骨架网。

重庆市。形成了"两环八射"高速公路网，两环包括内环高速公路（全长 75 公里）和外环高速公路（全长 186 公里），八射包括渝万高速公路、渝合高速公路、渝邻高速公路、渝黔高速公路、长涪高速公路、成渝高速公路、渝遂高速公路和渝湘高速公路。

泸州市。截至 2010 年年底，泸州市有国道 1 条（321 国道），省道 5 条，县道 50 余条，等级公路里程 7079 公里，其中高速公路 74.5 公里，二级路 500 公里，三级路 317 公里，四级路 187 公里，等外路 6518 公里。二级以上公路所占比重为 11.95%，路网密度为 59.56 公里/百平方公里，虽大于川渝平均水平（50.5 公里/百平方公里），但高等级道路比例仍偏低。

宜宾市。截至 2010 年年底，经过境内的国道有 213 国道、国道主干线 GZ40。高速公路已建成通车的有内宜高速（北接成渝高速），宜昆高速（宜宾—昆明）；正在建设中的有乐宜高速（乐山—宜宾）、临港经济开发区至区域腹地的大件路、宜泸渝沿江高速公路（宜宾段）；计划建设的有金沙江沿江高速（宜宾—西昌—攀枝花）、宜遵高速（宜宾—遵义）、宜叙高速公路；宜昭、宜毕、宜攀等高速公路正开展前期工作。

内江市。截至 2010 年年底，内江市已建成高速公路 4 条，分别是成

长江上游经济区交通基础设施建设和生态环境保护

渝高速公路、内宜高速公路、隆纳高速公路、内昆高速公路；已开工建设高速公路2条，分别是内遂高速公路、成自泸赤高速公路。现有1条国道、3条省道、54条县道、197条乡道。全市公路里程达到13237公里，其中高速公路为150公里，国道为132公里，省道151公里，县道1365公里，乡道1226公里，专用公路31公里，村道10183公里。

乐山市。公路网由三纵（国道213线、省道103线、104线）、两横（省道305线、省道306线）和其他县乡公路组成。截至2010年年底，公路总里程达7996公里（其中高速公路31.8公里，一、二级公路641.43公里）。公路里程密度为62.34公里/百平方公里、人均公路里程为22.64公里/万人，公路网连通度为1.1，铺装率仅为46.2，路网平均等级不到四级，服务水平较低。

自贡市。截至2010年年底，自贡市公路通车里程2165.502公里，其中高速公路54公里，一级路37.438公里，二级路240.259公里，三级路340.889公里，四级路655.549公里。公路里程密度为48.26公里/百平方公里，人均公路里程为6.69公里/万人。

六盘水市。截至2010年年底，六盘水市现有国道2条155公里，省道5条636公里，县道31条1152公里，乡道276条2951公里，村道991条6094公里和专用公路49公里，境内公路里程共11037公里（油路里程1649公里），公路密度达1.1公里/平方公里。其中，高速公路69公里，一级公路3公里，二级公路365公里，三级公路500公里，四级公路7973公里，等级外公路2127公里。

昭通市。截至2010年年底，昭通市公路里程达15431公里。按行政等级划分，国道457公里，占公路总里程的3%；省道1611公里，占公路总里程的10.4%；县道3254公里，占公路总里程的21.1%；乡道7512公里，占公路总里程的48.7%；村道1743公里，占公路总里程的11.3%；专用公路及其他道路853公里，占公路总里程的5.5%。按技术等级划分，高速公路136公里，占公路总里程的0.9%；二级公路372公里，占公路总里程的2.4%；三级公路210公里，占公路总里程的1.4%；四级公路6580公里，占公路总里程的42.6%；等外公路8132公里，占公路总里程的52.7%。全市实现了县县通油路、乡乡通公路、行政村村村通公路的目标。

长江上游经济区一体化发展

截至 2010 年年底,长江上游经济区高速公路通车里程为 2579.3 公里,区域内国道通车里程为 4455 公里,省道通车里程为 13767 公里,县道通车里程为 25336 公里。

(3)河道开发现状。

长江上游经济区地跨川渝滇黔三省一市,水路运输沿金沙江上行可达云南绥江和四川屏山;沿长江—岷江向北上行通往犍为、乐山、眉山、成都等城市;沿赤水河上行可达贵州赤水;顺长江而下通往重庆,经三峡直下武汉、南京、上海等城市。

长江干流。长江干流宜宾至宜昌段为长江上游,也称川江,长约 1044 公里,属山区河流,其间有岷江、沱江、赤水河、嘉陵江、乌江等较大支流汇入,水量极为丰富,蕴藏着巨大水能资源。根据 1990 年国务院批准的《长江流域综合利用规划简要报告》,长江干流宜宾至宜昌河段分为五级开发方案,从上游至下游为:石硼—朱杨溪—小南海—三峡—葛洲坝。长江干流宜宾至重庆段称为上川江,长约 384 公里,贯穿四川省东南部和重庆市西部,沿途有岷江、南广河、长宁河、永宁河、沱江、赤水河、塘河、笋溪河、綦江等支流纳入。长江上游航道浅滩居多,在宜宾至重庆 384 公里航段内,有各类碍航险滩 46 处,主要是枯水期流量不足导致航深不够,限制了大型船舶的通航。近年来,国家高度重视内河航道治理和建设,对宜宾至重庆段进行了基建性整治,通过各项整治工程,2008 年以后航道等级达到了三级航道标准。但是,与三峡库区及长江中下游航道相比,川江上段航道等级偏低,通航条件受自然条件制约,已经成为长江上游及支流地区经济社会快速发展的制约因素,影响着长江"黄金水道"水资源合理利用及整体优势的发挥。三级航道标准已不能满足区域经济社会发展需要,把川江上段航道等级提高到一级航道标准,使之与三峡库区及长江中下游航道配套,已经成为川滇黔地区经济社会快速发展的迫切需要。从长江的天然情况分析,宜宾以下整治航道受水流条件影响,随季节发生冲淤变化,通航条件不稳定,要保证全年一级航道标准通航,每年还需要大量的修复、维护工作。宜宾至重庆段上接金沙江,下连三峡库区,历来是长江上游重要的水运通道,是我国西部地区出海的水上要道,本河段内有《全国高等级航道与港口布局规划》中内河主要港口泸州港、重庆港,上游宜宾港、水富港及支流主要港口均是地区重要港口,

长江上游经济区交通基础设施建设和生态环境保护

由于此段航道等级低，受丰枯水期水位影响大，目前腹地内货物运输以公铁联运为主。川江上段水富至宜宾航道全程30公里，目前航道等级标准为Ⅳ级，航道尺度标准为1.8米×40米×300米，500吨级船舶可常年通行；宜宾至重庆朝天门航道全程384公里，目前航道等级为Ⅲ级，航道维护标准为2.7米×50米×560米，枯水季节可通航1000吨级船舶或1000吨级驳船组成的船队。

金沙江。金沙江是长江的上游河段，全长约2316公里，在宜宾与岷江汇合后始称长江。金沙江水能资源富集，其理论蕴藏量占全国水能总量的16.7%，是我国十二大水电基地之首，规划建设21个梯级电站，其中攀枝花以下至宜宾为金沙江下游段，长782公里，自上而下规划建设有乌东德、白鹤滩、溪落渡、向家坝4个梯级电站，计划投产时间分别为2021年、2021年、2014年和2012年。目前溪落渡、枢纽正在建设之中，向家坝枢纽通航建筑物按四级航道标准设计，在左岸布置一级垂直升船机，最大提升高度为114米，可通过2×500吨一顶两驳船队，设计单向年过坝货运量为254万吨。金沙江流域内矿产资源、生物资源丰富，航运需求量大，但航道内滩险众多，礁石密布，航道及水流条件极为恶劣，船舶航行极为困难。根据四川省内河规划，攀枝花至宜宾为三级航道，但目前仅新市镇至宜宾108公里河段可常年通航，其中水富至宜宾30公里段为四级航道，航道维护尺度为1.8米×40米×320米，目前常年可航行300吨级船舶。根据国家"十二五"规划，在"十二五"时期，长江水富至宜宾将达到三级航道标准，航道尺度维护标准为2.7米×60米×560米，通航船舶1000吨级，实现昼夜通航。支流雅砻江于攀枝花汇入金沙江，全长1637公里，规划21个梯级，其中，两河口、锦屏一级、二滩三大水库是雅砻江中下游的控制工程，二滩三大水库已完建，两河口、锦屏一级的完建时间分别为2015年、2012年；在二滩下游，有桐子林枢纽，计划2011年建成。目前通航河段主要是新市镇至水富78公里，航道等级标准为Ⅴ级，可通航300吨级船舶。

岷江。岷江发源于岷山南麓，流经松潘、汶川等县到灌县出峡，经乐山接纳大渡河，到宜宾汇入长江，全长793公里。岷江是四川省航运重要通道之一，是构建西部交通枢纽的重要组成部分，是成都平原连接长江中下游地区的重要纽带。岷江属于山区游荡性河流，山高坡陡，河谷深切，

长江上游经济区一体化发展

滩多流急。经过历年整治，岷江干流下游航道的航道标准已达到Ⅳ级。岷江上游段规划了12个梯级，自上而下分别是小海子、天龙湖、金龙潭、飞虹桥、十里铺、凤仪、铜钟、姜射坝、福堂、太平驿、映秀湾、紫坪铺。其中，天龙湖、金龙潭、铜钟—紫坪铺八个枢纽已经建成。根据《岷江（乐山—宜宾段）航电规划报告》，确定岷江下游乐山—宜宾河段的开发任务为：以航运为主，航电结合，兼顾防洪、供水、旅游、环保等。为尽量减少施工期对岷江航运的影响，岷江乐山—宜宾河段的老木孔、犍为、龙溪口和东风岩4个梯级电站将同期建设。岷江航电开发工程实施后，航道条件得以改善，航道标准将达到Ⅲ级。岷江是四川省航运"一横两纵"水运进出川的主通道之一，主要通航河段为乐山至宜宾河段，通航里程162公里，航道等级标准为Ⅳ级，可通航500吨级船舶。

沱江。沱江发源于川西北九顶山南麓，至泸州市汇入长江，全长712公里，是集中四川省工业城市最多的河流。目前干流长年可通木船、机动船，中下游支流多已渠化。根据四川省内河水运发展规划，沱江为四川地区重要航道，规划等级为Ⅳ～Ⅴ级。

赤水河。赤水河发源于云南省镇雄县，经贵州省赤水市至四川省泸州市合江县入长江，全长523公里。沿江两岸陡峭、多险滩急流，洪、枯流量变幅大。赤水河泸州段长256公里，平均比降1.59%，多年平均入河口流量309立方米/秒，大量泥沙汇入长江。目前赤水河常年能通航300吨级船舶。根据四川省内河水运发展规划，赤水河下段为四川地区重要航道，由于环保、水质等方面要求，赤水河通过航道整治达到Ⅳ级航道标准。目前，主要通航河段为岔角—狗狮子段75公里，航道达到Ⅵ级标准，通航100吨级船舶；狗狮子—合江段83公里，航道达到Ⅴ级标准，通航300吨级船舶，其中鲢鱼溪—合江段49公里属四川省境，但航道建设、维护与管理都由贵州省负责。

（4）地市水运条件。

长江上游干流及主要支流航道现状如表5-1所示。

重庆市。重庆是长江上游最大的港口城市和全国43个水运主枢纽港口之一，也是我国西南地区江海联运、水陆换装的最大交通枢纽和西部地区各类物质通江达海的外贸口岸。境内水系发达，有长江、嘉陵江、乌江等通航河流187条，通航里程4222公里，其中，二级航道515公里，三

长江上游经济区交通基础设施建设和生态环境保护

级航道164公里,四级航道95公里,五级航道308公里,六级航道126公里,七级航道611公里,等外级航道2403公里。

表5-1　　　　　长江上游干流及主要支流主要航道现状

河流	航段	航道里程（公里）	航道等级	航道尺度	常年通航船舶（吨级）
长江	云南水富—宜宾合江门	30	Ⅳ	1.8米×40米×300米	500
长江	宜宾合江门—重庆朝天门	384	Ⅲ	2.7米×50米×560米	1000
金沙江	新市镇—水富	78	Ⅴ	(1.7~2.0)米×40米×300米	300
岷江	乐山—宜宾	162	Ⅳ	1.5米×(45~50)米×480米	500
赤水河	岔角—狗狮子	75	Ⅵ	(0.8~1.0)米×20米×150米	100
赤水河	狗狮子—合江	83	Ⅴ	(1.1~1.3)米×(22~25)米×250米	300

宜宾市。拥有长江、金沙江、岷江三江天然岸线约589公里,是四川省两个拥有长江黄金水道的城市之一。长江在宜宾境内常年水深达2~3米以上,江面平均宽度300~800米,水域开阔,水流平缓,水深条件好,沿江两岸多处具备建设天然良港的优良条件,其陆域后缘广阔,地势平坦,非常适合布局临港工业、港口物流。宜宾境内宜港岸线长约75.7公里,其中长江宜宾段深水岸线43.6公里,具有发展100万标箱以上吞吐能力的岸线5段,总长9公里,可支撑建设500万标箱以上的港口规模。

泸州市。属长江水系,境内河流众多,以长江为主干,成树枝状分布。其中,长江的主要支流沱江和赤水河的流域面积均在1万平方公里以上;流域面积在500~1000平方公里的河流共8条;流域面积在100~500平方公里的河流18条;流域面积在50~100平方公里之间的河流31条。长江干流泸州段共133公里,落差36米,水能资源理论蕴藏总量341.7万千瓦,开发利用价值极大。泸州有长江、沱江和赤水河等河流航道18条,库区航道11条,通航里程1000余公里,其中长江干线泸州段136公里,并达到Ⅲ级技术标准,常年可以昼夜通航1000吨级船舶,丰水期可通航5000~8000吨级船舶,有宜港岸线37.6公里。

内江市。通航河流主要有沱江、球溪河、清流河、马安河等,航道总里程594公里，其中沱江航道154公里，属Ⅳ级航道，其余均为等外航道。目前，水路运输以沱江两岸居民短途出行及运送矿建材料、农副产品等大宗低附加值货物为主。

乐山市。境内水系发达，江河纵横，流域面积在100平方公里以上的大中小河流有6条，其中流域面积在1000平方公里以上的有2条。岷江、青衣江、大渡河和马边河等10余条河流具有通航能力，境内航道里程1048公里，其中岷江大件航道乐山境内长81公里。内河航运可直达宜宾、重庆，拥有乐山大件码头可装卸大型货物和集装箱，是四川省大型设备出川的唯一通道。

自贡市。境内江河分属沱江、岷江水系，按其构成分为9个小流域，流域面积5平方公里以上的河流共142条，其中流域面积50平方公里以上的河流17条。在两大水系的江河中，河长5公里以上的共152条，其中10公里以上的共73条。沱江为自贡市富顺县的过境河流，属长江一级支流。全市河流里程1001公里，通航河流11条，通航里程560.45公里，其中Ⅲ级航道160.24公里，Ⅳ级航道194.2公里，Ⅴ级航道81.8公里，Ⅵ级航道44.65公里，Ⅶ级航道76.44公里。港口（码头）46个，旅客吞吐量101万人，货物吞吐量180万吨。

六盘水市。地处长江水系和珠江水系的分水岭地带，长江水系和珠江水系的分水岭——乌蒙山东南支脉自西北绵延进入市境内，使境内河流分开注入两大水系，其中三岔河注入长江，而南盘江和北盘江为珠江水系干流。六盘水市水上运输不发达，仅有民间渡口13个，运量较小，主要解决极少量的横向运输问题。

毕节市。分属长江和珠江流域，以长江流域为主，其流域面积为25455平方公里，占全区国土面积的94.8%。毕节市是长江流域乌江水系的发源地。主要河流有三岔河、六冲河、偏岩河等9条，流域总面积26853平方公里，河流总长4906.2公里。其中，毕节市境内的三岔河、六冲河、偏岩河都是乌江上游的主要河流或发源河流，其流域面积占全区国土面积的57.2%。全市流域面积在10平方公里以上的河流有193条，在100平方公里以上的河流有80条，总流量128.2亿立方米，水资源理论蕴藏量为221.9万千瓦，可开发量为161万千瓦。由于受地理位置和地形、地貌的影响，河流空间分布明显，均属山区雨源性河流，洪水陡涨陡

长江上游经济区交通基础设施建设和生态环境保护

落,洪枯水量变化大,洪水期的径流量占全年径流量的62%。

昭通市。地处长江上游,金沙江从市境经过,有较好的航运开发条件。金沙江为长江上游的主要水道,流经昭通全境的450公里,习惯上称为金沙江下游,在昭通境内有其支流关河、洛泽河、牛栏江、牛街河等与金沙江纵横交错,形成了历史上繁荣的水运网,是当时云南昭通与四川宜宾连接的唯一通道。

(5)港口建设现状。

长江上游干流段主要港口包括云南水富港、四川泸州港、宜宾港及重庆港的江津港区、永川港区,其中泸州港、重庆港属于全国28个主要内河港口,水富港、宜宾港是区域重要港口。截至2009年年底,泸州港有1000吨级以上泊位36个、500～1000吨级泊位23个、300～500吨级泊位51个;宜宾港有1000吨级以上泊位13个、500～1000吨级泊位32个、300～500吨级泊位7个。

金沙江河流港口主要有水富港和绥江港,其中水富港是云南省重要港口,绥江港是一般港口。水富港码头岸线总长800米,有客运、件杂、煤炭、大件共4个码头,最大停靠500吨级船舶,设计年客运吞吐能力50万人次、年货运吞吐能力80万吨。为完善水富港港口功能,做好金沙江溪洛渡、向家坝两个电站建设的配套工作,2010年水富港扩建工程建成投产,达到了1000吨级船舶停靠作业的条件和集装箱、重大件货物装卸的要求。绥江港现有码头岸线长约770米,拥有煤炭码头、件杂货码头和客运码头各1座,停靠300吨级船舶,设计年货运吞吐能力30万吨,客运吞吐能力65万人次。

岷江干线吞吐量达100万吨以上的港口主要是乐山港,其位于岷江、大渡河、青衣河交汇处,港区水域条件良好。乐山港现有乐山大件码头1座,单日最大可接卸500吨的大件4～5次,其他主要为件杂货码头,均可停靠500吨级船舶(丰水期可靠泊1000吨级船舶)。

赤水河沿线的港点主要是遵义港的仁怀、习水和赤水3个港区,共9个作业区,分别为茅台、中华、岔角、太平渡、土城、东门、赤天化、鲢鱼溪、合江港贵州码头作业区。"十一五"期间,建成了岔角、土城、东门、鲢鱼溪、合江等5个码头,计100吨级和300吨级泊位分别7个,年新增客运吞吐能力100万人次、货运吞吐能力235.5万吨。

各港口的具体运作情况如下：

重庆港。2003年，三峡成库大大改善了重庆航运条件，水路运输得到快速发展，水运物流大通道的作用日益显著，重庆逐渐成为长江上游唯一拥有一级航道、5000吨级深水码头、水运一类口岸和保税港区的地区。境内长江干线航道由原来的Ⅲ级提高到现在的Ⅰ级，通过能力显著提高，5000吨级单船和万吨级船队从下游可直达重庆。相继建成以寸滩为代表的一批5000吨级大型化、专业化、机械化码头，港口货物通过能力由2002年的4900万吨增加到2009年的1.15亿吨；集装箱通过能力由2002年的5.5万标箱增加到2009年的171万标箱；货运船舶平均吨位由2002年的301吨增加到2009年的1400吨（全国内河平均吨位364吨），平均吨位居全国内河第一。2009年，全市完成水运货运量7771万吨，港口货物吞吐量8612万吨，集装箱吞吐量51.8万标箱。重庆已成为长江上游地区外贸物资的主要通道，90%以上的外贸物资通过水运完成，周边省市中转量占全港货物吞吐量的35%。目前，重庆港水路运输呈现以下四个特点：一是随着经济结构逐步由资源输出型向资源输入型发展，长江水路运输上、下行货运量比例由2004年上行30%、下行70%，发展为目前上、下行约各占50%；二是受金融危机的影响，外贸集装箱同比下降22.5%，但内贸集装箱同比增长25.3%，集装箱吞吐总量基本持平；三是随着汽车工业的快速发展，商品汽车滚装运输高速增长，同比增长57.2%；四是随着化工产业发展，水路化危品运输高速增长。2003年以来，重庆市水路化危品运输量年均增长16.8%，周转量年均增长30.7%。

泸州港。泸州港是全国28个内河主要港口之一，是四川唯一的二类水运开放口岸。长江在泸州市境内长133公里，全年可通航，洪水期可通行3000吨级轮船。现有纳溪、中心、合江、古蔺四个港区，全港共有生产性泊位158个，其中千吨级以上泊位33个，占用岸线长度14105米，年综合通过能力666万吨，有设计年吞吐量为45万吨的泸州金鸡渡码头，2.5万标箱的国际集装箱码头等。泸州港集装箱码头规划为两个作业区，第一作业区现已形成3个3000吨级泊位，拥有公共型保税仓库和出口配送型出口监管仓库以及各类设施设备，港口吞吐能力已达集装箱50万标箱/年，二期续建50万标箱工程正加快建设、散杂货100万吨/年，具备120吨装卸作业能力。2010年，泸州港货物吞吐量1772.26万吨，其中集

长江上游经济区交通基础设施建设和生态环境保护

装箱为70240标箱。在泸州市的五个港区中，长江港口通过能力占84%，赤水河港口通过能力占12.6%。目前，通过泸州港，经长江水道进出的货物，分别为成都及周边地区企业的集装箱、川滇黔接合部的煤炭、矿产和贵州北部、云南东北部的化肥等。二期工程建成后，泸州港将成为全国江河航运最大的集装箱码头之一。

宜宾港。分为翠柏港区、南溪港区、江安港区、新市港区4个港区，涵盖志城、罗龙、白沙、新发等11个作业区。拥有长江、金沙江、岷江三江295公里天然航道资源，是四川省唯一可利用三江沿江岸线资源和水运优势的区域。宜宾港志城作业区一期工程投资约13亿元人民币，建成4个集装箱泊位和1个重载滚装泊位，年通过能力为50万标箱、滚装10万辆，是宜宾港的核心作业区。2010年12月29日，宜宾港开港，取得了多项突破。宜宾港全面建成后，将发展成为以内外贸集装箱、能源、原材料和工业产品运输服务为主，多式联运、现代物流、临港工业协调发展的西部地区现代化综合港口。

乐山港。乐山港是成都平原经济区内唯一的水运港口，位于乐山市五通桥区冠英镇，整个项目占地5.3万亩，与其他两大港口相比，这里比成都到泸州港近200公里，比成都到宜宾港近150公里。现有迎春门码头、大件码头、李码头、城南码头等中小码头9个，泊位21个，码头岸线长2010米，港区面积249万平方米，堆场14670平方米，起重设备2台，靠泊能力为150~1000吨级船舶。2010年3月底开工建设，建成后，泊位将达到63个，货物运输年吞吐量设计为5000万吨、15万吨大件集装箱、300万标箱，可分流成昆、成渝、宝成铁路货物运输量1000万吨。乐山港不仅有港口功能，同时还将建成综合性的交通枢纽，成为岷江航运、乐山机场、成绵乐城际铁路、成贵铁路、乐宜高速等多种运输方式的汇接中心。

水富港。水富港是长江"黄金水道"第一港，是云南与长江水运主通道对接的枢纽港，是长江经济带和金沙江流域对接的必不可少的纽带。2007年1月，水富港一期扩建工程正式开工建设，2010年开港。扩建完工后的水富港设计年货物吞吐量由原来的30万吨升至63万吨，建有1000吨级的多用途泊位、大件泊位和杂货泊位各一个，还有大型的货物堆场、仓储中心、停车场、客运码头等配套设施。水富港主要把云南的褐煤、矿产、"两烟"、苹果、花椒、木材等资源转运到长江中下游各省区，船舶返航后又装运机器设备、钢材、粮食等物资经水富港流向云南省各地。

毕节市乌江洪家渡库区航运。乌江洪家渡库区航运建设工程由交通运输部和贵州省共同投资，于2007年12月6日动工。库区位于贵州境内乌江北源六冲河下游的黔西和织金两县交界处，因建设洪家渡水电站蓄水而形成。该水电站是乌江梯级水电开发的龙头电站。该库区涉及黔西北的大方、织金、黔西、纳雍等4县20余个乡镇，周边50公里范围内分布有织金洞、百里杜鹃、九洞天等多处风景名胜，库区航运工程建设为库区群众发展旅游服务业创造了重要条件。洪家渡库区航运工程共建设库区干流航道84.8公里，建设洪家渡海事监管救助中心，建成九洞天、木空河、云盘和洪家渡等4个码头共5个泊位，码头设计年货运吞吐能力35万吨，客运量174万人次。

2010年，长江上游经济区货运吞吐量为11806万吨，集装箱吞吐量为79万标箱。长江上游经济区2010年各港口货运吞吐量和主要运输货物情况如表5-2所示。

表5-2　长江上游经济区各港口货运吞吐量和主要运输货物情况（2010年）

港口	货运吞吐量（万吨）	集装箱吞吐量（万标箱）	主要运输货物
重庆港	8612	52	矿建材料、煤炭、化肥及农药
泸州港	1772	7	煤炭、矿石、化肥
宜宾港	1103	20	煤炭、矿建材料、非金属矿石（磷矿）、化工原料及制品
乐山港	289	—	矿建材料、煤炭、化工原料及制品、盐
水富港	30	—	煤炭、矿建材料、非金属矿石和水泥
合计	11806	79	—

（6）航空网络建设现状。

区域内现有重庆江北机场、泸州蓝田机场、宜宾菜坝机场、昭通机场四个民航航班通航机场。目前，自贡、内江、乐山、毕节、六盘水等地尚无民航航班通航机场。

长江上游经济区交通基础设施建设和生态环境保护

重庆江北机场：位于重庆东北部渝北区沙坪镇，距市区23公里，有高速公路与市区相连。云集了众多的航空公司，是连接全国27座大中城市和日本、泰国的重要空中枢纽。

泸州蓝田机场：距市区6.5公里，经扩建已达4C级标准，设计吞吐量为20万人次，可起降波音737型客机，现已开通泸州至北京、上海、广州、深圳、海口、昆明、贵阳等地航班。2008年，机场旅客吞吐量达到16.4万人次，在全国159个民用机场中列第84位，在全省11个民用机场中列第7位；增长速度为19.6%，全省排名第二；货邮吞吐量为1529.1吨，在全国159个民用机场中列第64位，在全省11个民用机场中列第5位。

宜宾菜坝和宗场国际机场：军用菜坝机场（二级机场4C级）最大只能起降机型为波音737，距离市区7公里。2009年规划建设的宜宾宗场国际机场已开工建设，建成后可全天候起降空客A380等大中型客机。宜宾宗场国际机场是西南地区五大航空枢纽之一（其他是成都双流机场、重庆江北机场、贵阳龙洞堡机场、昆明巫家坝机场），机场为4D级民用大型机场。宜宾新机场跑道长2600多米，宽45米，设置1类仪表及助航灯光系统，站坪机位数6个，航站面积6000平方米，整个工程计划投资9亿多元。新机场将开辟更多连接国内中心城市、省会城市及部分东南亚和欧洲国际城市的航班。

六盘水月照机场：已获国家正式审批立项，位于中国贵州省六盘水市钟山区月照乡花竹林坝子，为4C级国内支线机场。

毕节飞雄机场：位于距毕节市18公里的大方县响水乡飞雄村，于2009年9月19日奠基，将于年内全面开工建设。毕节飞雄机场将与夏蓉高速公路、成贵快速铁路构筑区内公路、铁路、航空三位一体的现代化立体交通网络。

昭通机场：位于金沙江南岸的昭通坝子东部，始建于1935年，是西南地区"文明机场"。机场占地1957亩，飞行区等级为4C，跑道长2400米，可供波音737及以下机型起降。机坪面积6600平方米，停机位2个，航站楼面积1900平方米。

(7) 物流通道建设现状。

截至2010年年底，长江上游经济区货运总量约12.87亿吨，其中铁路货物运输量约为0.82亿吨,公路货物运输量约为10.86亿吨,水路货物运输量约为1.19亿吨,民用航空货邮运量约为7.89万吨。从货运结构上看,长江上游经济区目前主要以公路运输为主,公路货运量占到货运总量的84.37%;其次是水运,占9.22%,铁路货物运输量占到6.41%。货运总量排名前三的地区是重庆市、六盘水市和乐山市,分别占到货运总量的63.25%、8.13%和6.52%。铁路货运总量排名前三的地区是六盘水市、重庆市和宜宾市,分别占到铁路货运总量的31.17%、27.66%和16.08%。2010年,重庆市水运货运量约占长江上游经济区的70%,货运周转量约占长江上游经济区的90%,港口货物吞吐量约占长江上游经济区的65%,集装箱吞吐量约占长江上游经济区的90%。重庆港已经成为长江上游经济区最大的集装箱集并港、最大的大宗散货中转港、最大的滚装汽车运输港和长江三峡最大的旅游集散地及游轮母港(见表5-3)。

表5-3　　长江上游经济区各地市货运结构和规模(2010年)

地区	货运总量 (万吨)	铁路货物运量 (万吨)	公路货运量 (万吨)	水运货运量 (万吨)	民用航空货邮运量 (吨)
重庆	81385.49	2280.00	69438.00	9660.00	74900.00
自贡	4149.00	159.00	3760.00	230.00	0
泸州	5345.18	280.00	4291.00	774.00	1791.00
内江	7852.00	192.00	7412.00	248.00	0
乐山	8393.00	1287.00	6876.00	230.00	0
宜宾	6224.21	1325.00	4438.00	461.00	2135.00
六盘水	10457.00	2569.00	7888.00	0	0
昭通	2761.00	150.00	2369.00	242.00	43.00
毕节	2101.00	0	2087.00	14.00	0
合计	128667.88	8242.00	108559.00	11859.00	78869.00

资料来源:《中国城市统计年鉴(2011)》和毕节市2010年国民经济和社会发展统计公报。

随着三峡大坝蓄水及长江干线重庆至宜宾段的航道整治,大型船舶运输明显增加,川江水路货运量及货物周转量不断增加(见表5-4)。2005~2010年,长江上游经济区内河货运量由2986万吨增加到5218万吨,货物周转量由32亿吨公里增加到75亿吨公里。2010年,沿江云贵川渝

长江上游经济区交通基础设施建设和生态环境保护

三省一市完成货物运输量 30.79 亿吨，完成水运量 1.62 亿吨，占全部运输量的 5.26%。水路集装箱运量也迅猛增加，重庆市 2010 年完成集装箱运量 662.00 万吨。主要运输物资有煤炭、非金属矿石、化肥及农药、矿建材料等。

表5-4　　四川省内河水运货物情况（2005~2010年）

指标	2005年	2006年	2007年	2008年	2009年	2010年
货运量（万吨）	2986	3167	3644	3736	4136	5218
货物周转量（亿吨公里）	32	44	56	70	57	75

2010 年，长江上游经济区客运总量约 21.76 亿人，其中公路客运量约 21.05 亿人，占 96.75%；铁路客运量约 0.40 亿人，占 1.84%；水运客运量约 0.23 亿人，占 1.05%。客运总量排名前三的地区是重庆市、六盘水市和内江市，分别占客运总量的 58.28%、11.37% 和 8.01%。水运客运量排名前三的地区是重庆市、乐山市和内江市，分别占水运客运总量的 56.08%、10.80% 和 10.36%（见表 5-5）。

表5-5　　长江上游经济区各城市客运结构和规模（2010年）

地区	客运总量（万人）	铁路旅客运量（万人）	公路客运量（万人）	水运客运量（万人）	民用航空客运量（万人）
重庆	126803.98	2663.21	122125.00	1277.00	738.77
自贡	8859.35	83.35	8680.00	96.00	0
泸州	9577.67	0	9410.93	142.10	24.64
内江	17421.32	190.32	16995.00	236.00	0
乐山	7682.10	114.10	7322.00	246.00	0
宜宾	14184.66	245.00	13783.00	134.00	22.66
六盘水	24737.88	583.62	24154.26	0	0
昭通	2182.73	120.00	2059.00	0	3.73
毕节	6138.00	0	5992.00	146.00	0
合计	217587.69	3999.60	210521.19	2277.10	789.79

资料来源：《中国城市统计年鉴（2011）》和毕节市 2010 年国民经济和社会发展统计公报。

长江上游经济区是川渝滇黔三省一市产品和资源输入/输出的物流

"集散地"与"中转站"。一方面,成渝经济区的高新技术、重大装备制造、汽车及零部件等工业产品,通过长江上游经济区陆路通道可南向拓展滇、黔、桂等西南省区,并向最有市场潜力的广阔东盟自由贸易区和南亚进军;通过水路通道可东向运往长江中下游各省市。长江上游经济区作为能矿资源富集区,可以通过陆路和水路通道为三省一市以及长江下游广大地区加快发展提供资源能源保障。此外,正在加快推进的多条高速公路和铁路沿线经济据点多、人口密集、旅游资源富集、城镇化水平高,处于区域交通枢纽的长江上游经济区,必然成为连接三省一市的重要人流集散中心。

(8) 与其他区域比较分析。

2010年,长三角经济区铁路网密度是150公里/万平方公里,接近全国水平的2倍,公路密度为71.7公里/百平方公里,是全国平均密度的3.7倍;珠三角经济区的铁路网密度是256公里/万平方公里,公路网密度为135.4公里/百平方公里,远高于全国平均水平。相比而言,长江上游经济区的铁路网密度2010年仅为62公里/万平方公里,没有达到全国平均水平,公路网密度为28.7公里/万平方公里,远低于长三角经济区和珠三角经济区的水平。表5-6对长江上游经济区与长三角经济区和珠三角经济区交通基础设施建设情况进行了比较。

表5-6   经济区交通基础设施比较

指标	长三角经济区	珠三角经济区	长江上游经济区
面积(万平方公里)	9.96	4.17	19.82
公路通车里程(公里)	152479	44624	43558
其中:高速公路	4814	2050	2579
内河通航里程(公里)	22989	3719	9030
货运量(万吨)	289984	124977	108918
其中:铁路	4818	8085	7264
公路	170556	88336	92979
水运	114278	27627	8669
民用航空	345.44	108	6.49
客运量(万人)	313626	184631	199846

长江上游经济区交通基础设施建设和生态环境保护

续表

指标	长三角经济区	珠三角经济区	长江上游经济区
其中：铁路	16840	11397	3933
公路	288020	165795	187927
水运	4083	1310	2201
民用航空	4437	6099	662

注：（1）表中长三角经济区、珠三角经济区的数据年份为2008年。
（2）2010年珠三角经济区高速公路里程为2200公里。

2. 生态环境保护现状分析

长江上游经济区地处江河源头，气候类型多样，物种资源丰富，是我国长江流域的重要生态屏障，但也存在严重的生态破坏和环境污染问题。该区必须改变原有产业粗放经营的生产经营模式，关停环境污染大，尤其是可能对生态系统造成破坏的企业，注重有利于节能减排的技术改造和工艺升级，延长产业链，充分挖掘和利用好宝贵的自然资源。同时，还应减少耕地占用，注重造林护林，加大退耕还林力度，在经济发展的同时，为全国人民建设一个良好的长江上游生态屏障。

喀斯特石漠化区域分布广泛。长江上游经济区内的六盘水、毕节、昭通、宜宾和泸州存在大面积的喀斯特石漠化地形地貌。2005年年底，毕节、六盘水、昭通石漠化面积分别占国土面积的37.6%、28.32%、11.5%，喀斯特强烈发育，石漠化、水土流失呈扩大之势。区域河谷深切，岩石裸露，耕地零碎；人口承载力低，群众生活在缺土、缺水的恶劣条件下，贫困不可避免。少数民族聚集区人口政策失控，陷入"生态环境恶劣→人口贫困＋人口增加→坡陡开荒→植被减少、土地退化→水土流失加重→耕地质量下降或山地石漠化→贫困"的恶性循环。

生态灾害频发。复杂的地貌类型和特殊的暴雨天气加上大规模资源开发的经济活动影响，使长江上游经济区所辖的六盘水、毕节、昭通山洪灾害十分强烈。在这些地区有九大崩塌、滑坡、泥石流相对集中分布带、四个地震带和三大岩溶塌陷带，惊人的水土流失和水质、大气污染。据统计，从1957～1986年的30年间，长江流域森林覆盖率减少了一半多。水土流失面积由20世纪50年代的29.95万平方公里增至80年代的35.22万平方公里，占长江水土流失面积的62.2%，占长江上游土地面积的35%。目前，长江年输沙量已达20亿吨，超过黄河的一半，70%来自上游。长江上游经济区作为"西电东送"主战场和国家能源原材料建设基地，给本来就脆弱的喀斯特生态环境带来更深重的影响。

（二）问题分析

长江上游经济区交通基础设施建设存在的问题主要体现在外联通道不便捷、区域内交通不通畅、航道等级低、港口建设滞后、水运优势没有充分发挥等方面。而区域生态保护存在问题主要体现在森林覆盖率低、水土流失严重、局部地区生态恶化引发贫困等方面。

1. 交通基础设施存在的问题分析

外联通道不便捷。区域内铁路、高速公路等对外通道不足，仍然是长江上游经济区交通发展面临的突出问题。相比东部沿海地区密集的铁路、高速公路和航线网络以及规模化、效益良好的枢纽港站，长江上游经济区交通发展差距较大。区域内部分城市与昆明、贵阳等城市之间的联系还存在绕行距离过长和设施等级低等问题。区域内部分铁路、公路基础设施差、车况差、运力紧张并逐渐趋于饱和、客运票源严重不足，已明显制约地方经济社会发展。同时，区域与外部的重要联系要素——水运通道的作用没有充分发挥。

区域内交通不通畅。陆路交通与水路交通没有形成有效衔接，铁路、公路和水路结合不紧密，港口集疏运系统不完善，沿江铁路、公路建设滞后。自宜万铁路建成通车后，重庆至宜宾段的沿江铁路建设工作迟迟没有推进。自2011年重庆市和涪陵区政府签订"共同建设江南万亿工业走廊核心区战略合作协议"后，沿江铁路的建设被提上日程。从巴南区至万州区的长约500公里的沿江铁路将在"十二五"末期建成，其将承载"江南经济走廊"货运，同时还将成为沿江区域的客运干线，加上已建成通车的宜昌至万州的铁路，重庆至上海的沿江铁路建设格局已现雏形。但是，从重庆至宜宾的沿江铁路建设工作仍然迟迟没有推进。同时，作为国土开发最早提出的"T"字形格局，沿海高速公路已经贯通，但沿江高速公路建设的方案虽提出很多年，但迟迟未能付诸实施。由于水路运输长期

长江上游经济区交通基础设施建设和生态环境保护

受到长江的季节、气候、水流等因素制约，而沿江铁路和公路不能有效分担水路运输的溢出物流，使得区域内各交通要素联动的格局难以形成。且铁公水等运输发展各自为政、物流发展与交通建设彼此隔离的问题在一定程度仍然存在，现行公路运输收费政策、铁水联运货运班车的开行等方面也存在一系列的阻碍因素。

航道等级低。长江上游航运尚处于起步阶段，无论从航道等级、吞吐量还是货运量都远未能满足腹地资源运输与产业发展的需要。以泸州市为例，2007年仅泸州港货运量就达1121万吨，根据规划，泸州港2020年将达到3252万吨，2030年将达到6030万吨。如果再考虑宜宾和乐山，按目前Ⅲ级航道运输能力测算（Ⅲ级航道最大通行能力3456万吨），远远不能满足未来发展的需要。在全国内河航运综合比较中，川渝港群的总货运量和吞吐量与下游港口差距较大，航运等级不够。可见，长江上游港区发展还处于区域内部资源吸纳与效能强化阶段。沱江航道由于资金缺乏，对航道未进行有效的疏浚及维护，加上抽砂采石的乱挖乱采，整个沱江干线航道恶化，造成多处断航，严重影响船舶航行安全。目前区域内的Ⅲ级航道条件仍然对水运货运量形成了极大的制约，导致枯水期大吨位船舶减载运行和搁浅事故，严重影响货主、物流公司和船舶公司的正常运行。航道等级低，通行能力差，难以组织高标准、长距离的直达运输，造成大量适水运输货物弃水走陆，提高了货物运输成本。

港口建设滞后，水运优势没有充分发挥。水库建设资金缺乏，向家坝等水利工程建设滞后。港口基础设施普遍落后，现有码头设备设施较简陋，大型化、专业化码头较少，有相当一部分码头目前仍然依靠自然岸坡进行作业。港口功能相对单一，主要是单一的装卸、运输、仓储等分段服务，尚不具备提供报关、流通加工、包装、配送等增值服务的功能，港口物流处于起步阶段。港口尚未成为货物、资金、人才、信息的聚集点。川南港口基础设施差、功能单一，致使四川内河集装箱大部分舍近求远，借道下游的重庆港中转。现有大型集装箱码头仅有泸州集装箱码头，滚装、液化气运输还是空白，造成港口码头规模小，靠泊能力低，效率低（见表5-7）。

长江上游经济区一体化发展

表 5-7　　　　　　　　　　川渝港口比较表

港口对比	重庆	泸州	宜宾	乐山
定位	长江重要对外贸易港	长江入川第一港	长江第一港	成都港
开放等级	长江内河唯一对外开放口岸	二类水运口岸	三类	三类以下
现状吞吐量（TEU）	80万	50万	21.5万	不足5万
设计吞吐能力（TEU）	200万（2020年）	100万（2018年）400万（2030年）	100万（2012年）200万（2020年）400万（2030年）	30万（2020年）100万（2030年）
2008（1~10月）总货运量（万吨）	2326	918	563	106
航道条件	2级	3级	5级（部分航道浅滩较多）	6级（丰枯水期变化大）
运输种类	大件、汽车滚装	煤炭、化工品	能源	杂件、重大件
区域优势	上海港共建	川南第一大港	上海港共建	成都辐射范围

　　长江上游经济区具有较好的水运资源，而水路运输相对于陆路（公路、铁路）运输具有较大的成本优势。以从泸州到重庆运输4266万吨货物为例，高速公路（距离为220公里）需要65.7亿元，铁路（距离236公里）需要40.4亿元，水运（距离236公里）仅需要2.11亿元。由于水运成本远低于公路和铁路，因此，采取区域水陆联运的物流运输方式不仅可以调节区域运力，同时还可以降低物流运输成本，如表5-8所示。由于港口建设滞后，航道等级较低，从目前长江上游经济区的货运结构上看，水运货运量仅占7.96%，水运货运量仍有很大上升空间，水运优势有待进一步发挥。

长江上游经济区交通基础设施建设和生态环境保护

表5-8　　长江上游经济区铁路、公路、水路运输技术经济指标比较

指标	水路 内河	水路 长江干流	铁路	公路
运输成本（元/万换算吨公里）	253.7	116.1	106.1	1811
线路投资（万元/公里）	150	160	540	200
固定资产效率（换算吨公里/元）	17.7	—	11.5	1.8
技术速度（公里/小时）	10	18	80	43.6
能源消耗量（公斤/万吨公里）	94	67.8	25.9	459
线路用地规模（亩/公里）	2	2	25	40
劳动生产率（换算吨公里/人）	180	541	36	578

2. 生态环境保护存在问题分析

森林覆盖率低，水土流失严重。长江上游经济区属川滇黔交界地带，地处长江、珠江流域的上游，长期来对生态环境保护缺乏足够重视，水土流失极其严重。据统计，云南省昭通市的森林覆盖率已经由新中国成立初期的19.8%下降到20世纪80年代末的9.6%，贵州省毕节市和六盘水市的森林覆盖率分别由新中国成立前的25%和18.35%一度下降到20世纪80年代末期的12.64%和9.72%。生态环境的不断恶化，严重危及人类生存，西部大开发不得不推行以植树造林、退耕还林为主的生态环境建设工程，森林覆盖率逐渐提高，生态环境的承载压力才有所缓解。但是，静态的森林覆盖率指标并不意味着水土流失得到完全控制。

局部地区存在生态恶化引发的贫困问题。区域内石漠化土地分布广泛，危害严重，造成粮食产量极低，人畜饮水困难，自然灾害频繁，生态环境恶劣，人民群众赖以生存的基本条件缺乏，陷入生态恶化与经济落后双重恶性循环的困境而不能自拔。区域内部分城市新增人口中大量集中于生态环境恶劣、贫困程度深的国家生态屏障区域内，人口出生率居高不下，给长江上游经济区生态环境的改善带来冲击。

生态环境恶化与贫困程度加深形成恶性循环。长江上游经济区所含六盘水、毕节、昭通区域内山地生态系统和喀斯特生态系统均是典型的脆弱生态系统。两种脆弱生态系统叠加于一体，加之过度垦殖、放牧、乱砍滥伐，使生境恶化与贫困成为该区域的典型特征。恶劣自然环境与科教文卫落后并存，生产力水平低下，形成全国最大连片贫困带之一。在"八七"

扶贫攻坚计划的对象和区域中，经 2000 年调整，区内国家级贫困县 24 个，占区域 44 个市、区、县的比例为 54.54%，昭通市贫困面达 90% 以上。截至 2012 年年底，六盘水市和毕节市农村贫困发生率仍分别高达 29.9% 和 30.0%，远大于全国的平均水平；贫困人口和低收入人群比重仍然很大，毕节市农村尚有贫困人口 207.04 万人。城乡二元化、"三农"问题突出，贫富悬殊呈进一步扩大之势。

二、交通基础设施建设和生态环境建设总体思路

（一）指导思想

1. 交通基础设施建设指导思想

按照统筹规划、合理布局、共建共享、互利共赢原则，以重大项目为抓手，充分发挥交通先行的引导作用，加快建设事关长江上游经济区一体化发展的交通、水利等关键性基础设施，为实现区域一体化发展提供强大支撑，增强长江上游经济区经济社会发展的辐射带动能力。充分考虑各种运输方式互补性及一体化运输要求，以客运"零距离换乘"和货运"多式联运"、"无缝衔接"为目标，统筹铁路、公路、水运线路、站场的结构和布局，提高各种运输方式的转换和利用效率，达到运输效率、效益最大化。

2. 生态环境建设指导思想

以落实资源节约和环境保护基本国策为指导，全面落实科学发展观，紧紧围绕建设长江上游生态屏障和资源节约型、环境友好型社会的历史性任务，推进生态环境建设，加强环境保护，强化监督管理，加快重点区域、生态环境脆弱区域等的治理步伐，切实把生态环境保护和建设的重点从事后治理向事前保护转变，坚持重点生态工程和异地扶贫搬迁相结合，异地扶贫搬迁和劳务输出网络建设相结合，从源头上遏制生态恶化趋势。

长江上游经济区交通基础设施建设和生态环境保护

（二）建设原则

1. 交通基础设施建设原则

调整结构，突出水运。在发展长江上游经济区综合运输系统中，加快长江、岷江、金沙江、沱江、乌江、赤水河航运建设的同时，还要加强重庆港、泸州港、宜宾港、乐山港、水富港与航运经济腹地的公路、铁路、民用航空等运输方式的衔接。由于长江上游经济区航运经济腹地生产的矿产品、矿物加工产成品和农业加工产成品的主要消费市场是长江流域，其中主要是满足长江干流沿江产业带的需求。而发展航运具有占地少、能源消耗低、环境污染小、运能大和运输成本低等突出的比较优势，符合可持续发展的战略要求。因此，长江上游经济区在整合联动综合交通系统时应充分发挥水运优势，逐步提高水运货物量在区域货运总量中的比重。

高效便捷，联动发展。应充分考虑铁路、公路、水路、航空四类交通方式的优势劣势，按照经济成本最小化、社会效益最大化的原则，积极发挥水路运输的成本优势、低能耗和低污染优势，在大宗商品运输上尽可能采用水路运输；积极建设沿江铁路和沿江公路，分流水路运输受季节影响时的溢出物流。对四类交通方式的运力和实际运量不断地进行优化，最终形成高效便捷的区域交通综合运输网络。

立足长远，超前发展。发展长江上游航运的初衷是，通过加快航运发展，推进沿江特色产业发展和沿江产业带形成。随着沿江开放型经济的发展，商品流通渠道的畅通，为境外区域提供特色产品运输服务，使沿江经济社会发展水平得到提升，人民生活水平得到提高，落后面貌得到根本改变，以创立长治久安的和谐社会。长江上游经济区位于我国西部地区，航运基础设施落后，技术力量不足，要进行大规模的航运建设有较大的难度。同时区域内的毕节、昭通地区存在较多老少边穷地区，迫切要求改变经济社会发展滞后的状况，与现实可能有较大的矛盾。为解决这些矛盾，就必须坚持统筹规划、远近结合、立足当前、着眼长远、分期建设、适当超前的基本原则。

依托优势，体现特色。坚持航运依托资源优势，形成长江干流和支流不同航运区段不同的客货运输模式。例如，昭通市煤炭、磷矿、硫铁矿、铜矿和锡矿等矿藏资源丰富，矿藏的开采和加工业有一定的基础。沿江地带地形比较开豁，烟草和中草药等种植业发展较快，农产品加工业具有一定的规模。在云南省金沙江下游梯级深水库区的客货运量中，主要是依托其拥有丰富的矿业资源优势和发展中的农产品资源优势，以发展梯级库区矿产品运输和集装箱运输为主。

2. 生态环境建设原则

扶贫开发与生态环境建设相结合。把生态建设与经济结构调整、农民致富有机结合，从改善生态环境的战略高度出发，把生态建设作为发展区域经济和引导农民脱贫致富的重要措施，实现资源、人口、环境的良性循环和可持续发展。

生态工程建设与生态移民相结合。在江河源头、重点水源涵养区、水土保持重点区、江河洪水调蓄区、生态脆弱区和重要渔业水域等地区建立生态功能保护区，促进自然生态恢复。继续推进长江上游经济区天然林保护、退耕还林、退牧还草、野生动植物保护及自然保护区建设、水土保持、国土整治等重点生态工程，加大沙化和石漠化土地治理、生态保护与恢复和城乡绿化一体化建设力度，积极开展生态示范区和森林经营工程建设。在开展重点生态工程建设的同时，优选一批适宜发展的县城和重点镇，积极实施生态移民工程，加强小城镇、移民新村和牧民新村建设，有计划地逐步引导生态脆弱地区居民向县城和重点镇转移。

异地扶贫搬迁与劳务输出相结合。扩大长江上游经济区贫困地区全方位、多层次、宽领域的对外开放，实现贫困地区与发达地区资金、信息、技术、人才和商品等的大流通。做好贫困地区劳务输出和职业技能培训工作，着力发展主导产业扶持项目，同时对贫困劳力实行就地就业与输出劳务相结合的就业措施，增加工资性收入，使扶贫开发真正转移到依靠科技进步和提高劳动者素质的轨道上来。

（三）总体目标

1. 交通基础设施建设目标

近期目标（至2015年）：至2015年，区域内铁路营运里程超过6142

长江上游经济区交通基础设施建设和生态环境保护

公里；公路总里程达到23.12万公里，其中高速公路总里程达到6264公里；港口集装箱吞吐能力达到1018万标箱，其中，泸州港集装箱吞吐能力占14.7%；港口货运吞吐能力达到2.76亿吨，其中泸州港和宜宾港港口货运吞吐能力分别占13.1%和11.6%；区域内水路货运总量占长江上游经济区货运总量的比重提高至14%（见表5-9）。

表5-9 长江上游经济区交通基础设施建设目标（2015年）

地区	铁路营运里程（公里）	公路总里程（公里）	高速公路（公里）	港口集装箱吞吐能力（万标箱）	港口货物吞吐能力（万吨）
重庆	2267	122000	3000	700	18000
宜宾	505	14000	500	100	3200
泸州	400	11500	450	150	3600
乐山	240	10000	230	60	1900
自贡	200	6300	256	0	0
内江	300	4730	230	0	0
六盘水	850	13360	440	0	200
毕节	1130	29350	850	0	0
昭通	250	20000	308	8	675
合计	6142	231240	6264	1018	27575

中期目标（至2020年、2030年）：至2020年，长江上游经济区多式联运迅速发展，各城市重点区域与其连接的大件运输通道和陆路快速通道网络逐步完善，区域内水路货运总量占长江上游经济区货运总量的比重提高至18%以上，水运、公路、铁路、航空、管道等各种运输方式实现"无缝衔接"和"零换乘"，铁水联运、公水联运、空水联运的规模化优势得到充分发挥。至2030年，区域内沿江铁路、沿江公路和长江干流、支流水路和港口综合运输体系和网络形成，区域内交通运输体系的能耗水平、污染水平、综合物流成本将得到极大降低，人流、物流综合疏运能力得到极大提升。

2. 生态环境建设目标

近期目标（至2015年）：至2015年，毕节市、昭通市、六盘水市生态移民数量累计达到 40 万人，劳务输出人数达到 300 万人；区域新增造林面积 1200 万亩以上，治理石漠化面积 2500 平方公里，森林覆盖率超过全国平均水平。

中期目标（至 2020 年、2030 年）：至 2020 年，石漠化、水土流失等生态环境治理和建设取得重大突破，以生态移民促进生态环境保护、以劳务输出促进生态移民、以劳务输出促进经济发展、以经济发展促进生态环境建设的"四促进"工作取得积极成效，形成我国集开发扶贫、生态建设、人口有序发展的综合配套改革试验区。至 2030 年，区域内生态文明建设工作有序推进，区域内逐步形成"搬得出、稳得住、能致富"的生态环境保护和建设的良性循环。

三、总体任务

（一）重点推进铁路干线建设

依托横穿四川盆地的成渝铁路、黔煤入川的新通道内昆铁路、重要出川通道成昆铁路、滇黔两省动脉贵昆铁路及西北部分地区、川渝地区与北部湾等泛珠三角地区路网快速通道的咽喉路段渝黔铁路五大铁路干线，以及目前在建的林织铁路、隆黄铁路、叙大铁路、昭（通）黔铁路、渝昆铁路五条重要铁路路段和规划建设的攀毕遵铁路、峨宜铁路、石宝、观文、大村、筠连等矿区煤矿、织金电厂和煤化工磷化工铁路专用线和泸州港方山、永利等港区和宜宾港志城作业区进港铁路专用线，加快川南地区、攀西—六盘水地区、毕节市、昭通地区矿产资源、农副产品资源等优势资源开发，打通黔煤入川新通道①，缓解四川省煤炭紧缺形势，促进川滇黔能源通道共建共享和优势战略资源的共同开发利用。有效整合货运港口资源，打造西南地区大宗货物通江达海和长江上游经济区内资源

---

① 黔煤入川运距只有"三西"煤炭入川的 1/4 ~ 1/3。

长江上游经济区交通基础设施建设和生态环境保护

和物资交换廉价的运输通道①，形成连接古叙矿区、织纳矿区、六盘水矿区、昭通矿区、攀西矿区（钒钛磁铁矿）五大矿区的矿区物资运输铁路网络。

依托建成通车的襄渝铁路、渝怀铁路、遂渝铁路和在建的沪汉渝蓉高铁、长昆高铁、兰渝铁路、渝利铁路、遂渝二线、渝怀二线、黔张常铁路、郑渝昆客专大通道，缩短长江上游经济区各城市与长三角城市群、中原城市群、长江中游城市群、川渝城市群等城市群的时空距离联系，强化长江上游经济区与成渝经济区、长三角经济区、珠三角经济区、北部湾经济区、黔中经济区等重要经济区的合作交流，承接上述重点开发区域的产业、资金、人才、技术和市场转移，接受重点开发区域的辐射带动作用，构建川渝滇黔交界地区出境出海的国际通道，构建川南经济区与东盟经济开发区贸易往来的核心纽带，打造拉动西南地区老少边穷集中连片特殊困难地区脱贫致富的重要引擎。

依托在建的成贵高铁、渝昆高铁②、毕水兴城际铁路、绵遂内自宜城际铁路、六沾铁路复线，规划建设的渝万城际铁路、宜泸城际铁路、内泸城际铁路③、乐自泸城际铁路④、叙永—古蔺—太平—遵义城际铁路、渝黔高铁、宜西（攀）铁路、宜遵铁路、金筠延伸至昭通铁路、纳溪至合江支线铁路⑤和水攀铁路，促进川南经济区乐山、自贡、内江、宜宾、泸州五大城市的经济联系和人员往来，推进川南经济区的区域一体化进程，打造毕节市向成渝经济区进行劳务输出的大通道，促进长江上游经济区内川南经济区与遵义地区、攀西—六盘水地区和昭通地区的产业结构调整、

---

① 因为不通铁路，建在水富县的云南天然气化工厂生产的化肥，一直是绕道四川，经内宜线、成渝线、成昆线再运回云南。铁路一通，云南农民急需的化肥不仅将缩短一大半的运距，运费也将大大降低。同样，铁路通车后，云南、贵州的货物通过内昆线到四川宜宾港下水，也方便了长江和铁路的水、铁联运。

② 根据国家发改委中长期铁路网规划（2008年调整），重庆至昆明客运专线走昆明—昭通—宜宾—泸州—重庆方向，设计时速最高为350公里/小时。

③ 内泸城际铁路全长约80公里。内江—泸州城际铁路建成，连接起成渝客运专线、渝昆铁路两大城际铁路主干线。内泸城际铁路的修建不仅能大大缩短泸州到成都的时空距离，还能使泸州成为川南铁路交通的重要节点。

④ 乐自泸城际铁路及其南延线，乐自泸铁路北起乐山，经自贡由泸州市域西北与隆黄铁路相连接，并向南延伸至贵州，乐自泸铁路的建设，连接乐山港与泸州港，通过与隆黄铁路的有效整合，将成为成渝区域南向货运出海大通道。

⑤ 西起隆纳铁路纳溪货运南站，东至合江货运码头并延伸至成渝铁路朱杨溪站。走向上大致延沿江高速公路走廊，有效整合泸州、合江货运港口资源。

长江上游经济区一体化发展

资源整合与共享，不断拓宽人才流动的渠道，从而使川渝滇黔交界地带的城市职能分工加速，并为区域内矿产、旅游、水能资源的进一步优化开发创造良好的外部条件和支撑保障。积极研究建设从重庆至泸州的货运专线，拓宽重庆港和泸州港的货运通路，加强泸州与成都、重庆、毕节、六盘水的联系，凸显泸州在长江上游经济区的交通枢纽地位，把泸州建设成为联系成渝经济区和黔北经济区的重要节点。

（二）全面推进高速公路建设

依托已建设的沪昆高速公路、昭通至安顺高速公路、毕水兴高速公路、毕节至河口高速公路、内宜高速（北接成渝高速）、宜昆高速、成渝高速公路、内宜高速公路、隆纳高速公路、内昆高速公路、成乐高速公路，以及在建的川黔高速公路[①]、泸渝高速公路、成自泸赤高速公路[②]、宜泸渝高速公路[③]、内遂高速公路、杭瑞高速公路、厦蓉高速公路、铜仁至宜威高速公路、赤水至望谟高速公路、威宁至六盘水高速公路、盘县至兴义高速公路和规划建设的宜叙高速公路、叙蔺高速公路、广渝泸高速公路、乐自隆高速公路、乐宜高速公路、黔西至大方高速公路、织金至普定高速公路、贵阳至黔西高速公路、国道加密"毕节—纳雍—六枝—晴隆—兴义—云南河口"高速公路，构建长江上游经济区域内各城市间的快速连接通道，形成长江上游经济区一小时通勤圈。依托区域内公路网络和各具特色的旅游资源，与周边重要旅游地区加强合作，提高泸州、宜宾、乐山、遵义、毕节、昭通景区之间的道路通达性，增强旅游接待能力，建成川渝滇黔交界"金三角"生态旅游区和泸—宜—遵中国白酒金三角旅游区的集聚地和中转站。有机衔接对外通道和各城市之间的交通网络，加快交通专线、城市交通环线建设，实现城市组团之间快速无障碍连

[①] 该项目是国家高速公路网规划中的主线项目，是四川省最重要的省际公路通道之一，是四川经贵州通往沿海口岸最便捷的出海通道。

[②] 成自泸赤高速公路（成都—自贡—泸州—赤水），北起成都，途经眉山、内江、自贡、泸州四市，南接贵州省遵义至赤水高速公路。该项目的建设，对于进一步改善川南经济区交通条件、完善四川省高速公路主骨架网络、构建西部综合交通枢纽、畅通出川入海运输大通道，都具有十分重要的意义。

[③] 宜泸渝高速公路（四川境段）以长江为走廊带，起自宜宾象鼻互通立交（与已开工建设的乐宜高速公路相接），途经宜宾、泸州、合江，至重庆绕城高速。宜泸渝高速公路与内宜、宜水、乐宜、隆纳、重庆绕城高速公路相连，形成川南高速公路网，将川南数个重要城市和重庆以及西南地区紧密联系在一起。

长江上游经济区交通基础设施建设和生态环境保护

接。加强国、省干线公路和重要城镇过境线的升级改造，努力提升区域内各城市市与县、县与县、资源地和城镇与产业园区之间的公路等级，提高各城市农村地区公路标准，构建农村公路网络。加快区域内各城市和地区的国省干道改造，继续疏通和完善县际公路、旅游公路、矿区公路，加快农村公路建设，提高农村公路通达性。围绕重要的煤化工基地、电厂、煤矿、酿酒工业园、临港经济开发区至区域腹地路段，修建二级公路。新改建毕节市和六盘水市三、四级重载运煤公路和经济路、大件路，加快宜宾港志诚作业区与成都—自贡—泸州高速公路相连的大件运输路和自贡至泸州大件运输公路建设。

（三）积极推进航空和水运建设

积极推进长江、金沙江、岷江、沱江、赤水河航道整治工程，提高航道等级，提升江海直达的通航能力，形成川南地区、川渝地区及攀西、滇北、黔西北地区物资出海的水运大通道。力争提升长江航道（宜宾段）等级至Ⅰ级，提升金沙江水富至宜宾、岷江龙溪口至宜宾航道等级至Ⅲ级，实现金沙江攀枝花—宜宾段达到1000吨级航道标准[①]；开发沱江水运通道，提升沱江航道为Ⅳ级航道，船舶常年通航能力达到500吨以上；全力推进岷江航运综合开发，以流量调节、疏浚、筑坝等方式整治龙溪口以下河段，打通成都经济区重型机械制造业进出川的大动脉和生命线——岷江乐山至宜宾大件运输水运通道[②]，提高航道等级为Ⅲ级，实现1000吨级船舶直达长江；建设北盘江打帮河口以下、南盘江平班电站以下、红水河两江口以下及支流濛江共360公里Ⅳ级航道（通航500吨级船舶），完善北盘江等重点流域航运基础设施建设；着力推动赤水河航运建设，改扩建岔角、土城、赤水、合江四个港区码头，提升通航能力至500吨；打通乌江通往长江的黄金水道，使乌江干流大乌江以下河道（乌江渡至龚滩）达到Ⅳ级航道标准，建设开阳港、乌江渡、江界河等8个重点码头，提升

[①] 实现云南烟、煤、矿石、木材等经水富港转运到四川、重庆及长江中下游各省区，船舶返航装运机器设备、钢材、粮食等物资。

[②] 重大技术装备制造业是四川省确定的四大优势产业之一，占工业经济比重的20%。目前，乐山港大件码头是国内起吊能力最大的内河码头，德阳等地的重大技术装备一般经大件公路运输到乐山港下水，经岷江、长江运往全国各地。据统计，2008年，乐山大件码头共转运来自成都、德阳等地的特大件共141批次、3.4万吨。

长江上游经济区一体化发展

通航能力至500吨，完成支嘎阿鲁湖、乌江库区、东风库区等库区航道整治，形成黔北腹地的煤炭、沙石、竹木、化肥等工业原料与成渝及长江中下游地区的大型机器设备和生产生活用品用具贸易往来的便捷通道。加快启动向家坝灌区引水工程，加大对区域内中型灌区工程的建设力度，构筑灌区河道供水系统，实现长江各支流水资源的联合调度。

充分发挥长江黄金水道运输优势，川南经济区各城市共同打造四川内河枢纽港和区域航空港，全面提高产业协作水平，大力发展临港经济。充分发挥通道优势，重点打造泸州、宜宾、乐山港口群，加快泸州港集装箱码头二期续建工程、宜宾港志城作业区一期工程等项目建设，初步形成功能互补、分工合理的港口集疏运体系，构建集装箱、重大件、化工、干散货等运输系统，初步形成以水运为特色的区域次级交通枢纽，使三大港口群成为成渝经济区的物资中转站、滇东黔北地区沿长江最重要的出海通道和云贵等周边地区的物资集散地：泸州港建设以能源、原材料、工业产品和内外贸集装箱运输为主的综合性港口，宜宾港建设以内外贸集装箱、能源、原材料和工业产品运输服务为主的地区性港口，乐山港建设以重大装备、原材料、工业产品、内外贸集装箱运输和旅客客运为主的综合性港口。积极开展水富港扩建工程，打开云南对长江上游乃至中下游经济区开放的北大门，形成云南省东北部货物通往长江中下游的出口通道，为滇东北及滇北地区进出长江流域的货物提供水路及公、铁、水中转运输服务，为向家坝、溪洛渡以及金沙江下游其他水电站的建设所需建筑材料、设备和重大件提供中转运输服务。充分发挥赤水河河鲢鱼溪专用货运码头、乌江遵义港乌江渡码头、楠木渡码头、凤冈河闪渡码头、湄潭沿江渡码头的货运优势，实现贵阳、遵义贵州省两大经济中心与长江黄金水运通道的货运对接。加快宜宾白马、西渡、牌楼等旅游客运、囤船码头建设。

全面完成毕节机场、六盘水月照机场、泸州云龙机场建设，规划建设内江川南机场，迁建宜宾机场，迁建后的宜宾和泸州机场军民合用，近期为4C级，远期为4D级；加强机场与对外大通道和重要交通枢纽站场连接线建设，积极开辟长江上游经济区主要机场至国内主要大中城市和重要旅游景区航线；提高航班密度和客运吞吐量，进一步提升对黔北、渝西、滇北等周边地区的辐射和集聚能力，形成长江上游经济区航空网络。

（四）着力发展交通各要素联动体系

长江上游经济区各城市联合制定长江流域综合运输体系规划，解决重大基础设施的共享利用问题，发挥好区域内高铁、机场、港口、水利等重大基础设施作用，加快建设各城市重点区域与其连接的大件运输通道和陆路快速通道，推进水运、公路、铁路、航空、管道等各种运输方式的"无缝衔接"和"零换乘"。适应国家调整和振兴物流业规划的实施，积极发展多式联运，大力推进重庆至宜宾段沿江铁路和沿江高速公路建设，依靠现有设施条件，加强港口和铁路货物运输衔接，充分发挥铁水联运的规模化优势，适时带动公水联运、空水联运，建立全面覆盖的物流通道，打造沿江一体化交通运输网络。依托泸州港进港专用铁路，通过隆泸铁路北连成渝线，实现泸州港与亚洲最大的青白江铁路集装箱枢纽站的无缝对接，使其集装箱通过铁水联运便捷地到达华东等地，依托隆纳、川黔、宜泸、泸渝、成自泸和泸赤等高速公路，使泸州港有效辐射四川全省和滇东、黔北地区。

专栏1　莱茵河交通体系建设

莱茵河发源于欧洲南部阿尔卑斯山脉，全长约1400公里，流经瑞士、法国、德国、荷兰等国，通航里程达1000多公里，航运总吨位超过1500万吨，年货运量3亿吨以上，是目前世界上航运量最大、航运业务最为繁忙的内陆河流。其巨大的物流量催生出了一系列河港，其中包括年吞吐量超过2000万吨的欧洲最大河港——杜伊斯堡港，以及曼海姆、路德维希、科隆等重要河港。整个莱茵河区域经济的崛起与其物流网络系统的建设密切相关，从最初水域通道的开发到现在综合运输体系的形成，物流网络的建设一直伴随着区域经济发展的进程。在荷兰，莱茵河驳船集装箱运输经过几十年发展，迄今已经达到相当大的规模。

自18世纪以来，莱茵河两岸各国城市通过不断修筑堤坝、整治岸线、疏浚河道、开挖运河，对河水资源进行了系统整治和综合开发，使莱茵河的航运条件不断得到改善，成为德国的运输网骨干和瑞士、法国东部地区的重要外出通道，并与下游的若干运河连接，形成了干支通达、河海港口相连、运输网纵横交错的航道网。19世纪中期到20世纪中期，莱茵河沿岸各国在莱茵河沿岸修建了一系列铁路，构筑了莱茵河铁路运输的网络。铁路运输的发展与莱茵河内河运输相互促进，共同构成了莱茵河经济区域的物流通道。

第二次世界大战以后，特别是在20世纪五六十年代，沿岸各国掀起了高速公路的建设热潮，从而形成了沿莱茵河两岸的高速公路运输网络体系。与此同时，各国进一步对铁路和内河航运进行改造。铁路方面，通过改进机车、增加电气化铁路里程、提高运输效率，使其成为大宗货物的主要通道；内河航运方面，通过整治河道、修建船闸、改进港口设施，使其进一步发挥莱茵河通航的水运优势。除此以外，德国的远程输油管道、输气管道以及欧洲电力系统干线也沿莱茵河分别向南北延伸，与莱茵河内河航运、铁路、公路一起构成莱茵河经济区域的复合型发展轴，把北部荷兰境内河口密集产业区、作为"德国与欧洲心脏"的鲁尔工业区、中部的"莱茵—美茵工业区"和南部的"路德维希—曼海姆—海德堡"工业区连接起来。由此，形成公、铁、水、管道整体衔接和贯通的综合物流网络体系。

（资料来源：根据相关资料整理）

（五）实施重点生态工程建设

继续推进区域内天然林保护、退耕还林、水土流失治理、石漠化综合治理等重点生态工程建设，全面实行山、水、田、林、路综合治理。实施长江流域防护林工程，进一步巩固水土流失治理成果，加大赤水河干热干旱河谷地区、叙永和古蔺的石漠化土地治理力度，加强沿长江、沱江、岷江、乌江、赤水河、永宁河等干支流域的沙化土地治理。继续加大筠连县、珙县、兴文县、高县等重要采煤矿区沉陷区生态环境恢复治理力度，加强高县湿地公园、草海湿地等湿地保护和治理，对重要水源地实行严格的生态保护，严格控制生态脆弱地区的自然资源开发，积极推进中小河流域治理与休闲旅游开发工程，增强水土流失区和生态脆弱区的生态稳定性，发展生态经济。

（六）实施异地扶贫搬迁和劳务输出

国家要进一步加大对长江上游经济区内革命老区、少数民族地区、深山区、水库移民区等特殊贫困区域的扶持力度，实施区域异地扶贫搬迁和劳务输出相结合，对毕节、昭通地区丧失基本生存条件的贫困群众实施跨区域易地搬迁扶贫，从根本上逐步解决这些地方贫困群众的脱贫问题，并对异地搬迁移民进行职业技能培训，与成渝地区、珠三角地区、长三角地区构建劳务输出机制，每年集中组织 1~2 次大型跨省区市的劳务交流活动，提高有组织劳务输出的比重。实施"千万农民工培训工程"，组织和扶持一批规模大、品质高、有特色的培训机构和职业学校，大力开展农村劳动力职业技能培训，努力为区域各方提供较高素质和技能水平的劳动者，建立健全劳务输出服务网络。

（七）构建区域生态补偿机制

逐步探索建立政府主导、市场推进和社会参与的生态补偿机制，努力实现经济社会发展与生态环境保护双赢。大力争取国家林业生态建设项目资金，设立地方公益林生态补偿专项基金，加大财政支持力度，有效解决生态保护区农民的脱贫致富问题。充分调动广大农民保护和管理公益林的积极性，积极开展社会融资，按照"谁开发谁保护、谁受益谁补偿"的原则，在森林、矿产资源、流域和湿地等开发领域，逐步建立健全生态补偿机制。探索建立横向财政转移支付制度，下游地区对上游地区、开发地区对保护地区、受益地区对保护地区的生态补偿机制。

专题报告之六

长江上游河段水电与航运综合开发

长江上游经济区是指重庆至宜宾的长江上游川渝滇黔四省市的交界地区，包括重庆市，四川省的泸州、自贡、内江、宜宾和乐山五地市，贵州省的六盘水市和毕节市，以及云南省的昭通市。长江上游经济区既是以长江上游干流为纽带的经济社会关系密切的一个跨省市行政区区域，又是整个长江经济带上一个尚未进行综合开发的区域。这个区域不仅具有较强的发展潜力，而且可以为整个长江经济带的综合开发提供重要支持，也可以为缩小长江经济带的上中下游发展差距和国家实施区域发展总体战略做出重要贡献。长江上游经济区的发展要充分考虑与整个长江经济带开发开放、新一轮西部大开发和成渝经济区发展相衔接、相协调，把长江上游经济区打造成为我国西部地区新的增长极。

一、长江宜宾至重庆河段自然条件及其对航运的影响

长江上游经济区横跨长江上游，区域内长江支流密布，水运资源充裕，但地质地形复杂，流态和水位多变，很大程度上影响着该地区航运的发展。推进长江上游河段开发，首先必须详细了解长江上游河段的自然条件和流域特征，以及对长江上游航运发展的影响程度，对于促进长江上游航运产业又好又快发展具有重要的现实意义（见图6-1、图6-2）。

图 6-1　长江流域省份全图

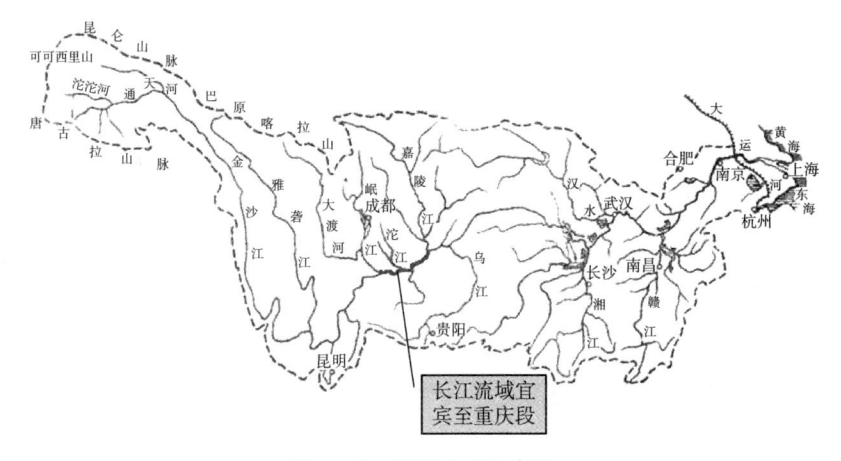

图 6-2　长江流域示意图

（一）河段自然条件

1. 水系发达，河网密布

宜宾至重庆河段是川江的一部分，又名上川江，全长 370 公里。北岸流域面积在 10000 平方公里以上的一、二级支流有大渡河、青衣江、岷江、沱江、涪江、嘉陵江、渠江等；南岸流域面积在 10000 平方公里以上的有赤水河、乌江。其他较大支流还有南广河、綦江、小江、大宁河、香

长江上游河段水电与航运综合开发

溪等。江流先自西向东，后转向东北，蜿蜒于四川盆地南部边缘低丘地带和盆东平行岭谷区，水系发达，由众多支流组成一个流域面积较广的水系网，但南北支流不对称，属不对称水系。

2. 径流量及含沙量较大

宜宾至重庆段（上川江）的径流除大渡河上游有雪源补给外，其余主要由降雨形成。其中，河段干流北部有峨眉山、鹿头山2个暴雨区，暴雨强度大，笼罩面积广，使上川江径流量大大攀升。川江上承金沙江来水，屏山站多年年均径流量约1430亿立方米；加上岷江高场站多年年均径流量约890余亿立方米，以及沱江、赤水河和区间来水后，干流江津朱沱水文站多年年均径流量约2680亿立方米；再加上嘉陵江和其他小支流的汇入，重庆寸滩站多年年均径流量约3560亿立方米。

宜宾至重庆河段各支流的悬移质泥沙含量和输沙量相差较大，岷江大渡河、嘉陵江上源白龙江和西汉水是长江的重点产沙区，年输沙模数在2000吨/平方公里以上，加上金沙江的重点产沙区在内，仅它们所产沙量即约占宜昌站输沙量的43%。干流寸滩水文站多年平均含沙量为1.31千克/立方米，年输沙量约为4.6亿吨。在干流上每年的卵石推移量方面，朱沱站测得平均值约为66万吨，寸滩站约为32万吨，万县站约为29万吨。

3. 水位变化显著

枯水期时，宜宾至重庆河段水面宽350~450米，断面平均水深4~7米；洪水期时，正常河道水面宽500~700米，漫滩时则超过800米，断面平均水深在重庆以上为15~20米。一般5~10月为汛期，全年70%~90%的降水量都集中于此，其中主汛期为7~8月。

4. 沿岸地形变化大

宜宾至重庆河段地处四川盆地及四周倾向于盆地的高、中、低山地带，地形变化大。西部及西北部为青藏高原和横断山脉纵深谷地，大部分山峰海拔超过4000米；西北部及西端边缘有岷山、迭山；东北部及东部有大巴山、巫山；西南部及南缘为云贵高原及其东侧的斜坡地带，继之为苗岭、武陵山。全水系地势自西北向东南倾斜。

5. 气候对径流量和汛期的影响大

由于宜宾至重庆河段位于东亚副热带季风区，冬无严寒，夏季季风活跃，气候温暖湿润，使得多年平均降水量约 1100 毫米。在 6~9 月的汛期中，常发生强度大、笼罩面积广的暴雨，各支流径流量急剧增大，岷江、沱江、嘉陵江洪水同期发生，当汇集到上川江干流时，形成峰高量大、来势汹涌的川江洪水，对航运、发电创造了良好条件，但同时也带来不利影响。

（二）流域特征

1. 流域面积广阔

宜宾至重庆段水系网发达，流域面积广阔，其中流域面积大于 1000 平方公里的一级支流有 13 条。嘉陵江流域面积最大，达到 16 万平方公里，岷江流域面积 13.5 万平方公里，大渡河流域面积 9 万多平方公里，乌江流域面积 8.79 万平方公里，渠江流域面积 3.92 万平方公里，涪江流域面积 3.64 万平方公里，沱江流域面积 2.79 万平方公里。

2. 流域呈向心状

宜宾至重庆河段（上川江）流经四川盆地，地势相对低缓，加上四周环山，使得河段两岸支流均向盆地辐射。而由于左岸大支流较多，右岸除乌江外，支流多短促，因此，上川江流域构成不对称的向心状水系。

3. 流域方向自西向东

上川江干流自岷江汇入宜宾起向东流，在泸州北面有沱江汇入，在合江南面接赤水河后折向东北，至重庆市北岸有嘉陵江汇入。有些河段弯曲显著，如在江津市绕城三折形同"几"字，因此当地称为"几江"。

4. 河网密度较大

上川江流经四川盆地南部边缘低丘地带和盆东平行岭谷区，地形的原

长江上游河段水电与航运综合开发

因使得上川江河网密度较大，在0.5~1.2公里/平方公里之间。其中，成都平原的河网密度达到了1.2公里/平方公里，是上川江河网最密集的地区。

5. 沿岸矿产资源以三市为主

宜宾至重庆段以宜宾、泸州、重庆三市的矿产资源为主，种类繁多，储量丰富。金属矿藏有硫铁矿、铜、金、铀、镓、锗、铝土、锰、汞、铝、锶等；非金属矿藏有煤炭、石油、天然气、岩盐、石英、石灰石、方解石、大理石、耐火黏土、高岭土、熔剂白云岩、玻璃用砂、陶瓷用黏土、石膏等。

（三）对航运的影响

1. 暴雨强度大，枯洪季分明，航运条件不稳定

在宜宾至重庆河段6~9月的洪水期（南岸支流为5~8月），各支流或部分支流同时遭遇暴雨的概率很大。暴雨后，几条江的洪水同时汇集，便造成川江干流流量猛增，水流速度加快，水位急剧上涨，形成的洪峰多呈单一峰或复式峰，急涨急落，加上河道两边弯曲显著，宽窄相间，对船舶运行极为不利，加大了航运的危险性。

枯水季节，河段水位下降，断面平均水深4~7米；江面狭窄，一般水面宽250~350米；流速较缓，滩上的表面流速一般为3.0米/秒。河道中较多浅滩和洲坝显露，且在浅水区，边岸多有卵石浅滩和冲击平坝，且河床为石质沉积物，使得河道不能达到较大船只航行所需的航深和航宽，通航率大大下降。

从以上两方面的分析可以看出，一年中宜宾至重庆段的航道水情变化反差极大，造成上川江的通航率较低，航运条件不稳定。因此，需要加强基础设施建设，大力进行航道整治，以有效改善航运条件。

2. 水位变幅逐渐增大，航道建设难度较高

宜宾至重庆河段有岷江、沱江、嘉陵江、赤水河和乌江等流量较大的河流汇入，水位、径流量和含沙量较金沙江段相比，都有逐渐增大的趋势。尤其是在汛期，当各支流汇入上川江干流时，水位急剧升高。据寸滩站调查，洪水位最高时曾达到 196.25 米，相应最大流量为 100000 立方米/秒。且干流各站水位变幅自宜宾以下逐渐增大，重庆寸滩约为 33 米，万州约为 42 米，巫山约为 59 米。这种高水位大流量的变化给上川江航道维护和建设带来了较大挑战。

二、长江航道宜宾至重庆段的现状及港口建设

航道是指为保证船舶安全航行所开辟的具备一定水深、宽度及航标的水道。航运是指利用江河、湖泊、海洋、水库、渠道等水域，用船舶、排、筏等浮载工具运送旅客、货物或木材。从航道和航运的概念可以看出，航道是航运发展的基础性要素，航道状况决定了航运的发展潜力；航运发展也在很大程度上反映了该地区的航道现状。从航运的概念角度入手，分析其优势及产业特性，深入挖掘内河流域经济的发展现状与趋势，能够更加全面深刻地分析宜宾至重庆段的航道建设，更加准确地预测未来航运需求状况，为今后航运发展与水电开发提供参考和依据（见图 6-3）。

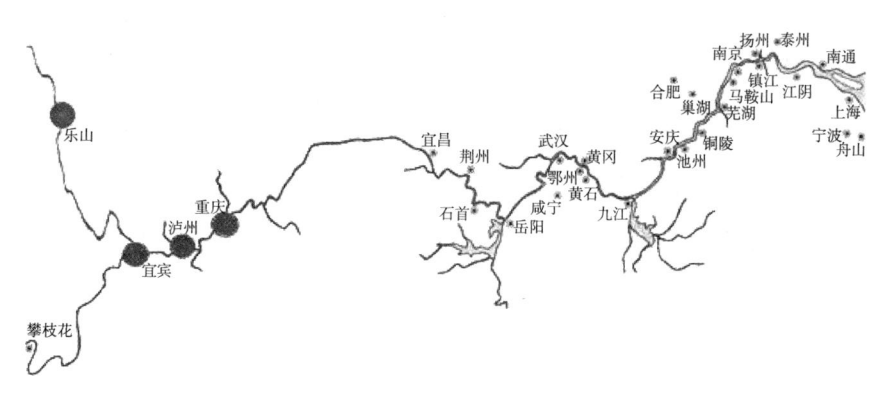

图 6-3　长江沿岸 29 个大中城市

（一）内河航运的优势及其产业特性

内河航运是指借助内河港口等天然或人工水道，使用船舶运送货物和

长江上游河段水电与航运综合开发

旅客的一种运输方式,是联系内陆腹地和沿海地区的纽带。长期以来,内河航运在运输和集散进出口货物中起着重要作用。与其他交通运输方式相比较,内河航运在运输能力、运输成本、运输能耗和固定资产效率等方面具有不可替代的优势。

1. 内河航运的优势

单位运输成本低。内河航运在长距离、大运量的条件下具有规模经济优势,与公路、铁路等其他运输方式相比,单位运输成本较低,如长江干线货物运输能力相当于 16 条京广线。

内河航运节能环保。内河运输借水行舟,充分利用水的浮力,摩擦力小,船舶载运量大,单位功率拖带量大,是众多运输方式中能源消耗最低。在内河、铁路、公路三种运输方式中,内河航运单位能耗比铁路约低 45%,约为公路的 1/340。在我国能源相当紧缺条件下,发展内河航运对于减缓能源消费增长的势头具有重要意义。同时,内河航运在空气污染、噪声污染、低碳发展等方面具有其他运输方式不可比拟的优势。

内河航运建设节约资源。内河航运多利用天然的江河湖泊,基本不占地或较少占用土地,甚至航道整治时利用疏浚、航道截弯取直时还可造地。其基础设施不像铁路、公路那样需要消耗大量钢材、水泥等原材料,航道建设投资也较少。

内河航运较为安全可靠。与海运相比,内河航运受潮水涨落潮的影响较小,航运条件较为稳定。内河航运在运送石油、化学品等危险品方面具有较高的安全性。

综上所述,内河航运作为综合交通运输体系的重要组成部分,以运距长、运量大、运费低、占地少、投资少、能耗低、污染小、安全性高等特点被称为"绿色"运输,符合我国建设节约型、环境友好型社会,实施可持续发展战略的要求。随着我国内河航道、港口基础设施的逐步完善,内河航运的发展潜力和发展空间将会进一步放大,其优势也将得到进一步发挥。

2. 内河航运的产业特性

内河航运独有的经济技术特性,决定了其适用于大宗低值货物、危险品的运输，运输类型主要有大件运输、集装箱运输及干散货运输。根据适箱货物、干散货的特点，总结出内河航运的产业特性。

重型化。如大型发电、冶金化工、工程施工、石油天然气、环保成套设备、机车车辆、数控技术及设备、航空及空中管制系统等往往都是成套重型设备，重量可达几十吨，甚至上百吨，只有航运可以承担如此大的运量。

大件化。如汽车整车、大型重装机械设备与一般的机械设备在高度、长度上具有较大的区别，往往都是超高、超长的机械设备，体积特别庞大，更适于内河航运。

运输费用占售价比例大。虽然内河航运运输的单位成本较低，但是大部分产品的附加值低，使得产品的运输费用占整个产品售价的比例较大。

对时效性要求不高。内河航运在运输速度上远不如公路、铁路运输，但对时效性要求不高的产品却具有较大优势，如电线、电缆、进口废纸、竹木制品、胶合板等附加值较低的产品，尤其是需求量稳定的产品，连续发送就能满足其市场的需要。

3. 流域经济

流域经济是指依托一定内河流域，在一定区域范围内，由内河航运、临港经济、腹地经济等经济类型有机组合的一种区域经济，是内陆临港经济和腹地经济的综合。从空间看是一个区域概念；从产业看是一个诸多产业（产业集群、产业带）的集合概念；从开放性上看是由两个市场间各种要素的相互供给与需求构成的。可以说，内河流域经济是以内河港口及临近区域为中心，港口城市为载体，综合运输体系为动脉，港口相关产业为依托，港口腹地产业为支撑，展开生产力布局，发展与港口密切相关的特色经济，并实现彼此间的相关联系，密切协调，有机结合，共同发展。

（二）长江航道宜宾至重庆段的现状

长江上游重庆至宜宾段航道全长 370 公里，是我国西南地区物资运输的主通道。进入"十一五"时期以来，长江上游重庆至宜宾段航道加快疏浚整治，航道基础设施建设快速推进，航道等级达到Ⅲ级标准，维护标准最高可达到Ⅰ级，数字化安全管理系统实现航道全覆盖。

长江上游河段水电与航运综合开发

1. 航道基础设施日趋完善

近年来,长江上游重庆至宜宾段航道基础设施建设不断完善。重庆至泸州段 270 公里航道共整治滩险 10 处,配布航标 847 座,新建和改建信号台 13 处,建设航道测量控制网点 2880 个,并于 2009 年 5 月竣工;泸州至宜宾 100 公里航道共整治碍航滩险 11 处,于 2009 年 9 月全面完成施工。

2. 航道等级达到Ⅲ级标准

从 2005 年开始,分三期先后对重庆至宜宾航道进行了炸礁、筑坝、疏浚等整治建设,总投资超过 3 亿元。系统治理后,航道的条件明显改善,河道顺直,行船水域更宽,航线弯曲半径增大,船舶安全航行更有保证,且可进行夜航。重庆至宜宾段航道水深由 1.8 米提高到了 2.7 米,航道等级由Ⅳ级提高到了Ⅲ级,能够满足 1000 吨级船舶全年昼夜通航[1],航运成本大大降低。

3. 航道维护标准最高可达Ⅰ级

2010 年 8 月 10 日起,长江上游重庆至宜宾段航道维护升级,洪水期航道维护标准由Ⅲ级提高到Ⅰ级,维护水深由 3.0 米提升至 3.7 米,航道宽度从 50 米拓宽至 80 米,3000 吨级船舶可昼夜通航,通航能力大大提高。每年 5～11 月的长江中、洪水期,长江航道局分时分段提高上游重庆至宜宾段航道维护尺度,其中,在 5 月、6 月、10 月、11 月长江中水期,该航道达到国家Ⅱ级航道维护标准,2000 吨级船舶可昼夜通航;在 7 月、8 月、9 月洪水期,该航道达到国家Ⅰ级航道标准,3000 吨级船舶可昼夜通航[2]。

4. 数字化安全管理系统覆盖全航道

长江上游重庆至宜宾段已实现船岸甚高频(VHF)通信网络的全程覆,沿途修建了 7 个干线甚高频基站。现在航行在该水域的船舶可在第一

---

[1] 宜宾公众网 www.yb.gov.cn:千吨级船舶枯水期试航成功重庆以上长江干线航道治理全面完成。

[2] 新华网 http://news.longhoo.net/2010-08/11/content_3832026.htm:长江重庆至宜宾河段实现 3000 吨级船舶昼夜通航。

时间收听到长江安全信息联播,及时掌握水位、气象、航道情况及航行警告,有效避免安全事故发生,为航运安全提供了可靠保证[①]。

(三) 沿江临港城市及腹地经济社会的发展

长江航道宜宾至重庆段沿江区域包括十五区九县,沿江区域经济增长较快,经济发展水平相对较高(见图6-4)。面积最大的区县为奉节县,幅员面积4087平方公里,面积最小的大渡口区,幅员面积103平方公里;经济增长最快的是龙马潭区,2012年经济增速达到16.12%,大渡口区经济增长较慢,为-15.20%。2012年,长江上游经济区沿江十五区九县每平方公里土地创造地区生产总值1740.96万元,是三市整体单位面积产值1267.62万元/平方公里的1.37倍,较高的经济发展程度有利于沿江地区充分发挥其集聚效应,形成沿江经济带,从而在长江宜宾至重庆段形成新的增长极,进而带动整个区域的经济发展。

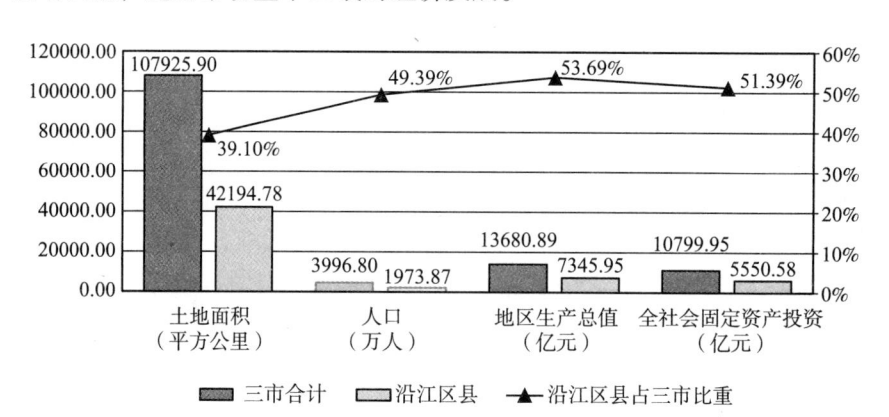

图6-4 沿江主要经济指标占三市主要经济指标比例

注:重庆市区县的人口数据为年末常住人口,四川省区县的人口数据为年末户籍人口。
资料来源:土地面积数据来自百度百科;《四川统计年鉴(2013)》和《重庆统计年鉴(2012)》。

1. 沿江区域经济社会发展概况

长江宜宾至重庆段沿江经济带的发展充分利用了沿江地区交通条件

---

① 新华网 http://www.aqsc.cn/102480/102481/131530.html;长江重庆至宜宾段实现航行安全信息网络全覆盖。

长江上游河段水电与航运综合开发

好、承载能力强、水运成本低的优势，依赖其良好的工业基础，大力建设沿江工业集中区，布局发展大投资量、大运输量和大进大出产业，吸引沿海重大装备制造、高载能、劳动密集型等产业向沿江地区转移，使之成为优势产业扩张和优势资源开发的集聚区。沿江经济带作为西南地区重要的交通枢纽，依托成渝经济区和滇中经济区两大国家重点开发地区，加快交通基础设施建设和交通服务业发展，有利于促进沿江区域经济发展。

（1）四川省段。

长江航道宜宾至重庆段沿江区域，四川部分包括五区四县，即宜宾段的翠屏区、南溪区、江安县、长宁县两区两县和泸州段的纳溪区、江阳区、龙马潭区、泸县、合江县三区两县，土地面积共9789.84平方公里（见图6-5）。各区县面积差距很大，其中面积最大的区县为合江县，幅员面积2414.00平方公里，最小的区县为龙马潭区，仅有332.64平方公里。2012年，四川省沿江区县每平方公里土地创造地区生产总值1579.93万元，是两市整体单位面积产值889.80万元/平方公里的177.56%。从产业结构来看，2012年四川省沿江区县的产业结构为11.92∶62.79∶25.29。可以看出，在沿江的区县中第二产业较为发达，超过60%，为当地经济发展的主要动力。在第二产业中，重工业、原材料、加工工业占有相当的比重。

（2）重庆市段。

长江航道宜宾至重庆段，重庆市部分包括十区五县，即永川区、江津区、九龙坡区、大渡口区、巴南区、江北区、渝北区、涪陵区、长寿区、万州区、丰都县、忠县、云阳县、奉节县和巫山县（见图6-6），土地面积32404.94平方公里，占重庆市的39.33%，2012年年末常住人口1399.27万人，占重庆市的47.51%。重庆市沿江区县的土地面积差距很大，奉节县面积最大，达到4087.00平方公里，面积最小的是大渡口区，仅有103.00平方公里。2012年，重庆市沿江区县每平方公里土地实现产值1789.613万元，是全市平均水平的1.29倍。从产业结构来看，2012年重庆市沿江区县整体产业结构为7.29∶52.62∶40.09，优于重庆市8.24∶52.37∶39.39的产业结构状况，第二产业占比相对稳定但质量不断提高，而第三产业也较为发达。在重庆市沿江十五区县中，经济增长最快的是云阳县，增速达到15.87%。重庆市沿江各区县利用长江航道优势，积极发展工业和服务业，有力地促进了重庆经济社会的发展。

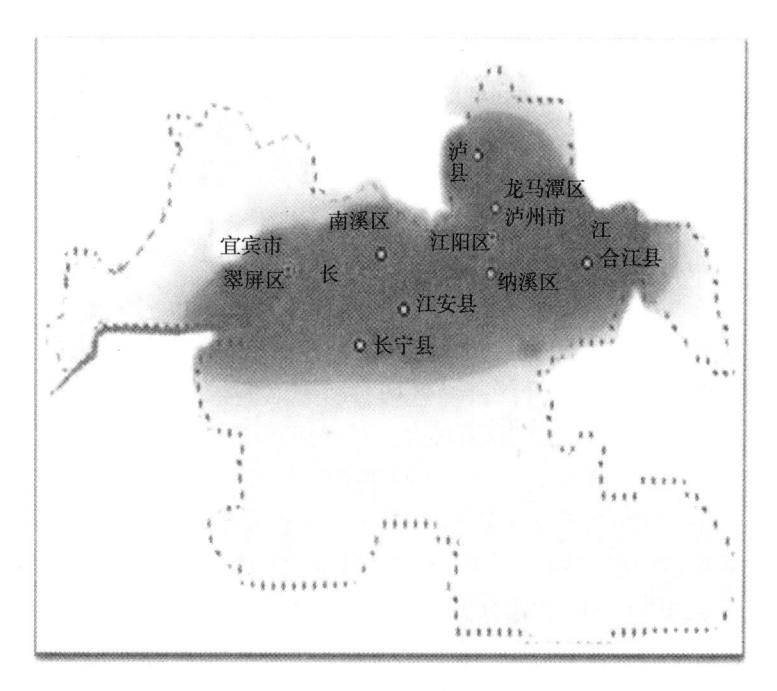

图6-5 长江航道宜宾至重庆段四川省沿江区域

2. 临港城市及腹地经济基本情况

临港经济是以港口资源的开发、利用和管理为核心,港口城市为载体,综合运输体系为动脉,港口相关产业为依托,陆域腹地为支撑,展开生产力布局,发展与港口密切相关的特色经济,进而推动区域经济开放式发展。它使得港口功能不再局限于货运装卸与集散,而是扩展到商贸、物流、信息等综合性服务,具有强大的资源集聚和整合能力,能够带动港口城市及周边地区制造业、重化工等工业的快速发展,进而为银行、保险、贸易、旅游等第三产业提供巨大的发展空间,实现港口和城市的共同发展和繁荣。为了准确预测长江航运宜宾至重庆段未来的需求变化趋势,探索长江上游水电开发与航运发展对区域经济社会的影响,从而达到长江上游经济区一体化建设的目标,对长江宜宾至重庆段临港城市及其腹地的经济、社会、产业进行深入分析是至关重要且必不可少的一环。

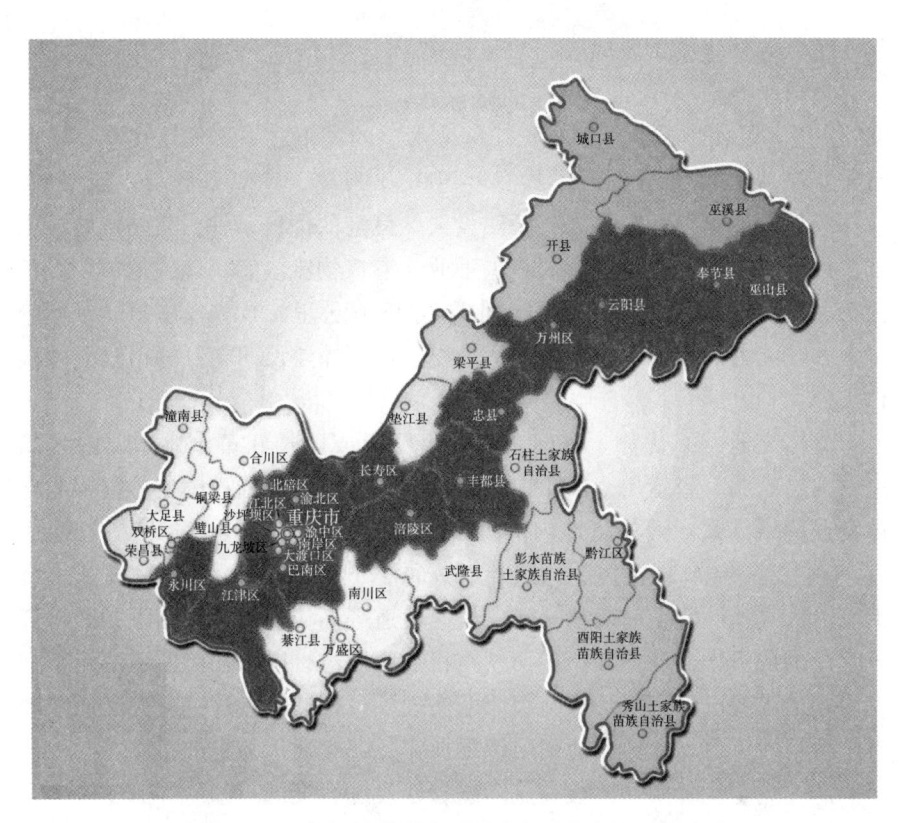

长江上游河段水电与航运综合开发

图6-6 长江航道宜宾至重庆段重庆市沿江区域

(1)宜宾市。

区位优势独特。宜宾市位于长江经济带、成渝经济区、南贵昆经济区结合部,地处国家"五纵七横"交通规划中南北干线与长江"黄金水道"东西轴线的交汇点,长江、金沙江、岷江在此汇合,是攀西—六盘水地区出入长江黄金水道和成渝经济区联结南贵昆走向东南亚的重要门户,是连接东西、沟通南北的综合交通枢纽和战略要地。该区域将承接"三个转移":一是承接攀西—六盘水和川南地区铁矿、煤炭、化工、建材等产品向长江中下游及全国各地的输送转移;二是承接东部地区机械装备、重化工等"亲水临港"产业向西部地区的转移;三是承接金沙江水电开发、云贵煤田综合开发所需物资、装备在宜宾集散以及相关配套产业集聚而形成的转移。独特的区位优势和承接"三个转移"使宜宾成为发展要素集聚、整合、扩张的重要地区。

港口岸线资源丰富。宜宾拥有长江、金沙江、岷江三江天然岸线约589公里，是四川省两个拥有长江黄金水道的城市之一。长江在宜宾境内常年水深达2~3米，江面平均宽度300~800米，水域开阔、水流平缓、水深条件好，沿江两岸多处具备建设天然良港的优良条件，其陆域后缘广阔，地势平坦，非常适合布局临港工业、港口物流。宜宾境内港口岸线长约75.7公里，其中长江宜宾段深水岸线43.6公里，具有发展100万标箱以上吞吐能力的岸线5段，总长9公里，可支撑建设500万标箱以上的港口规模。

立体交通网络优势。目前，宜宾市已形成以长江黄金水道、内水高速、内昆铁路、省道川云中路、宜宾机场等区际对外通道为主体框架的立体交通网络体系。港口腹地内实现了水泥（油）路全覆盖，境内已建成11座连接主要港口的过江公路、铁路桥梁。已开工建设的乐宜高速、宜泸渝沿江高速、宜宾—南溪—江安快速通道等高速公路顺江而下；即将开工建设的成贵铁路、内江—昆明铁路将越境而过；国家长江航道泸州至宜宾段整治工程已经完工，千吨级船舶实现了昼夜通航。这些重大交通基础设施项目竣工后，立体交通网络将更加完备，交通优势更加凸显。

产业竞争优势明显。宜宾是四川省建设综合交通枢纽、"7+3"产业规划、川南经济区及川南城市群建设等战略部署的重点发展区域，是四川最大的煤炭生产基地、金沙江滚动开发的依托城市和西电东送的重要基地。近年来，宜宾市地区生产总值一直居川南首位、四川省第四位，已初步形成了以饮料食品、化工、能源为主导，以轻纺、机械、建材、电子等为支撑的现代产业体系。随着金沙江水电开发和筠连煤田综合开发的深入推进，五粮液集团多元化扩张项目、向家坝水电站工程、四川华电珙县电站、中电国际福溪电厂、筠连煤化工、宜宾天原年产6万吨差别化粘胶纤维项目、拉法基干法水泥项目等一批重大产业化项目的开工建设，为宜宾发展白酒食品、能源、机械制造、化工纺织等特色产业发展增添了强劲动力，成为四川省"7+3"产业规划重点打造的特色产业基地之一。

腹地需求多元化。四川宜宾港经济腹地以四川、云南北部、贵州西部、甘陕等地区为主。直接腹地包括川南经济区、成都经济区、攀西经济区；间接腹地近期包括滇北、黔北地区，远期随着综合交通运输网络的完

长江上游河段水电与航运综合开发

善将延伸至滇黔南部及陕、甘、藏、青等西部4个省区的部分地区。腹地大且资源丰富，有"西南立体资源宝库"之美称。其中，矿产资源量大而集中，云贵煤田是全国规划建设的13个大型煤基地之一，以储量大、煤质优而著称；钒钛磁铁矿石探明储量为79亿吨，钒、钛储量分别占全国的59%和93%，是世界钒钛最集中的地区。随着西部开发纵深推进，腹地能源、钢铁、机械制造等特色工业的快速发展，腹地需求将大大增加且呈多元化发展趋势，这就迫切要求加快大吨位、集装箱等综合性港口建设，大力推动宜宾临港经济开发区发展。

（2）泸州市。

战略地位突出。泸州市地处长江经济带、成渝经济区、南贵昆经济区的交汇部，是全国重要的循环型化工基地、装备制造业基地和大中型全液压汽车起重机、挖掘机制造中心，是川南沿江重化工产业带的核心地区、四川出海南通道和长江上游重要港口城市。拥有良好的区位优势、雄厚的产业基础和便捷的综合立体交通网络，是交通部确定的四川唯一的全国28个内河主要港口和国家水运口岸，有四川第一大港口和集装箱码头——泸州港和四川第三大航空港——泸州蓝田机场，是国家公路枢纽城市之一。泸州市经济社会的迅速发展使其在四川省乃至西部地区的战略地位突出，前景广阔。

交通网络体系初步形成。泸州市现有321国道和4条省道纵贯全境，高速公路直达成渝两大城市，目前正在实施"千亿交通工程"，建成和在建的高速公路有6条、铁路有3条，已开通至北京、广州等地的航线7条，泸州港集装箱码头二期工程已于2009年全面完成，已形成配套完善的立体综合交通网络。目前，泸州机场迁建前期工作正在高效推进，新机场建设在川黔、宜泸渝、成自泸赤三条高速公路及港口、铁路之间，形成"水公铁空"立体交通体系的相互配套衔接。进港铁路也预计于2010年年底建成通车。届时，泸州港将成为长江沿线第一个拥有铁路直通码头的港口，一方面，通过成渝线可对接龙泉汽车城、青白江铁路集装箱中心站、成都保税物流园区和进出口加工区等，并以"五定"集装箱班列实现铁水联运，降低成都经济圈货物到泸州港的集疏成本；另一方面，通过隆黄铁路辐射滇东、黔北地区，将当地丰富的矿产资源引入到泸州中转，泸州港的辐射功能将进一步扩大。

长江上游经济区一体化发展

产业集聚作用强劲。泸州市现已形成了以酿酒、化工、能源、机械四大支柱产业为主的产业体系，四大产业园区建设也已完成，临港国际物流园区正在建设中。通过五大园区建设，泸州市产业集聚效应将进一步增强。目前，泸州市开始规划建设沿江产业带，按照"整体规划、分步实施、基础先行、产业集聚"的原则，构建"一轴三带五港七园"①的沿江经济带，实现港口园区联动，加速产业集聚，增强区域竞争力，最终建成四川省重要的新的增长极。产业结构的优化升级与沿江产业带的建设将为泸州市未来的发展带来质的飞跃。同时，综合交通枢纽网络一旦形成，泸州就更具有布局产业、园区和建设区域性中心城市的优势。

泸州港腹地物资生成发展空间大。泸州港经济腹地较为广阔，包括四川、滇东、黔北以及甘、陕、青、藏部分地区，其中直接经济腹地包括成、德、绵经济区、川南经济区、川西地区以及攀西—六盘水等地区，间接经济腹地包括滇东、黔北以及陕、甘、藏、青等西部省区的部分地区。泸州市作为港口最重要的直接腹地，区位独特、水路交通便捷、资源禀赋好，经济发展潜力巨大。间接腹地中，成都、绵阳、德阳均为经济发达地区，泸州港可与这些地区资源互补、互促发展；黔北的毕节、习水、仁怀地区和泸州古叙矿区煤炭资源探明储量达378亿吨，对临港工业发展奠定了很好的基础。随着西部大开发战略的进一步实施，泸州港经济腹地的快速发展，泸州港吞吐量也将随之迅速增长。

（3）乐山市。

区位优势明显。乐山市地处岷江、青衣江、大渡河交汇处，位于成都、川南、攀西三大经济区结合部，是成渝经济区核心圈层的重要枢纽城市，是南向出川、连接南贵昆经济区、走向东南亚、贯通新欧亚大陆桥的重要门户。它距离成都120余公里，比成都到泸州港近200公里、宜宾港近150公里，水陆交通便捷。岷江航道是四川最重要的通江达海通道。

乐山港综合交通条件便捷。乐山市正大力实施"千亿交通工程"，推

---

① "一轴"，即：以长江泸州沿岸为轴线进行沿江产业布局；"三带"，即：在长江沿岸港口集中布局化学工业、机械工业、以酿酒为主的食品工业三个产业集聚带；"五港"，即：纳溪港区、龙江港区、泸县港区、合江港区和古蔺港区五大港区；"七园"，即：酒业集中发展区、泸州化工园区、泸州机械工业集中发展区、四川合江临港工业园区、泸州轻工业园区、泸州经济开发区和泸县中小企业创业园区七大园区。

长江上游河段水电与航运综合开发

进"两航、五铁、八高速、一枢纽"①的重大交通建设项目,届时水陆铁空四种运输方式都将在乐山港自然汇接,乐山港处于"千亿交通工程"的枢纽位置,能方便快捷地实现"旅客零距离换乘"和"货物无缝衔接",形成乐山港综合交通运输中心。这一功能完备的综合交通运输体系建立,将把乐山打造成西部综合交通枢纽重要节点,乐山将形成中心城区通达市域内各县(市、区)的"半小时核心圈"、"一小时经济圈",通达重庆市和周边市州的"两小时经济圈",通达西南其他省会城市的"四小时经济圈",通达京津冀、长三角、珠三角和北部湾地区的"八小时经济圈"。

临港经济加快发展。乐山市目前主要有电子、冶金建材、化工、能源和农副产品深加工五大产业群,以传统产业为主,形成了低附加值、大运输量的产业结构。围绕岷江航电综合开发和乐山港建设,打造岷江工业带,发展临港经济,不仅能大力发展对交通依存度很高的传统产业,也能够大力发展高新技术产业和现代服务业,从而实现乐山产业结构的调整和优化升级,培育区域核心竞争力。岷江航电综合开发按照"以航为主、航电结合、以电补航"的原则进行开发,将吸引重化工、钢铁、建筑装饰材料、能源、造纸等工业向沿江聚集,形成沿江工业经济走廊,加速沿江城镇化进程,带动第三产业尤其是旅游业的发展。规划建设的现代物流临港产业园区,也为城市发展提供了现代化的产业支撑。

主动融入成都平原城市经济圈。随着乐山港的建设和岷江航电综合开发的完成,乐山将逐渐融入成都平原城市经济圈。乐山综合交通枢纽是对成都综合交通枢纽的重要补充,使成都通过乐山港连接长江经济流域,并借此融入长三角经济圈的发展中去。成都作为泸州港、宜宾港和重庆港的公共腹地,拥有大量集装箱运输需求,相对于泸州、宜宾、重庆,乐山距离成都更近,位于两小时交通圈内,乐山港建成后将承担成都需求总量的20%~30%,将显著推动两地乃至四川省的经济发展。

腹地建设实现双赢。乐山港经济腹地包括四川、重庆、云南北部、贵州西部和陕甘地区。直接腹地为成都经济区、川南经济区、攀西经济区,间接腹地包括滇、黔、陕、甘、藏、青西部6个省区的部分地区。其中,

---

① "两航":岷江航电综合开发和乐山机场;"五铁":新建成绵乐城际铁路、成贵铁路、成昆铁路复线、乐雅铁路、乐自泸铁路;"八高速":乐宜、乐雅、乐峨、乐自、乐汉、成乐西、绕城、成乐复线;"一枢纽":乐山港综合交通枢纽。

成都经济区是乐山港最重要的经济腹地。乐山港作为成都平原经济区内唯一的水运港口,将弥补成都水运短板,是成都通江达海最理想的港口。一方面,乐山港的建设将极大地推动成都经济区的发展;另一方面,腹地又将进一步推动乐山港的壮大。

(4) 重庆市。

区位交通优势突出。重庆市位于我国中西部地区的结合部、长江上游经济带的核心地区,对长江上游和西南地区具有战略支撑、窗口和辐射功能,在东西部的渗透融合中发挥着承东启西、左右传递的作用,是西部大开发的重点开发地区。直辖以来,重庆已建成了"一环七射"高速公路网、"五干线二支线"铁路网、"一干两支"高等级航道和"一大二小"机场格局,水陆空立体综合交通运输体系初步形成。由于重庆汽车、摩托车、钢铁、冶金、装备、化工等重点企业的物资绝大部分需要通过水运实现,立体综合交通运输体系则能够大力推动区内企业发展,并辐射带动以主城区为圆心、主城区到湖北宜昌为半径的经济腹地的发展,为进一步拓展港口经济奠定坚实基础。

工业体系完善。重庆市产业门类较全、综合配套能力较强,形成了以汽、摩为主体的机械工业、以天然气化工和医药化工为重点的化学工业和以优质钢材和优质铝材为代表的冶金工业三大支柱产业,建立了实力较雄厚、行业协调发展的现代工业体系。重钢、化医、能投、长安、西铝等国有大型企业物流量较大,水运需求较大,是重庆地区水运的主要货源。重庆市工业体系完善,港口经济的发展则将进一步拉动产业集聚。

港口经济发展迅速。重庆市现已形成"三个枢纽港区、五个重点港区"为龙头的港口体系,60%以上的经济开发区和特色工业园区沿江布局,85%以上的外贸物资运输依靠内河航运,加上三峡枢纽分期蓄水至175米水位后,由 3000 吨级驳船组成的万吨船队可从主城区直达长江中下游各港,并经上海等港与海运便捷相连。

经济腹地广阔。重庆港经济腹地包括重庆市辖九区十二县、四川省和贵州省、云南省的部分地区。在我国"五纵五横"[①] 综合交通网中,重庆

[①] "五纵":南北沿海运输大通道、京沪运输大通道、满洲里至港澳台运输大通道、包头至广州运输大通道、临河至防城港运输大通道;"五横":西北北部出海运输大通道、青岛至拉萨运输大通道、陆桥运输大通道、沿江运输大通道、上海至瑞丽运输大通道。

长江上游河段水电与航运综合开发

是横向的沿江大通道和纵向的包头—广州运输大通道的交汇处；通过"一纵"大通道，可以吸引贵州、云南等地区的货物向重庆聚集；通过"一横"成都至重庆通道，可以吸引四川物资入渝。云贵川等地矿产资源丰富，云南通过水运至重庆江津和永川，贵州实施"黔矿东送"，经涪陵、四川实行"西煤东送"，经重庆主城和万州港区中转运往华东各地区，重庆最终将成为辐射云、贵、川的后方物资集散地。

综上所述，长江宜宾至重庆段临港城市及腹地加快建设和发展具有重要意义。从区际关系上看，该段作为川渝物资通江达海的便捷通道，有利于成渝地区利用自身优势，融入长三角和珠三角经济区，更占据未来实现连接南贵昆地区走向东南亚的战略枢纽地位。从区域发展上看，沿江地区便利的交通条件为川渝地区经济资源的开发提供了重要依托，便捷的交通水路运输网络有利于攀西等资源优势地区的向外开放，有利于沿江地区承接国内外产业和资本转移。从能源走势上看，川渝地区经济快速发展对能源需求的激增及全国节能减排任务的加重，未来对水电的需求将会进一步增大。长江宜宾至重庆段作为我国"西电东送"的重要水电基地，应充分利用资源优势，拓展水电能源产业链，开发清洁能源，形成关联产业配套发展的特色产业体系，可为成渝经济区发展提供不竭的动力，从而推动该区域实现跨越式发展。

3. 长江干流水能资源基本情况

长江宜宾至重庆段水能资源丰富，是我国长江上游水电基地的重要组成部分。目前，此地区水能资源开发度较低，具有很大的开发潜力。随着川渝地区经济的快速发展，对能源的需求不断高涨，加上"西电东送"工程的开展，该地区的水电开发不仅可以为川渝地区经济发展提供强劲动力，而且可以进一步促进自身资源优势转变为经济优势。同时，水电开发有利于提高航道等级，对沿江地区航道网络的建设也具有重要促进作用。

4. 沿江地质灾害对区域发展的影响

长江宜宾至重庆段地处四川省东南部，地质构造行迹以褶皱为主，断层较少，沉积盖层在川东部稳定分布于四川盆地内部及基底岩系周缘，沉积厚度超万米，在构造上相对比较简单稳定。东部地区地质地貌总体条件较西部要好，地质灾害发育程度及规模均较弱。区域内坡地面积大，中生代红色砂泥岩广布，差异风化显著，冲沟发育，侵蚀强烈，尤其大暴雨和古滑坡①的存在是造成地质灾害的主要原因，且集中在盆地边缘山区。东部地域受活断层控制的地震一般较小，对城镇建设影响不大，但滑坡灾害则相对来说较严重，尽管经过治理已经趋于稳定或相对稳定状态，然而由于产生滑坡和崩塌的构造、岩性和地貌条件依然存在，对边缘山地和川东沿江河谷两岸城镇的经济社会发展仍会有一定影响，也易造成河段泥沙量增多甚至淤积，降低航道等级，增大发电负荷。

（四）长江航道宜宾至重庆段港口群发展现状

港口按其所处的地理位置分类，可分为海港、内河港和河口港等。内河港口是指建在内陆河流上的港口，是连接内陆腹地和沿海地区的纽带。长江上游的宜宾港、泸州港、重庆港、乐山港等都属于内河港口，这些港口经过多年发展，已经初步形成了交通互联、功能协作的港口群。

1. 港口群概况

港口群是指在临近的特定地域上，以一个或多个大型港口为中心，在便利的交通基础上，各港口之间以竞合关系为纽带，且各港口以投入产出关系的形式带动区域经济发展而形成的营利性和非营利性组织的集合体（见图6-7）。

泸宜乐港口群。包括三个主要港口，分别为乐山港、宜宾港和泸州港，位于长江上游四川盆地南部、川滇黔渝结合部，金沙江、岷江、长江在该区域汇合。作为四川省通江达海的主要通道，预计到2020年通过整合资源，强化港口核心功能，优化运输系统，临港工业将成为川南经济区及沿长江产业带的重要支撑点，港口物流体系基本形成，港口群在西部综合交通枢纽的作用地位确立，将拥有集装箱泊位29个，嘉州港区、沙湾港区、翠柏港区、南溪港区、纳溪港区等13个港区。该港口群设计年集装箱吞吐量316万标箱，货物吞吐量为7609万吨。

---

① 古滑坡：一个滑坡体的稳定期能够达到十年以上，称为古滑坡体。

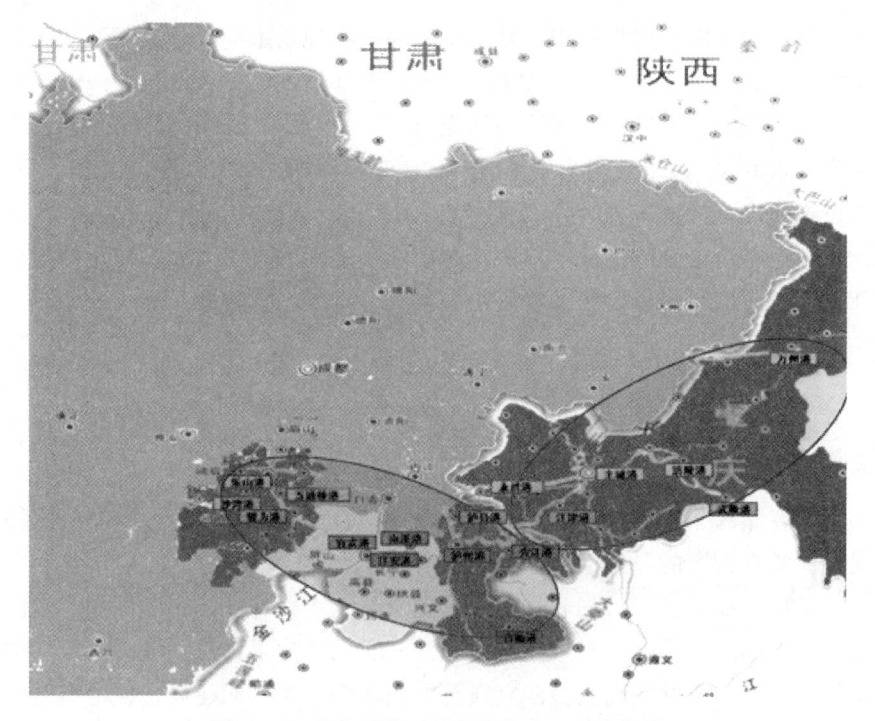

长江上游河段水电与航运综合开发

图6-7 泸宜乐港口群和重庆港口群分布图

　　重庆港口群。位于长江上游重庆市境内、川黔渝结合部，嘉陵江、长江在该区域汇合。作为西南地区通江达海的主要通道，目前拥有大小泊位114个，有主城港区、万州港区、江津港区、永川港区等8个主要港区。该港口群设计年集装箱通过能力300万标箱。

　　泸宜乐港口群和重庆港口群地处"成渝经济区"南端、成都平原经济区和重庆经济区节点，扼川渝出海南通道要冲，是承接沿海产业转移，联系"长三角"地区的纽带，具备良好的区位优势和广阔的发展空间，且该地区人口稠密，基础设施较好，资源富集，具有一定产业优势和科研优势，具备了建设经济协作区域的自然条件。该港口群作为铁水联运、陆水联运的重要交通枢纽，对四川攀西地区的钒钛钢铁和贵州六盘水地区的原煤、木材以及成渝经济区大宗物资货物的运输具有重要意义。其依托的岷江—长江航道是长江黄金水道的重要组成，岷江是重大装备出川运输的主通道。港口群具备发展铁公水联运和江海直达运输的良好条件，在综合交通枢纽中发挥着独特作用。特别是紧邻成都的乐山港，是成都经济区最便捷的水运口岸，加快港口群建设，形成成都经岷江—长江至上海的集装箱多式联运通道，对成渝经济区加强与长三角合作、开拓国际市场，具有举足轻重的作用。统筹重庆港口群和川南港口群的规划布局并加快配套基础设施建设，把重庆、泸州、宜宾和乐山四港打造成川渝产品出省和出国的水运口岸乃至全球物流链在中国西部内陆地区的重要节点，对于构建西部综合交通枢纽、建设西部物流中心都具有重要的战略意义。

2. 港口群发展潜力分析

具有发展港口群的天然优势。泸宜乐港口拥有水运发展的优良港口岸线资源支持，长江两岸地域平坦、开阔，具备建设疏港公路、铁路以及布局大型仓储区、临港工业园区的良好条件，且已开发的优良港口岸线资源很少，具有较大的开发潜力。

具备提高通航能力的有利条件。随着长江水利开发的不断深入，众多大型水电站的建设可以有效地调节长江枯水期的流量，从而使得该段的通航能力得到大幅的提高。长江宜宾至重庆段经过5年的建设，使得航道条件明显改善，即使在枯水期，1000吨级的船舶也可以从重庆顺利驶达宜宾。

具有广阔的发展腹地。长江川渝段在重庆部分通过重庆主城区，有利于重庆市建设西南重要交通枢纽，同时通过两江新区这个内陆重要的先进制造业和现代服务业基地，为其发展提供了便利的交通条件，对重庆市经济发展具有很大的促进作用。在四川部分横穿正在崛起的川南经济区，经岷江延伸至四川经济规模最大、人口最密集的成都经济区，沿金沙江而上可以直达极具发展潜力的攀西经济区，港口群的建设有利于降低四川省综合物流成本，有利于四川省外向型经济的发展。

具有较好的利益协调机制。港口群的建设有利于各相关港口之间的利益协调，防止过度竞争和重复建设。在川渝经济区内各个港口充分发挥自身作用，重庆港作为一个综合性的港口，四川省境内三大港口主要从事集装箱、干散货、化工品、件杂货的运输，其中泸州港、宜宾港规划以能源、原材料、工业产品和内外贸集装箱运输为主，乐山港规划为以重大装备、原材料、工业产品、内外贸集装箱运输和旅游客运为主。

长江上游河段水电与航运综合开发

具有良好的外部政策环境。川渝地区作为我国西部重要的增长中心，具有很大的经济增长潜力，经济持续健康发展会带动水运行业的发展。同时，四川省和重庆市积极鼓励外向型经济的发展，大力发展临港经济，建立临港工业园，加快承接沿海产业转移，为港口群的发展提供更多动力。

3. 港口群整体发展状况评价

四大港口在川渝乃至西部地区水运枢纽中占有重要地位。长江航道宜宾至重庆段四大港口为宜宾港、泸州港、乐山港和重庆港，四大港口由其不同的战略定位而共同构建了功能多元化的水运枢纽体系。从表6–1可以看出，2009年泸州港的货物吞吐量达到1164.3万吨，占全年货物吞吐量的9.5%；集装箱吞吐量达到60681TEU，占全年集装箱吞吐量的9.5%；外贸货物运输也达到24.26万吨。2009年，宜宾港的货物吞吐量达到852.1万吨，占全年货物吞吐量的7%。2009年，重庆港的货物吞吐量达到8611.62万吨，占全年货物吞吐量的70.4%；集装箱吞吐量达到575700TEU，占全年集装箱吞吐量的90.4%；外贸货物运输达到211.8万吨。毫无疑问，无论是从集装箱的吞吐量还是从货物的吞吐量来看，重庆港在这四个港口中的地位和作用是最重要的，而泸州港和宜宾港分别位居第二、三位。除了乐山港在建以外，其他三大港口均快速发展，对外开放步伐加快，将在川渝乃至西部地区占据越来越重要的水运枢纽地位。

表6–1　　　　宜宾至重庆段规模以上港口客、货吞吐量

	2009年12月吞吐量					2009年全年吞吐量				
	客（万人）	货物（万吨）		集装箱		客（万人）	货物（万吨）		集装箱	
		合计	外贸	TEU	货重（万吨）		合计	外贸	TEU	货重（万吨）
总计	25.07	601.37	23.96	44674	6.62	1812.04	12239.18	236.06	636451	672.53
宜宾港	3.48	120	—	—	—	132.29	852.1	—	70	0.13
泸州港	0.22	106.31	2.28	6396	6.62	62.67	1164.3	24.26	60681	74.54
达州港	1.56	36.67	—	—	—	86.06	396.83	—	—	—
重庆港	—	229.43	21.68	38278	—	1226	8611.62	211.8	575700	597.86

注：本表规模以上港口，指年货物吞吐量在200万吨以上的内河港口。

以港口群建设为依托打造沿江经济带。四川省全力打造宜宾、泸州、乐山港口金三角，形成泸州—宜宾—乐山港口群，并以此为依托建设沿江经济发展带。三大港口的沿江地带具有良好的经济基础和广阔的发展前景，适合进一步建设成为沿江经济带，培育成为川南的一个新经济增长极。2008~2010年，该区域地区生产总值年均递增15%，2010年经济总量达到530亿元左右。泸州港2010年沿岸工业园区地区生产总值超过400亿元；到2015年，该区域生产总值将达到1300亿元。乐山2010年实现地区生产总值743.92亿元，比上年增长16.2%。三大港口群的建设将会成为西部综合交通枢纽体系中的次级枢纽，这也是四川省将航道建设与港口区有机结合，在未来发展港口城市、临港工业和沿江经济的明确方向。一方面，这将为川南经济区建设通道经济，提升成都经济区竞争力，乃至为川渝两地发展提供重要支撑；另一方面，四川省港口群的建设也将给重庆港的未来发展带来不小的压力与挑战。

4. 基础设施建设基本情况

为了不断提高内河航运在经济发展中的地位，以港口建设带动航运、水电等一系列产业的发展，四大港口都作了详细规划，以完善基础设施建设为重点带动港口群、产业群以及沿江经济带的发展。规划体现了未来港口建设的基础设施将会更加完善，现代化水平将显著提高，为加快建设现代化航运体系提供了极其有利的条件。航道状况的改善、腹地的经济发展和产业结构调整、物流体系的完善等方面对港口的建设和航运的发展有着重要的影响，完善的基础设施有利于港口群的建设和临港经济的发展。

（五）四大港口发展现状

长江航道重庆至宜宾段重庆、泸州、宜宾和乐山四大港口中，主航道水深最高为宜宾港的3.5米，最低为乐山港的1.5米，通航里程合计为4292公里，航道等级都在Ⅲ级，2010年四大港口货物吞吐量合计为13324万吨（见表6-2）。

长江上游河段水电与航运综合开发

表6-2　长江上游经济区四大主要港口基础设施相关数据（2010年）

编号	指标	乐山港	宜宾港	泸州港	重庆港
A1	主航道水深（米）	1.5	3.5	2.7	2.7
A2	通航里程（公里）	976	855	963	1498
A3	1000吨级泊位数（个）	0	36	13	—
A4	航道等级	Ⅲ级	Ⅲ级	Ⅲ级	Ⅲ级
B1	人均生产总值（元）	17502	14392	16342	28512
B2	工业产值（亿元）	4992	4938	5525	9088
C1	第三产业比重（%）	28	31	27	45.18
C2	非农业人口比重（%）	82	63	61	49.99
D1	规划2020年集装箱吞吐量（万TEU）	30	116	170	340
D2	货物吞吐量（万吨）	122	1164	852	11186
E1	公路总里程（公里）	12743	11157	8606	27182

1. 宜宾港——四川省最大作业区

宜宾港是四川省建设"一枢纽、三中心、四基地"战略确立的西部综合交通枢纽中重要的水运枢纽，是服务四川、服务西部的重要物资集散功能区，也是宜宾"以港兴市"，打造长江上游川滇黔结合部经济强市的主要抓手之一[①]。

区位优势明显。宜宾港拥有长江、金沙江、岷江三江295公里天然航道资源，是四川省唯一可利用三江沿江岸线资源和水运优势的区域。全面建成后，宜宾港将发展成为以内外贸集装箱、能源、原材料和工业产品运输服务为主，多式联运、现代物流、临港工业协调发展的西部现代化综合港口和四川省最大的内核枢纽港，必将为宜宾构建川滇黔结合部综合交通枢纽和四川省建设西部经济发展高地提供更强有力的支撑。

港区分布合理。宜宾港涵盖翠柏港区、南溪港区、江安港区和新市港区4个港区，重点以翠柏港区的志城、罗龙、盐坪坝、新发、豆坝、马鸣溪、南溪港区的学堂坝、江安港区的阳春坝、白沙湾、二龙口、新市港区的新市镇等11个作业区为主。其中，位于翠柏港区的志城作业区是宜宾港的核心作业区，也是全省最大的港口作业区。作业区一期工程投资约

---

① 宜宾新闻网. http://www.ybxww.com/content/2010-12/30/2010123003043.htm. 领航长江和通天下四川宜宾港开港试运营.

13亿元，建成4个集装箱泊位和1个重载滚装泊位，年设计通过能力达到50万标箱、滚装10万辆。2020年前，志城作业区将逐步构建起功能配套完善的现代综合性港口，规划建设用地总面积4.1平方公里，利用岸线长3500米，共规划建设23个1000吨级（兼顾3000吨级）泊位，集装箱年吞吐能力达300万标箱。

2. 泸州港——四川省第一大港

泸州港位于四川省泸州市长江北岸，由纳溪、龙江、合江、泸县和古蔺五大港区组成，是全国内河28个主要港口之一，是四川省第一个水运开放口岸和全省最大的集装箱码头，是西南物流区域的中心和滇东、黔北最便捷的出海大通道，是公、铁、水多式联运无缝对接的重要节点和四川建设西部综合交通枢纽、西部经济高地的重要支撑。近年来，泸州港发展迅速，已逐步建设成为长江"黄金水道"上立足西南、背靠西北、面向东南、连接东西、贯通南北、通江达海、沟通南亚及东南亚的区域性综合交通枢纽。

岸线资源丰富。泸州港境内拥有长江、沱江、赤水河等河流航道18条，总通航里程1000多公里，其中长江泸州段136公里，占长江四川段的53%和川江段航道的1/3，枯水期3000吨级船舶和丰水期8000吨级船舶可以昼夜通航。

港口与集装箱码头建设加快。泸州港拥有大小泊位177个，可停靠千吨级以上船舶的泊位33个（3000吨级多用途直立式泊位6个），货运码头108座，年货物通过能力2959万吨。其中，长江港口通过能力占84%，赤水河港口通过能力占12.6%。集装箱码头规划为两个作业区：第一作业区现已形成3个3000吨级泊位，拥有公共型保税仓库和出口配送型出口监管仓库以及各类设施设备，港口吞吐能力已达集装箱50万标箱/年、散杂货100万吨/年，具备120吨装卸作业能力。二期续建工程规划新建3000吨级直立框架式泊位3个、商品车滚装泊位3个、散杂货泊位2个，于2012年建成投入使用。二期续建工程建成后，整个泸州港集装箱码头港区面积将达1500余亩，形成集装箱100万标箱、散杂货200万吨、滚装商品车30万辆的年吞吐能力。第二作业区位于现有集装箱码的头下游1公里处，将规划新建3000吨级直立框架式泊位12个、商品滚装车泊位

长江上游河段水电与航运综合开发

7个，年吞吐能力达集装箱200万标箱、商品车70万辆。建成后，泸州港集装箱年吞吐能力将达300万标箱、滚装商品车100万辆，在泸宜乐港口群建设中处于绝对领先地位。2010年，泸州港共完成货物吞吐量1772.26万吨，比上年增长52%，其中集装箱为70240标箱，比上年增长16%，已连续五年突破千万吨大关、连续五年保持增长。目前，泸州港正在申报国家一类水运开放口岸，申请港口保税政策，并全力加快港口基础设施建设，加快港口集疏运体系建设，加大政策扶持力度。

新兴产业带初步形成。泸州国际集装箱码头以优质的服务，便捷的通关条件，低廉的水运成本不仅吸引了日本丰田汽车、神岗挖掘机、龙蟒集团和国内知名企业生产资料和产品从泸州码头中转，而且有丹麦马士基、法国达飞、中国台湾万海、东方海外、中国远洋和中国海运等18家世界级海船公司已将进出口集装箱调往泸州港。中国长航集团、中国海运集团、重庆民生公司、重庆太平洋公司、中国远洋公司已开行泸州直达上海的内支线集装箱班轮，每周开通14班。港口与长江中下游及华东、华南各港口建立了业务关系，开通了泸州至厦门、泉州、汕头航线。泸州港在四川省社会经济发展中已经发挥着越来越大的作用，成为四川及滇东北、黔北地区最便捷的出海通道和实现江海联运的枢纽港。推进泸州"煤电化路港"的综合发展，壮大临港工业，并以龙溪口集装箱码头、纳溪永利码头、泸县神仙桥码头、合江邓沱码头和李子坝码头为中心，以点带面，大力发展化工、机械、能源为主体的临港工业体系，把长江两岸建成泸州市的新兴产业带[①]。

3. 乐山港——建设中的"成都港"

乐山港是四川省西部综合交通枢纽建设开建的第四个港口。"十二五"开局之年，四川省西部综合交通枢纽建设迈出重要一步，1月12日乐山港开工动员大会在乐山港港区举行。乐山港计划分三期建设，估算总投资80亿元，建成后3000吨级船队可从乐山直达上海，成都经济区由此通江达海。

发展潜力巨大。乐山港是四川省泸州—宜宾—乐山港口群的重要港

---

① 四川交通运输厅，http://www.scjt.gov.cn/scjtdzzz/2008nzd119q/2008nzd119qgwsj/101380.htm；泸州港四川通江达海第一港。

口之一，是成都平原经济区内唯一水运港口。乐山港相比宜宾港、泸州港，直线距离更接近于成都经济区，是辐射成都、川南、攀西、川西北经济区最便捷的港口。规划后的乐山港，是成都经济区唯一集公路、铁路、航道、航空于一体的区域性综合交通枢纽，适于发展多式联运的运输体系。

港区规划合理。目前，乐山货运港口主要是依托2000年建成的乐山大件码头，能满足750吨专用大件驳船靠离，但受地形限制，该码头无法拓宽改建。2009年年初，成都、乐山两市签署经济社会发展合作框架协议，《乐山港总体规划》也在当年通过省政府批准，规划在距乐山城区10公里的五通桥区冠英镇新建，携手推进岷江航电综合开发和成都港综合交通枢纽建设。新建的乐山港占地5.3万亩，由嘉州港区、沙湾港区、五通桥港区、犍为港区4个港区组成，港区陆域平坦开阔，岸线总长14公里，规划岸线6850米，设计货物运输年吞吐量5000万吨、15万吨大件集装箱、300万标箱，可分流成昆、成渝、宝成铁路货物年运输量1000万吨。乐山港规划的临港经济区面积38平方公里，其中港口经济区规划15平方公里，临港产业园区23平方公里。估算总投资80亿元，货物运输年吞吐量5000万吨、集装箱140万标箱、重件50万吨。

航电综合开发，通航能力增强。岷江（乐山—宜宾）航电综合开发近期以"渠化上中游、整治下游"为目标，渠化乐山境内航道81公里，淹没重点滩险（群）18处。以流量调节、疏浚、筑坝等方式整治龙溪口以下河段，整治重点滩险（群）9处，使岷江航道乐山至宜宾达到Ⅲ级航道标准，常年能通过1000吨级船舶，夏季可通过3000吨级以上的船舶，通航保证率100%。建成后，岷江将具备与长江宜宾至泸州段同样的通航能力，相当于长江干流向四川经济腹地延伸162公里。大件运输出川的瓶颈将彻底消除，实现旅客零换乘和货物无缝衔接。将构建起以乐山港为支撑的成都、攀西、康藏经济区水上大通道和水运物流中心。

4. 重庆港——长江中上游最大主枢纽港

重庆港地处我国中西结合部，水路可直达长江九省二市，是长江中上游最大的内河主枢纽港和西南地区的水陆交通枢纽，同时也是长江上游唯一的对外贸易口岸（水路），是全国内河一类港口。

长江上游河段水电与航运综合开发

港口标准化水平提高。近年来，重庆市系统整治了嘉陵江、乌江等长江支流航道，建设了富金坝、草街等航电枢纽，基本形成了以长江、嘉陵江、乌江"一干两支"为骨架的航道网络。先后建成了以寸滩为代表的一批5000吨级大型化、专业化港口，集装箱通过能力从无到有，达到了171万标准箱，船舶标准化率达到60%，专业化船舶运力超过28%，总运力增加到400万载重吨。目前，全市90%以上外贸物资通过水路完成，周边省市中转量占货物吞吐总量的35%。

信息化管理，通航效率高。重庆港集装箱码头实现全程信息化管理，全球逾60家海船公司的集装箱进入重庆港。寸滩港区开通直达上海港的快班轮，集装箱从重庆港到上海港的时间由原来的全程9天缩短至5天，运输成本也进一步降低。报关、报检、验放通关流程在4小时内完成，保证港口全天候作业，快班轮装卸作业时间不超过8小时，准点率达到100%。

但现阶段重庆港仍存在诸如水运基础设施建设滞后，导致航道整体通行能力较差，主要支流航道等级较低；港口集疏运通道不够完善，道路等级偏低，通过能力不足，且运输方式衔接、组织协调性不够；以市场和信息管理为主的软环境还不能适应经济发展的要求等问题，一定程度上制约了重庆港向现代化方向发展的步伐。

（六）未来航运需求预测

港口要发展壮大，需要拥有广阔的腹地空间作为支撑。本部分首先从沿江经济带的角度分析长江航道重庆至宜宾段四大港口的未来发展和需求状况，并进行主要经济指标的预测，然后从与港口相连的腹地产业带角度分析港口腹地空间的产业定位和发展前景。

1. 从沿江经济带角度分析

（1）四大主要港口城市航运需求状况预测。

宜宾港——内河航运将成为沿江经济发展的最佳运输方式。宜宾港旨在打造地区性综合港口，增强航运供给，吸引腹地潜在市场，沿岸一区六县的航运市场将得到快速发展。宜宾港沿江经济带核心区覆盖翠屏区、宜宾县、南溪区、江安县、长宁县、高县、屏山县等1区6县的39个乡镇和中心城区 10 个街道，幅员面积约 3085 平方公里，人口约 180 万人，分别约占全市的 1/4 和 1/3。该区域已成为宜宾市经济社会活动的主要承载区。从表 6-3 可以看出，2008~2010 年，宜宾市沿江区域 GDP 年均递增 15%，2010 年经济总量达到 530 亿元。规划预计在 2011~2015 年，GDP 年均递增 18% 以上，到 2015 年经济总量将达到 1200 亿元。经济的发展必然会对物流服务提出更高的要求，且宜宾港具有显著的区位优势和逐步完善的服务体系，在未来的发展中对航运具有很大的需求。

表 6-3　　　　　　　　　宜宾港沿江经济状况

年份	GDP（亿元）	年均增长率（%）
2008 年	401	15
2009 年	461	15
2010 年	530	15
2015 年（预测值）	1200	18
2020 年（预测值）	2745	18
2030 年（预测值）	14369	18

注：除 2020 年和 2030 年外，其余是根据《宜宾港口总体规划》计算所得。
资料来源：此表是根据《宜宾港口总体规划》计算所得。

——沿岸未来产业布局将使航运成为首选运输方式。在产业发展方面，已规划布局五粮液、阳春、罗龙、白沙、盐坪坝等 7 个特色工业园区，以重型化、大件化、运输成本较高、时效性较低为特点的产业占有相当比重，如五粮液工业园区的机械制造、磨具制造产业和阳春工业园区的化工、建材产业等。中远期将重点在向家坝、新发、长宁等地建立新的工业园区。产业特征决定了宜宾港将成为沿江经济带发展必不可少的强大物流体系的一部分，而航运将会是其发展必不可少的运输方式之一，分担陆运交通运输相当大的压力，甚至成为以重型化、大件化为特征的产业的首选运输方式。

泸州港——发展沿岸腹地，开拓航运市场，挖掘航运潜力。沿江工业园区建设将挖掘出巨大的航运需求潜力。泸州港沿岸经济带主要集中在江阳区、纳溪区、龙马潭区、泸县、合江县等 3 区 2 县，幅员面积约 6086 平方公里，人口约 342 万人，分别占全市的 49.7% 和 68.8%。2010 年，

长江上游河段水电与航运综合开发

该区域内园区 GDP 合计超过 400 亿元。根据各园区规划（年份不全），预计到 2015 年，酒业集中发展区①、泸州机械工业集中发展区②和泸州经济开发区③三个园区的产值总和将达到 800 亿元；到 2020 年，泸州机械工业集中发展区、合江临港工业园区④、泸州经济开发区、泸县中小企业创业园区⑤四个园区的产值总和将达到 1300 亿元；到 2030 年，仅泸县中小企业创业园区将实现产值 700 亿元。经济的快速发展必将对物流产生巨大需求，而临港的产业区位将把航运作为最佳的运输方式。

——沿江经济带产业布局规划对港口经济有很强的带动性。泸州市在沿江经济带重点发展具有较强港口指向性和规模指向性的重化工业及其关联产业，确立了五大重点产业，即化学工业、能源电力工业、食品工业、机械制造业、现代商贸物流业，如在泸州酒业集中发展中心的白酒及配套产业、在泸州机械工业集中发展区的起重运输设备制造和工程机械制造、合江临港工业园区的精细化工业和泸州经济开发区的生物医药、电子产品等。这五大产业的发展为航运带来了广阔的市场。

乐山港——打造西南最大内河港，拉动未来航运需求。建设 70 平方公里临港新城，实现 1000 亿元经济规模。乐山市以打造西部综合交通枢纽次级枢纽为契机，对沿江经济带进行合理布局，以加速产业集聚和港口园区的建设。具体来讲，规划了具有较强港口指向性的六大产业布局，即硅材料及光伏产业、盐磷化工产业、冶金建材产业、现代物流产业、高新技术产业和高载能产业，要把乐山港打造成集物流、仓储、加工、服务、旅游、工业等临港产业于一体的水运港和航空港。到 2020 年，将建成 70 平方公里的临港新城，实现 1000 亿元的经济规模⑥。从乐山港的地理位置和产业布局上来看，在未来较长时间里乐山港有着很大的发展潜力。但

---

① 资料来源：四川在线—四川日报《泸州酒业集中发展区：挺起白酒金三角脊梁》，2010-09-29，http://sichuan.scol.com.cn/lzxw/content/2010-09/29/content_1368862.htm? node=948。
② 资料来源：泸州市招商引资局《泸州机械工业集中发展区环境影响评价通过审查》，2011-01-19. http://www.lzzsj.gov.cn/ReadNews.asp? NewsID=6403。
③ 资料来源：泸州日报《泸州经济开发区冲击"百亿园区"之路》，2010-08-10，http://lzrb.newssc.org/html/2010-08/10/content_1022062.htm。
④ 资料来源：四川在线—四川新闻《泸州筑巢引凤54家企业落户合江临港工业园区》，2009-11-30，http://sichuan.scol.com.cn/lzxw/content/2009-11/30/content_469027.htm? node=948。
⑤ 资料来源：泸州市招商引资局《泸县中小企业创业园区情况介绍》，2010-06-04，http://www.lzzsj.gov.cn/ReadNews.asp? NewsID=5440。
⑥ 资料来源：三江都市报《冠英"起航"》，2010-12-28，http://lswb.newssc.org/html/2010-12/28/content_1149933.htm。

是，由于在港口基础设施和港口发展速度方面较宜宾港和泸州港有一定差距，暂时还不能形成较大的航运能力，其航运需求在短时期内较宜宾港和泸州港来说会有所不足。

——集运业发展潜力巨大。根据腹地经济社会发展、生产力布局和综合交通等综合分析，预测乐山港 2020 年和 2030 年货物吞吐量分别为 907 万吨和 1887 万吨（见表 6-4）。鉴于岷江预计 2015 年左右建成三级航道，乐山港集装箱运输逐步发展，静态预测成都经济区通过乐山港中转的集装箱量 2020 年和 2030 年分别达到 30 万标箱和 100 万标箱。按照国内集装箱发展的普遍规律，随着成都经济区的快速发展，乐山港集装箱吞吐量尚有较大增长空间。

表 6-4　　　　　　　　乐山港未来货物吞吐量预测

年份	货物吞吐量（万吨）	成都经济区中转集装箱（万标箱）
2020	907	30
2030	1887	100

资料来源：《乐山港总体规划通过省政府常务会审议》，四川省交通宣传中心，2009 年 12 月 1 日。

重庆港——产业带动航运市场发展。重庆市经济快速发展，潜力巨大。2009 年，重庆市沿江经济带的 GDP 达到 2471 亿元，占重庆市 GDP 的 37.85%。到 2015 年，重庆市地区生产总值会在 2010 年的基础上翻一番，年均增长速度保持在 12.5% 左右[①]。

——六大产业布局刺激航运需求市场。在"十二五"时期，重庆市将重点培育壮大汽车摩托车、装备制造、石油天然气化工、材料、能源和轻纺建筑等六大传统优势产业，这六大产业的特征决定了航运是其必不可少的服务需求。如汽车摩托车零件及整车的运输、大型装备机械的组件及配套设备、大型油罐气罐等货物的运输都具有体型大、运输成本高、时效性低等特点，与空运和陆运相比，水运更经济、更安全、更便捷。因此，随着这六大产业的不断发展，将会为重庆港的航运发展带来广阔的市场前景，其航运需求将会大大增加（见表 6-5）。根据重庆市交通委员会编制

---

① 资料来源：重庆市"十二五"规划纲要。

长江上游河段水电与航运综合开发

的《重庆长江上游航运中心建设规划》，重庆市主要港区客、货分类吞吐量预测如图6-8所示。

表6-5　　　　　　　　重庆港航运需求分析（2020年）

港区	货物吞吐量（万吨）	旅客吞吐量（万人）
合计	13282	1198
主城港区	4994	417
万州港区	2481	270
涪陵港区	2347	138
江津港区	1157	60
合川港区	1009	65
永川港区	623	30
奉节港区	350	200
武隆港区	321	18

资料来源：王凤颖：重庆港口物流现状及发展思考，http://www.docin.com/p-134430532.html。

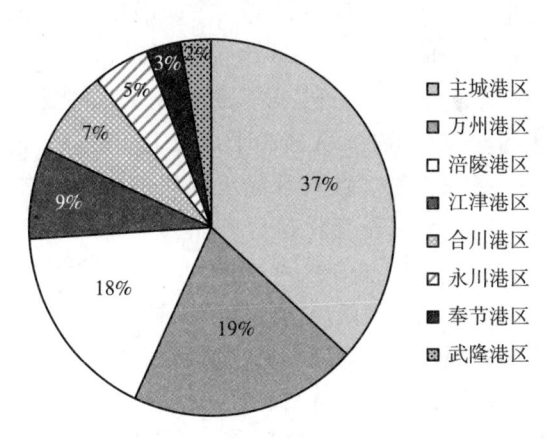

图6-8　重庆港未来航运需求分析图

（2）港口群航运需求预测。

航运需求的规模及其增长趋势与本地区经济社会发展水平、产品结构、产业结构、对外贸易发展及结构调整、腹地交通设施及运营状态等方面的成长水平密切相关。一般情况下，贸易的规模和结构决定

长江上游经济区一体化发展

着航运的潜在需求，运输的能力则决定着航运发展水平。经济发展水平的提高、产业结构的调整和对外贸易的扩张都会对港口群的发展产生重要影响。

①泸宜乐港口群。经济总量增长与水运货物总量增长之间存在正向关系，共同推动航运需求量的增加。泸宜乐港口群把四川省作为主要服务对象，根据四川省"十二五"规划的发展目标，到2015年四川省经济总量突破3万亿元，GDP年均增长12%左右，人均生产总值达到3.6万元左右，进入中等收入地区，城镇居民人均可支配收入达到24600元，农民人均纯收入达到8200元。根据"十二五"期间预计年均增速12%，预计四川省2020年和2030年的经济总量分别为52484.4亿元和163008.85亿元。从以上数据可以看出，在"十二五"期间，四川地区经济总量将会得到较快增加。经济总量的增加和交通运输设施的不断完善，有利于贸易总量的增长，从而会对航运需求产生较大的影响，促进川南港口群航运需求的增加。

第二产业对四川省经济增长贡献率达2/3以上，其中又以通过航运进行贸易的产业为主。2010年，四川省第二产业增加值为8565.2亿元，占全省地区生产总值的50.7%，对经济增长的贡献达到71%[①]。四川省在"7+3"产业发展规划和"十二五"规划纲要中提出，要建设成为我国重要的现代制造业基地和西部工业大省，形成以电子信息、装备制造、能源电力、油气化工、钒钛钢铁、饮料食品、现代中药等优势产业和航空航天、汽车制造、生物工程以及新材料等产业为主导的产业结构，到2015年力争全省"7+3"产业增加值达到11800亿元[②]。而作为川南港口群主要服务对象的成都经济区、攀西经济区和川南经济区发展的主要产业具有重型化、大件化和时效性较小等适宜铁水联运和铁公水联运的特点。五大临港工业化工、机械制造、食品饮料、轻工纺织、新能源新材料等的发展也为川南港口群提供了充足的货物来源。充分发挥川南港口群的交通枢纽作用，有利于四川企业减少综合物流成本，充分利用国内国外两个市场两种资源，提高企业在国内国际市场的竞争力，也会进一步增加对川南港口群航运的需求。

---

① 资料来源：《四川省2010年国民经济和社会发展统计公报》。
② 资料来源：《四川省工业"7+3"产业发展规划（2008~2020）》。

长江上游河段水电与航运综合开发

外贸规模扩张将进一步推动港口群航运需求增长。2010 年，四川省实现生产总值为 16898.6 亿元，占我国国内生产总值的比重为 4.25%，而同期进出口总额为 327.8 亿美元，仅占全国进出口总额的 1.10%，进出口总额占 GDP 的比重很小，具有很大的发展潜力。2010 年，四川省实现出口 188.5 亿美元，其中作为川南港口群重要经济腹地的成都、绵阳、乐山、宜宾、德阳出口额 167.6 亿美元，占出口总额的 88.91%，而且出口商品中多为适宜铁水联运的大型装备机电产品和纺织产品。四川省"十二五"期间将加快推进外向型经济的发展，进出口总值要达到 1200 亿美元，年均增长率将超过 20%，而水运作为成本相对较低的运输方式，随着进出口的快速增加，港口基础设施的不断完善，会使更多的进出口企业采用水运，港口群航运需求也会不断增加。

随着四川省经济的发展、产业结构的调整和对外贸易量的不断增长，川南港口群的货运潜力将得到很好的挖掘。预计到 2020 年货运吞吐量需求将达到 7609 万吨、316 万标箱；到 2030 年货运吞吐量需求将要达到 15628 万吨、735 万标箱。

②重庆港口群。经济总量增长与水运货物总量增长之间存在正向关系，推动贸易量增长，从而促进港口群航运需求增加。作为重庆港口群的主要服务对象，重庆市在"十二五"规划纲要提出，到 2015 年，在 2010 年的基础上翻一番，达到 15000 亿元，年均增速保持在 12.5% 左右，建设西部地区现代产业高地，农民人均纯收入翻一番，城镇居民人均可支配收入增长 75%。按照规划纲要提出的"十二五"期间的预计年均增速 12.5% 计算，重庆市 2020 年和 2030 年经济总量分别为 25635.13 亿元和 83245.50 亿元。从以上数据可以看出，在"十二五"期间，重庆市国民经济将得到快速增长。经济总量的增加，现代制造业和现代服务业的发展，均有助于重庆贸易量的增长，从而会促进重庆地区航运需求的扩张。

2010 年，重庆市第二产业对经济增长的贡献率达到 68.6%，其中以能够进行大规模水运的产业为主。重庆市在"十二五"规划纲要中提出要建设国家重要的先进制造业基地；在壮大传统优势产业的同时，加快战略性新兴产业的发展；预计到"十二五"时期末，工业产值会达到 2.5

万亿元①。重庆地区主要以重型化、大件化和对时效性要求不高的产业为主,较适宜采用铁公水联运的方式进行运输,有利于企业物流成本的降低。重庆港口群的建设有助于促进重庆市主导产业的发展,从而促使其产业结构不断优化。在港口群基础设施不断完善,贸易不断发展的情况下,重庆港口群的航运需求必然会有大幅增加。

重庆市进出口贸易主要通过江海联运完成,进出口贸易增长将带动水运货物总量的增加。2010年,重庆市地区生产总值为7894.24亿元,占我国国内生产总值的比重为1.98%,而同期进出口总额为124.26亿美元,仅占全国进出口总额的0.42%,外向型经济发展还有很大的空间。2010年,重庆市出口额达到74.89亿美元,其中适宜江海联运的机电产品、纺织品和未锻造的铝及铝材出口55.86亿美元,占出口总额的74.59%。进口额达到49.38亿美元②,其中适宜江海联运的机电产品、铁矿砂及其精矿进口33.01亿美元,占进口总额的66.85%。重庆市进出口贸易80%以上都是通过江海联运的方式实现的。要达到"十二五"末进出口总额突破1000亿美元的目标,需年均增速50%以上。在重庆市加快外向型经济发展的过程中,进出口贸易作为航运需求的重要组成部分,在很大程度上将带动港口群航运需求增加。

2. 从与港口相连的腹地角度分析

(1)泸宜乐港口群腹地。

泸宜乐港口群的经济腹地为成都、川南、攀西3个经济区。腹地产业带的发展和未来趋势,将会直接对临港经济、内河航运和水电开发等方面造成重大影响(见图6-9)。

腹地产业对航运需求的影响。根据四川省战略部署和走新型工业化道路的发展要求,从2011年起四川省正式启动实施"5785"战略工程,力争到"十二五"期末,发展成为西部率先转变工业发展方式的先行先试区、战略性新兴产业的创新示范区、生产性服务业的集聚辐射区和高端生产要素优化配置中心。通过5~10年的努力发展,打造5条万亿元特色产

---

① 重庆市政府公众信息网 http://www.cq.gov.cn/today/news/289541.htm "十二五"重庆全市工业销售产值将达2.5万亿元。
② 重庆统计信息网 http://www.cqtj.gov.cn/UploadFile/20110211125920546.pdf,2010年重庆市外向型经济发展迅速。

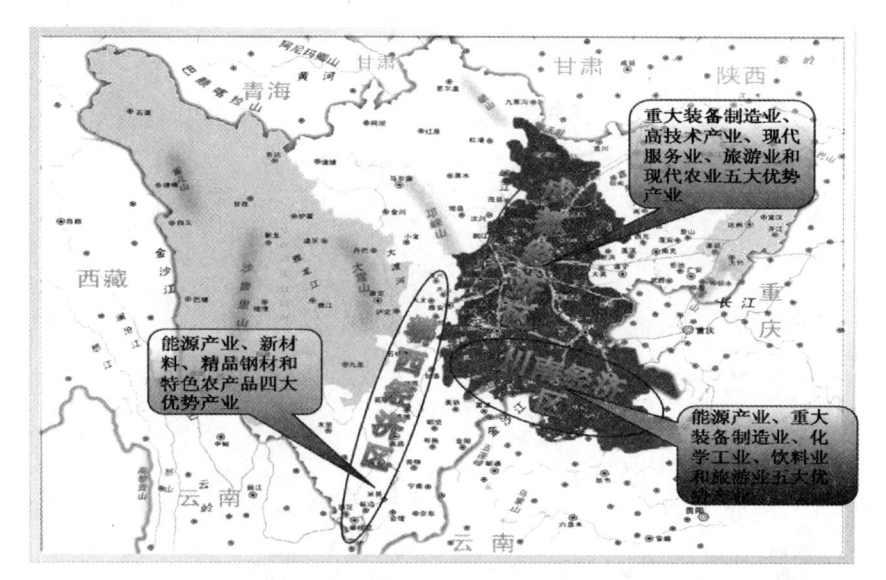

长江上游河段水电与航运综合开发

图6-9 泸宜乐港口群直接腹地优势产业分布

业带,即成德绵自内资航空航天、发电设备、汽车、机床等装备制造业产业带、成德绵内广遂电子信息及服务产业带、成德资内宜泸饮料食品产业带、成眉乐雅自泸宜遂南广达化工及新材料产业带、攀西钒钛钢铁和三江流域特色资源产业带,依托特色产业带,推动大城市群建设。

成都经济区包括成都、德阳、绵阳、眉山、资阳五市,优势产业为重大装备制造业、高技术产业、现代服务业、旅游业和现代农业。成都作为"5785"战略工程的重要节点,将布局建设一批重大资源开发和深加工项目,形成专业园区和一批重大产业基地,利用交通枢纽,发展通道经济。泸宜乐港口群的发展将依托以成都为主的五大产业带,推动未来航运、水电开发等需求扩张,并以此为支撑进一步发展临港经济,使其成为推动四川省发展的主要依托。

川南经济区包括自贡、宜宾、泸州、内江、乐山五市,优势产业为能源产业、重大装备制造业、化学工业、饮料业和旅游业。作为成渝通道发展轴的重要组成部分、三江流域特色资源产业带的重要依托,川南经济区要加快建设川南沿江重化工产业带(见图6-10)。

长江上游经济区一体化发展

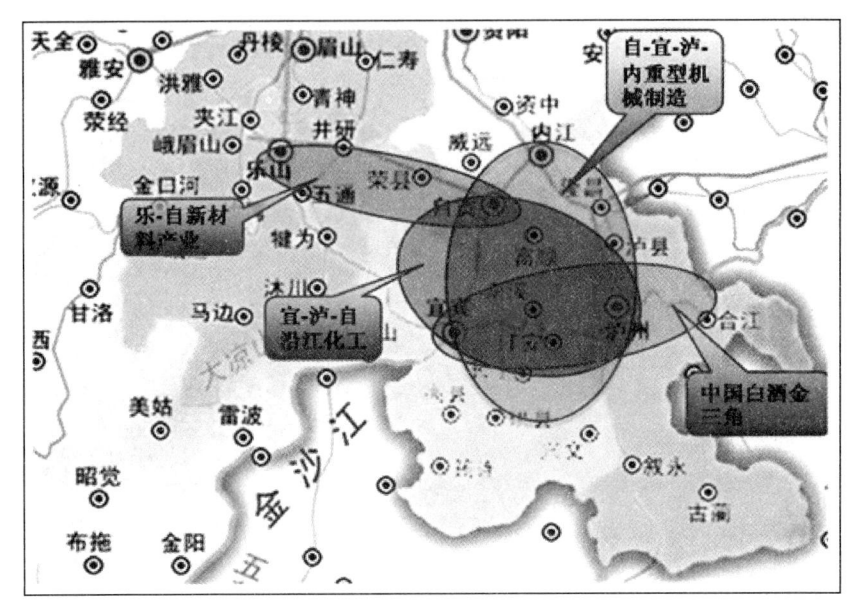

图 6-10　川南沿江产业带

攀西经济区包括攀枝花、凉山、雅安三个市（州），优势产业为能源产业、新材料、精品钢材和特色农产品。攀西经济区钒钛钢铁与特色资源产业带的开发，将进一步突出攀西经济区的产业特色。中国钒钛磁铁矿储量居全球第三位，而我国又以攀西地区钒钛资源最为丰富，拥有钒资源储量1862万吨、钛资源储量6.18亿吨，分别占全国储量的52%和95%、占世界储量的11.6%和35%。目前，国家正在编制全国钒钛资源集合利用专项规划，四川省将其当做千载难逢的机会，希望充分利用钒钛资源延长钒钛产业链，在5年之内做到全国最大，这给泸宜乐港口群发展提供了巨大契机。钒钛资源运输具有重型化、大件化等特点，内河航运无疑是最便捷经济的，且这条特色产业带开发作为长期规划目标，将逐渐形成与泸宜乐港口群配套的综合服务产业体系，届时将充分带动航运需求增长。

由图6-11可以看出，川南港口群的直接腹地中，第二产业增加值占经济总量的比重很大，对直接腹地的经济增长贡献率较高；直接腹地第二产业增加值占四川省第二产业增加值的比例接近90%。作为航运需求主要来源，第二产业的快速发展有利于促进川南港口群航运需求的增加和经济发展水平的提高。

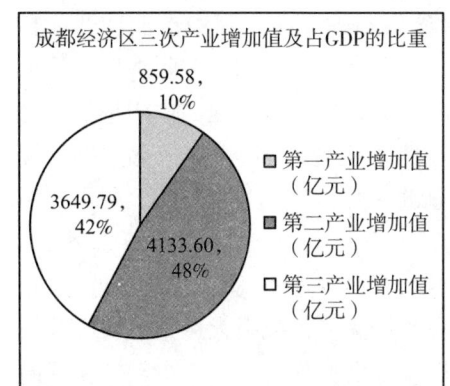

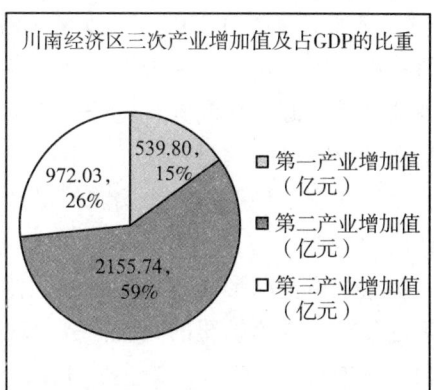

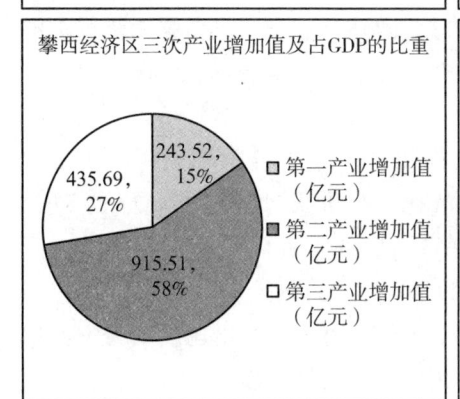

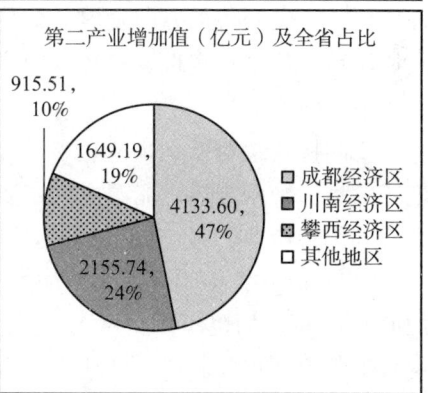

图 6-11　2010 年四川省三大经济区三次产业发展状况

资料来源：由《四川统计年鉴（2011）》数据整理。

(2) 重庆港腹地。

①直接腹地对航运需求的影响。重庆港经济腹地包括重庆和四川、云南及贵州的部分地区，重庆市是最主要的港口群直接腹地。"十二五"期间，重庆市将积极建设国家重要的先进制造业基地，集中打造通信设备、高性能集成电路、节能与新能源汽车、轨道交通装备、环保装备、风电装备及系统、光源设备、新材料、仪器仪表、生物医药等十大重点产业集群，建成万亿级国家重要的战略性新兴产业高地；继续壮大提升传统优势产业，优化产业布局，推动传统优势产业高端化发展；推动汽车摩托车、装备制造产业大力发展"整机+配套"，提升产业集群竞争力，建设中国汽车名城、世界摩托车之都、全国重要的现代装备制造业基地，"十二

五"期末实现产值7500亿元；推动天然气石油化工、材料产业构建原材料精深加工产业链，大力发展循环经济，提高资源利用率和附加值，建成内陆地区资源优化配置、竞争优势突出的综合性化工基地、中国铝加工之都和千万吨精品钢材基地，"十二五"期末实现产值5000亿元；推动轻纺等劳动密集型产业大力实施成品产业链品牌战略，"十二五"期末实现产值2500亿元。

重庆市现已形成较为完善的立体综合交通运输体系，依托靠近港口、临近公路、铁路枢纽的交通优势和现有产业优势，吸引大运量、大吞吐量的工业项目，重点发展冶金、化工、机械等大型临港产业，带动主城区向现代化、低碳经济的方向发展，最终形成内陆开放型、具备强大辐射力的产业体系，将真正实现港口经济带动全市发展，未来航运、水电需求量之大将不可限量。

②间接腹地对航运需求的影响。四川省"十二五"期间将大力发展电子信息、装备制造、能源电力、油气化工、钒钛钢铁、饮料食品、现代中药等优势产业和航空航天、汽车制造、生物工程以及新材料等潜力产业。力争在2015年实现工业增加值11800亿元，占全省规模以上工业增加值的87%。加快建设"八大工业产业带"，力争把四川建设成为中西部最具竞争力的现代制造业基地，成为西部经济发展高地。

云南省十大产业发展纲要中提出，"十二五"期间将大力发展旅游文化、烟草、生物、石化、有色、黑色金属、能源、光电子、装备制造、商贸流通十大产业规划，到2015年实现年销售收入突破2万亿元。"十二五"期间将大力推进企业技术改造，推动有色金属、冶金、化工等传统行业深加工，提升装备制造业，加快新兴产业特别是生物产业、高端装备制造、新材料、光电子及信息、新能源、节能环保等产业的发展。位于云南省昭通市的水富港是云南省在长江上唯一可开放的水运口岸，该港口地处长江经济带、成渝经济区、昆水经济带三大经济区域的交替重叠处，是云南对外开放和经贸的水运通道中的"北大门"。云南省的煤炭、矿产、"两烟"、苹果、花椒、天麻、木材等资源经水富港转运到长江中下游各省区。

贵州省预计"十二五"期末实现工业总产值1万亿元以上，工业增加值占国内生产总值的比重提升到40%以上，装备制造业和高新技术产业占工业的比重提升到20%。到2015年，建设电力、煤炭、冶金、有色、化工、装备制造、烟酒、民族医药和特色食品及旅游商品等八大千亿产业带，电子信息、新材料、生物技术、节能环保、新能源等新兴产业实现总产值达500亿元。初步建成国家重要能源基地、资源深加工基地、装备制造业基地、战略性新兴产业基地和国家优质轻工产品基地。贵州省主要是通过乌江和赤水河航道的不断优化，运量的不断增加，对长江航运产生重要影响。乌江流域矿产资源丰富，乌江横贯贵州重要的煤炭产区，乌江航运建设和发展已经列入国家规划的"两横一纵两网十八线"高等级航道之一，建设8个重点码头、15个500吨级泊位，水运通道年通过能力达1000万吨，这条水运通道将把贵阳，遵义这两大经济中心直接连接到长江"黄金水道"。赤水河流域具有丰富的煤、铁、铝、磷、天然气等资源，煤炭保有储量121亿吨。作为长江的一条重要之流，随着一系列的化工和造纸项目的建设，赤水河航运规模的扩张会使得长江航道的航运规模将不断扩大，进而促进长江"黄金水道"航运需求的增加。

四省市作为重庆港的主要经济腹地，在"十二五"时期主要发展大型装备制造业、新材料和冶金等，大规模产业集群的形成和发展是重庆港口群的航运需求增长的重要依托。随着长江上游航电综合开发的推进、通航标准和航道维护标准的不断提高和交通网的不断完善，便利的交通条件将大大有利于各经济腹地贸易规模的扩大（见图6-12）。

三、长江上游航运开发对区域经济发展的重要意义

长江上游航运开发对长江上游地区发展有着重要的历史地位和现实意义。在过去，正因为有长江上游航运的兴起，才有沿江重要城市如重庆、泸州、宜宾等的出现。长江上游航运加强了长江上游地区与外界的经济联系与社会交往，促进了长江上游地区经济社会的发展。现如今，恢复和加强长江上游航运的开发，不仅有利于构建综合交通运输体系，释放长江上游经济区发展潜力，而且有利于促进产业转移和人口集中，保护长江上游生态环境，最终将有助于推进西部大开发战略深入实施，加快内陆型开放经济发展，重塑我国经济发展格局，增进我国社会稳定与民族团结。

长江上游经济区一体化发展

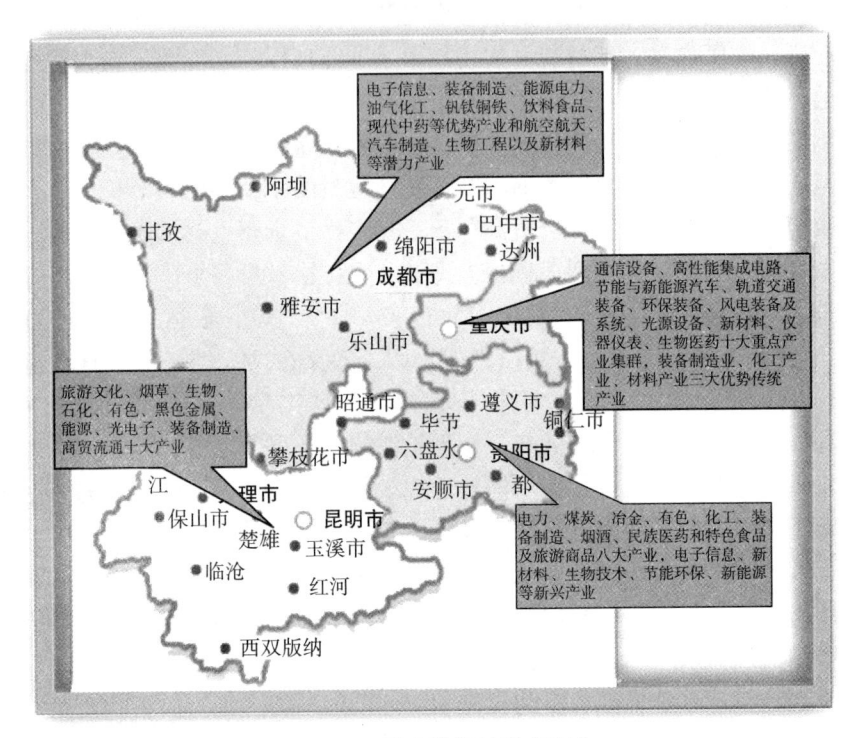

图 6-12 重庆港腹地重点产业

(一) 历史地位

通常将长江西起四川宜宾，东到湖北宜昌这一段称为长江上游，也就是俗称的川江。由于四川、重庆特殊的自然环境成就了长江上游航运在这一地区社会经济发展的重要历史地位与现实意义。

自古以来，"蜀道之难，难于上青天"促使了长江上游航运的发展和其重要历史地位的形成。早在秦汉时期，长江上游经济区就通过航运与中下游地区有着贸易往来。尤其是进入唐宋时期，随着长江上游航运的快速发展，形成了因长江贸易而兴起的泸州、渝州（今重庆市）、万州、夔州等商业都会。蜀麻、川盐等四川特色经济产品通过长江上游航运通达全国，有力地拉动了长江上游地区的经济增长，长江上游航运也成了长江上游地区交通运输的主动脉。① 到了明清时期，四川成为商品粮基地，长江上游航运的地位更加重要。川江的支流嘉陵江、沱江、岷江流域都是粮、棉、糖、盐重要产区，汇流而下，集中于宜宾、泸州、重庆再转运全国。长江上游航运的兴盛，进一步加强了长江上游地区与全国的经济交流，打破了原本较为封闭的区域经济内循环，也使宜宾、泸州、重庆成为当时重要的流通转运中心。第二次鸦片战争后，继内陆通商、轮船驶入、重庆开埠后，长江上游与长江中下游的经贸往来更加密切，形成了因外部市场需求刺激而发展起来的"特产型"长江上游市场。② 长江上游航运高速发展，航运的兴盛促进了长江上游地区经济的发展。在农村，大量工业品的进口和农副产品的出口，使农村的生产结构发生了极大的变化。为了适应市场的需要，农村扩大了相应的经济作物的种植和副业的生产发展，不断提高农副产品的商业化程度，加速长江上游地区农村自然经济的瓦解和商品经济的兴起。在城市，大量洋货、土货的进进出出，带来了对外贸易的兴盛，商品经济的繁荣。③ 商品贸易的繁荣促成了沿江城镇的形成和发展，如重庆成为我国近代重要的对外通商口岸。

（二）重要意义

1. 有利于长江上游经济区实现跨越式发展

长江上游经济区拥有得天独厚的自然资源、相对较好的经济基础、庞大的市场容量和丰富的人力资源，是我国最具有发展潜力的地区之一。目前，长江上游经济区已建立起冶金、化工、电力、建材、机械、电子、食品、轻纺、医药等支柱产业，其中以机械电子为主的国防工业和优势资源开发为主的原材料工业在全国占有重要的地位。良好的长江上游航运促进了这些资源与市场的整合，推动了沿江产业的发展。同时，航运提供了便利的、廉价的运输条件，具有保障原材料供给、产成品运输和降低运输成本的重要作用。泸州、宜宾、乐山等上游港口城市凭借水陆相连的网络运输优势带动内陆小城镇、广大农村地区经济增长，实现城乡协调发展。长

---

① 林文勋．唐宋时期长江航运贸易的发展．江苏社会科学，1992年第6期．
② 江天凤．长江航运史（近代部分）北京：人民交通出版社，1992年5月．
③ 邓少勤．近代川江航运简史．重庆：重庆地方史资料组，1982年10月．

江上游航运将使西部地区更加开放，加快经济社会建设，从而促进长江上游经济区跨越式发展。

2. 有利于深入推进西部大开发战略

国际金融危机发生后，全球经济复苏放缓，国内外产业转移步伐加快，过去更看重东部沿海优惠政策和便利条件的众多企业，现在正寻求突围，开始往西边看。于是，长江上游经济区迎来更多地承接发达国家和沿海地区产业转移的机遇。然而，交通运输的成本高昂依然是制约西部地区承接产业转移的最大瓶颈之一。长江上游航运开发将使长江上游经济区，尤其是沿江地区较其他西部地区更具成本优势，增强了其承接产业转移的能力，从而有助于大量产业沿长江转移到长江上游沿江地区，增加当地就业，促进当地经济加快发展。因此，长江上游航运开发有助于长江上游经济区承接产业转移，加快经济发展，支撑西部大开发战略深入推进。

3. 有利于长江上游生态环境保护

长江上游经济区是中国西部地区生态极度脆弱地区，频繁的人类活动使长江上游地区森林植被受到严重破坏，土壤涵水能力下降，沿岸水土流失严重，沿岸许多池塘、湖泊和水库因此而淤积消失和报废。同时，也使长江中下游地区水、旱灾情加重，严重影响着长江流域地区的可持续发展。与铁路、公路等其他交通设施的建设相比，长江上游航运开发占地少、运量大、成本低，比较优势十分突出。同时，长江上游航运开发有利于此地区经济加快发展，集聚产业，增加就业，人口集中，吸引周边不适宜人类生产生活地区的人口转移出来，从而防止人类为了生计破坏环境。因此，长江上游航运开发符合节约资源的要求，也适应现阶段保护环境，发展低碳经济、绿色经济的需要。

4. 有利于重塑我国区域经济发展格局

长江上游航运是贯通我国东、中、西三大经济地带的重要通道，是实现这三大经济地带合作与交流的主干通道，是沟通西南与华中、华东地区的水路交通大动脉。由于多方面的原因，长江流域的经济发展水平极度不平衡，即长江上游地区的发展水平明显滞后于中下游地区，从而制约着整个长江流域乃至全国经济的协调发展。然而，长江中下游地区能源和原材料非常紧缺，而上游地区虽然经济落后，但是资源非常丰富，所以说，长江上游地区与长江中下游地区之间在资源禀赋和市场需求上存在着很强的互补性。发展差距和互补性的存在，从客观上要求长江上游地区与中下游地区加强交流与合作，进而对长江上游航运开发提出了更高的要求。因此，必须加强长江上游航运开发，依靠长江上游航线，加强上游地区与中下游地区的经济交流与产业合作，促进长江上游经济实力的提升，使长江流域乃至中国经济更具活力，从而重塑中国经济的发展格局。

5. 有利于加快推进内陆开放型经济发展

全球一体化进程要求加快陆上运输与海洋运输相对接，充分利用国际、国内两个市场，在更大空间和范围内配置资源。长江上游航运是连接泛珠三角、走向东南亚的重要门户。长江上游航运开发，有利于深化长江上游经济区同长三角地区、泛珠三角地区和中国东盟自由贸易区的经济合作，加快推进内陆型开放经济发展。作为我国西部地区资源环境承载力最好、科技水平最高、经济实力最强、发展潜力最大的成渝经济区最可行、最便利的通道就是通过长江上游航运，通道长江，进入大洋，把成渝经济区建设成为西部引领和带动内陆开放型经济发展的高地。

6. 有利于增强社会稳定与民族团结

长江上游干支流区域又分布着大量贫穷人口和一些多民族集中聚居区，它们在各自省（市、区）内属于远离政治、经济和文化中心的边远山区，地理位置偏僻，交通闭塞，经济落后，在发展中面临很多的问题和困难。这一地区的振兴和扶贫是一项关系国家长治久安的政治任务。长江上游航运开发充分利用长江上游航道资源，加快当地经济社会发展，辐射带动周边地区经济发展和人民脱贫致富，大大有利于我国尤其是民族地区的社会稳定和民族团结。

四、长江上游航电开发对区域经济发展和就业的影响

长江上游河段航电开发对该区域社会经济可持续发展有着重要的意

义，是长江上游经济区发挥资源优势，实现经济加快发展、科学发展、又好又快发展的有力支撑。该河段航电的开发与建设不仅在四川省能源发展战略中有着重要的地位和作用，而且具有较大的经济效益和不可忽视的社会综合效益。长江上游河段的航电开发对于发挥四川省水能资源优势，加快四川省大中型河流航电开发，推进"川电外送"战略都具有积极作用，并最终为国家的"西电东送"能源战略实施做出重要贡献。而对航电开发项目的投资，将直接拉动项目实施区域的国民经济总产值增长和就业增长，增强地区财政实力，将西部地区潜在的资源优势变为现实的经济优势。同时，航电项目的建设投产有利于长江上游经济区绿色生态屏障建设和四川省优质清洁能源快速发展，并将为四川省的节能减排做出贡献。因此，有必要对长江上游河段航电开发与建设带来的巨大经济效益和综合社会效益进行系统的分析，定量计算和定性分析该区域航电项目建设与运行对区域经济增长、地区财政收入、环境保护和节能减排等方面的促进作用。

（一）长江上游航电开发对区域经济增长的贡献

航电开发具有投资强度大、投资效益好、产业带动强的优势。航电项目的建设对国民经济相关行业的影响较大，尤其是在经济欠发达的内陆地区，消费、净出口两大因素对经济的拉动作用极为有限，投资往往成为此等地区经济发展最直接的动力。

航电项目建设对区域经济增长的拉动作用包括两个方面：一方面，建设期对经济的拉动。在航电项目建设期间需要投入大量的人力、物力及资金，需要相关部门投资品和消费品的投入和生产，包括建设大坝、厂房所需的水泥、木材、钢材、钢筋等建筑材料，还有施工机械、发电及输变电设备等，建设期间还需要大量劳动力，而劳动力又要消耗大量生活消费品等，这意味着对相关部门扩大了需求，而需求又是通过航电项目建设期间的投资来实现的。另一方面，运行期对经济的拉动。机组投入运行后，航电项目所在地区的电力行业增加了发电能力，直接增加了电力产值，同时也为相关产业提供了电能，为相关产业的发展提供条件，进而促使区域经济稳步增长。

1. 航电项目建设期间对区域经济增长的贡献

在一个完整的经济系统中，国民经济各部门之间存在着相互依赖的紧密关系，每一个部门的生产活动、经营活动都要以其他部门的产品或服务为基础。当一个部门的产品增加时，其他相关部门为支持该部门这一增量的实现，必须同时增加一定的产品或服务作为中间消耗，从而拉动整个国民经济总产出增长。本书使用的测算方法和模型有以下两种：

①投资乘数法。投资乘数的基本含义是，增加一笔投资会带来大于或数倍于这笔投资额的 GDP 增加，它等于每单位投资量的增加所导致的产出增加的数量。其计算公式为：

投资拉动的 GDP = 投资乘数 × 报告期固定资本形成总额。

其中：投资乘数 = 1/(1 - 边际消费倾向)，边际消费倾向等于消费增量与国民收入增量之比，边际消费倾向值越大，投资乘数也越大，且投资乘数必定大于1。

根据投资乘数法进行的测算，对四川省30年来国民收入和消费的关系进行线性回归分析，得到结果如图6-13所示。

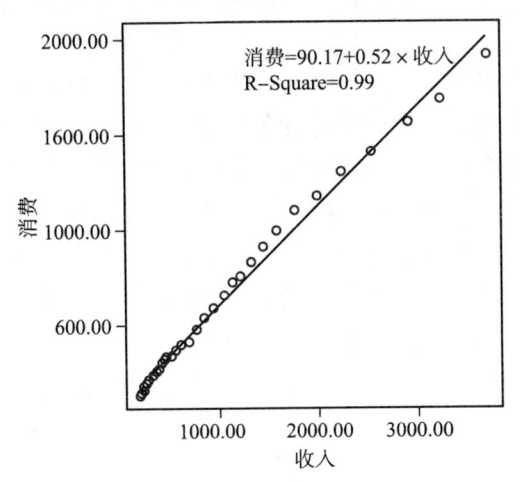

图 6-13 国民收入与消费的关系

投资乘数为 2.0833，即对航电开发增加投资 1 亿元，将拉动四川省经济总产出增加 2.0833 亿元。

②投入产出法。投入产出分析预测，又称部门联系平衡法，是国民经济（或地区、部门、企业经济）综合统计分析和计划综合平衡的重要工具，对经济预测和经济活动分析具有重要作用。投入产出分析预测法将国

民经济各部门的投入与产出之间建立起数量依存关系。

根据投入产出法，某产业的影响力系数＝该产业纵列里昂惕夫逆矩阵系数的平均值/全部产业纵列里昂惕夫逆矩阵系数的平均值的平均。如果某产业的影响力系数大于1或小于1，表明该产业的影响力在全部产业中居平均水平以上或以下。四川省2007年建筑业的影响力系数为1.1868，由此可见，航电建设期间的影响力系数明显高于平均水平，对其他产业的发展起到了显著的推动作用。

2. 航电项目建成运营对区域经济增长的贡献

航电项目投产运营后，通过项目自身发挥效益，能够加快当地经济总量增长和带动当地经济结构调整。

以最终需求为动力的投入产出模型，可以全面反映国民经济各产业产出受最终需求的影响程度。通过计算里昂惕夫系数及由此而来的最终需求生产诱发系数，可以获得消费、投资以及出口所导致的国民经济各产业部门产出的变化。

通常，最终需求的增加可以拉动经济增长，单位需求能够拉动或者说诱发各个部门多大的产出可以用最终需求的生产诱发系数来表示。在最终需求的生产诱发系数中，不仅包括直接诱发的产出，还包括其他部门间的技术经济联系而诱发的产出。较大的诱发系数表明对该系数所属部门生产的诱发作用较大。诱发系数合计值，即为单位消费所诱发的各部门产出总和，表示单位最终需求对整个经济系统的拉动作用。表6－6计算了四川省2007年最终需求项目对42个产业部门的生产诱发作用的大小。以农林牧渔产业为例，0.24676的意义是每当增加1个单位的最终需求，农林牧渔的产出将增加0.24676个单位。

表6－6　　最终需求项目对42个产业部门的生产诱发系数

产业类型	生产诱发系数
农林牧渔	0.24676
煤炭开采和洗选业	0.061913
石油和天然气开采业	0.033832
金属矿采选业	0.031001
非金属矿及其他矿采选业	0.024959

长江上游河段水电与航运综合开发

续表

产业类型	生产诱发系数
食品及烟草加工业	0.16336
纺织业	0.031997
纺织服装鞋帽皮革羽绒及其制造业	0.029136
木材加工及家具制造业	0.027139
造纸印刷及文教体育用品制造业	0.037525
石油加工、炼焦及核燃料加工业	0.048744
化学工业	0.14511
非金属矿物制品业	0.055905
金属冶炼及压延加工业	0.2153
金属制品业	0.054272
通用、专用设备制造业	0.16711
交通运输设备制造业	0.061152
电气机械及器材制造业	0.060044
通信设备、计算机及其他	0.067816
仪器仪表及文化、办公用机械制造业	0.014149
工艺品及其他制造业	0.004401
废弃资源和废旧材料回收加工业	0.004607
电力、热力的生产和供应业	0.081694
燃气生产和供应业	0.012565
水的生产和供应业	0.003442
建筑业	0.20875
交通运输及仓储	0.10263
邮政	0.002564
信息传输、计算机服务和软件	0.033809
批发和零售	0.12815
住宿和餐饮业	0.059772
金融业	0.059247
房地产	0.03675
租赁和商务服务业	0.024068
研究与试验发展	0.010375
综合技术服务业	0.013982
水利、环境和公共设施管理	0.006705
居民服务和其他服务业	0.034128

长江上游经济区一体化发展

续表

产业类型	生产诱发系数
教育	0.033177
卫生、社会保障和社会福利	0.022502
文化、体育和娱乐业	0.014974
公共管理和社会组织	0.049967
合计	2.525483

注：我国从1987年开始第一次编制投入产出表，并规定以后每五年编制一次。所以，目前2007年投入产出表的数据是最新的。

据估算，上川江河段水电站投产运营后每年将发电400亿千瓦时。根据四川省2007年投入产出表可得出电力行业最终需求占该行业总产出比例的经验分布期望值约为14.68%，那么400亿千瓦时用于最终需求部分为58.7191亿千瓦时，按照0.288元/千瓦时的上网价格，可形成16.9111亿元最终需求，对整个经济的GDP增加约为42.71亿元。这必然对整个经济系统起到不可忽视的拉动作用。

（二）水电开发建设对地方财政收入的贡献

水电在建设期间和运营期间都将直接为国家贡献巨额税费，其中有一部分划归地方财政。与此同时，水电站的建设和运营还能通过带动地方相关产业，间接为地方贡献税收。

1. 水电站建设期间的税收贡献

根据现行财税政策，水电站建设期间，施工承包方需缴纳的建筑安装业营业税及其附加（城市维护建设附加、教育费附加、地方教育费附加）是最为主要的部分。

根据宜宾至重庆河段水电规划编制说明，静态投资中，枢纽工程投资9334642万元，建设征地和移民安置投资998590万元，应计入纳税额的建筑安装工程总费用为10333232万元。于是，水电站建设需缴纳建筑安装业营业税总额为309997万元，城建附加税为3099.97万元，教育附加9300万元，地方教育附加3099.97万元，故整个建设期内的税收贡献总额为325500万元。

2. 水电站运营期间的税收贡献

水电站建成运营后，发电和供电企业须缴纳增值税及其附加税（城市维护建设附加、教育费附加）。按目前国家税收政策，增值税的75%归中央财政，其余25%归水电站所在地政府财政。水电站按年发电400亿千瓦时计算，增值税地方留成部分的贡献共40320万元/年。此外，水电站建成运营后，发电业主须缴纳企业所得税，税率为25%。按目前国家税收政策，所得税60%归中央财政，其余40%归省财政享有。

3. 其他税费贡献

水电站建设和运营所特有的水资源费、大中型库区基金对地区经济和财政也有重要贡献。

（1）水资源费。

目前，水电工程建设期，施工用水不缴纳水资源费，而运行期，业主需按相关规定向该河流水行政部门缴纳水资源费，并计入运行期"总成本费用"之中。

全国各省的水资源费费率标准不尽相同。四川省政府办公厅《关于调整水资源费征收标准的通知》确定中央直属电厂需要缴纳水资源费，水资源费征收标准按0.0025~0.005元/千瓦时征收。从2005年7月1日起暂按0.0025元/千瓦时征收。

依据上述规定及征收标准（此处按0.005元/千瓦时计算），并按照水电站建成投产后发电量400亿千瓦时进行测算，水资源费每年缴纳的数额将为20000万元。

（2）大中型库区基金。

大中型库区基金属于政府性基金，实行分省统筹，纳入财政预算，实行"收支两条线"管理。其中，省级辖区内大中型水库的库区基金，由省级财政部门负责征收；跨省、自治区、直辖市的大中型水库库区基金，由财政部驻发电企业所在地区财政监察专员办事处负责征收。库区基金列入企业成本，按规定不征收企业所得税。

根据财政部《大中型水库库区基金征收使用管理暂行办法》，大中型水库库区基金从装机容量在2.5万千瓦及以上有发电收入的水库和水电站的发电收入中筹集,根据水库实际上网销售电量,按不高于0.008元/千瓦时的标准征收。

同时,按照《财政部关于〈重庆市大中型水库库区基金征收使用管理办法实施细则〉的批复》、《四川省大中型水库库区基金征收使用管理暂行办法实施细则》、《四川专员办跨省际大中型水库库区基金征收管理实施细则》的要求,重庆市、四川省以及省际水库都按照0.008元/千瓦时的标准征收。

依据上述规定及征收标准,并按照水电站建成投产后发电量400亿千瓦时进行测算,大中型库区基金每年将缴纳32000万元。

(三) 水电站建设运营对就业的直接和间接效应

水电站的建设项目将通过多种途径拉动就业增长。一方面,通过项目建设带动投资和相关产业的发展,从而带动就业水平的提高;另一方面,通过人口集聚拉动消费,带动第三产业的发展,促进就业。本项研究所指的就业既包括水电站项目本身所带动的直接就业,也包括由于水电站工程建设拉动的建材、冶金、机电、电力以及交通仓储、餐饮住宿等第三产业增加的间接就业。

1. 直接就业拉动

直接就业,主要指水电建设期,参与水电站项目建设施工及施工管理的人员。由于水电运营期对就业的直接拉动度很少,在此不做考虑。对建设期直接就业的拉动,我们采用劳动报酬分析法进行分析预测。

劳动力投入系数分析法是通过分析建设项目投资中劳动力的投入量,来计算行业产出增加导致行业就业增加的能力的一种方法。劳动力投入系数 L_k 的含义是指生产单位 k 行业产品所投入的劳力数,计算公式为:

$$l_k = L_k / X_k$$

式中,L_k 为 k 行业投入的劳力数,X_k 为 k 行业的总投入;

假设劳动力投入系数在一定时期内相对稳定,即为常数,则有公式:

$$\Delta L_k = l_k \times \Delta X_k \quad \sum_{k=1}^{n} \Delta L_k = \bar{l} \times \Delta \bar{X}$$

式中,ΔL_k 为第 k 行业的总产出增量 ΔX_k 引发的 k 行业劳动力增加数,

长江上游河段水电与航运综合开发

$\sum_{k=1}^{n} \Delta L_k$ 为总产出增量 $\Delta \bar{X}$ 引发的各个行业劳动力增加数，$\bar{l} = (l_1, l_2, \cdots, l_n)'$为各个行业的劳动力投入系数向量。

使用四川省2008年的统计数据，经计算可得，四川省2007年电力行业劳动力投入系数0.0224。经分析计算，规划方案二中五个梯级电站的静态投资总额为1349.2736亿元，若采用此方案，将直接拉动就业30.22万人。规划方案三中五个梯级电站的静态投资总额为1219.0418亿元，若采用此方案，将直接拉动就业27.31万人。

2. 间接就业拉动

由于水电站建设期间对水泥、钢材、木材等建材产出的需求增加，施工过程中对电力、油料、炸药、机电设备等物资需求增加，以及对综合技术服务、运输、仓储、其他服务业等第三产业需求的增加，可拉动上述各行业产生就业要求。根据四川省水电站建设的历年经验数据，水电站通常可带动间接就业人数为直接就业人数的1.3到1.5倍之间，则将间接拉动40余万人就业。

通过区域投入产出模型评估地区支出对就业的影响，可以计算出最终需求变化所导致的直接和间接的就业变化，即就业乘数。表6-7解释了最终需求项目对42个产业部门的就业乘数。

表6-7　　　　　　　42个产业部门的就业乘数

产业类型	就业乘数
农林牧渔	0.14339
煤炭开采和洗选业	0.002453
石油和天然气开采业	0.000729
金属矿采选业	0.0006
非金属矿及其他矿采选业	0.000642
食品及烟草加工业	0.002049
纺织业	0.00089
纺织服装鞋帽皮革羽绒及其制造业	0.000692
木材加工及家具制造业	0.00062
造纸印刷及文教体育用品制造业	0.000851

长江上游经济区一体化发展

续表

产业类型	就业乘数
石油加工、炼焦及核燃料加工业	0.000361
化学工业	0.002557
非金属矿物制品业	0.00134
金属冶炼及压延加工业	0.002691
金属制品业	0.000836
通用、专用设备制造业	0.002442
交通运输设备制造业	0.001009
电气机械及器材制造业	0.000787
通信设备、计算机及其他	0.000949
仪器仪表及文化、办公用机械制造业	0.000237
工艺品及其他制造业	0.00014
废弃资源和废旧材料回收加工业	0.000475
电力、热力的生产和供应业	0.001041
燃气生产和供应业	0.000182
水的生产和供应业	0.000123
建筑业	0.01641
交通运输及仓储	0.014828
邮政	0.000441
信息传输、计算机服务和软件	0.002436
批发和零售	0.040198
住宿和餐饮业	0.016201
金融业	0.002317
房地产	0.00214
租赁和商务服务业	0.004432
研究与试验发展	0.002108
综合技术服务业	0.001331
水利、环境和公共设施管理	0.00111
居民服务和其他服务业	0.025391
教育	0.007179
卫生、社会保障和社会福利	0.00393
文化、体育和娱乐业	0.001943
公共管理和社会组织	0.006699
合计	0.316753

注：表中就业乘数为最终需求每增加1万元所带动的就业人数。

长江上游河段水电与航运综合开发

根据四川省2007年投入产出表预测，水电站投产运营后，400亿千瓦时发电量用于最终需求部分为58.7191亿千瓦时，按照0.288元/千瓦时的上网价格，可形成16.9111亿元最终需求，平均每年会拉动整体产业部门共53566人的间接就业，就业人口的增加将促进市场交换规模的扩大，商品交易量、物流交通量和信息交换量也都将同时扩大，从而促进区域经济总量的扩大和经济发展速度的提高（备注：由于缺少重庆最新的投入产出表，且四川省和重庆市情况差别不是很大，因此采用四川省的2007年投入产出表代替）。

（四）水电站建设运营对当地资源环境的影响及效应

水电作为一种可再生、清洁廉价的能源资源，便于调峰，兼有一次与二次能源双重功能，有助于修复生态环境，也能够极大地促进地区社会经济可持续发展，具有防洪、航运、旅游等综合效益。航电开发对改善电源结构，合理利用资源，减少煤炭用量，降低有害气体排放，减轻环境污染，促进电力工业可持续发展都具有十分重要的战略意义。航电开发还可有效降低由于洪涝灾害引发的大范围社会、环境方面的风险，并经过灌溉供水等综合效益的发挥，提高土地承载力，改善区域居民生存环境。总体来讲，水电站投资建设后的社会和环境效益是巨大的。长江上游河段航电开发在战略上的意义也极为重要，关系到四川生态省的建设进程，也关系到长江上游生态屏障建设的重大战略目标能否实现。

1. 水电站的建设运营有利于地区生态屏障建设

生态环境是人类赖以生存和可持续发展的基础。四川省部分地区生态环境的恶化，如森林过度砍伐、草地退化沙化、水土流失等，严重制约着地区经济社会可持续发展。为遏制乱砍滥伐，改善生态，保护环境，中央决定在四川省率先实施天然林保护工程、退耕还林还草工程。两项工程实施以来，四川省又面临生态环境保护与能源供应严重缺乏的尖锐矛盾，如不能有效解决农村广大人民群众生活用燃料这个关系生计的切身问题。如果当地群众脱贫又返贫，党和国家关于可持续发展的战略方针将不能得到有效的贯彻和落实。因此，加快长江上游河段水电资源开发以及水电站建设，以电代柴，解决退耕还林还草后的烧柴问题，减少人为的生态环境破坏，对长江上游生态屏障建设具有重要推动作用。

2. 水电站建设运营有利于节约不可再生能矿资源，减少污染

我国经济正在快速发展的同时还面临着化石燃料资源紧张和更高的环境保护要求的严峻挑战。然而，煤炭石油等又是不可再生的重要能矿资源，既具有战略性的经济价值，又具有重要的战略安全价值。四川省煤炭储量有限且品质较差，空间分布很不均衡，且因区位原因运输压力很大，这种禀赋特点使得四川能源供应面临重大挑战。当前，能源开发和消费过程中环境、生态等因素的制约作用日益增强，煤炭开采和以燃煤为主的能源消费结构加重了大气污染，酸雨污染严重，温室气体减排压力大，可持续发展面临严重障碍，能源与资源、环境和社会发展的矛盾日益突出。长江上游水电开发将大幅度提高长江上游地区的电力供应，以水电代替火电，将有效减少当地生产生活对煤炭资源的消耗，不仅减少大规模煤炭消耗对大气的污染，而且可以有效节约紧缺的不可再生能矿资源。

五、水资源综合开发利用与生态环境保护、经济社会发展的关系

人类文明的起源和人类社会的发展离不开水。不论是以农业为基础的简单经济社会，还是现代高度发达的工业化时代，水资源都是支撑社会经济运转的物质基础。然而，随着社会的发展和经济水平的不断提高，水资源的消耗量越来越大，水作为基础性的自然资源、战略性的经济资源和公共性的社会资源，其可持续利用直接关系到全面建设小康社会目标的实现。因此，保护好水资源，科学地开发利用水资源，对经济社会可持续发展至关重要。但是，水资源的开发利用必然影响到地表水、地下水和水质的动态，进而影响到植被、河湖和耕地质量，即必然会影响到生态环境的变化。因此，我们必须遵循自然规律和社会规律，做到在开发中保护，在保护中开发，以保护生态环境为前提，对水资源进行合理优化配置，促进区域经济、生态环境协调发展。

长江上游河段水电与航运综合开发

（一）水资源综合开发利用与生态环境保护的关系

重庆至宜宾河段处于"长江上游珍惜、特有鱼类国家自然保护区"的核心区、缓冲区和实验区，可通过修建鱼道和增殖放流站等设施，以及通过水库生态调度运行解决水资源综合开发和鱼类洄游之间的矛盾。

开发重庆至宜宾河段调节长江水位变化，会大大改善沿江两岸的水环境，使密布在沿江两岸的重庆、江津、合江、泸州、江安、南溪、李庄、宜宾等大小城市变得更加山清水秀宜居。

重庆至宜宾河段丰枯流量、水位的变化很大，枯水期流量不足2000立方米/秒，水深不足2.7米，在交通如此繁忙的水道上，鱼类的生存受到很大的威胁。工程建成后，枯水期将形成较大稳定水面，鱼类的生存环境将大大改善。

重庆至宜宾河段采用低坝多级综合开发，将原来的三级变为五级，基本上不改变水流的流态，同时可使河道的洪枯水量相对稳定，再加上鱼道等设施又能保证鱼类的洄游，基本不改变鱼类生活的自然环境。

（二）水资源综合开发利用与经济社会发展的关系

新规划的五级水电站，其中二级坝址在实验区，三级坝址在缓冲区。先初步考虑对保护区范围不做大的调整，仅对建坝区域进行微调，拟将三个在建缓冲区的坝址区域调整为实验区，充分体现人与自然和谐相处的理念，在保护中开发，在开发中保护，创新水电开发模式。

重庆至宜宾河段低坝多级综合开发的模式，能够在五级坝建成后，既减少土地淹没损失和移民数量，又可以通过五级低坝间的分段实施和联合调节，满足长江上游经济区防洪、冲沙和农业灌溉、工业生产、生活、生态用水以及河口镇最小流量的需要。

水资源既是工农业等一切经济活动不可或缺、不可替代的投入资源，也是人类消费生活中不可缺少、不可替代的消费品。经济增长、人民生活水平和生活质量提高离不开水资源。因此，合理的开发利用水资源能够促进社会经济的发展，否则就可能制约经济社会的发展。

经济社会发展与水资源的关系是相互影响、相互制约、相互适应的，也是不断变化、不断递进的。经济社会发展水平影响着水资源的开发利用，水资源的开发利用也影响着经济社会的发展。经济社会发展初期一般都是迫切需要开发利用水资源，需要水利建设为经济建设打好基础，而开发利用水资源的水利建设又受到经济发展水平和财力、技术能力的影响。随着经济发展水平的提高，对水资源的需求不断增加，开发利用水资源的能力也相应提高。当经济发展是扩大外延的粗放式发展方式时，对水的利用方式也是低水平的粗放方式，重建设，轻管理。当经济发展方式实施内涵式转变时，水资源的利用方式也将进行实质性转变，即由注重开发、利用、治理向注重配置、节约、保护转变。转变过程即是不断解决经济社会发展过程中水资源约束问题的过程。解决得好，可以增强对经济社会的支撑能力，形成相互的适应；解决得不好，将与经济社会发展成为相互的制约关系。

在区域经济社会发展过程中，只有合理、高效地开发利用水资源，才能使水资源系统保持较好的可持续性，才可以支撑经济社会的可持续发展。反之，将得不偿失，既破坏了自然水循环系统，降低了有限水资源的承载能力，又会使经济社会的可持续发展遭受障碍。

成渝及周边地区资源丰富，通过水资源综合开发，市场化运作，企业投资，以水点为龙头形成能源交通基础设施，从根本上解决制约"四川盆地"发展的交通瓶颈问题，使区域物流具备大进大出的条件，充分利用周边云贵川基础原材料、人力、水资源的优势，依托沿江密布的城市群和低山丘陵等有利的自然环境，带动当地劳动密集型和低附加值产业发展，为拉动内需扩大就业创造条件。

重庆至宜宾河段两岸属低山丘陵地区，地势平缓，便于工业布局，并不与粮食争地，有利于四川灾后重建产业布局的调整和创造就业机会，使当地富余劳动力离妻别子到沿海打工，实现了以人为本，为建立和谐社会、和谐家庭创造条件。

重庆至宜宾河段航道改善后，就具备了将珠三角、长三角、环渤海的区域发展模式复制到成渝经济区的条件和比较优势，为承接产业转移和产业升级奠定了基础，推动成渝经济区发展成为我国经济增长的"第四极"，也必将使其成为维护国家经济安全的战略大后方。

重庆至宜宾河段水电开发具有航运、发电、环境、区域发展等巨大效益，但也涉及"长江上游珍稀、特有鱼类国家级自然保护区"，落实鱼类保护措施是关键，也是对人类智慧的考验。

国际上，美国罗斯福新政时期于1933年开始开发田纳溪流域，带动落后地区发展；欧洲莱茵河的开发带动了两岸的经济发展，造就了欧洲工业中心鲁尔经济区；法国的罗纳尔河采用低坝多级开发方式，成为人与自然和谐相处的典范；我国古代都江堰创造了成都平原2200多年的农业文明。这些都是可以借鉴的经验。

今天，我们站在新的历史起点上，借鉴国内外成熟经验，创新水资源综合利用开发模式，按照建设节约型社会、和谐社会、环境友好型社会的思想，立足于人与自然和谐相处的理念，科学统筹规划开发长江上游重庆至宜宾河段水能资源，再创人类文明可持续发展的辉煌，使之成为践行科学发展观的典范。

六、促进航运发展与水电开发的对策建议

人与自然和谐相处是人类社会具有永恒价值的基本理念。正确处理人与自然的关系、实现人与自然的和谐相处是社会和谐的要义之一。2009年，在哥本哈根气候变化大会上，中国向国际社会庄严承诺：到2020年非化石能源在中国一次能源的比重将提高到15%。要实现这一目标，航电至少要贡献9%，因为航电是中国目前可开发程度最高、技术相对成熟的清洁可再生能源。长江上游水能资源丰富，可开发潜力巨大，在未来的开发过程中，既要实现促进航电开发和航运健康发展，又要实现人与自然的和谐相处。

（一）水电开发对策

第一，规划前期要科学论证。在规划水电开发前，要组织由地质学、地震学、生态学、水利工程学、环境科学、经济学、军事学等学科专家组成的专家组对长江上游经济区梯级水电开发的模式和规模及其地质和生态风险进行公正、全面和深入系统的大跨度、多学科交叉的综合研究与评估，在科学论证的基础上科学规划长江上游经济区的水电开发模式和规模。

第二,加强长江上游流域统一规划与管理。长江上游流域总体规划是合理开发的核心,这种综合规划必须跳出行业决策模式,不能仅由水利部门单独完成,还需环保、林业及科研等部门的配合参与,对河流开发中已经产生的问题也需要在规划中提出解决方案。流域规划的过程应根据国民经济的发展,对水资源合理、有效地利用,并考虑地区利益以及环境质量进行综合选择。同时,还要树立流域规划的法定权威和约束性,已论证通过的流域规划不能随意改变,否则按法律程序追究责任。

第三,加强长江上游流域梯级滚动开发,建立河流梯级调度中心。"流域滚动梯级开发"是被国内外水电开发证明了的、行之有效的建设模式。由一个流域公司为主体进行流域水电开发,有利于建立统一的流域梯级调度中心,统一梯级运行高度,显著提高流域各级的供电和调峰调频能力,大大提高电网的稳定运行水平,从而实现梯级最优开发。对于整个长江上游河流系统来说,通过建立包括各梯级水库群和三峡梯级的联合调度中心,可以协调长江上游水库群的综合用水矛盾,使整个系统实现最优化调度运行,大大提高河流梯级开发的安全性和综合利用效益。

(二) 经济建设对策

第一,在保障生态安全的基础上,发挥生态脆弱区的生态系统服务功能,合理开发水能资源,充分开发旅游资源、矿产资源和生物资源,大力发展旅游产业、生物产业和无污染的工业,重构长江上游经济区的区域发展模式。

第二,对长江上游经济区的不同生态系统功能进行准确评估和定位,调整长江上游经济区的产业结构和布局,重点发展丘陵平原区的农林牧副渔生产功能,并通过科技创新提高区域的整体生产力,替代高山峡谷区和高原区(特别是该区的地震带)的生产功能,发挥其巨大的生态系统服务功能。

第三,加强长江上游经济区与珠三角、长三角和京津冀等发达经济区的产业对接,承接产业转移,加速新型特色产业体系的形成,培育多个规模较大的产业集聚区,形成合理的产业分工。

第四,加速长江上游经济区的城市化进程,促进劳动密集型和技术密集型产业的发展,创造大量就业机会,使当地富余劳动力能够实现就近就业和转移；通过职业技术教育和高等教育提高生态脆弱区农村剩余劳动力进城就业的技能，促进人口转移和实施生态移民。

（三）交通航道建设对策

第一，推进以航道系统建设为主轴的区域交通基础设施体系的建设，在沿江经济区乃至周边的云南、贵州邻近城市间建设起便利的交通网；加强四川盆地的物流条件，增强成渝经济区与长江中下游地区的经贸交流，推动长江经济带的发展和一体化进程。

第二，以航道开发为主轴，大力完善基础设施建设，加速沿江高速网络运输体系建设，包括主要城市间的高速公路网络；通过交通体系建设和促进产业集聚，推动沿江地区的经济发展和城镇化进程。

（四）生态环境保护对策

第一，促进生态环境保护与建设。政府及各部门、流域管理者、水库管理者和其他利益相关者都应该秉承生态环境保护的理念，充分认识到水电站建设和运行给生态环境带来的不利影响，同时应该认识到问题的复杂性和长期性。加大对生态环境保护和建设的力度，通过生态移民、鼓励劳动力迁移、放开人口限制、加大生态保护区和水源地保护力度、退耕还林还草等手段，减少人类活动对生态脆弱经济区的影响，使生态环境得到修复。

第二，加强流域综合管理。在长江上游水资源综合规划中，应从全流域角度，根据各河段特点，制定河流生态流量标准，综合考虑河流的经济和自然功能，逐步实现水利设施的生态调度，并作为水电站规划、设计、建设和运行的依据。同时，水电站的规划不能仅考虑水能利用的经济指标，还要考虑水电站及水库对各类自然保护区及生态与环境敏感区的影响，应将避免和减少这种影响作为规划的重要目标。

第三，加强区域内的环境地质调查工作力度。加大"天然林保护工程"和"长江上游水土保持工程"的实施力度，增加当地的植被覆盖率，改善当地的居民分布结构和产业结构，尽可能遏制水土流失。依据长江上游经济区环境地质问题分区与国家重大工程的分布，针对区内地质灾害易发区，开展以流域为单元，按行政县（市）展开1∶5万地质灾害详细调查以及其他有针对性的环境地质调查。开展专项环境地质调查，为工程建设提供准确翔实的基础地质资料，为减少工程对生态地质环境的影响提供科学合理的对策建议。

第四，加强长江上游水电梯级开发对区域生态环境影响的研究。目前，我国对水电开发对环境影响的研究多是对单项工程进行的，而流域性的梯级开发对环境影响的研究还不是很多。梯级开发对环境的影响，除具有单个水库对环境影的共性外，还具有群体性、系统性、累积性、潜在性等特性，这些方面的研究都还较少，需要加强。

第五，探索并实施水库生态调度，充分发挥水库的生态功能。完善现行的水库调度方式，针对现行水库调度方法的缺陷，采用多目标生态调度技术，在实现防洪、发电、供水、灌溉、航运等社会经济多种目标的前提下，对河流实行生态补偿。通过下泄合理的生态基流保护下游水生态环境，运用适当的调度方式控制水库淤积、富营养化等，充分考虑下游水生态及库区水环境保护。采取人造洪峰调度方式，根据水生生物的生活繁衍习性灵活调度，控制低温水下泄，控制下泄水体气体过饱和，充分考虑水生生物及鱼类资源保护。通过水库采取"蓄清排浑"的调度运行，结合调整运行水位，利用底孔排沙等措施，降低泥沙淤积，延长水库寿命，充分考虑泥沙调控问题。

第六，以长江上游流域为单元，定期进行生态与环境监测。进行长期的科学观测和科学研究，对水库建设不仅应进行环境影响预测评价，更重要的是需要建立后评估制度，在工程完成后观测和分析对流域生态环境的影响。

第七，加强鱼类资源保护力度。加强鱼类资源、鱼类基础生物学研究，高度重视水电梯级开发的叠加效应，在摸清家底、辨析影响、完善措施的基础上科学规划。严格实施适度开发，为珍稀特有鱼类留下最后的生存空间。应当有选择、有限度地开发流域水能资源，在电站之间保留一定面积的流水生境，以切实缓解水电开发造成的不利影响。加强保护区建设与管理，切实做好资源保护工作。地方政府及相关机构应积极配合鱼类保护行动，取缔保护区内商业性捕捞，控制天然水体渔业活动，以遏制鱼类资源衰退趋势。

长江上游河段水电与航运综合开发

（五）政策建议

多年来的水电建设实践表明，经济政策不够完善和配套，阻碍了水电的发展。因此，有必要在总结经验教训的基础上，吸收国外水电建设的有益经验，制定和完善有利于促进水资源综合利用、水电建设与水库淹没及生态环境保护相协调、加快水电建设的经济政策。

第一，要加强宏观调控和国家投资力度，拓展投融资渠道。由于水资源开发是重要的基础设施建设，水电是一次再生能源，可借鉴国内外有益经验制定对水电的优惠政策，实行长期优惠贷款。对于具有综合利用效益的水利工程实行投资分摊，根据《水利产业政策》规定的原则，对防洪、治涝、灌溉、供水、航运等部门应分摊的投资，由中央或地方财政另辟渠道解决或采取合理补偿措施。扩宽国内外投融资的渠道，如发行债券和股票筹资，长江中下游经济发达、能源缺乏地区与长江上游水能资源丰富地区实施联合开发，建立长江水电开发基金，合理利用外资，等等。

第二，制定合理的税收、电价政策。调整当前不合理的过高的电力税率。根据"同网同质同价"的原则，合理确定水电上网电价。根据水电在电力系统中担负调峰、调频、调相和事故备用等特点，实行优电优价。

第三，进一步完善水库移民政策。水库淹没是水电建设中最大的制约性因素之一，也是航电建设对环境造成的最大的不利影响。由于水库淹没移民的复杂性，仍需在总结经验教训的基础上，进一步研究和完善水库淹没移民政策。初步设想，可有两种思路：一是在现有的基础上，加大后期扶持的力度，包括增加扶持资金额度和延长扶持时间；二是研究在不影响移民当前生活水平的前提下，水库移民以土地入股形式参加水电建设，使水库移民能像工程受益区人民一样，随着工程建设和工程效益的发挥逐步富裕起来，实现水库区与受益区双赢、共富。

第四，建立环境补偿基金。随着人们环境意识的提高，水电建设面临环保的压力越来越大。为了协调水电发展与环境保护的关系，除做好环境评价外，还需要有与环境保护配套的投资费用。这笔资金从何而来？我们认为，不能完全由水电建设和管理单位承担，因为水电建设既有对生态环境造成不利影响，需要补偿的一面，也有对生态环境带来有利影响（如减少温室气体排放），减少（节省）国家（社会）对生态环境保护投入的一面。因此，建立环境补偿基金较为合理，补偿基金来源由国家和水电建管单位共同承担。同时，从法律等制度上建立合理的生态补偿机制，需要水电站受益者向受影响的河流生态和弱势群体进行补偿。

第五，改进和完善水电站发电成本核定和管理办法。根据我国几十年来水电站发电成本核定的经验教训和存在的问题，以及经济社会可持续发展提出的新要求，需要进一步改进和完善水电站发电成本的核定和管理办法，除核定原有成本项目（包括库区维护费和扶持基金）的计算参数（标准）外，应将因修建水库而引起的环境等方面损失的补偿费和水电站安全运行调度相关的监测、预报等经费合理计入发电成本，并制定相应的管理办法，使水资源可持续利用有可靠的经济保证。

第六，完善相关法律制度。因为水事活动的流域系统性很强，无论是建设还是运行，都应从流域整体考虑。同时，流域内水利水电建设和管理又涉及很多部门和地区，各地区、各部门、各企业很容易从各自利益最大化考虑问题，影响流域的整体效益和生态环境。因此，需要制定有关法律法规，以加强对流域内水库互相配合、合理调度的管理，指导流域内各水库的蓄水和调度运用，减少因水库蓄水运用不合理对生态环境带来的不利影响和对流域整体利益的损失。

后　　记

　　长江是我国第一大河，长江流域经济社会发展和流域水资源合理开发利用，关系着国家经济社会的可持续发展。对长江宜宾至重庆河段地处三峡以上的长江上游地区的开发，早在1990年国务院批准的《长江流域综合利用规划简要报告》中就提出了石棚、朱杨溪和小南海3级开发的方案。近年来，随着经济社会的发展，流域形势和水资源开发利用状况发生了很大变化，为妥善处理好水资源开发利用与生态环境保护、经济社会发展的关系，需要对该河段的开发方式进行研究。2009年10月9日，国家发改委委托中国水电水利规划设计总院，对长江宜宾至重庆河段开发问题进行综合研究论证。国家发改委在委托论证的通知中指出：综合论证要"转变水电开发理念，创新水电开发模式"，"要根据统筹城乡发展的新要求，将提升航运、水电等交通能源基础设施，促进东西部产业转移和两岸经济社会发展作为综合研究论证的重要内容和开发目标，研究提出该河段综合开发的总体思路、产业布局、具体方案和政策措施，以促进该地区产业升级和经济增长，推进该地区建成我国新的经济增长极"。

　　根据该河段开发综合研究论证的任务和要求，中国水电水利规划设计总院，组织有关方面对河段航运、梯级开发、区域经济发展和生态环境保护四个问题分别开展了专题研究。我所接受委托对长江宜宾至重庆河段综合开发与区域经济发展战略问题进行研究。研究内容主要包括经济区域的范围，河段开发对区域经济发展的影响及重大意义，以及经济区的战略定位与发展思路，从航运、能源、空间布局、城市发展、交通设施建设、生态环境保护等方面进行系统研究。

　　长江宜宾至重庆河段开发的工程范围是比较明确的，但河段开发所涉及的区域范围和影响范围却比较大，不仅与河道和工程所在地区直接相关，而且要考虑航运的辐射服务区域，还要把河段地区主要支流和重要资

长江上游经济区一体化发展

源开发的相关区域作为经济区的组成部分。根据宜宾至重庆384公里河道长度，以及上下游、左右岸的实际情况，根据航道左右岸直接有效服务范围（300～400公里）和适当延展经济区东西的距离（400～500公里），经济区的范围应该在15万平方公里上下比较合适。为此，我们在本报告中确定河段开发主要影响区域覆盖9个地级及以上行政区，并将该区域命名为"长江上游经济区"，区域总面积为19.03万平方公里。

我们的研究是从2011年3月开始的，先后对四川省、贵州省、云南省的有关城市和重庆市进行了实地考察，并召开了有关部门和研究单位以及重要企业的领导同志参加的座谈会，收集了有关发展规划、研究报告和统计资料。还多次召开了由有关方面和专家参加的研讨会，征求各方面的意见。然后，几易其稿，完成了长江上游经济区发展战略研究报告。我们研究的初步结论：一是按照科学发展观的要求，对长江宜宾至重庆河段开发问题进行综合研究论证十分必要，这是为流域水资源开发综合利用、水生态环境保护提供科学决策依据的一项重要的基础性工作，也是为促进人与自然和谐发展、经济与社会协调发展的一项战略性措施；二是流域经济要突出航运发展的元素，而该河段航运发展应借助水能资源的开发实现现代化，航运的现代化将为区域经济的发展提供重要保障；三是宜宾至重庆河段，地处长江上游经济区的核心区域，只有及早进行开发建设，才能为长江经济带的规划建设消弭许多不确定因素，而该河段的开发，也必须突出区域发展和城市规划的要求，确立航运、发电、水利、环境综合开发的指导方针，梯级开发方案要符合多目标开发的要求；四是梯级开发工程建设具有时间周期长、施工空间大的特点，因此必须要有周密细致的组织设计方案，尽可能减少、减轻建设期间对河段经济社会和交通运输产生的负面影响；五是港口和岸线是长江流域经济区的核心资源，必须得到有效保护和可持续利用，发展临港产业和沿江经济带，有利于实现流域经济跨越式发展；六是统筹水能开发与航道建设，有利于扩大长江经济带的纵深范围，从而辐射带动长江上游更大区域的资源开发和区域经济发展；七是河段的开发，将促进长江上游地区人口集聚和城镇发展，也为减缓生态环境脆弱地区的人口承载压力创造条件；八是长江上游经济区的开发建设和发展，将成为成渝经济区和川渝滇黔四省市整体发展的重要增长区域，进而为整个长江经济带做出重要贡献。长江上游经济区的发展要贯彻落实科学

后 记

发展观的要求，坚持深化体制机制改革和扩大对内对外开放，才能取得成功。

总报告是在专题报告的基础上，由国家发改委国土开发与地区经济研究所原所长徐国弟研究员和黄征学副研究员执笔完成。专题报告之一由清华大学孙凤教授执笔；专题报告之二由国家发改委国土开发与地区经济研究所国土规划室副主任黄征学副研究员执笔；专题报告之三由中国社会科学院人口研究所蔡翼飞博士执笔；专题报告之四由中国会计学院高亚莉博士执笔；专题报告之五由国家发改委国土开发与地区经济研究所环境经济室卢伟博士执笔；专题报告之六由四川社科院区域经济研究所所长周江教授等执笔。重庆工商大学原副院长廖元和教授、泸州华润水电开发公司总经理杨永江同志参与了研究，提出了许多有价值的观点。全书由国家发改委国土开发与地区经济研究所所长肖金成教授修改定稿。中国人民大学马燕坤博士对本书进行了编辑和校对。中国社会科学院荣誉学部委员、中国区域经济学会顾问陈栋生教授欣然为本书写了序言。

该研究报告曾获得国家发改委宏观经济研究院横向课题成果二等奖。适逢长江经济带建设上升为国家战略，我们将研究成果付诸出版，供有关单位和有兴趣投身长江经济带研究的人士参考。借本书出版之际，向为本书做出贡献的单位与个人表示衷心的感谢！

肖金成

2015年2月22日

长江上游经济区一体化发展

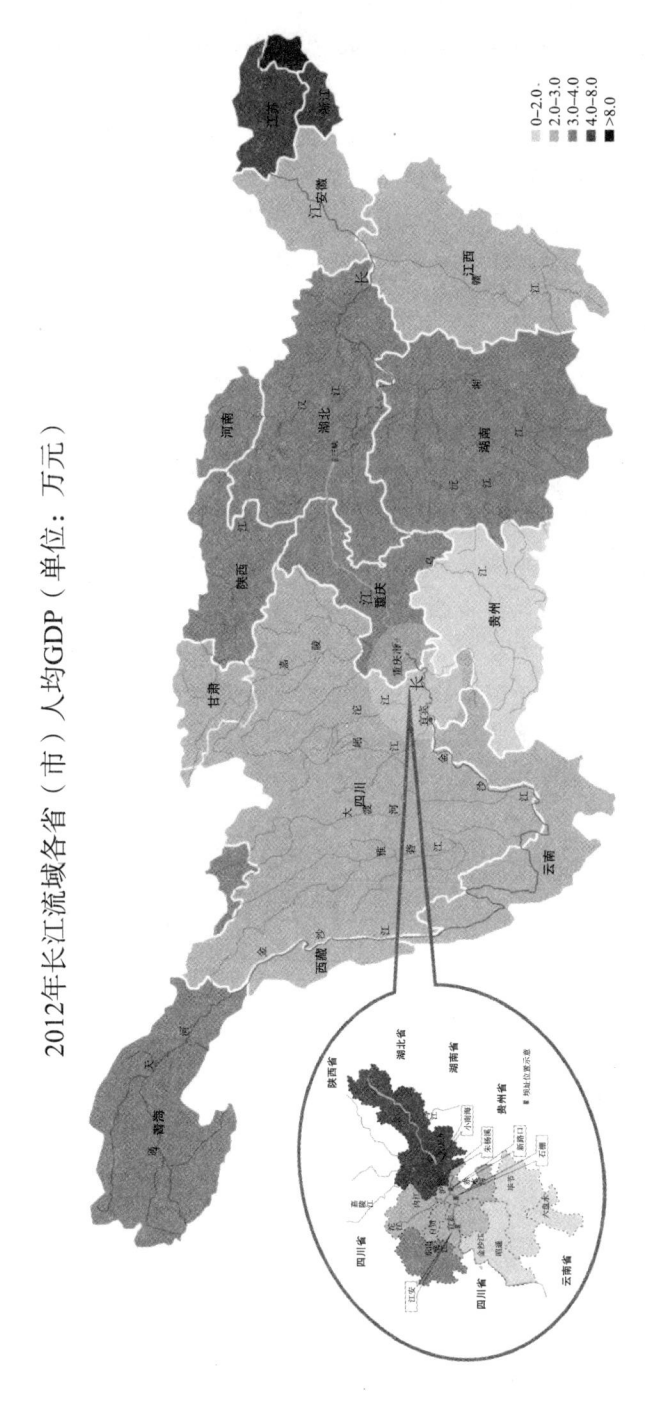

2012年长江流域各省（市）人均GDP（单位：万元）

0～2.0
2.0～3.0
3.0～4.0
4.0～8.0
>8.0

附图　长江上游经济区在长江流域的位置

说明：图中颜色越深的地方经济越发达。川滇黔渝四省（区）交界部位，是一个经济发展洼地。通过对这一地区连片开发，可以将长江流域开发从重庆向上游延伸约400公里。

334　中国区域与城市发展丛书